国学名著典藏大系

管子

经典解读（上）

李诚/主编

四川出版集团
巴蜀书社

图书在版编目(CIP)数据

蒙学经典解读/李诚主编.—成都:巴蜀书社,2013.9

ISBN 978-7-5531-0343-3

Ⅰ.①蒙… Ⅱ.①李… Ⅲ.①古汉语—启蒙读物 Ⅳ.①H194.1

中国版本图书馆CIP数据核字(2013)第224043号

蒙学经典解读 李诚主编

策划组稿	施　维
责任编辑	张照华
出　　版	四川出版集团巴蜀书社 成都市槐树街2号　邮编610031 总编室电话:(028)86259397
网　　址	www.bsbook.com
发　　行	巴蜀书社 发行科电话:(028)86259422　86259423
经　　销	新华书店
内文排版	四川泽雨文化有限公司
印　　刷	成都翔川印务有限公司
版　　次	2013年10月第1版
印　　次	2013年10月第1次印刷
印　　数	1—5000册
成品尺寸	170mm×240mm
印　　张	40(全3册)
字　　数	650千
书　　号	ISBN 978-7-5531-0343-3
定　　价	40.00元(全3册)

目　录

三字经解读

千字文解读

蒙學經典解讀

百家姓解读

弟子规解读

三字经解读

序

《蒙学经典解读》是专门为青少年读者策划编辑的传统蒙学读本，通过对《三字经》《弟子规》《千字文》《百家姓》的注音释词、多角度解读，使青少年事半功倍地学习传统蒙书经典的精华，促进身心健康发展。《三字经解读》就是其中的一种。

在众多的蒙学读物中，《三字经》是流传最广、最为通俗、最为朗朗上口的一种。它将以儒家学说为主体的中华民族的历史、传统美德、修养、智慧以及好学不倦的精神等，用极凝炼优美而又通俗易懂的语言，编写成三字一句的韵文，其内容含量巨大，但阅读记诵又十分容易，是蒙学读物中最优秀的一种。

《三字经解读》为了使青少年读者无障碍地学习《三字经》的精华，编者以拼音和释义的形式解决了阅读的困难，同时编写了有趣的故事，使解说更为形象具体，同时每篇故事配有精美的图片，使全书图文并茂，大大增加了阅读的形象性、趣味性，提高了阅读的乐趣。

【原文】

人之初① 性本善②

性相近③ 习相远④

苟不教⑤ 性乃迁⑥

教之道 贵以专⑦

【注释】

①初：初生之时。②性：人的本性。③相近：差不多。④远：有很大的差别。⑤苟：假如。⑥迁：这里是指不好的改变。⑦专：专心。

【释义】

人的天性都是善良的，所以人性的差别本来是很小的，只是由于所处的环境不同，才使人们的性格产生了差异。如果对儿童不从小

jiào yù xiān tiān de shàn xìng jiù huì shòu dào yǐng xiǎng ér gǎi biàn jiào yù
教育，先天的善性就会受到影响而改变。教育
yǒu hěn duō fāng shì dàn shì zhòng diǎn zài yú yào zhuān xīn hé chí jiǔ suǒ
有很多方式，但是重点在于要专心和持久。所
yǐ hòu tiān jiào yù de bì yào xìng hé zhòng yào xìng zhèng zài dé dào gēng duō
以后天教育的必要性和重要性正在得到更多
rén de guān zhù
人的关注。

【故事解读】

wán wù sàng zhì
玩物丧志

chūn qiū shí qī wèi guó de wèi yì gōng běn shì gè bǐ jiào xián míng
春秋时期，卫国的卫懿公本是个比较贤明
de jūn zhǔ yǒu yí cì wài guó sòng lái le yì zhī hè wèi yì gōng
的君主。有一次，外国送来了一只鹤，卫懿公
hěn xǐ huan zhěng tiān yǔ hè wéi bàn jiàn jiàn sàng
很喜欢，整天与鹤为伴，渐渐丧
shī le jìn qǔ xīn tā ràng
失了进取心。他让
hè chéng zuò gāo jí háo huá de
鹤乘坐高级豪华的
chē zi shèn zhì bǐ dà chén
车子，甚至比大臣
de chē zi hái yào gāo jí
的车子还要高级，
zhè yǐn qǐ dà jiā de bù
这引起大家的不
mǎn hòu lái běi fāng
满。后来，北方
de bù luò rù qīn wèi
的部落入侵卫

guó wèi yì gōng mìng jūn duì qián qù dǐ kàng jiàng shì men qì fèn de shuō
国，卫懿公命军队前去抵抗。将士们气愤地说：
jì rán hè xiǎng yǒu hěn gāo de dì wèi hé dài yù nà jiù ràng tā qù
“既然鹤享有很高的地位和待遇，那就让它去
dǎ zhàng ba wèi yì gōng wú nài zhǐ hǎo qīn zì dài bīng chū zhēng dàn
打仗吧！”卫懿公无奈，只好亲自带兵出征，但
yóu yú jūn xīn bù qí jié guǒ zhàn bài le hòu rén bǎ wèi yì gōng de
由于军心不齐，结果战败了。后人把卫懿公的
xíng wéi chēng zuò wán wù sàng zhì zhè ge gù shi shuō míng huán jìng duì
行为称作“玩物丧志”。这个故事说明环境对
rén xìng de yǐng xiǎng hěn dà
人性的影响很大。

【原文】

xī mèng mǔ zé lín chǔ
昔孟母[1] 择邻处[2]

【注释】

mèng mǔ mèng zǐ de mǔ qīn zé xuǎn zé chǔ
①孟母：孟子的母亲。②择：选择。③处：
xiāng chǔ
相处。

【释义】

gǔ dài zhù míng sī xiǎng jiā mèng zǐ de mǔ qīn wèi le shǐ mèng
古代著名思想家孟子的母亲为了使孟
zǐ yǒu liáng hǎo de xué xí huán jìng céng sān cì wèi xuǎn zé lín jū ér
子有良好的学习环境，曾三次为选择邻居而

bān jiā
搬家。

【故事解读】

mèng mǔ sān qiān
孟母三迁

mèng zǐ xiǎo de shí hou jiā li hěn qióng fù qīn yě hěn zǎo jiù
孟子小的时候家里很穷，父亲也很早就
qù shì le dàn mèng zǐ de mǔ qīn bìng méi yǒu yīn cǐ ér fàng qì duì
去世了，但孟子的母亲并没有因此而放弃对
tā de jiào yù tā men zuì chū zhù zài fén dì páng yóu yú jīng cháng
他的教育。他们最初住在坟地旁，由于经常
kàn jiàn chū bìn de mèng zǐ jiù cháng mó fǎng zuò sāng shì mèng mǔ dān
看见出殡的，孟子就常模仿做丧事。孟母担
xīn zhè yàng xià qù huì yǐng xiǎng mèng zǐ de xué xí jiù bǎ jiā bān dào
心这样下去会影响孟子的学习，就把家搬到
jí shì shang yǔ yì jiā tú hù wéi lín kě mèng zǐ yòu mó fǎng qǐ
集市上，与一家屠户为邻。可孟子又模仿起
shā niú zǎi yáng lái wèi cǐ mèng mǔ yòu bǎ
杀牛宰羊来。为此，孟母又把
jiā bān dào yí zuò xué xiào páng biān
家搬到一座学校旁边。
cóng cǐ mèng zǐ jiù gēn xué
从此，孟子就跟学
xiào li de xiān sheng zhuān
校里的先生专
xīn xué xí xué yè
心学习，学业
bú duàn zhǎng jìn mèng
不断长进。孟
mǔ rèn wéi zhè lǐ de
母认为这里的

huán jìng duì ér zi de chéng zhǎng yǒu lì jiù cháng qī dìng jū xià lái
环境对儿子的成长有利，就长期定居下来。

【原文】

zǐ bù xué duàn jī zhù
子不学 断机杼①

【注释】

jī zhù zhī bù yòng de suō zi
①机杼：织布用的梭子。

【释义】

yí cì mèng zǐ duì xué xí gǎn dào yàn juàn jiù táo xué huí jiā
一次，孟子对学习感到厌倦，就逃学回家。
mèng mǔ shēng qì de bǎ zhī bù jī de suō zi zhé duàn yǐ cǐ lái jiào yù
孟母生气地把织布机的梭子折断，以此来教育
tā xué xí bù néng bàn tú ér fèi
他学习不能半途而废。

【故事解读】

mèng mǔ duàn jī
孟母断机

yǒu yì tiān mèng zǐ dú shū yàn juàn le jiù pǎo huí jiā wán shuǎ
有一天，孟子读书厌倦了，就跑回家玩耍。

正在织布的孟母十分生气，便把织布用的梭子折断扔在地上。孟子看了很奇怪，问母亲为什么发火。孟母说：“我织布要一根根织，才能织成一匹布。你的学习也像织布一样，只有不间断才能有所成就。如今你学业未成就厌倦了，就像我刚才折断的梭子一样，没有梭子，还能织布吗？这等于前功尽弃啊！”孟子听后恍然大悟，从此发愤学习，终于成为古代著名的思想家。

【原文】

窦燕山① 有义方②
教五子 名俱扬

【注释】

①窦燕山：原名窦禹均，幽洲人，教子有

fāng yì fāng zhǐ liáng hǎo de jiā xùn
方。②义方：指良好的家训。

【释义】

gǔ dài yǒu gè jiào dòu yǔ jūn de rén zhù zài yān shān tā shí fēn dǒng dé jiào zǐ yù rén de fāng fǎ tā de wǔ gè ér zi hòu lái dōu chéng wéi yǒu yòng zhī cái dāng le guān chū le míng

古代有个叫窦禹钧的人住在燕山，他十分懂得教子育人的方法，他的五个儿子后来都成为有用之才，当了官，出了名。

【故事解读】

wǔ zǐ dēng kē
五子登科

dòu yǔ jūn shì wǔ dài shí qī rén yǒu yí cì tā mèng jiàn sǐ qù de fù qīn gào su tā yào shàn dài bié ren yú shì tā kāi shǐ rè qíng chéng kěn de duì dài měi gè rén zuò shì yě jǐn kě néng gōng zhèng hé lǐ tā hái juān qián xiū jiàn le yì suǒ bù shōu

窦禹钧是五代时期人。有一次，他梦见死去的父亲告诉他，要善待别人。于是，他开始热情诚恳地对待每个人，做事也尽可能公正合理。他还捐钱修建了一所不收

fèi de xué xiào pìn qǐng míng shī jiào yù xiāng li de hái zi dòu yǔ jūn fēi
费的学校，聘请名师教育乡里的孩子。窦禹钧非
cháng zhòng shì jiā tíng jiào yù tā yǒu wǔ gè ér zi zài fù qīn de jiào dǎo
常重视家庭教育，他有五个儿子，在父亲的教导
xià tā men xiāng jì kǎo zhòng jìn shì hòu lái dōu zuò le dà guān zhōng guó
下，他们相继考中进士，后来都做了大官。中国
fēng jiàn shí dài de shì dà fū bǎ dòu yān shān fù zǐ shì wéi xué xí de bǎng
封建时代的士大夫把窦燕山父子视为学习的榜
yàng bìng dào chù xuān yáng bǎ tā hái zi de chéng cái chēng wéi wǔ zǐ dēng kē
样，并到处宣扬，把他孩子的成才称为“五子登科”。

【原文】

yǎng bú jiào fù zhī guò
养不教① 父之过
jiào bù yán shī zhī duò
教不严 师之惰②

【注释】

jiào jiào yù duò tōu lǎn xiè dài méi yǒu jìn dào zé
①教：教育。②惰：偷懒懈怠，没有尽到责
rèn
任。

【释义】

duì zǐ nǚ zhǐ yǎng yù ér bú jiào yù shì zuò fù mǔ de guò
对子女只养育而不教育，是做父母的过

shī duì xué shēng zhǐ jiào yù ér bù yán gé yāo qiú shì zuò lǎo shī de
失；对学生只教育而不严格要求，是做老师的
dài duò
怠惰。

【故事解读】

zēng zǐ shā zhū
曾子杀猪

zēng zǐ de qī zǐ yào dào jí shì qù ér zǐ yě kū nào zhe yào
曾子的妻子要到集市去，儿子也哭闹着要
gēn zhe qù zēng qī jiù duì ér zǐ shuō nǐ guāi guāi dì huí qù mā
跟着去。曾妻就对儿子说：“你乖乖地回去，妈
mā huí lái shā zhū gěi nǐ chī dāng tā cóng jí shì shàng huí lái de shí
妈回来杀猪给你吃。”当她从集市上回来的时
hou kàn jiàn zēng zǐ zhèng zhǔn bèi shā zhū zēng qī máng lán zhù tā shuō
候，看见曾子正准备杀猪。曾妻忙拦住他说：
nǐ zěn me zhēn yào shā zhū wǒ shì piàn ér zǐ de zēng zǐ shuō
“你怎么真要杀猪，我是骗儿子的。”曾子说：
bù néng qī piàn xiǎo hái
“不能欺骗小孩
zǐ xiǎo hái zǐ
子。小孩子
méi yǒu sī kǎo hé
没有思考和
pàn duàn de néng
判断的能
lì tā
力，他
men de
们的
yí qiè
一切

dōu zài xiàng fù mǔ xué xí tīng cóng fù mǔ gěi tā men de zhèng què jiào yù
都在向父母学习，听从父母给他们的正确教育。
jīn tiān nǐ qī piàn tā shì zài jiào tā qī piàn bié rén zuò mǔ qīn de
今天你欺骗他，是在教他欺骗别人。做母亲的
qī piàn ér zǐ ér zǐ yǐ hòu jiù bù zài xiāng xìn mǔ qīn le zhè bù
欺骗儿子，儿子以后就不再相信母亲了。这不
shì zhèng què de jiào yù hái zǐ de fāng fǎ yú shì zēng zǐ jiù bǎ zhū
是正确的教育孩子的方法。”于是，曾子就把猪
shā le bǎ ròu zhǔ gěi hái zǐ chī le
杀了，把肉煮给孩子吃了。

【原文】

zǐ bù xué fēi suǒ yí
子不学① 非所宜②
yòu bù xué lǎo hé wéi
幼不学 老何为③

【注释】

zǐ wèi rén zǐ nǚ bù xué bù kěn dú shū xué xí fēi
①子：为人子女。不学：不肯读书学习。②非
suǒ yí bù yīng gāi rú cǐ wéi zuò wéi chéng jiù
所宜：不应该如此。③为：作为、成就。

【释义】

rén rú guǒ bù jīng cháng xué xí shì bù hǎo de xí guàn nián yòu
人如果不经常学习，是不好的习惯。年幼

shí bù hǎo hǎo xué xí cháng dà le nán dào huì yǒu suǒ zuò wéi ma
时不好好学习，长大了难道会有所作为吗？

【故事解读】

záo bì tōu guāng
凿壁偷光

hàn cháo shí yǒu gè jiào kuāng héng de rén fēi cháng xǐ huan dú shū
汉朝时，有个叫匡衡的人，非常喜欢读书，
dàn tā nián shào shí jiā jìng hěn pín hán mǎi bù qǐ là zhú tā kàn dào
但他年少时家境很贫寒，买不起蜡烛。他看到
lín jū jiā yǒu zhú guāng jiù zài zì jiā de qiáng bì shang záo le gè dòng
邻居家有烛光，就在自家的墙壁上凿了个洞，
jiè zhù lín jū jiā de zhú guāng lái dú shū tóng xiàn yǒu hù rén jiā hěn
借助邻居家的烛光来读书。同县有户人家很
yǒu qián cáng shū yě hěn duō kuāng héng zì yuàn dào tā jiā dǎ gōng bìng
有钱，藏书也很多，匡衡自愿到他家打工，并
shēng míng bú yào gōng qián zhǔ rén hěn qí guài jiù wèn kuāng héng yuán yīn
声明不要工钱。主人很奇怪，就问匡衡原因。
kuāng héng shuō wǒ zhǐ xiǎng
匡衡说："我只想
jiè nǐ jiā de shū kàn
借你家的书看
kan zhǔ rén
看。"主人
bèi tā de qiú
被他的求
xué jīng shén
学精神
suǒ gǎn
所感
dòng dā
动，答

ying le tā de yāo qiú hòu lái kuāng héng zhōng yú xué yǒu suǒ chéng zuò
应了他的要求。后来，匡衡终于学有所成，做
le chéng xiàng
了丞相。

【原文】

yù bù zhuó bù chéng qì
玉不琢① 不成器②
rén bù xué bù zhī yì
人不学 不知义③

【注释】

zhuó diāo shì zhuó mó qì qì mǐn bǐ yù chéng jiù
①琢：雕饰琢磨。②器：器皿。比喻成就。
yì zuò rén zuò shì de dào lǐ
③义：做人做事的道理。

【释义】

yù shí bù jīng guò dǎ mó hé xì zhì diāo kè jiù bù néng chéng wéi jīng měi de yù qì rén rú guǒ bù xué xí jiù bú huì míng bai zuò rén de dào lǐ
玉石不经过打磨和细致雕刻就不能成为精美的玉器。人如果不学习，就不会明白做人的道理。

【故事解读】

hé shì xiàn bì
和氏献璧

hé shì bì shì yí kuài fēi cháng míng guì de yù shí tā méi yǒu
和氏璧是一块非常名贵的玉石，它没有
bèi fā xiàn qián yǐn cáng zài yí kuài shí tou zhōng zhàn guó shí qī yí
被发现前隐藏在一块石头中。战国时期，一
gè jiào biàn hé de rén kàn chū tā de yǔ zhòng bù tóng jiù ná qù xiàn
个叫卞和的人看出它的与众不同，就拿去献
gěi chǔ lì wáng lì wáng què rèn wéi zhè bú guò shì yí kuài pǔ tōng de
给楚厉王。厉王却认为这不过是一块普通的
shí tou yú shì kǎn diào le biàn hé de zuǒ jiǎo hòu lái biàn hé yòu
石头，于是砍掉了卞和的左脚。后来卞和又
bǎ tā xiàn gěi wǔ wáng jié guǒ yòu bèi kǎn diào yòu jiǎo dào le wén
把它献给武王，结果又被砍掉右脚。到了文
wáng shí qī cái jiē shòu le zhè kuài yù shí pōu kāi yí kàn guǒ rán
王时期，才接受了这块玉石，剖开一看，果然
dé dào yí kuài wán měi wú xiá de bǎo shí hé shì bì suī rán míng guì
得到一块完美无瑕的宝石。和氏璧虽然名贵，
dàn rú guǒ méi jīng guò jīng diāo xì kè jiù jiāng yǒng yuǎn shì kuài shí tou
但如果没经过精雕细刻，就将永远是块石头。
yù shì rú cǐ rén yòu hé cháng bú shì ne
玉是如此，人又何尝不是呢？

【原文】

wéi rén zǐ fāng shào shí
为人子 方少时
qīn shī yǒu xí lǐ yí
亲师友① 习礼仪②

【注释】

qīn jiē jìn shī yǒu lǎo shī hé péng yǒu lǐ yí
①亲：接近。师友：老师和朋友。②礼仪：
fàn zhǐ yí qiè lǐ jié yí shì
泛指一切礼节仪式。

【释义】

yí gè rén nián shǎo shí jiù yīng gāi duō bài fǎng lǎo shī jié jiāo hǎo
一个人年少时就应该多拜访老师，结交好
de péng yǒu xué xí rú hé dài rén jiē wù de lǐ yí hé zuò rén de dào lǐ
的朋友，学习如何待人接物的礼仪和做人的道理。

【故事解读】

rú zǐ kě jiào
孺子可教

qín cháo mò nián de yì tiān zhāng liáng zài qiáo shang yù jiàn yí wèi
秦朝末年的一天，张良在桥上遇见一位
lǎo rén lǎo rén gù yì bǎ
老人，老人故意把
xié zi diū dào qiáo xià
鞋子丢到桥下，
jiào tā qù jiǎn qǐ
叫他去捡起
lái zhāng liáng xīn
来。张良心
li hěn bú tòng kuài
里很不痛快，

dàn kàn dào duì fāng nián jì hěn dà biàn xià qiáo bǎ xié jiǎn le qǐ lái
但看到对方年纪很大，便下桥把鞋捡了起来。
lǎo rén yòu ràng tā bāng máng chuān xié zhāng liáng suī rán bù gāo xìng dàn
老人又让他帮忙穿鞋，张良虽然不高兴，但
hái shi rěn nài zhù gōng jìng de tì lǎo rén chuān shàng xié lǎo rén xiào
还是忍耐住，恭敬地替老人穿上鞋。老人笑
zhe duì zhāng liáng shuō rú zǐ kě jiào yì si shì nián qīng rén yǒu
着对张良说："孺子可教。"意思是年轻人有
chū xi kě yǐ bǎ běn shi chuán shòu gěi tā hòu lái lǎo rén chuán gěi
出息，可以把本事传授给他。后来老人传给
tā yí bù bīng shū shǐ zhāng liáng chéng wéi zhù míng de hàn chū sān jié zhī
他一部兵书，使张良成为著名的汉初三杰之
yī zhāng liáng qiān xū yǒu lǐ de zuò rén yuán zé chéng wéi hòu rén xué xí
一。张良谦虚有礼的做人原则成为后人学习
de bǎng yàng
的榜样。

【原文】

xiāng jiǔ líng néng wēn xí
香九龄① 能温席②
xiào yú qīn suǒ dāng zhí
孝于亲 所当执③

【注释】

xiāng dōng hàn shí dài de xiào zǐ xìng huáng míng xiāng wēn
①香：东汉时代的孝子，姓黄名香。②温
xí wēn nuǎn zhěn xí zhí shí dì qù zuò
席：温暖枕席。③执：实地去做。

【释义】

huángxiāng cóng xiǎo fēi chángdǒng shì jiǔ suì shí jiù dǒng dé dōng tiān
黄香从小非常懂事，九岁时，就懂得冬天
gěi fù qīn nuǎn bèi rù ràng fù qīn shuì jiào shí gǎn dào wēn nuǎn xiào shùn
给父亲暖被褥，让父亲睡觉时感到温暖。孝顺
fù mǔ shì zuò rén de jī běn yuán zé
父母是做人的基本原则。

【故事解读】

huáng xiāng wēn xí
黄香温席

gǔ shí hou yǒu yí gè jiào huáng xiāng de xiǎo hái jiǔ suì shí mǔ
古时候，有一个叫黄香的小孩，九岁时母
qīn qù shì le tā yǔ tǐ ruò de fù qīn xiāng yī wéi mìng tā zhī
亲去世了，他与体弱的父亲相依为命。他知
dào fù qīn yǎng yù
道父亲养育
zì jǐ de jiān xīn
自己的艰辛，
fēi cháng xīn téng fù
非常心疼父
qīn xià tiān tiān
亲。夏天天
rè měi wǎn tā
热，每晚他
dōu xiān bǎ fù qīn
都先把父亲
de zhěn xí shān liáng
的枕席扇凉，

以便让父亲安睡。冬天天冷，每晚他都先上床，用体温把被褥焐热，以免父亲着凉。正因为黄香有此孝心，才使他长大以后在做人、求学上都取得了很大成就。由此看来，一个人的成长，首先要有孝心，这也是做子女应尽的义务。

【原文】

融四岁[①] 能让梨 弟于长[②]
宜先知[③] 首孝悌[④] 次见闻[⑤]

【注释】

①融：孔融。②弟：尊敬兄长。长：兄长。③知：晓得、了解。④首：首先。孝悌：孝，孝顺父母；悌，恭敬兄长。⑤次：其次。见闻：指看到和听到的事。

【释义】

kǒng róng sì suì shí jiù dǒng dé bǎ dà de lí ràng gěi gē ge chī
孔融四岁时就懂得把大的梨让给哥哥吃，
zuò dì di de duì yú xiōng zhǎng yīng gāi dǒng dé zhè gè dào lǐ shǒu xiān
做弟弟的对于兄长，应该懂得这个道理。首先
yào dǒng dé xiào shùn zhǎng bèi hé zūn jìng xiōng zhǎng qí cì cái shì xué zhī shí
要懂得孝顺长辈和尊敬兄长，其次才是学知识。

【故事解读】

kǒng róng ràng lí
孔融让梨

dōng hàn mò nián yǒu gè jiào kǒng róng de rén tā shì zhōng guó wén
东汉末年，有个叫孔融的人，他是中国文
xué shǐ shang zhù míng de jiàn ān qī zǐ zhī yī zài tā sì suì shí
学史上著名的“建安七子”之一。在他四岁时
de yì tiān yǒu rén sòng lái yì kuāng lí dà ren ràng tā hé jǐ gè gē
的一天，有人送来一筐梨。大人让他和几个哥

ge zì jǐ tiāo kǒng róng ná le yí gè zuì xiǎo de nà ge rén wèn
哥自己挑，孔融拿了一个最小的。那个人问：
nǐ zěn me bù ná dà de ne kǒng róng shuō gē ge nián jì bǐ
“你怎么不拿大的呢？”孔融说：“哥哥年纪比
wǒ dà yīng gāi chī dà de wǒ nián jì xiǎo zěn me néng ná dà de
我大，应该吃大的。我年纪小，怎么能拿大的
ne dà jiā tīng le diǎn tóu chēng zàn zūn jìng zhǎng bèi jiào xiào
呢？”大家听了，点头称赞。尊敬长辈叫“孝”，
zūn jìng xiōng zhǎng jiào tì xiào tì zhī qíng shì zhōng huá mín zú de chuán
尊敬兄长叫“悌”。孝悌之情是中华民族的传
tǒng měi dé shì měi gè rén dōu yīng gāi dǒng de de dào lǐ
统美德，是每个人都应该懂得的道理。

【原文】

zhī mǒu shù shí mǒu wén yī ér shí
知某数① 识某文② 一而十
shí ér bǎi bǎi ér qiān qiān ér wàn
十而百 百而千 千而万

【注释】

shù shù zì wén wén xué
①数：数字。②文：文学。

【释义】

wǒ men yào xué huì yòng shù zì jì suàn bì xū xiān xué huì shí
我们要学会用数字计算，必须先学会识

zì wàn wù zhī shù cóng yī kāi shǐ hòu miàn shì shí bǎi qiān wàn
字。万物之数从一开始，后面是十、百、千、万，
méi yǒu zhōng diǎn wú xiàn xiàng qián yán shēn
没有终点，无限向前延伸。

【故事解读】

shí jìn zhì de fā míng

十进制的发明

yuǎn gǔ shí fēn rén men zài láo dòng hé shēng huó zhōng zhú jiàn yǒu
远古时分，人们在劳动和生活中，逐渐有
le shù de gài niàn dāng shù liàng bú dà de shí hòu zhè gè wèn tí hái
了数的概念。当数量不大的时候，这个问题还
bǐ jiào hǎo jiě jué dàn shù liàng dà le yǐ hòu jiù má fán le zǒng bù
比较好解决，但数量大了以后就麻烦了，总不
néng wú xiàn zhì de fā zhǎn xià qù bā yú shì rén men jiù xiǎng dào le
能无限制地发展下去吧，于是，人们就想到了
jìn wèi de wèn tí jù shuō shì jiè shàng chū xiàn guò xǔ duō zhǒng jìn wèi
进位的问题。据说世界上出现过许多种进位
zhì gǔ bā bǐ lún jiù cǎi yòng guò liù shí jìn wèi zhì xiàn zài de fēn
制，古巴比伦就采用过六十进位制（现在的分、
miǎo xiǎo shí hái cǎi yòng liù shí jìn wèi zhì dàn zhè zhǒng jìn wèi zhì
秒、小时还采用六十进位制）。但这种进位制
fēi cháng fù zá shǐ yòng jí bù fāng biàn cǐ wài hái yǒu shí èr jìn
非常复杂，使用极不方便。此外，还有十二进
wèi zhì dǎ shí liù jìn wèi zhì jiù zhì de jīn liǎng děng zuì
位制（打）、十六进位制（旧制的斤、两）等。最
fāng biàn de jìn wèi zhì shì shí jìn wèi zhì zhè zhǒng jìn wèi zhì shì zhōng guó
方便的进位制是十进位制，这种进位制是中国
de yī dà fā míng zài jù jīn sān qiān duō nián qián de shāng dài de jiǎ
的一大发明。在距今三千多年前的商代的甲
gǔ wén zhōng jiù yǐ jīng yǒu yī èr sān sì wǔ liù qī
骨文中，就已经有一、二、三、四、五、六、七、

bā jiǔ shí bǎi qiān wàn shí sān gè shù zì zhè gè fā míng
八、九、十、百、千、万十三个数字。这个发明
shì rén mín qún zhòng de jí tǐ chuàng zuò shì zhōng guó duì shì jiè wén huà de
是人民群众的集体创作，是中国对世界文化的
jù dà gòng xiàn
巨大贡献。

【原文】

sān cái zhě tiān dì rén
三才者① 天地人
sān guāng zhě rì yuè xīng
三光者② 日月星

【注释】

sān cái tiān cái dì cái rén cái de zǒngchēng sān
①三才：天才、地才、人才的总称。②三
guāng rì guāng yuè guāng xīng guāng de zǒngchēng
光：日光、月光、星光的总称。

【释义】

gǔ rén bǎ gòu chéng shì jiè de zhǔ yào bù fen tiān dì rén
古人把构成世界的主要部分“天、地、人”
chēng wéi sān cái bǎ rì yuè xīng chēng wéi sān guāng
称为“三才”，把“日、月、星”称为“三光”。

【故事解读】

nǚ wā zào rén
女娲造人

pán gǔ kāi tiān pì dì zhī hòu dà dì shàng màn màn cháng chū le gè zhǒng
盘古开天辟地之后，大地上慢慢长出了各种
huā cǎo shù mù màn màn yǒu le niǎo shòu chóng yú zhè shí yǒu yí wèi míng
花草树木，慢慢有了鸟兽虫鱼。这时，有一位名
jiào nǚ wā de nǚ shén zǒng jué dé shì jiè hái shì xiǎn dé hěn jì mò yú
叫女娲的女神，总觉得世界还是显得很寂寞，于
shì tā jiù fǎng zhào zì jǐ de yàng zi yòng huáng tǔ niē le xǔ duō xiǎo rén
是，她就仿照自己的样子，用黄土捏了许多小人。
tā bǎ zhè xiē xiǎo rén fàng dào dì shàng tā men jiù dōu huó le rán hòu xiàng
她把这些小人放到地上，他们就都活了，然后向
sì fāng zǒu sàn yú shì dì qiú shàng yǒu le rén lèi rén lèi zài dì qiú
四方走散，于是，地球上有了人类。人类在地球
shàng shēng zhí fán yǎn xīn qín láo zuò shǐ dé shì jiè biàn de yuè lái yuè měi lì
上生殖繁衍，辛勤劳作，使得世界变得越来越美丽。

nǚ wā shì zhōng huá mín zú de wěi dà mǔ qīn
女娲是中华民族的伟大母亲。

【原文】

sān gāng zhě jūn chén yì
三纲者① 君臣义②
fù zǐ qīn fū fù shùn
父子亲③ 夫妇顺④

【注释】

①纲：纲领、要领。②义：凡事合宜。③亲：亲切和睦。④顺：和顺无争。

【释义】

封建社会有“三纲”，即君为臣纲，父为子纲，夫为妻纲。君臣之间，臣要绝对服从君，父子和夫妻之间的关系也是如此。

【故事解读】

岳飞尽忠

岳飞是南宋著名的抗金将领，正当他打败金兵的入侵、准备反击时，

hūn yōng de huáng dì zhào gòu què tīng xìn chán yán jǐn jí zhào huí yuè fēi
昏庸的皇帝赵构却听信谗言，紧急召回岳飞。
yǒu rén quàn shuō yuè fēi bú yào tīng cóng cháo tíng de diào qiǎn yuè fēi què rèn
有人劝说岳飞不要听从朝廷的调遣，岳飞却认
wéi jūn jiào chén sǐ chén bù dé bù sǐ jié guǒ huí cháo hòu bèi
为：君叫臣死，臣不得不死。结果回朝后，被
qín huì děng rén hài sǐ zài fēng bō tíng lìng rén tàn xī dàn sān zì
秦桧等人害死在风波亭，令人叹息。但《三字
jīng de zuò zhě rèn wéi jūn chén zhī jiān yǒu xiāng hù zūn jìng de yì wù
经》的作者认为：君臣之间有相互尊敬的义务，
fù zǐ zhī jiān yǒu xiāng hù ài hù de qīn qíng fū qī zhī jiān yǒu xiāng hù
父子之间有相互爱护的亲情，夫妻之间有相互
hé shùn de zé rèn zhè yàng shè huì jiù néng ān níng guó jiā jiù néng
和顺的责任。这样，社会就能安宁，国家就能
fù qiáng
富强。

【原文】

yuē chūn xià yuē qiū dōng
曰春夏① 曰秋冬
cǐ sì shí yùn bù qióng
此四时② 运不穷③

【注释】

yuē shuō dào tí dào sì shí zhǐ yī nián sì
①曰：说道，提到。②四时：指一年四
jì yùn xún huán yùn zhuǎn bù qióng méi yǒu zhōng zhǐ de shí hou
季。③运：循环、运转。不穷：没有终止的时候。

【释义】

yì nián fēn wéi chūn xià qiū dōng sì gè jì jié chūn qù xià
一年分为春、夏、秋、冬四个季节，春去夏
lái qiū qù dōng lái bìng yī cǐ zhì xù xún huán yùn zhuǎn yǒng bù tíng xī
来，秋去冬来，并依此秩序循环运转，永不停息。

【故事解读】

huáng dì zhì lì
黄帝制历

zhōng guó de lì fǎ shì shì jiè shang zuì zǎo de lì fǎ zhī yī jì
中国的历法是世界上最早的历法之一，既
kē xué yòu shí yòng xiāng chuán tā shì zài huáng dì shí qī fā míng de huáng
科学又实用，相传它是在黄帝时期发明的。黄
dì yǒu liǎng gè dà chén yí gè jiào xī hé yí gè jiào cháng yí tā liǎ
帝有两个大臣，一个叫羲和，一个叫常仪，他俩
duì tiān wén dōu gǎn xìng qù wèi le gèng hǎo de fā zhǎn nóng yè huáng dì
对天文都感兴趣。为了更好地发展农业，黄帝
jiù jiào xī hé yán jiū tài yáng de yùn xíng guī lǜ cháng yí yán jiū yuè liang
就叫羲和研究太阳的运行规律，常仪研究月亮
hé xīng chén de biàn huà guī lǜ jīng guò yí duàn shí jiān de nǔ lì tā
和星辰的变化规律。经过一段时间的努力，他
men zhōng yú yán jiū chū zhè tào lì fǎ yīn wèi shì zài huáng dì shí qī
们终于研究出这套历法。因为是在黄帝时期
kāi shǐ shǐ yòng de suǒ yǐ jiào zuò huáng lì hòu lái yòu jīng guò hòu
开始使用的，所以叫做“黄历”。后来又经过后
rén de bú duàn bǔ chōng wán shàn yì zhí yán yòng dào xiàn zài
人的不断补充完善，一直沿用到现在。

【原文】

yuē nán běi　　yuē xī dōng
曰南北　曰西东
cǐ sì fāng　　yìng hū zhōng
此四方　应乎中①

【注释】

zhōng　zhōngyāng
①中：中央。

【释义】

dōng nán xī běi shì dì lǐ de sì gè zhǔ yào fāng wèi tā
东、南、西、北是地理的四个主要方位，它
men shì yǔ zhōngyāng fāng wèi xiāng duì yìng ér yán de
们是与中央方位相对应而言的。

【故事解读】

nǚ wā bǔ tiān
女娲补天

chuán shuō yuǎn gǔ shí qī zhuān xū dì tǒng zhì tiān xià shuǐ shén
传说远古时期，颛顼帝统治天下，水神

gòng gōng bù fú jiù yǔ tā dǎ le qǐ lái zhè chǎng zhàn zhēng yì cháng
共工不服，就与他打了起来。这场战争异常
jī liè zuì hòu dǎ dào yí zuò jiào bù zhōu shān de shān xià gòng
激烈，最后打到一座叫“不周山”的山下。共
gōng jiàn zhàn jú jiāng chí bú xià jiù yì tóu zhuàng xiàng bù zhōu shān zhè
工见战局僵持不下，就一头撞向不周山。这
yàng yì lái zāi huò fā shēng le yuán lái bù zhōu shān shì zhī chēng tiān
样一来，灾祸发生了。原来，不周山是支撑天
de zhù zi tiān zhù yì dǎo tiān jiù qīng xié le dà dì tā xiàn le
的柱子，天柱一倒，天就倾斜了，大地塌陷了，
hóng shuǐ kāi shǐ fàn làn nǚ wā wèi le zhěng jiù rén lèi cǎi lái wǔ
洪水开始泛滥。女娲为了拯救人类，采来五
sè shí yòng tiān huǒ áo chéng gāo bǎ tā le de tiān bǔ le qǐ lái
色石，用天火熬成膏，把塌了的天补了起来。
dàn qīng xié de tiān zài yě nán yǐ huī fù āo xiàn de dì yě bù néng
但倾斜的天再也难以恢复，凹陷的地也不能
píng fù zhè jiù shì wèi shén me tài yáng cóng xī fāng luò xià jiāng hé
平复。这就是为什么太阳从西方落下、江河
xiàng dōng nán liú de yuán yīn
向东南流的原因。

【原文】

yuē shuǐ huǒ　　mù jīn tǔ
曰水火　木金土
cǐ wǔ xíng　　běn hū shù
此五行①　本乎数②

【注释】

wǔ xíng　jīn　mù　shuǐ　huǒ　tǔ　běn　gēn yuán
①五行：金、木、水、火、土。②本：根源。

【释义】

shì jiān wàn wù dōu shì yóu jīn mù shuǐ huǒ tǔ wǔ zhǒng cháng jiàn de wù zhì zǔ chéng de zhè wǔ zhǒng wù zhì chēng wéi wǔ xíng lái yuán yú tiān lǐ
世间万物都是由"金、木、水、火、土"五种常见的物质组成的，这五种物质称为"五行"，来源于天理。

【故事解读】

lǐ bīng zhì shuǐ
李冰治水

gǔ dài de shǔ dì shuǐ hàn zāi hài yán zhòng　mín jiāng liú rù dū jiāng
古代的蜀地水旱灾害严重。岷江流入都江

yàn shì yuán sì chuān guàn xiàn ní shā yū jī hóng shuǐ jì jié cháng cháng fàn
堰市(原四川灌县),泥沙淤积,洪水季节常常泛
làn chéng zāi ér dōng biān què yòu gān hàn yán zhòng zhàn guó qín zhāo wáng shí
滥成灾,而东边却又干旱严重。战国秦昭王时,
lǐ bīng lái shǔ jùn rèn jùn shǒu tā zhǔ chí le wěi dà de dū jiāng yàn shuǐ lì
李冰来蜀郡任郡守,他主持了伟大的都江堰水利
gōng chéng tā zài jiāng zhōng xiū jiàn le fēn shuǐ yú zuǐ bǎ jiāng shuǐ fēn wéi nèi
工程。他在江中修建了分水鱼嘴,把江水分为内
jiāng hé wài jiāng yòu jiàn fēi shā yàn zài shuǐ liàng bù dà de shí hou bǎo zhèng
江和外江,又建飞沙堰,在水量不大的时候,保证
nèi jiāng de shuǐ liàng dāng shuǐ liàng guò dà shí jiāng shuǐ yòu huì màn guò dī yàn fēn
内江的水量,当水量过大时,江水又会漫过堤堰分
liú rù wài jiāng tóng shí tā hái qǐ dào pái shā de zuò yòng tā yòu dài lǐng
流入外江。同时它还起到排沙的作用。他又带领
mín gōng bǎ zǔ ài shuǐ liú de yù lěi shān pī kāi jiàn chéng bǎo píng kǒu
民工,把阻碍水流的玉垒山劈开,建成宝瓶口。
dū jiāng yàn gōng chéng bù jǐn jiě jué le mín jiāng jīng cháng fàn làn de wèn tí
都江堰工程不仅解决了岷江经常泛滥的问题,
ér qiě guàn gài le jǐ bǎi wàn mǔ tǔ dì shǐ sì chuān chéng wéi hàn lào bǎo
而且灌溉了几百万亩土地,使四川成为旱涝保
shōu de tiān fǔ zhī guó tā suǒ zǒng jié chū lái de shēn táo tān dī zuò
收的天府之国。他所总结出来的“深淘滩,低作
yàn yù wān jié jiǎo féng zhèng chōu xīn zhì jīn yóu yǒu cān kǎo jiè jiàn jià zhí
堰,遇湾截角,逢正抽心”至今犹有参考借鉴价值。

【原文】

yuē rén yì lǐ zhì xìn
曰仁义 礼智信①

cǐ wǔ cháng bù róng wěn
此五常② 不容紊③

【注释】

lǐ rén shì de yí zé zhì duì shì jiān shì lǐ de rèn
①礼：人事的仪则。智：对世间事理的认
shi yǔ liǎo jiě xìn chéng shí wú qī cháng héngcháng bú biàn de
识与了解。信：诚实无欺。②常：恒常不变的
fǎ zé bù róng wěn bù kě yǐ wěn luàn
法则。③不容紊：不可以紊乱。

【释义】

rén yì lǐ zhì xìn bèi chēng zuò wǔ cháng tā men
“仁、义、礼、智、信”被称作“五常”，它们
shì zhǐ dǎo rén men jǔ zhǐ xíng wéi de dào dé biāo zhǔn bù kě yǐ hùn luàn
是指导人们举止行为的道德标准，不可以混乱
hé wéi bèi
和违背。

【故事解读】

rú jiā tí chàng de dào dé biāo zhǔn yǒu wǔ xiàng jí rén yì
儒家提倡的道德标准有五项，即仁、义、
lǐ zhì xìn yì si jiù shì duì rén kuān hòu yǒu ài xīn shì rén
礼、智、信。意思就是：对人宽厚有爱心，是仁；
wéi rén zhèng pài ài zēng fēn míng shì yì dài rén bīn bīn yǒu lǐ xíng
为人正派，爱憎分明，是义；待人彬彬有礼，行
wéi duānzhuāng shì lǐ chǔ shì guǒ duàn zhōu mì shì zhì zuò rén chéng shí
为端庄，是礼；处事果断周密，是智；做人诚实
wěn zhòng jiǎng xìn yù shì xìn àn zhào zhè wǔ cháng qù zuò jiù kě
“稳重”讲信誉，是信。按照这五常去做，就可
yǐ chéng wéi zhèng rén jūn zǐ fǎn zhī zé kě néngchéng wéi zāo rén tuò mà
以成为正人君子；反之，则可能成为遭人唾骂

de huài rén yóu cǐ kàn lái wǔ cháng suī shì fēng jiàn shè huì rén men de
的坏人。由此看来，五常虽是封建社会人们的
xíng wéi guī fàn dàn zhì jīn réng yǒu jī jí de yì yì
行为规范，但至今仍有积极的意义。

【原文】

dào liáng shū mài shǔ jì
稻粱菽[①] 麦黍稷[②]
cǐ liù gǔ rén suǒ shí
此六谷[③] 人所食

【注释】

liáng bǐ sù hái yào dà yì xiē de liáng shí kě yǐ niàng jiǔ
①粱：比粟还要大一些的粮食，可以酿酒。
shū dòu lèi de zǒngchēng mài běi fāng rén zhǔ yào de liáng shi yǒu
菽：豆类的总称。②麦：北方人主要的粮食，有
dà mài xiǎo mài yàn mài děng jì hěn xiàng gāo liang de xiǎo mǐ shǔ
大麦、小麦、燕麦等。稷：很像高粱的小米。黍：
huáng mǐ liù gǔ jí dào liáng shū mài shǔ jì děng liù zhǒng
黄米。③六谷：即稻、粱、菽、麦、黍、稷等六种
liáng shi
粮食。

【释义】

zhōng guó gǔ dài gēngzhòng de liáng shi zhǒng lèi yǒu liù zhǒng jí dào
中国古代耕种的粮食种类有六种，即稻

gǔ gāo liang dòu lèi mài zi xiǎo mǐ hé gǔ zǐ tā men shì rén
谷、高粱、豆类、麦子、小米和谷子，它们是人
lèi shí yòng de zhǔ yào liáng shi
类食用的主要粮食。

【故事解读】

shén nóng bō zhǒng
神农播种

shén nóng shì wǒ guó nóng yè de diàn jī zhě tā shēng huó de shí
神农是我国农业的奠基者，他生活的时
dài rén men hái chǔ yú yuán shǐ shòu liè shí qī zhǔ yào yǐ yě shòu de
代，人们还处于原始狩猎时期，主要以野兽的
ròu wéi shí tā dāng le bù luò shǒu lǐng hòu dān xīn shí jiān cháng le
肉为食。他当了部落首领后，担心时间长了
yě shòu bèi bǔ jìn rén men méi yǒu shí wù
野兽被捕尽，人们没有食物，
wú fǎ shēng huó jiù yì zhí xiǎng zhǎo yì zhǒng
无法生活，就一直想找一种
ròu de tì dài pǐn yí cì tā
肉的替代品。一次，他
yòng yì zhǒng yě cǎo zuò rán
用一种野草做燃
liào kǎo ròu shí
料烤肉时，
hū rán cóng huǒ li
忽然从火里
bèng chū jǐ lì bái
蹦出几粒白
huā huā de dōng xi
花花的东西
lái tā yì cháng
来，他一尝，

xiāng cuì kě kǒu yuán lái shì nà zhí wù de zhǒng zi shòu cǐ qǐ fā
香脆可口，原来是那植物的种子。受此启发，
tā bǎ bù shǎo zhí wù de zhǒng zi ná lái zuò shí yàn zuì hòu cóng zhōng
他把不少植物的种子拿来做实验，最后从中
xuǎn chū yì xiē wèi dào hǎo de pǐn zhǒng guǎng fàn zhòng zhí liù gǔ jiù zhè
选出一些味道好的品种广泛种植，六谷就这
yàng chū xiàn le
样出现了。

【原文】

mǎ niú yáng jī quǎn shǐ
马牛羊 鸡犬豕①
cǐ liù chù rén suǒ sì
此六畜② 人所饲

【注释】

shǐ zhū liù chù jí mǎ niú yáng jī quǎn
①豕：猪。②六畜：即“马、牛、羊、鸡、犬、
zhū liù zhǒng dòng wù
猪”六种动物。

【释义】

mǎ niú yáng jī gǒu zhū liù zhǒng jiā chù shì rén lèi sì
马、牛、羊、鸡、狗、猪六种家畜，是人类饲
yǎng de zhǔ yào shēng chù kě yǐ shí yòng hé wèi rén lèi láo dòng
养的主要牲畜，可以食用和为人类劳动。

【故事解读】

fú xī xùn liù chù

伏羲驯六畜

wǔ qiān duō nián qián fú xī shì zuò bù luò shǒu lǐng de shí hou
五千多年前，伏羲氏做部落首领的时候，
rén men yǐ shòu liè wéi shēng rú guǒ yù dào è liè tiān qì bǔ bú dào
人们以狩猎为生。如果遇到恶劣天气捕不到
yě shòu rén men jiù děi ái è yú shì fú xī shì xiǎng le yí gè
野兽，人们就得挨饿。于是，伏羲氏想了一个
bàn fǎ tiān qì hǎo shí duō bǔ yì xiē yě shòu chī bù wán jiù yǎng
办法：天气好时，多捕一些野兽，吃不完就养
qǐ lái hòu lái jīng guò tiāo xuǎn gù dìng le yì xiē pǐn zhǒng zhè jiù
起来。后来经过挑选，固定了一些品种，这就
shì liù chù tā men chú le kě yǐ shí yòng wài hái yǒu hěn duō yòng
是六畜。它们除了可以食用外，还有很多用
tú rú mǎ néng lā chē niú néng gēng tián yáng néng gōng pí qiú
途，如：马能拉车，牛能耕田，羊能供皮裘，
jī néng bào shí gǒu néng kān jiā zhū néng gōng ròu tā men jì shì
鸡能报时，狗能看家，猪能供肉。它们既是
rén lèi de zhǔ yào fù shí yě shì rén lèi de hǎo péng you
人类的主要副食，也是人类的好朋友。

【原文】

yuē xǐ nù yuē āi jù
曰喜怒① 曰哀惧②
ài wù yù qī qíng jù
爱恶欲③ 七情具④

【注释】

xǐ yú kuài gāo xīng nù fèn nù bú kuài āi
①喜：愉快、高兴。怒：愤怒、不快。②哀：
bēi shāng āi chóu jù hài pà kǒng jù yù sī mù tān
悲伤、哀愁。惧：害怕、恐惧。③欲：思慕、贪
qiú jù jù yǒu jù bèi
求。④具：具有、具备。

【释义】

gǔ rén rèn wéi huān xǐ fā nù bēi āi kǒng jù ài liàn
古人认为欢喜、发怒、悲哀、恐惧、爱恋、
yàn wù yù wàng shì rén tiān shēng jiù jù yǒu de qī zhǒng qíng gǎn bú yòng
厌恶、欲望是人天生就具有的七种情感，不用
xué xí jiù huì le
学习就会了。

【故事解读】

xiān yōu hòu lè
先忧后乐

sòng cháo shī rén fàn zhòng yān zài tā de qiān gǔ míng piān yuè yáng lóu
宋朝诗人范仲淹在他的千古名篇《岳阳楼
jì zhōng xiě yǒu xiān tiān xià zhī yōu ér yōu hòu tiān xià zhī lè ér
记》中写有“先天下之忧而忧，后天下之乐而
lè zhè yàng de míng jù wén zhāng zhōng xiě dào gǔ dài de rén zhě zhì
乐”这样的名句。文章中写道：古代的仁者志
shì bù yīn wèi měi jǐng ér gāo xìng yě bù yīn wèi zì jǐ de chǔ jìng bù
士不因为美景而高兴，也不因为自己的处境不

hǎo ér bēi shāng zuò guān shí wèi tiān xià de bǎi xìng yōu lǜ shēn chǔ
好而悲伤。做官时，为天下的百姓忧虑；身处
jiāng hú shí wèi zì jǐ de guó jūn yōu lǜ ruò yǒu rén wèn tā men
江湖时，为自己的国君忧虑。若有人问他们，
tā men yí dìng huì shuō yōu lǜ zài tiān xià bǎi xìng zhī xiān huān lè zài
他们一定会说：忧虑在天下百姓之先，欢乐在
tiān xià bǎi xìng zhī hòu fàn zhòng yān rèn wéi zhǐ yǒu zhè yàng de rén cái
天下百姓之后。范仲淹认为，只有这样的人才
néng hé zì jǐ zuò péng you rén jù yǒu qíng gǎn hěn zhèng cháng dàn zhòng
能和自己做朋友。人具有情感很正常，但重
yào de shì zěn me chǔ lǐ tā
要的是怎么处理它。

【原文】

páo tǔ gé mù shí jīn
匏土革① 木石金②
sī yǔ zhú nǎi bā yīn
丝与竹③ 乃八音

【注释】

páo páo guā kě chuī chū yīn yuè de
①匏：匏瓜，可吹出音乐的
shēng qì tǔ wǎ zhì de yuè qì gé niú
笙器。土：瓦制的乐器。革：牛
pí zhì de gǔ mù mù zhì de yuè qì
皮制的鼓。②木：木制的乐器。
shí yù shí zuò de yuè qì jīn tiě zhì de yuè
石：玉石做的乐器。金：铁制的乐

qì sī zhì zuò xián yuè de cái liào zhú zhì zuò guǎn yuè de
器。③丝：制作弦乐的材料。竹：制作管乐的
cái liào
材料。

【释义】

zhōng guó gǔ dài tǒng chēng yuè qì wéi bā yīn páo guā táo
中国古代统称乐器为“八音”。匏瓜、陶
tǔ pí gé mù cái shí tóu jīn shǔ sī hé zhú zǐ shì zhì zuò
土、皮革、木材、石头、金属、丝和竹子是制作
bā zhǒng yuè qì de cái liào
八种乐器的材料。

【故事解读】

yīn yuè néng gòu biǎo dá rén lèi fēng fù de qíng gǎn néng qǐ dào
音乐能够表达人类丰富的情感，能起到
jìng huà líng hún de zuò yòng gǔ shí hou wú lùn shì jì sì tiān dì
净化灵魂的作用。古时候，无论是祭祀天地，
hái shi cháo tíng jǔ xíng shèng diǎn dōu yào zòu yuè chuán shuō zhōng guó zuì
还是朝廷举行盛典，都要奏乐。传说中国最
zǎo de qín shì yóu fú xī shì fā míng de nà shí hái méi yǒu yīn jiē
早的琴是由伏羲氏发明的，那时还没有音阶。
dào le huáng dì shí tā shǒu xià yí gè jiào líng lún de rén jīng guò kǔ
到了黄帝时，他手下一个叫伶伦的人经过苦
sī míng xiǎng zhōng yú xiǎng chū le yí tào gōng yǎn zòu yòng de yīn diào
思冥想，终于想出了一套供演奏用的音调，
bìng zài kūn lún shān zhǎo dào le yì zhǒng zhuān mén yǎn zòu zhè zhǒng yīn diào de
并在昆仑山找到了一种专门演奏这种音调的
zhú zi fā míng le yīn jiē cóng cǐ yīn yuè biàn chéng wéi wén míng
竹子，发明了音阶。从此，音乐便成为文明
de xiàng zhēng
的象征。

【原文】

gāo zēng zǔ　fù ér shēn

高曾祖① 父而身②

shēn ér zǐ　zǐ ér sūn

身而子 子而孙

zì zǐ sūn　zhì xuán zēng

自子孙 至玄曾③

nǎi jiǔ zú　rén zhī lún

乃九族④ 人之伦⑤

【注释】

gāo gāo zǔ fù zēng zēng zǔ fù shēn zì

①高：高祖父。曾：曾祖父。②身：自

jǐ xuán xuán sūn zi zēng zēng sūn zi jiǔ zú cóng

己。③玄：玄孙子。曾：曾孙子。④九族：从

gāo zǔ fù dào xuán sūn zi yí gòng jiǔ dài de zǒng chēng rén zhī

高祖父到玄孙子，一共九代的总称。⑤人之

lún rén men de zūn bēi zhǎng yòu cì xù

伦：人们的尊卑长幼次序。

【释义】

shàng sù shì zì gāo zǔ zēng zǔ zǔ fù fù qīn dào zì jǐ

上溯是自高祖、曾祖、祖父、父亲到自己，

xià yán shì yóu zì jǐ ér zi sūn zi zēng sūn ér zhì xuán sūn zhè

下延是由自己、儿子、孙子、曾孙而至玄孙，这

jiǔ dài gòu chéng měi gè jiā tíng shì xì zhōng de jiǔ zú gè dài zhī jiān de
九代构成每个家庭世系中的九族，各代之间的
zhǎng yòu zūn bēi zhì xù jiù shì rén lún
长幼尊卑秩序就是人伦。

【故事解读】

jiǔ zú zhī xù 九族之序

jiǔ zú zhǐ de shì tóng yī zǔ zong de rén yī zhào bèi fen pái liè
九族指的是同一祖宗的人，依照辈分排列
de zhǎng yòu shùn xù jiǔ zú zhī shǒu wéi gāo zǔ fù fán shì gāo zǔ suǒ
的长幼顺序。九族之首为高祖父，凡是高祖所
shēng de hòu dài dōu kě yǐ chēng wéi tóng zú zhī hòu yī cì wéi zēng zǔ
生的后代，都可以称为同族。之后依次为曾祖

fù zǔ fù fù qīn rán hòu cái shì zì jǐ děng dào zì jǐ chéng jiā
父、祖父、父亲，然后才是自己。等到自己成家
lì yè hòu suǒ shēng de hòu dài jiù shì zì jǐ de zǐ nǚ zǐ nǚ de
立业后，所生的后代就是自己的子女，子女的
hòu dài jiù shì zì jǐ de sūn zi rán hòu yī cì wéi zēng sūn xuán sūn
后代就是自己的孙子，然后依次为曾孙、玄孙。
cóng gāo zǔ dào xuán sūn gòu chéng yí gè páng dà de jiā zú xì tǒng tǐ
从高祖到玄孙，构成一个庞大的家族系统，体
xiàn le jiā zú zhī jiān qīn shū yuǎn jìn lǎo yòu zūn bēi de lún cháng zhì xù
现了家族之间亲疏远近、老幼尊卑的伦常秩序。

【原文】

fù zǐ ēn fū fù shùn
父子恩① 夫妇顺②
xiōng zé yǒu dì zé gōng
兄则友③ 弟则恭④
zhǎng yòu xù yǒu yǔ péng
长幼序⑤ 友与朋
jūn zé jìng chén zé zhōng
君则敬⑥ 臣则忠⑦
cǐ shí yì rén suǒ tóng
此十义⑧ 人所同

【注释】

ēn ēn ài fù cí zǐ xiào shùn shùn cóng fū chàng
①恩：恩爱，父慈子孝。②顺：顺从，夫唱

fù suí yǒu yǒu ài gōng gōng jìng xù zhì xù cì
妇随。③友：友爱。④恭：恭敬。⑤序：秩序、次

xù jūn jūn zhǔ chén chén mín zhōng jìn jǐ xīn lì yǐ
序。⑥君：君主。⑦臣：臣民。忠：尽己心力以

dài rén chǔ shì de měi dé shí yì jí fù cí zǐ xiào fū hé
待人处世的美德。⑧十义：即父慈、子孝、夫和、

fù cóng xiōng yǒu dì gōng péng yì yǒu xìn jūn jìng chén zhōng
妇从、兄友、弟恭、朋谊、友信、君敬、臣忠。

【释义】

fù zǐ jiān yīng fù cí zǐ xiào fū fù jiān yào hé shùn xiōng zhǎng
父子间应父慈子孝，夫妇间要和顺，兄长

yīng ài hù dì di dì di yīng zūn jìng gē ge zhǎng yòu zhī jiān yào yǒu
应爱护弟弟，弟弟应尊敬哥哥，长幼之间要有

zhì xù péng yǒu xiāng jiāo yào jiǎng xìn yì jūn wáng zūn zhòng chén zǐ chén zǐ
秩序，朋友相交要讲信义，君王尊重臣子，臣子

zhōng yú jūn wáng zhè shí zhǒng yì wù shì měi gè rén dōu yào zūn shǒu de
忠于君王。这十种义务是每个人都要遵守的

dào dé biāo zhǔn
道德标准。

【故事解读】

mǔ zǐ tóng xíng
母子同刑

sān guó shí qī wèi
三国时期，魏

guó de wáng jīng gēn suí shào
国的王经跟随少

dì cáo máo zhēng tǎo cuàn wèi
帝曹髦征讨篡位

的司马昭，结果兵败被俘。司马昭要王经投降，并抓来他的母亲相威胁。王经说：“为国尽忠，死而无怨。”司马昭决定处死王经母子。临刑前，王经哭着对母亲说，是自己连累了她。母亲却说，为有这样的儿子感到自豪。王经母子视死如归，同时被害。千百年来，一直受到人们的敬仰。

【原文】

凡训蒙①　须讲究
详训诂②　明句读③

【注释】

①训：教育指导。蒙：小孩刚开始读书识字叫蒙。②训诂：研究字的意义。③句读：一句为句，半句为读。

【释义】

zài duì ér tóng jìn xíng qǐ méng jiào yù shí bì xū jiǎng jiū jiāo shòu
在对儿童进行启蒙教育时，必须讲究教授
de fāng fǎ yào xiáng xì jiǎng qīng měi gè zì de hán yì ràng tā men míng
的方法。要详细讲清每个字的含义，让他们明
bái měi jù huà de duàn jù yǔ dào lǐ
白每句话的断句与道理。

【故事解读】

xiǎo ér zhī xiào
小儿知孝

nán běi cháo shí qī yǒu yí gè zhù míng de xué zhě jiào wáng sēng rú
南北朝时期有一个著名的学者叫王僧孺，
cóng xiǎo jiù qín fèn hào xué tā dú xiào jīng shí shí fēn kè kǔ
从小就勤奋好学。他读《孝经》时，十分刻苦，
néng bǎ zhěng běn shū bèi xià lái kě shì dāng yǒu rén wèn tā guān yú xiào
能把整本书背下来。可是当有人问他关于孝
dào de dào lǐ shí tā què dá bú shàng lái tōng guò zhè jiàn shì wáng
道的道理时，他却答不上来。通过这件事，王
sēng rú míng bai dú shū bù néng sǐ jì yìng bèi bì xū dǒng de shū zhōng
僧孺明白，读书不能死记硬背，必须懂得书中
de dào lǐ cóng cǐ tā bù jǐn cóng shū běn shang xué hái cháng shì bǎ
的道理。从此，他不仅从书本上学，还尝试把
zhī shi yùn yòng dào xíng dòng shang yí cì fù qīn de péng you dào jiā li
知识运用到行动上。一次，父亲的朋友到家里
zuò kè wáng sēng rú lì yòng shū shang jiǎng de dào lǐ rè qíng de zhāo dài
做客，王僧孺利用书上讲的道理，热情地招待
kè rén dé dào kè rén de chēng zàn jiù zhè yàng wáng sēng rú xué yòng
客人，得到客人的称赞。就这样，王僧孺学用

jié hé zhōng yú chéng wéi yí gè dà xué zhě
结合，终于成为一个大学者。

【原文】

wéi xué zhě bì yǒu chū
为学者① 必有初
xiǎo xué zhōng zhì sì shū
小学终② 至四书③

【注释】

wéi xué zhě zuò xué wèn de rén xiǎo xué zhǐ yán jiū
①为学者：做学问的人。②小学：指研究
zì xíng zì yīn zì yì de xué wèn sì shū lún yǔ mèng
字形、字音、字义的学问。③四书：《论语》《孟
zǐ dà xué zhōngyōng hé chēng sì shū
子》《大学》《中庸》合称四书。

【释义】

měi gè rén xué xí yí dìng dōu yào cóng tóu
每个人学习一定都要从头
xué qǐ xiān yì hòu nán xiǎo xué dú wán le
学起，先易后难。小学读完了，
cái kě yǐ jiē zhe dú sì shū
才可以接着读《四书》。

【故事解读】

kōng zhōng lóu gé
空中楼阁

cóng qián yǒu yí gè yú chǔn de cái zhu yí cì tā dào bié
从前，有一个愚蠢的财主。一次他到别
ren jiā zuò kè jiàn nà jiā de dì sān céng lóu fáng shí fēn piào liang huí
人家做客，见那家的第三层楼房十分漂亮。回
jiā hòu tā lì jí qǐng lái gōng jiàng zhǐ míng yào gài yí zuò yǔ nà zuò
家后，他立即请来工匠，指明要盖一座与那座
lóu fáng yí yàng de fáng zi guò le liǎng tiān tā lái dào gōng dì shang
楼房一样的房子。过了两天，他来到工地上，
jiàn gōng jiàng zhèng zài wā dì jī jiù wèn tā men wèi shén me zhè yàng gàn
见工匠正在挖地基，就问他们为什么这样干。

gōng jiàng shuō gài lóu fáng bì xū xiān wā dì jī cái zhu què shuō wǒ
工匠说盖楼房必须先挖地基。财主却说:“我
bú yào xià miàn liǎng céng zhǐ yào dì sān céng gōng jiàng yì tīng zhǐ hǎo
不要下面两层,只要第三层。”工匠一听,只好
zuò bà zhè ge gù shi gào su wǒ men xué xí jiù xiàng gài lóu fáng
作罢。这个故事告诉我们,学习就像盖楼房
yí yàng bì xū cóng jī chǔ xué qǐ fǒu zé jiù xué bú dào zhēn zhèng de
一样,必须从基础学起,否则就学不到真正的
zhī shi
知识。

【原文】

lún yǔ zhě èr shí piān
论语者① 二十篇
qún dì zǐ jì shàn yán
群弟子 记善言②
mèng zǐ zhě qī piān zhǐ
孟子者③ 七篇止④
jiǎng dào dé shuō rén yì
讲道德 说仁义

【注释】

lún yǔ yóu kǒng zǐ de dì zǐ hé zài chuán dì zǐ suǒ biān de
①论语:由孔子的弟子和再传弟子所编的
shū jì jì zǎi shàn yán shàn yán shàn yǔ mèng zǐ mèng
书。②记:记载。善言:善言善语。③孟子:孟
kē suǒ xiě de shū míng zhǐ tōng zhǐ
轲所写的书名。④止:通“只”。

【释义】

lún yǔ lǐ yǒu èr shí piān wén zhāng shì kǒng zǐ de dì zǐ men
《论语》里有二十篇文章，是孔子的弟子们
jì lù kǒng zǐ duì tā men jiào dǎo de yán xíng mèng zǐ yī shū zhǐ
记录孔子对他们教导的言行。《孟子》一书只
yǒu qī piān jiǎng de shì dào dé yǔ rén yì
有七篇，讲的是道德与仁义。

【故事解读】

kǒng zǐ hé mèng zǐ
孔子和孟子

kǒng zǐ chū shēng yú chūn qiū shí qī yì shēng zhōng de dà bù fen
孔子出生于春秋时期，一生中的大部分
shí jiān dōu zài zhōu yóu liè guó sì chù jiǎng xué tā shì wǒ guó gǔ dài
时间都在周游列国，四处讲学。他是我国古代
zuì wěi dà de sī xiǎng jiā hé jiào yù jiā rú jiā xué pài de chuàng shǐ
最伟大的思想家和教育家，儒家学派的创始
rén cóng hàn dài de hàn wǔ dì dào qīng dài rú jiā sī xiǎng yì zhí shì
人。从汉代的汉武帝到清代，儒家思想一直是
fēng jiàn shè huì de zhǔ dǎo sī xiǎng lún yǔ shì rú jiā zuì zhòng yào
封建社会的主导思想。《论语》是儒家最重要
de zhù zuò bāo hán zhe kǒng zǐ sī xiǎng zuì jīng huá de bù fen mèng zǐ
的著作，包含着孔子思想最精华的部分。孟子
shēng yú zhàn guó shí dài shì rú jiā xué shuō de jì chéng zhě dì wèi jǐn
生于战国时代，是儒家学说的继承者，地位仅
cì yú kǒng zǐ yuán dài yǐ hòu bèi zūn chēng wéi yà shèng
次于孔子，元代以后被尊称为“亚圣”。

【原文】

zuò zhōngyōng　nǎi kǒng jí
作中庸①　乃孔伋②

zhōng bù piān　yōng bú yì
中不偏　庸不易

zuò dà xué　nǎi zēng zǐ
作大学③　乃曾子④

zì xiū qí　zhì píng zhì
自修齐⑤　至平治⑥

【注释】

zhōngyōng shū míng kǒng jí kǒng zǐ de sūn zi dà
①中庸：书名。②孔伋：孔子的孙子。③大
xué shū míng céng zǐ yě jiù shì zēng shēn shì kǒng zǐ de xué shēng zhī
学：书名。④曾子：也就是曾参，是孔子的学生之
yī xiū qí xiū shēn qí jiā píng zhì zhì guó píng dìng tiān xià
一。⑤修齐：修身，齐家。⑥平治：治国、平定天下。

【释义】

kǒng jí chuàng zuò le zhōngyōng zhōng jiù shì bù piān bù yǐ
孔伋创作了《中庸》。“中”就是不偏不倚
de yì si yōng jiù shì bù biàn de dào lǐ zēng zǐ zuò de dà xué
的意思，“庸”就是不变的道理。曾子作的《大学》
yī shū jiǎng de shì cóng xiū shēn qí jiā dào zhì guó píng tiān xià de dào lǐ
一书，讲的是从修身、齐家到治国、平天下的道理。

【故事解读】

曾子误耕

zēng zǐ wù gēng

yǒu yì tiān zēng zǐ zài chú cǎo shí bù xiǎo xīn bǎ shū cài de gēn wā duàn le tā de fù qīn zhī dào hòu yòng gùn bǎ zēng zǐ dǎ hūn le xǐng lái hòu tā pà fù qīn dān xīn zhuāng zuò méi shì de yàng zi kǒng zǐ zhī dào hòu ràng dà jiā dōu bú yào lǐ zēng zǐ zēng zǐ wèn kǒng zǐ wèi shén me kǒng zǐ shuō nǐ zhè yàng zuò wàn yī bèi fù qīn shī shǒu dǎ sǐ qǐ bú shì xiàn fù qīn yú bú yì ma zēng zǐ huǎng rán dà wù hòu lái tā xiě le dà xué jiào yù rén men yào xiān tí gāo zì shēn xiū yǎng chǔ lǐ hǎo jiā shì rán hòu cái néng qù zhì guó píng tiān xià

有一天，曾子在锄草时不小心把蔬菜的根挖断了，他的父亲知道后，用棍把曾子打昏了。醒来后，他怕父亲担心，装作没事的样子。孔子知道后，让大家都不要理曾子。曾子问孔子为什么，孔子说："你这样做，万一被父亲失手打死，岂不是陷父亲于不义吗？"曾子恍然大悟。后来他写了《大学》，教育人们要先提高自身修养，处理好家事，然后才能去治国平天下。

【原文】

xiào jīng tōng　sì shū shú

孝经通[①]　四书熟[②]

rú liù jīng　shǐ kě dú

如六经　始可读

【注释】

①孝经：名书。内容是阐述孝道。通：了解，明白。②熟：熟悉。

【释义】

先把《孝经》和《四书》读懂记熟了，才可以读《六经》里的各种经书。

【故事解读】

《孝经》是儒家经典之一，是宣扬封建孝道的著作。在没有被人们接受前，一直受到批判，后来才逐渐被人们认同。《孝经》对人们思想的认识非常深刻，现在看来，其中还有许多在今天仍很积极的见解。《四书》指的是四种儒家经典著作，是过去儿童启蒙之后的必读著作。而《六经》是成年之后才能读懂的文章。

【原文】

shī shū yì　　lǐ chūn qiū
诗书易　礼春秋
hào liù jīng　　dāng jiǎng qiú
号六经①　当讲求②

【注释】

hào chēng wéi　liù jīng　shī jīng　shū jīng　yì jīng
①号：称为。六经：《诗经》《书经》《易经》
yuè jīng　lǐ jīng　hé　chūn qiū jīng　hé chēng liù jīng　dāng
《乐经》《礼经》和《春秋经》合称六经。②当：
yīng dāng　jiǎng qiú　jiǎng jiě ér yán jiū
应当。讲求：讲解而研究。

【释义】

shī jīng　shū jīng　yì jīng
《诗经》《书经》《易经》
lǐ jīng　chūn qiū jīng　yuè jīng　hào
《礼经》《春秋经》《乐经》号
chēng　liù jīng　shì yīng dāng hǎo hǎo xué xí
称“六经”，是应当好好学习
hé yán jiū de zhù zuò
和研究的著作。

【故事解读】

shǒu bú shì juàn
手不释卷

sān guó dà jiàng lǚ méng zì yòu jiā pín hěn shǎo dú shū dàn zuò
三国大将吕蒙自幼家贫，很少读书，但作
zhàn lǚ jiàn qí gōng bèi tí bá wéi jiāng jūn sūn quán jiàn tā nián qīng yǒu
战屡建奇功，被提拔为将军。孙权见他年轻有
wéi quàn tā duō dú shū zēng zhǎng zhī shi kě lǚ méng rèn wéi dú shū
为，劝他多读书，增长知识。可吕蒙认为读书
shì wén rén yǎ shì de shì jūn rén zhǐ yào néng dǎ zhàng jiù xíng le yòng
是文人雅士的事，军人只要能打仗就行了，用
bù zháo dú shū sūn quán tīng le yán sù de shuō hàn guāng wǔ dì liú
不着读书。孙权听了严肃地说："汉光武帝刘
xiù dāng bīng shí shǒu bú shì juàn nǐ hěn cōng míng yòu nián qīng rú guǒ
秀当兵时，手不释卷。你很聪明，又年轻，如果
néng duō dú xiē shǐ shū hé bīng
能多读些史书和兵
shū yí dìng néng qǔ dé
书，一定能取得
gèng dà de chéng jiù
更大的成就。"
lǚ méng tīng le hěn gǎn
吕蒙听了很感
dòng cóng cǐ qín fèn xué
动，从此勤奋学
xí zhōng yú chéng wéi yí
习，终于成为一
dài míng jiàng
代名将。

【原文】

yǒu lián shān　yǒu guī cáng
有连山　有归藏①
yǒu zhōu yì　sān yì xiáng
有周易　三易详

【注释】

lián shān　guī cáng　dōu shì　yì jīng　de yī zhǒng
①连山、归藏：都是《易经》的一种。

【释义】

yì jīng　shì wǒ guó gǔ dài bù xiǔ de zhù zuò　tā yǒu sān zhǒng bǎn běn　fēn bié jiào zuò　lián shān　guī cáng　hé　zhōu yì
《易经》是我国古代不朽的著作。它有三种版本，分别叫做《连山》《归藏》和《周易》。

【故事解读】

fú xī zào bā guà
伏羲造八卦

chuán shuō zài yuǎn gǔ shí qī　mèng jīn hé chū xiàn le yì zhī guài
传说在远古时期，孟津河出现了一只怪

shòu dāng shí de bù luò
兽。当时的部落
shǒu lǐng fú xī wén xùn hòu
首领伏羲闻讯后
shuài lǐng dà jiā lái dào hé
率领大家来到河
biān nà guài shòu jiàn dào
边，那怪兽见到
fú xī hòu gèng jiā jīng shen
伏羲后更加精神
dǒu sǒu shēn shang sàn fā chū duó mù
抖擞，身上散发出夺目
de guāng máng zǔ chéng le yì zhǒng qí guài de tú àn hòu lái fú xī
的光芒，组成了一种奇怪的图案。后来，伏羲
duì zhè zhǒng tú àn rì yè zuān yán zhōng yú huà chéng duì hòu shì yǐng xiǎng jù
对这种图案日夜钻研，终于画成对后世影响巨
dà de bā guà tú àn zhào gǔ rén de shuō fǎ lì yòng bā guà kě yǐ
大的八卦图。按照古人的说法，利用八卦可以
yù cè shì shang wàn wù de fā zhǎn guī lǜ hòu lái jīng guò zhōu wén wáng
预测世上万物的发展规律。后来经过周文王
de fā huī bā guà bèi fēng fù wéi liù shí sì gè guà xiàng yīn cǐ gèng
的发挥，八卦被丰富为六十四个卦象，因此更
shì chōng mǎn le shén mì hé ào miào zhè jiù shì hòu rén suǒ shuō de zhōu yì
是充满了神秘和奥妙，这就是后人所说的《周易》。

【原文】

yǒu diǎn mó yǒu xùn gào
有典谟 有训诰
yǒu shì mìng shū zhī ào
有誓命 书之奥[1]

【注释】

shū zhǐ shàng shū
①书：指《尚书》。

【释义】

shàng shū de tǐ cái yǒu diǎn mó xùn gào shì
《尚书》的体裁有“典”“谟”“训”“诰”“誓”
mìng jǐ zhǒng wén cí de hán yì shí fēn shēn ào
“命”几种，文词的含义十分深奥。

【故事解读】

bì jīng de fā xiàn
壁经的发现

qín shǐ huáng tǒng yī quán
秦始皇统一全
guó hòu pà lǎo bǎi xìng zào
国后，怕老百姓造
fǎn jiù xià lìng shāo huǐ
反，就下令烧毁
suǒ yǒu de shū shàng
所有的书，《尚
shū děng yě bèi shāo
书》等也被烧
huǐ dào le hàn cháo
毁。到了汉朝
wén dì shí qī cháo tíng
文帝时期，朝廷

下诏在全国寻找古代书籍。一个老儒生口授《尚书》二十八篇，才使《尚书》得以流传。到了汉武帝时，人们在拆毁孔子的故居时，发现了一批竹简，其中包括《尚书》《孝经》等古代典籍。因为是在墙壁中发现的，因此后人称之为“壁经”。

【原文】

我周公[①] 作周礼[②]
著六官[③] 存治体[④]

【注释】

①周公：姓姬，名旦，为周文王的第四子。②周礼：周公所写的书。③六官：即天官、地官、春官、夏官、秋官和冬官。④治体：治理国家的大体。

【释义】

zhōu lǐ shì zhōu gōng biān xiě de tā wèi zhōu cháo zhì
《周礼》是周公编写的，它为周朝制
dìng le shè guān fēn zhí de zhì dù bìng shè lì le liù zhǒng guān
定了设官分职的制度，并设立了六种官
zhí zhōu cháo de zhèng zhì tǐ zhì yīn cǐ dé yǐ bǎo cún hé liú
职，周朝的政治体制因此得以保存和流
chuán xià lái
传下来。

【故事解读】

zhōu gōng zhì lǐ
周公制礼

zhōu wén wáng de ér zi shū dàn yīng yǒng shàn zhàn céng wèi zhōu cháo de
周文王的儿子叔旦英勇善战，曾为周朝的
jiàn lì lì xià guò hàn mǎ gōng láo rén men zūn chēng tā wéi zhōu gōng zhōu
建立立下过汗马功劳，人们尊称他为周公。周
wǔ wáng qù shì hòu tā fǔ zuǒ nián yòu de zhōu chéng wáng píng dìng le yóu
武王去世后，他辅佐年幼的周成王平定了由
shāng zhòu wáng de ér zi hé wǔ wáng de sān gè dì di fā dòng de pàn luàn
商纣王的儿子和武王的三个弟弟发动的叛乱，
gǒng gù le gāng gāng jiàn lì de zhōu wáng cháo yóu yú dāng shí de guó jiā
巩固了刚刚建立的周王朝。由于当时的国家
zhì dù shí fēn jiǎn dān wèi le zhōu cháo de wěn dìng yě wèi le shì yìng
制度十分简单，为了周朝的稳定，也为了适应
shè huì de fā zhǎn zhōu gōng zhì dìng le yí tào xiāng dāng wán bèi de zhì dù
社会的发展，周公制定了一套相当完备的制度，
zhè jiù shì hòu shì suǒ shuō de zhōu lǐ zhōu lǐ duì zhōng guó fēng
这就是后世所说的《周礼》。《周礼》对中国封

jiàn shè huì de yǐng xiǎng jù dà zhōu gōng yīn cǐ bèi lì dài tǒng zhì zhě chēng
建社会的影响巨大，周公因此被历代统治者称
wéi shèng rén
为圣人。

【原文】

dà xiǎo dài zhù lǐ jì
大小戴① 注礼记
shù shèng yán lǐ yuè bèi
述圣言 礼乐备②

【注释】

dà xiǎo dài dà dài wéi dài dé xiǎo dài wéi dài shèng bèi
①大小戴：大戴为戴德，小戴为戴圣。②备：
wán shàn wú quē
完善无缺。

【释义】

xī hàn shí qī de rú jiā xué zhě dài dé dài shèng shū zhí liǎ bǎ
西汉时期的儒家学者戴德、戴圣叔侄俩把
kǒng zǐ děng shèng xián chǎn shù shì wù dào lǐ de yán lùn biān jí zhù chéng lǐ
孔子等圣贤阐述事物道理的言论编辑著成《礼
jì shǐ zhōu cháo de lǐ yuè qí bèi gōng hòu rén xué xí
记》，使周朝的礼乐齐备，供后人学习。

【故事解读】

mù gōng wèn lǐ
穆公问礼

chūn qiū mò qī jìn guó yǒu yí gè jiào yóu yú de rén yīn huái
春秋末期，晋国有一个叫由余的人，因怀
cái bú yù ér liú luò dào qín guó qín mù gōng wèi le xiǎn shì fù yǒu
才不遇而流落到秦国。秦穆公为了显示富有，
péi tā yóu lǎn zì jǐ de gōng yuàn yóu yú jiàn le què zhí yáo tóu qín
陪他游览自己的宫苑。由余见了却直摇头，秦
mù gōng hěn chà yì rèn wéi jìn guó rén bù dǒng lǐ fǎ gèng bù dǒng zhì
穆公很诧异，认为晋国人不懂礼法，更不懂治
guó zhī dào yóu yú què rèn wéi lǐ fǎ zhǐ bú guò shì jūn zhǔ yòng lái
国之道。由余却认为礼法只不过是君主用来
yuē shù chén zǐ hé bǎi xìng de gōng jù jìn guó suī rán méi yǒu lǐ fǎ
约束臣子和百姓的工具，晋国虽然没有礼法，
què yǐ chún pǔ zhī xīn xiāng dài guó jiā zhào yàng néng zhì lǐ hǎo yóu yú
却以淳朴之心相待，国家照样能治理好。由余
shì zhōng guó lì shǐ shang zuì zǎo duì fēng jiàn lǐ zhì tí chū yì yì de rén
是中国历史上最早对封建礼制提出异议的人，
tā bǐ dāng shí de rén dōu yǒu xiān jiàn zhī míng
他比当时的人都有先见之明。

【原文】

yuē guó fēng yuē yǎ sòng
曰国风① 曰雅颂②
hào sì shī dāng fěng yǒng
号四诗③ 当讽咏④

【注释】

guó yóu zhū hóu suǒ zì fēng de guó fēng zhǐ mín gē gē
①国：由诸侯所自封的国。风：指民歌、歌
yáo yǎ zhèng yuè sòng zōng miào jì sì de yuè qǔ sì
谣。②雅：正乐。颂：宗庙祭祀的乐曲。③四
shī jí guó fēng xiǎo yǎ dà yǎ sòng sì zhě fěng yǒng
诗：即“国风、小雅、大雅、颂”四者。④讽咏：
yín yǒng lǎng sòng
吟咏朗诵。

【释义】

guó fēng dà yǎ xiǎo yǎ sòng shì shī jīng de sì zhǒng tǐ
国风、大雅、小雅、颂是《诗经》的四种体
cái yīng gāi hǎo hāo yín sòng
裁，应该好好吟诵。

【故事解读】

shī jīng shì wǒ guó dì yī bù shī gē zǒng jí gòng sān bǎi líng
《诗经》是我国第一部诗歌总集，共三百零
wǔ piān yóu kǒng zǐ sōu jí huì biān ér chéng tā àn xìng zhì hé yuè diào
五篇，由孔子搜集汇编而成。它按性质和乐调
de bù tóng fēn wéi fēng yǎ sòng sān lèi fēng shì zhōu
的不同，分为“风”“雅”“颂”三类。“风”是周
wáng cháo gè zhū hóu guó de dì fāng yuè gē gòng shí wǔ guó yīn diào dà
王朝各诸侯国的地方乐歌，共十五国音调，大
dōu shì láo dòng zhě de kǒu tóu chuàng zuò jù yǒu hěn qiáng de xiàn shí zhǔ yì
都是劳动者的口头创作，具有很强的现实主义
sè cǎi yǎ shì zhōu cháo wáng dū yí dài de yuè gē bǎo cún le wǒ
色彩。“雅”是周朝王都一带的乐歌，保存了我

guó zuì zǎo de yì xiē shǐ shī sòng shì zōng miào jì sì shí yòng de
国最早的一些史诗。“颂”是宗庙祭祀时用的
yuè gē yóu yú shī jīng zhēn shí de fǎn yìng le shè huì shēng huó ér
乐歌。由于《诗经》真实地反映了社会生活，而
qiě yì shù xìng jí qiáng yīn ér chéng wéi lì dài wén rén de bì dú shū
且艺术性极强，因而成为历代文人的必读书，
zhí dào jīn tiān tā de jià zhí réng rán hěn gāo
直到今天，它的价值仍然很高。

【原文】

shī jì wáng chūn qiū zuò
诗既亡　春秋作
yù bāo biǎn bié shàn è
寓褒贬① 别善恶

【注释】

yù jì hán
①寓：寄含。

【释义】

suí zhe xī zhōu wáng cháo de miè wáng pài guān yuán cǎi shī de zhì
随着西周王朝的灭亡，派官员采诗的制
dù bù cún zài le suí zhī ér lái de shì chūn qiū zhàn luàn shí qī kǒng
度不存在了，随之而来的是春秋战乱时期。孔
zǐ de zhù zuò chūn qiū tōng guò zàn yáng huò pī píng lái qū bié shàn
子的著作《春秋》，通过赞扬或批评来区别善

与恶。

【故事解读】

一字褒贬

西周统治者因腐败无能导致国家灭亡，平王迁都洛阳后，中国进入了诸侯纷争的春秋时代。从此，社会开始动荡不安。孔子崇拜周礼，反对诸侯称霸，所以写了《春秋》这部书。由于该书的影响巨大，再加上孔子的名声，以至于当时的士大夫认为，能得到《春秋》一字赞扬，甚至胜过天子的嘉奖；而得到《春秋》的一字

pī píng qí chǐ rǔ yào chāo guò shā tóu kǒng zǐ yě gǎn tàn xǐ
批评，其耻辱要超过杀头。孔子也感叹：“喜
huan wǒ de rén shì yīn wèi chūn qiū hèn wǒ de rén yě shì yīn wèi
欢我的人是因为《春秋》，恨我的人也是因为
chūn qiū ya
《春秋》呀！”

【原文】

sān zhuàn zhě yǒu gōng yáng
三传者① 有公羊
yǒu zuǒ shì yǒu gǔ liáng
有左氏 有穀梁

【注释】

sān zhuàn zhǐ gōng yáng zhuàn zuǒ zhuàn gǔ liáng zhuàn zhuān
①三传：指《公羊传》《左传》《穀梁传》，专
wèi jiě shì chūn qiū de sān bù shū
为解释《春秋》的三部书。

【释义】

zhù shì yǔ jiě shuō chūn qiū de zhù zuò hěn duō zuì zhù míng
注释与解说《春秋》的著作很多，最著名
de shì bèi chēng wéi sān zhuàn de gōng yáng zhuàn zuǒ zhuàn hé gǔ
的是被称为“三传”的《公羊传》《左传》和《穀
liáng zhuàn
梁传》。

【故事解读】

关公读《左传》

在解释《春秋》的三传中，最著名的当属《左传》，它是春秋时期的左丘明所著，是后来人们必读的书籍。古人认为，当大将的如果不读《左传》，只不过是匹夫之勇。历史上最著名的例子是三国名将关羽读《左传》。一次，关羽兵败被迫投

xiáng cáo cāo cáo cāo gù yì ān pái tā hé liú bèi de qī zi tóng chǔ yí
降曹操，曹操故意安排他和刘备的妻子同处一
shì yǐ cǐ lái kǎo yàn tā de rén pǐn shéi zhī guān yǔ shǒu zài fáng mén
室，以此来考验他的人品。谁知关羽守在房门
kǒu jǔ zhe là zhú zhěng yè dú zuǒ zhuàn zhí dào xiàn zài guān
口，举着蜡烛，整夜读《左传》。直到现在，关
yǔ yè dú zuǒ zhuàn réng shì yì xiē diāo sù hé huì huà de nèi róng
羽夜读《左传》仍是一些雕塑和绘画的内容。

【原文】

jīng jì míng fāng dú zǐ cuō qí yào
经既明① 方读子② 撮其要③
jì qí shì wǔ zǐ zhě yǒu xún yáng
记其事 五子者④ 有荀扬
wén zhōng zǐ jí lǎo zhuāng jīng zǐ tōng
文中子 及老庄 经子通⑤
dú zhū shǐ kǎo shì xì zhī zhōng shǐ
读诸史⑥ 考世系⑦ 知终始

【注释】

jīng fàn zhǐ shèng rén suǒ zhù de shū míng míng bái qīng
①经：泛指圣人所著的书。明：明白，清
chǔ fāng cái kāi shǐ zǐ wéi zhū zǐ bǎi jiā zhù zuò de shū
楚。②方：才，开始。子：为诸子百家著作的书
jí cuō zé qǔ yào zhòng yào de dì fang wǔ zǐ jiù
籍。③撮：择取。要：重要的地方。④五子：就
shì zhuāng zǐ lǎo zǐ xún zǐ yáng zǐ hé wén zhōng zǐ wǔ rén jīng
是庄子、老子、荀子、扬子和文中子五人。⑤经：

shèng rén suǒ zhù de shū zǐ zhū zǐ bǎi jiā de shū zhū shǐ
圣人所著的书。子：诸子百家的书。⑥诸史：
lì dài liú chuán xià lái de shǐ shū kǎo kǎo zhèng kǎo chá shì
历代流传下来的史书。⑦考：考证，考察。世
xì yí mài chuánchéng de shùn xù
系：一脉传承的顺序。

【释义】

rú jiā de jīng diǎn dōu dú dǒng hòu zài qù dú zhū zǐ bǎi jiā de
儒家的经典都读懂后，再去读诸子百家的
shū dú zhū zǐ de shū zhǐ yào zhuā zhù tā de yào diǎn jì zhù shū zhōng
书。读诸子的书只要抓住它的要点，记住书中
suǒ jì de shì shí jiù kě yǐ le zhū zǐ bǎi jiā zhōng yǒu wǔ jiā de
所记的事实就可以了。诸子百家中有五家的
shū bù kě bù dú tā men shì xún zǐ yáng zǐ wén zhōng zǐ lǎo zǐ
书不可不读，他们是荀子、扬子、文中子、老子
hé zhuāng zǐ jīng shū hé zhū zǐ de shū dú wán hòu jiù kě yǐ dú yǒu
和庄子。经书和诸子的书读完后，就可以读有
guān gè cháo de shǐ shū le tōng guò kǎo chá lì dài dì wáng de shì xì
关各朝的史书了，通过考察历代帝王的世系，
liǎo jiě gè cháo gè dài xīng wáng de yuán yīn
了解各朝各代兴亡的原因。

【原文】

zì xī nóng zhì huáng dì
自羲农① 至黄帝
hào sān huáng jū shàng shì
号三皇② 居上世③

【注释】

xī nóng jí zhǐ fú xī shì hé shén nóng shì sān huáng
①曦农：即指伏曦氏和神农氏。②三皇：
fú xī shén nóng hé huáng dì jū zài shàng shì yuǎn gǔ shí dài
伏羲、神农和黄帝。③居：在。上世：远古时代。

【释义】

gǔ rén bǎ fú xī shén nóng hé huáng dì chēng wéi sān huáng chuán shuō tā men shì shàng gǔ shí qī zhōng huá mín zú de lǐng xiù rén wù
古人把伏羲、神农和黄帝称为“三皇”，传说他们是上古时期中华民族的领袖人物。

【故事解读】

huáng dì zhàn chī yóu
黄帝战蚩尤

huáng dì dǎ bài yán dì chéng wéi bù luò shǒu lǐng hòu yán dì de hòu yì chī yóu bù fú yǔ huáng dì zài bǎn quán zhǎn kāi yì chǎng dà zhàn chī yóu zú rén shēn gāo mǎ dà yì cháng yǒng měng huáng dì duì tā men méi yǒu tài hǎo de bàn fǎ hòu lái huáng dì de ér zi fā míng le gōng jiàn shǐ huáng dì de yōu shì biàn de míng xiǎn chī yóu jiàn shì bú miào biàn shǐ yòng le wù qì ràng rén biàn bù qīng fāng xiàng yú shì huáng dì yòu lián
黄帝打败炎帝，成为部落首领后，炎帝的后裔蚩尤不服，与黄帝在阪泉展开一场大战。蚩尤族人身高马大，异常勇猛，黄帝对他们没有太好的办法。后来黄帝的儿子发明了弓箭，使黄帝的优势变得明显。蚩尤见势不妙，便使用了雾气，让人辨不清方向。于是，黄帝又连

yè zào chū yí liàng zhǐ nán chē shǐ wù qì shī qù le zuò yòng bìng zuì
夜造出一辆指南车，使雾气失去了作用，并最
zhōng dǎ bài chī yóu huáng dì tǒng yī le zhōng yuán gè bù luò shǐ zhōng
终打败蚩尤。黄帝统一了中原各部落，使中
huá wén míng dé dào fēi sù fā zhǎn
华文明得到飞速发展。

【原文】

táng yǒu yú hào èr dì
唐有虞① 号二帝②
xiāng yī xùn chēng shèng shì
相揖逊③ 称盛世

【注释】

táng yáo de guó hào yú shùn de guó hào èr dì
①唐：尧的国号。虞：舜的国号。②二帝：
zhǐ de shì yáo hé shùn liǎng wèi xián dé dì wáng yī xùn jiāng wáng wèi
指的是尧和舜两位贤德帝王。③揖逊：将王位
ràng gěi bié rén zì jǐ cí qù dì wèi
让给别人，自己辞去帝位。

【释义】

táng yáo hé yú shùn hào chēng èr dì tā men céng xiāng hù qiān ràng
唐尧和虞舜号称“二帝”，他们曾相互谦让
dì wèi tā men tǒng zhì de shí qī bèi chēng wéi tài píng shèng shì
帝位，他们统治的时期被称为太平盛世。

【故事解读】

yáo shùn ràng wèi

尧舜让位

huáng dì zhī hòu yáo chéng wéi bù luò shǒu lǐng màn màn de yáo

黄帝之后，尧成为部落首领。慢慢的，尧

nián jì lǎo le biàn xiǎng zhǎo jì chéng shǒu lǐng zhí wèi de rén yú shì

年纪老了，便想找继承首领职位的人。于是，

yáo zhào jí gè bù luò shǒu lǐng ràng dà jiā tuī jiàn shǒu lǐng men jué de

尧召集各部落首领，让大家推荐。首领们觉得

shùn hěn shì hé zhè ge zhí wèi yáo tīng le dà jiā jiè shào shùn de shì

舜很适合这个职位。尧听了大家介绍舜的事

jì hòu yòu jīng guò yì fān kǎo chá rèn wéi shùn què shí shì gè pǐn dé

迹后，又经过一番考察，认为舜确实是个品德

hǎo yòu néng gàn de rén jiù bǎ shǒu lǐng de wèi zi ràng gěi le shùn

好、又能干的人，就把首领的位子让给了舜。

zhè zhǒng ràng wèi lì shǐ shang chēng wéi shàn ràng shùn jí wèi hòu yī

这种让位，历史上称为“禅让”。舜即位后，依

rán qín láo jiǎn pǔ gēn bǎi xìng yì qǐ láo dòng dé dào dà jiā de zūn jìng

然勤劳简朴，跟百姓一起劳动，得到大家的尊敬。

【原文】

xià yǒu yǔ　shāng yǒu tāng

夏有禹　商有汤

zhōu wén wǔ　chēng sān wáng

周文武[1]　称三王

【注释】

wén wǔ jí zhǐ zhōu cháo de wén wáng hé wǔ wáng
①文武：即指周朝的文王和武王。

【释义】

xià cháo de dà yǔ shāng cháo de chéng tāng zhōu cháo de zhōu wén wáng
夏朝的大禹，商朝的成汤，周朝的周文王、
zhōu wǔ wáng hé chēng wéi sān wáng
周武王，合称为“三王”。

【故事解读】

wǔ wáng fá zhòu
武王伐纣

zhōu wén wáng sǐ hòu tā de ér zi jī fā jí wèi jiù shì zhōu
周文王死后，他的儿子姬发即位，就是周
wǔ wáng tā rèn mìng jiāng zǐ yá wéi jūn shī qǐ bīng fǎn kàng bào nüè de
武王。他任命姜子牙为军师，起兵反抗暴虐的
shāng zhòu wáng zhòu wáng cāng cù jiān jiāng dà pī nú lì hé zhàn fú wǔ zhuāng
商纣王。纣王仓促间将大批奴隶和战俘武装
qǐ lái yíng zhàn zhōu jūn jiāng tài gōng yòng jì dǎ bài le shāng jūn zhòu
起来，迎战周军，姜太公用计打败了商军。纣
wáng táo huí dū chéng dēng shàng lù tái mìng rén diǎn rán dà huǒ bǎ zì jǐ
王逃回都城，登上鹿台，命人点燃大火把自己
hé sōu guā lái de wú shù cái bǎo yì qǐ shāo huǐ wǔ wáng hé jiàng shì
和搜刮来的无数财宝一起烧毁。武王和将士
men gōng rù chéng li bǎ zhòu wáng de shǒu jí gē xià lái xuán guà zài tài bái
们攻入城里，把纣王的首级割下来悬挂在太白

qí shang shì zhòng cóng cǐ shāng cháo miè wáng le rén mín chóng xīn huò dé
旗上示众。从此，商朝灭亡了，人民重新获得
le ān níng
了安宁。

【原文】

xià chuán zǐ jiā tiān xià
夏传子① 家天下
sì bǎi zǎi qiān xià shè
四百载② 迁夏社③

【注释】

xià chuán zǐ xià yǔ jiāng dì wèi chuán gěi zì jǐ de ér
①夏传子：夏禹将帝位传给自己的儿
zi sì bǎi zài sì bǎi nián qiān gēng yì gǎi huàn shè
子。②四百载：四百年。③迁：更易，改换。社：
guó jiā
国家。

【释义】

xià yǔ sǐ hòu dì wèi chuán gěi le ér zi qǐ cóng cǐ zhōng guó
夏禹死后，帝位传给了儿子启，从此中国
kāi shǐ le jiā tiān xià de wáng cháo jì chéng zhì dù xià cháo yán xù le
开始了“家天下”的王朝继承制度，夏朝延续了
sì bǎi nián
四百年。

【故事解读】

shào kāng zhōng xīng
少康中兴

xià cháo jiàn lì hòu shǐ zhōng chǔ yú dòng dàng zhī zhōng xià qǐ jí
夏朝建立后，始终处于动荡之中。夏启即
wèi hòu guò zhe huāng yín wú dù de shēng huó tā qù shì hòu jǐ gè ér
位后，过着荒淫无度的生活。他去世后，几个儿
zi wèi zhēng duó wáng wèi fā shēng le nèi zhàn hòu lái tài kāng qǔ dé le wáng
子为争夺王位发生了内战。后来太康取得了王
wèi dàn shì tā zhǐ gù huāng yín wán lè zhèng quán shí jì bèi yí gè bù luò
位，但是他只顾荒淫玩乐，政权实际被一个部落
shǒu lǐng hòu yì zhǎng wò zhe dào dì xiàng jí wèi hòu hòu yì yòu bèi
首领——后羿掌握着。到帝相即位后，后羿又被
qīn xìn hán zhuó shā sǐ suí hòu hán zhuó yòu gōng dǎ dì xiàng dì xiàng de
亲信寒浞杀死。随后寒浞又攻打帝相。帝相的
fēi zi huái yǒu shēn yùn huāng luàn zhōng
妃子怀有身孕，慌乱中
shēng xià ér zi shào kāng
生下儿子少康。
hòu lái shào kāng dǎ bài le
后来少康打败了
hán zhuó bìng shī rén zhèng
寒浞，并施仁政，
shǐ bǎi xìng guò shàng le tài
使百姓过上了太
píng ān lè de shēng huó
平安乐的生活，
lì shǐ shang chēng wéi shào
历史上称为“少
kāng zhōng xīng
康中兴”。

【原文】

tāng fá xià　　guó hào shāng
汤伐夏①　国号商

liù bǎi zǎi　　zhì zhòu wáng
六百载②　至纣亡

【注释】

fá　gōng dǎ　tǎo fá　zǎi　nián
①伐：攻打，讨伐。②载：年。

【释义】

chéng tāng tǎo fá fǔ xiǔ de xià cháo shèng lì hòu jiàn lì le shāng
成汤讨伐腐朽的夏朝，胜利后，建立了商

cháo jīng lì le liù bǎi nián hòu dào shāng zhòu wáng shí shāng cháo miè wáng le
朝。经历了六百年后，到商纣王时，商朝灭亡了。

【故事解读】

chéng tāng miè xià
成汤灭夏

xià jié shì lì shǐ shang yǒu míng de bào jūn tā zhěng tiān bù sī guó
夏桀是历史上有名的暴君，他整天不思国

jiā dà shì zhǐ zhī dào zì jǐ xiǎng lè bǎi xìng kǔ bù kān yán dāng
家大事，只知道自己享乐，百姓苦不堪言。当
shí chéng tāng shì yí gè bù luò de shǒu lǐng tā yǐ rén yì zhì guó yǐ
时，成汤是一个部落的首领，他以仁义治国，以
lǐ dài rén dà jiā dōu hěn pèi fú tā chéng tāng kuò dà shì lì hòu
礼待人，大家都很佩服他。成汤扩大势力后，
xiān miè diào le xià cháo zhōu wéi de yì xiē xiǎo guó děng shí jī chéng shú
先灭掉了夏朝周围的一些小国。等时机成熟
hòu chéng tāng shuài dà jūn xiàng xià dū jìn gōng dǎ bài xià jūn fú lǔ
后，成汤率大军向夏都进攻，打败夏军，俘虏
le xià jié chéng tāng jiàn lì le shāng cháo shāng cháo qián hòu yán xù le liù
了夏桀。成汤建立了商朝，商朝前后延续了六
bǎi nián
百年。

【原文】

zhōu wǔ wáng shǐ zhū zhòu
周武王　始诛纣①
bā bǎi zǎi zuì cháng jiǔ
八百载　最长久

【注释】

zhū xiāo miè zhòu shāng zhòu shì shāng cháo zuì hòu yí wèi
①诛：消灭。纣：商纣，是商朝最后一位
huáng dì
皇帝。

【释义】

zhōu wǔ wáng dǎ bài le shāng zhòu wáng hòu kāi chuàng le zhōu cháo bā bǎi
周武王打败了商纣王后，开创了周朝八百
nián de tiān xià zhōu cháo shì zhōng guó lì shǐ shàng yán xù shí jiān zuì cháng de
年的天下，周朝是中国历史上延续时间最长的
wáng cháo
王朝。

【故事解读】

guó rén bào dòng
国人暴动

zài chéng wáng kāng wáng shí qī zhōu cháo zhèng jú bǐ jiào ān dìng
在成王、康王时期，周朝政局比较安定。
hòu lái zhōu lì wáng tǒng zhì shí shí shī cán kù de xíng fá lái zhèn yā
后来，周厉王统治时，实施残酷的刑罚来镇压
rén mín de fǎn kàng dū chéng nèi de rén mín bù mǎn lì wáng de bào nüè
人民的反抗。都城内的人民不满厉王的暴虐
tǒng zhì zhōng yú jǔ xíng le yí cì dà guī mó de bào dòng qǐ yì de
统治，终于举行了一次大规模的暴动。起义的
rén qún wéi gōng wáng gōng yào shā lì wáng lì wáng cāng huáng táo zǒu
人群围攻王宫，要杀厉王。厉王仓皇逃走。
cǐ hòu zhōu cháo yóu shào gōng hé zhōu gōng gòng tóng zhí zhèng lì shǐ shang chēng
此后，周朝由召公和周公共同执政，历史上称
wéi gòng hé xíng zhèng zhè yì nián bèi chēng wéi gòng hé yuán nián
为“共和行政”。这一年，被称为“共和元年”。
zhè yǐ hòu zhōng guó lì shǐ cái yǒu le què qiè de jì nián
这以后，中国历史才有了确切的纪年。

【原文】

zhōu zhé dōng　wáng gāng zhuì
周辙东①　王纲坠②

chěng gān gē　shàng yóu shuì
逞干戈③　尚游说④

【注释】

zhé dōng　dū chéng dōng qiān　wáng gāng jūn wáng hào lìng tiān xià de
①辙东：都城东迁。王纲君王号令天下的

fǎ lìng zhèng gāng　zhuì　shuāi bài　zhuì luò　chěng　bú gù hòu guǒ
法令政纲。②坠：衰败，坠落。③逞：不顾后果

de fàng zòng　gān gē　zhǐ zhàn zhēng　shàng　chóng bài
的放纵。干戈：指战争。④尚：崇拜。

【释义】

zhōu píng wáng qiān dū luò yáng hòu　zhōu cháo de tǒng zhì jiù bēng kuì
周平王迁都洛阳后，周朝的统治就崩溃

le　gè zhū hóu zhī jiān zhàn zhēng pín fán
了。各诸侯之间战争频繁，

dāng shí de shì dà fū jiē céng yě zhǐ zhòng
当时的士大夫阶层也只重

kǒu cái ér bù jiǎng rén yì
口才而不讲仁义。

【故事解读】

fēng huǒ xì zhū hóu

烽火戏诸侯

zhōu cháo hòu qī zhí zhèng de yōu wáng hūn yōng wú dào yǒu rén xiàn
周朝后期，执政的幽王昏庸无道，有人献
gěi tā yí gè míng jiào bāo sì de měi nǚ yōu wáng fēi cháng xǐ huan tā
给他一个名叫褒姒的美女，幽王非常喜欢她，
dàn bāo sì zǒng shì mèn mèn bú lè yǒu gè jiān chén xiàng yōu wáng xiàn jì
但褒姒总是闷闷不乐。有个奸臣向幽王献计：
rú guǒ wǒ men diǎn rán fēng huǒ tái shang de
“如果我们点燃烽火台上的
yān huǒ fù jìn de zhū hóu
烟火，附近的诸侯
jiàn le gǎn lái shàng gè dà
见了赶来，上个大
dàng niángniang jiàn zhè
当，娘娘见这
me duō bīng mǎ pū le
么多兵马扑了
gè kōng bǎo guǎn huì
个空，保管会
xiào yōu wáng
笑。”幽王
zhēn de mìng rén
真的命人
diǎn rán le
点燃了
fēng huǒ zhū
烽火，诸
hóu lái le
侯来了

zhī dào shàng dàng hòu dōu hěn shēng qì bāo sì què zhēn de xiào le kě
知道上当后，都很生气，褒姒却真的笑了。可
shì hòu lái dí rén zhēn de lái jìn fàn yōu wáng zài diǎn rán fēng huǒ shí
是，后来敌人真的来进犯，幽王再点燃烽火时
què méi yǒu zhū hóu zài lái yōu wáng dāng le fú lǔ wèi zì jǐ de wú
却没有诸侯再来，幽王当了俘虏，为自己的无
dào fù chū le dài jià
道付出了代价。

【原文】

shǐ chūn qiū zhōng zhàn guó
始春秋 终战国
wǔ bà qiáng qī xióng chū
五霸强① 七雄出②

【注释】

wǔ bà jí zhǐ qí huán gōng jìn wén gōng chǔ zhuāngwáng qín
①五霸：即指齐桓公、晋文公、楚庄王、秦
mù gōng sòng xiāng gōng qī xióng jí shì qín qí chǔ yān zhào
穆公、宋襄公。②七雄：即是秦、齐、楚、燕、赵、
wèi hán qī guó
魏、韩七国。

【释义】

zhōu cháo zhī hòu jīng lì le chūn qiū hé zhàn guó liǎng gè cháo dài
周朝之后，经历了春秋和战国两个朝代，

这期间出现了五个强大的诸侯争夺霸主、七个诸侯国长期割据称雄的局面。

【故事解读】

卧薪尝胆

春秋时期，吴王夫差为报父仇向越国发起进攻，夫差率大军把越王勾践包围在会稽山上。勾践走投无路，只好求和。吴王夫差没有把越国放在眼里，不顾大臣的反对，答应了越国的求

hé gōu jiàn huí guó hòu lì zhì yào bào chóu tā wǎn shang shuì zài
和。勾践回国后，立志要报仇。他晚上睡在
cì rén de cǎo diàn shang hái zài shuì jiào de dì fang guà le yí gè kǔ
刺人的草垫上，还在睡觉的地方挂了一个苦
dǎn měi tiān dōu cháng yi cháng yǐ cǐ jī lì zì jǐ hòu lái zài
胆，每天都尝一尝，以此激励自己。后来，在
gōu jiàn de nǔ lì xià yuè guó shí lì bú duàn zēng qiáng zhōng yú miè
勾践的努力下，越国实力不断增强，终于灭
diào le wú guó
掉了吴国。

cháng píng zhī zhàn
长平之战

zhàn guó hòu qī qín guó zhú jiàn qiáng dà qǐ lái tā men jiā kuài
战国后期，秦国逐渐强大起来，他们加快
le tǒng yī quán guó de bù fá bù jiǔ jiù dǎ dào le zhào guó de biān jìng
了统一全国的步伐，不久就打到了赵国的边境。
zhào guó zhù míng dà jiàng lián pō qù cháng píng dǐ dǎng yǒu xiào de zǔ zhǐ le
赵国著名大将廉颇去长平抵挡，有效地阻止了
qín guó de jìn gōng qín guó cǎi yòng fǎn jiàn jì pài rén dào chù sàn bù
秦国的进攻。秦国采用反间计，派人到处散布
yáo yán tiǎo bō zhào wáng hé lián pō de guān xì zhào wáng guǒ rán zhòng
谣言，挑拨赵王和廉颇的关系。赵王果然中
jì chè huàn le lián pō pài zhǐ huì zhǐ shang tán bīng de zhào kuò jiē tì
计，撤换了廉颇，派只会纸上谈兵的赵括接替
lián pō zhào kuò qīng shuài chū bīng jié guǒ jǐ shí wàn dà jūn bèi qín jūn
廉颇。赵括轻率出兵，结果几十万大军被秦军
bāo wéi zhào kuò yě bèi luàn jiàn shè sǐ zhào guó sì shí wàn dà jūn quán
包围，赵括也被乱箭射死，赵国四十万大军全
jūn fù mò cháng píng zhī zhàn hòu zài yě méi yǒu guó jiā kě yǐ hé qín
军覆没。长平之战后，再也没有国家可以和秦
guó kàng héng le
国抗衡了。

【原文】

yíng qín shì　　shǐ jiān bìng
赢秦氏① 始兼并
chuán èr shì　　chǔ hàn zhēng
传二世② 楚汉争③

【注释】

yíng　zhǐ qín de xìng shì　　chuán chuán wèi yú　　chǔ
①赢：指秦的姓氏。②传：传位于。③楚：
xī chǔ bà wáng xiàng yǔ
西楚霸王项羽。

【释义】

qín shǐ huáng zài wèi shí，qín guó kāi shǐ jiān bìng liù guó，bìng jiàn lì le tǒng yī de qín wáng cháo。qín cháo zhǐ chuán le liǎng dài jiù miè wáng le，hòu lái chǔ bà wáng xiàng yǔ hé hàn wáng liú bāng zhēng duó tiān xià。
秦始皇在位时，秦国开始兼并六国，并建立了统一的秦王朝。秦朝只传了两代就灭亡了，后来楚霸王项羽和汉王刘邦争夺天下。

【故事解读】

jiē gān ér qǐ
揭竿而起

qín shǐ huáng tǒng yī zhōng guó hòu cán bào de duì dài rén mín fén
秦始皇统一中国后，残暴地对待人民，焚
shū kēng rú pò hài zhōng liáng hái xiū zhù ē páng gōng hé wàn lǐ cháng chéng
书坑儒，迫害忠良，还修筑阿房宫和万里长城，
rén mín yuàn shēng zài dào hòu lái tā de ér zi hú hài dēng jī hú
人民怨声载道。后来，他的儿子胡亥登基。胡
hài huāng yín wú dào de tǒng zhì zhōng yú dǎo zhì le zhōng guó lì shǐ shang dì
亥荒淫无道的统治终于导致了中国历史上第
yī cì dà guī mó de nóng mín qǐ yì yí cì chén shèng wú guǎng děng
一次大规模的农民起义。一次，陈胜、吴广等
jiǔ bǎi duō rén bèi zhēng diào qù xiū cháng chéng tú zhōng yīn wèi dà yǔ dān
九百多人被征调去修长城，途中因为大雨耽
wu le rì qī àn zhào qín cháo de fǎ lǜ wù qī jiāng bèi chǔ sǐ
误了日期。按照秦朝的法律，误期将被处死。
yú shì tā men hào zhào rén men qǐ lái fǎn kàng qín cháo de tǒng zhì qǐ
于是，他们号召人们起来反抗秦朝的统治。起
yì xiàng liè huǒ shāo biàn quán guó bìng zuì zhōng xíng chéng le yóu xiàng yǔ hé liú
义像烈火烧遍全国，并最终形成了由项羽和刘
bāng lǐng dǎo de liǎng zhī bù duì
邦领导的两支部队。

lián héng hé zòng
连横合纵

zhàn guó mò nián qín guó zài shāng yāng biàn fǎ yǐ hòu zhú jiàn qiáng dà
战国末年，秦国在商鞅变法以后逐渐强大

qǐ lái jiù yǒu le bìng tūn liù hé yī tǒng tiān xià de yuàn wàng qí
起来，就有了并吞六合，一统天下的愿望。齐、
chǔ yān zhào hán wèi liù guó wèi le kàng jù qiáng qín cǎi qǔ le lián
楚、燕、赵、韩、魏六国为了抗拒强秦，采取了联
hé kàng qín de bàn fǎ shǐ chēng hé zòng ér qín guó zé cǎi yòng yuǎn
合抗秦的办法，史称“合纵”。而秦国则采用远
jiāo jìn gōng gè gè jī pò de bàn fǎ lái pò huài liù guó de lián hé
交近攻，各个击破的办法来破坏六国的联合，
shǐ chēng lián héng dàn shì liù guó zhī jiān hù xiāng cāi jì zuì zhōng
史称“连横”。但是，六国之间互相猜忌，最终
bèi qín guó zhú bù xiāo miè qín shǐ huáng jiàn lì qǐ le zhōng guó lì shǐ shàng
被秦国逐步消灭，秦始皇建立起了中国历史上
dì yī gè zhōngyāng jí quán de dà yī tǒng dì guó qín qín shǐ huáng
第一个中央集权的大一统帝国——秦。秦始皇
zì chēng shǐ huáng dì xī wàng tā de jiāng shān néng gòu chuán zhì wàn dài
自称“始皇帝”，希望他的江山能够传至万代。
kě xī zài qín de cán bào tǒng zhì xià zài èr shì de shí hou jiù bào
可惜在秦的残暴统治下，在二世的时候，就爆
fā le chénshèng wú guǎng lǐng dǎo de nóng mín qǐ yì qín cháo bù jiǔ jiù
发了陈胜、吴广领导的农民起义，秦朝不久就
miè wáng le
灭亡了。

【原文】

gāo zǔ xīng hàn yè jiàn
高祖兴　汉业建
zhì xiào píng wáng mǎng cuàn
至孝平[①]　王莽篡[②]

【注释】

xiào píng wéi hàn píng dì zài wèi de shí dài wángmǎng
①孝平：为汉平帝在位的时代。②王莽：
yuán dì wánghuánghòu de zhí zi móu duó wáng wèi gēng gǎi guó hào wéi xīn
元帝王皇后的侄子，谋夺王位，更改国号为新。
cuàn móu duó dì wáng zhī wèi
篡：谋夺帝王之位。

【释义】

liú bāng dǎ bài xiàng yǔ hòu jiàn lì le hàn cháo de jī yè shǐ chēng
刘邦打败项羽后，建立了汉朝的基业，史称
gāo zǔ chuán dào hàn píng dì shí bèi jiān chén wáng mǎng cuàn duó le dì wèi
高祖。传到汉平帝时，被奸臣王莽篡夺了帝位。

【故事解读】

hóng mén yàn
鸿门宴

liú bāng hé xiàng yǔ dōu shì qín cháo mò nián de dà yīng xióng liú
刘邦和项羽都是秦朝末年的大英雄。刘
bānggōng pò qín cháo de dū chéngxián yáng hòu zhù jūn zài bà shàng xiàng yǔ
邦攻破秦朝的都城咸阳后，驻军在灞上。项羽
de jūn duì zhù zhā zài xīn fēng liú bāngshǒu xià de cáo wú shānggào su
的军队驻扎在新丰。刘邦手下的曹无伤告诉
xiàng yǔ shuō liú bāng yǒu chēng wáng de yě xīn xiàng yǔ jiù qǐng liú bāng dào
项羽说，刘邦有称王的野心，项羽就请刘邦到
hóng mén fù yàn xí jiān xiàng yǔ de móu shì fàn zēng zhǐ shǐ xiàng zhuāng
鸿门赴宴。席间，项羽的谋士范增指使项庄

wǔ jiàn xiǎng ràng tā jiè jī shā sǐ liú bāng duō kuī xiàng bó de bǎo hù
舞剑，想让他借机杀死刘邦。多亏项伯的保护，
liú bāng cái xìng miǎn yú nàn wēi jí shí kè liú bāng de hù wèi chì zé
刘邦才幸免于难。危急时刻，刘邦的护卫斥责
xiàng yǔ bù shǒu xìn yòng shǐ xiàng yǔ fàng qì le shā sǐ liú bāng de niàn
项羽不守信用，使项羽放弃了杀死刘邦的念
tou liú bāng zhuāng zuò shàng cè suǒ táo huí le hàn yíng hòu lái liú
头。刘邦装作上厕所，逃回了汉营。后来，刘
bāng niǔ zhuǎn le bú lì jú miàn bìng zuì zhōng zhàn shèng le xiàng yǔ
邦扭转了不利局面，并最终战胜了项羽。

wáng mǎng cuàn wèi
王莽篡位

hàn píng dì shì xī hàn wáng cháo zuì hòu yí gè huáng dì dāng shí
汉平帝是西汉王朝最后一个皇帝。当时
cháo tíng de dà quán zhǎng wò zài wài qī shǒu zhōng wáng mǎng yě shǔ yú wài
朝廷的大权掌握在外戚手中。王莽也属于外
qī dàn tā bú xiàng qí tā zǐ dì nà yàng jiāo shē yín yì zǒng shì gěi
戚，但他不像其他子弟那样骄奢淫逸，总是给
rén liú xià jiǎn pǔ qiān xū de yìn xiàng hòu lái tā dāng le dà guān
人留下简朴、谦虚的印象。后来他当了大官，
dàn réng hé cóng qián yí yàng dài rén wēn hé jí shǐ zì jǐ de ér zi
但仍和从前一样待人温和。即使自己的儿子
fàn le zuì tā yě yī zhào fǎ lǜ jìn xíng chǔ fá hòu lái tā dà
犯了罪，他也依照法律进行处罚。后来，他大
quán zài wò lì kè biàn de fēi yáng bá hù qǐ lái tā suō shǐ xià shǔ
权在握，立刻变得飞扬跋扈起来。他唆使下属
biān zào huǎng yán bī pò xiǎo huáng dì ràng wèi wáng mǎng dāng le huáng dì
编造谎言，逼迫小皇帝让位。王莽当了皇帝
hòu dìng guó hào wéi xīn hòu lái liú xiù tuī fān le wáng mǎng de
后，定国号为“新”。后来，刘秀推翻了王莽的
zhèng quán jiàn lì le dōng hàn wáng cháo
政权，建立了东汉王朝。

【原文】

guāng wǔ xīng　wéi dōng hàn

光武兴[1]　为东汉[2]

sì bǎi nián　zhōng yú xiàn

四百年　终于献[3]

【注释】

guāng wǔ　guāng wǔ dì liú xiù　dōng hàn　liú xiù yǐ luò

①光武：光武帝刘秀。②东汉：刘秀以洛

yáng wéi guó dū suǒ jiàn lì de cháo dài　xiàn　xiàn dì　wéi hàn cháo

阳为国都所建立的朝代。③献：献帝，为汉朝

zuì hòu de yí wèi dì wáng

最后的一位帝王。

【释义】

guāng wǔ dì liú xiù fù xīng hàn cháo

光武帝刘秀复兴汉朝

hòu　chēng wéi dōng hàn　xī hàn hé dōng hàn

后，称为东汉。西汉和东汉

yán xù le sì bǎi nián　dào hàn xiàn dì shí

延续了四百年，到汉献帝时

hàn cháo miè wáng

汉朝灭亡。

【故事解读】

刘秀兴汉

王莽政权末年，爆发了绿林军起义。刘秀和哥哥起兵响应，并在昆阳之战中重创王莽主力军，表现出杰出的政治、军事才能。公元25年，刘秀称帝，史称“东汉”。之后刘秀消灭各路豪强势力，统一了中国。刘秀在位期间，实行休养生息政策，为解决当时严重的土地和奴婢问题，先后多次下令敦促改革。同时精兵简政，并在政治上进一步加强中央集权，加强尚书台的权力。这些措施

de tuī xíng shǐ dōng hàn de jīng jì huī fù zhèng zhì ān dìng hòu rén jiāng
的推行，使东汉的经济恢复，政治安定。后人将
zhè yì shí qī chēng wéi guāng wǔ zhōng xīng
这一时期称为“光武中兴”。

【原文】

wèi shǔ wú zhēng hàn dǐng
魏蜀吴 争汉鼎①
hào sān guó qì liǎng jìn
号三国② 迄两晋③

【注释】

dǐng tiān xià huò guó jiā sān guó zhǐ wèi shǔ wú
①鼎：天下或国家。②三国：指魏、蜀、吴
sān guó liǎng jìn hé chēng dōng jìn yǔ xī jìn
三国。③两晋：合称东晋与西晋。

【释义】

hàn cháo mò nián wèi shǔ wú sān jiā zhēng duó jiāng shān lì shǐ
汉朝末年，魏、蜀、吴三家争夺江山，历史
shàng chēng wéi sān guó shí qī hòu lái jìn cháo tǒng yī le quán guó
上称为“三国时期”。后来晋朝统一了全国，
xiān hòu jīng lì le dōng jìn hé xī jìn liǎng gè wáng cháo
先后经历了东晋和西晋两个王朝。

【故事解读】

chì bì zhī zhàn
赤壁之战

cáo cāo dǎ bài yuán shào tǒng yī běi fāng hòu jīng guò yí duàn shí jiān
曹操打败袁绍统一北方后，经过一段时间
de zhěng dùn yòu kāi shǐ xiàng nán fāng jìn jūn bú fèi chuī huī zhī lì jiù
的整顿，又开始向南方进军，不费吹灰之力，就
zhàn jù le jīng zhōu dāng shí liú bèi de jūn duì rén shù hěn shǎo wú
占据了荆州。当时，刘备的军队人数很少，无
fǎ hé cáo cāo kàng héng jiù tīng cóng jūn shī zhū gě liàng de jiàn yì lián
法和曹操抗衡，就听从军师诸葛亮的建议，联
hé sūn quán yì qǐ duì kàng cáo cāo cáo cāo yuǎn dào ér lái shì bīng men
合孙权一起对抗曹操。曹操远道而来，士兵们
bù fú shuǐ tǔ zhàn dòu lì shòu dào yǐng xiǎng cáo cāo wèi le shì yìng shuǐ
不服水土，战斗力受到影响。曹操为了适应水
zhàn mìng lìng bǎ suǒ yǒu de zhàn chuán shǒu wěi xiāng lián qǐ lái dōng wú de
战，命令把所有的战船首尾相连起来。东吴的
zhōu yú lián hé liú bèi shǐ yòng huǒ gōng dà bài cáo jūn cáo cāo huāng
周瑜联合刘备，使用火攻，大败曹军。曹操慌
máng táo huí běi fāng cóng cǐ sān guó dǐng lì de jú miàn xíng chéng
忙逃回北方。从此，三国鼎立的局面形成。

sī mǎ zhāo zhī xīn
司马昭之心

sī mǎ zhāo shì sān guó shí qī wèi guó dà jiàng sī mǎ yì de ér
司马昭是三国时期魏国大将司马懿的儿
zi tā zhǎng wò zhe wèi guó de dà quán tā dāng shàng dà jiāng jūn hòu
子，他掌握着魏国的大权。他当上大将军后，

hái bù mǎn zú yòu bī wèi dì
还不满足，又逼魏帝
cáo máo fēng tā wéi jìn gōng
曹髦封他为晋公。
cáo máo hěn qì fèn
曹髦很气愤
de shuō sī mǎ
地说：“司马
zhāo xiǎng dāng huáng
昭想当皇
dì de yě xīn jiù
帝的野心就
lián guò lù rén dōu
连过路人都
néng kàn chū lái yú shì tā shuài lǐng shǒu xià qù shā sī mǎ zhāo jié guǒ
能看出来。”于是他率领手下去杀司马昭，结果
fǎn bèi sī mǎ zhāo de shǒu xià shā sǐ cáo máo sǐ hòu sī mǎ zhāo dà
反被司马昭的手下杀死。曹髦死后，司马昭大
quán dú lǎn tā jiǎ zhuāng lì cáo huàn wéi dì zì jǐ chēng jìn wáng hòu
权独揽。他假装立曹奂为帝，自己称晋王。后
lái sī mǎ zhāo sǐ le tā de ér zi sī mǎ yán bī cáo huàn ràng wèi
来司马昭死了，他的儿子司马炎逼曹奂让位，
zì jǐ zuò le huáng dì jiàn lì le xī jìn wáng cháo
自己做了皇帝，建立了西晋王朝。

【原文】

sòng qí jì　　liáng chén chéng
宋齐继　　梁陈承
wéi nán cháo　　dū jīn líng
为南朝①　　都金陵②

【注释】

nán cháo jí shì sòng qí liáng chén sì cháo dōu shè
①南朝：即是宋、齐、梁、陈四朝。②都：设
lì guó dū jīn líng jí xiàn zài de nán jīng
立国都。金陵：即现在的南京。

【释义】

jìn cháo zhī hòu xiān hòu yǒu sòng qí liáng chén sì gè cháo
晋朝之后，先后有宋、齐、梁、陈四个朝
dài tā men bèi hòu shì chēng wéi nán cháo tā men de guó dū jūn shè zài
代，它们被后世称为南朝，它们的国都均设在
jīn líng
金陵。

【故事解读】

wáng guó zhī yīn
亡国之音

chén bà xiān tuī fān liáng cháo jiàn lì
陈霸先推翻梁朝建立
chén cháo shǐ chēng chén wǔ dì hòu lái
陈朝，史称陈武帝。后来
hòu zhǔ chén shū bǎo dēng shàng huáng wèi
后主陈叔宝登上皇位。
zhè ge chén hòu zhǔ zhǐ zhī dào chī
这个陈后主只知道吃
hē xiǎng lè tā dà jiàn gōng diàn
喝享乐，他大建宫殿，

hái ràng gōng li de rén zuò qǔ dāng shí bǐ jiào yǒu míng de yuè qǔ shì yù
还让宫里的人作曲，当时比较有名的乐曲是《玉
shù hòu tíng huā hòu lái suí wén dì yáng jiān shuài dà jūn dǎ jìn jiàn
树后庭花》。后来，隋文帝杨坚率大军打进建
kāng chéng shí shǒu jiàng lái bào gào xiāo xi chén hòu zhǔ zhèng zài xīn shǎng
康城时，守将来报告消息。陈后主正在欣赏
yù shù hòu tíng huā dāng dé zhī suí jūn dǎ lái hòu xià de huāng máng
《玉树后庭花》，当得知隋军打来后，吓得慌忙
táo zǒu zuì hòu bèi suí jūn zhuā zhù chén cháo miè wáng hòu rén yīn cǐ
逃走，最后被隋军抓住，陈朝灭亡。后人因此
bǎ zhè shǒu yù shù hòu tíng huā chēng wéi wáng guó zhī yīn
把这首《玉树后庭花》称为“亡国之音”。

【原文】

běi yuán wèi fēn dōng xī
北元魏① 分东西
yǔ wén zhōu yǔ gāo qí
宇文周② 与高齐③

【注释】

yuán wèi běi wèi yǔ wén zhōu yǔ wén shì yǔ wén jué
①元魏：北魏。②宇文周：宇文是宇文觉
de xìng tā miè le xī wèi jiàn lì běi zhōu gāo qí gāo shì gāo
的姓，他灭了西魏，建立北周。③高齐：高是高
yáng de xìng tā xiāo miè dōng wèi jiàn lì běi qí
洋的姓，他消灭东魏，建立北齐。

【释义】

běi fāng de běi wèi zhú jiàn xīng shèng qǐ lái hòu lái fēn wéi dōng wèi hé xī wèi běi zhōu yǔ wén shì miè diào le dōng wèi běi qí de gāo yáng miè diào le xī wèi

北方的北魏逐渐兴盛起来，后来分为东魏和西魏。北周宇文氏灭掉了东魏，北齐的高洋灭掉了西魏。

【故事解读】

xiào wén dì qiān dū
孝文帝迁都

wèi xiào wén dì shì gè yǒu zuò wéi de rén wèi le xī shōu zhōng yuán de wén huà gǎi gé yì xiē luò hòu de fēng sú tā jué dìng qiān dū luò yáng rán ér tā de xiǎng fǎ què zāo dào dà chén men de fǎn duì yú shì xiào wén dì jiè kǒu fá qí shuài dà jūn sān shí wàn nán xià dào le luò yáng zhèng gǎn shàng lián mián de yīn yǔ dào lù ní nìng nán zǒu xíng jūn fēi cháng kùn nan xiào wén dì jiān chí jì xù qián jìn dà chén men bú yuàn běi fá fēn fēn yāo qiú tíng zhǐ nán xià wèi xiào wén dì jiàn dà chén men yǐ jīng zài luò yáng jù qí jiù chèn shì xuān bù qiān dū luò yáng qiān dū de chénggōng wèi běi wèi de fā zhǎn kāi chuàng le xīn

魏孝文帝是个有作为的人。为了吸收中原的文化，改革一些落后的风俗，他决定迁都洛阳。然而，他的想法却遭到大臣们的反对。于是，孝文帝借口伐齐，率大军三十万南下。到了洛阳，正赶上连绵的阴雨，道路泥泞难走，行军非常困难。孝文帝坚持继续前进，大臣们不愿北伐，纷纷要求停止南下。魏孝文帝见大臣们已经在洛阳聚齐，就趁势宣布迁都洛阳。迁都的成功，为北魏的发展开创了新

de jú miàn
的局面。

【原文】

dài zhì suí　　yì tǔ yǔ
迨至隋①　一土宇②

bú zài chuán　　shī tǒng xù
不再传　失统绪③

【注释】

dài zhí dào suí yáng jiān suǒ jiàn lì de cháo dài chēng suí
①迨：直到。隋：杨坚所建立的朝代称隋，
zì fēng wéi suí wén dì yì hé ér wèi yī tǔ yǔ zhǐ tiān
自封为隋文帝。②一：合而为一。土宇：指天
xià tǒng xù chúnzhèng de dào tǒng
下。③统绪：纯正的道统。

【释义】

suí cháo de jiàn lì shǐ zhōng guó yòu xíng
隋朝的建立，使中国又形
chéng le tǒng yī de jú miàn bú guò suí cháo zhǐ
成了统一的局面。不过隋朝只
yán xù le yí dài jiù sàng shī le zhèngquán tiān
延续了一代就丧失了政权。天
xià yòu shī qù le zhì xù
下又失去了秩序。

【故事解读】

suí mò nóng mín dà qǐ yì

隋末农民大起义

suí wén dì yáng jiān sǐ hòu yáng guǎng jí wèi tā zhuī qiú huāng yín
隋文帝杨坚死后，杨广即位，他追求荒淫
fǔ huà de shēng huó tā mìng rén kāi záo yùn hé sān cì pài bīng zhēng tǎo
腐化的生活。他命人开凿运河，三次派兵征讨
gāo lì hào fèi le dà liàng de wù lì hé cái lì lǎo bǎi xìng zǒu tóu
高丽，耗费了大量的物力和财力。老百姓走投
wú lù zhǐ hǎo ná qǐ wǔ qì duì kàng cháo tíng quán guó fàn wéi de nóng
无路，只好拿起武器，对抗朝廷，全国范围的农
mín qǐ yì fēng qǐ yún yǒng gè dì de qǐ yì jūn zhōng yǐ zhái ràng lǐng
民起义风起云涌。各地的起义军中，以翟让领
dǎo de wǎ gāng jūn zuì wéi zhù míng tā men jūn jì yán míng zhuān mén gōng
导的瓦岗军最为著名。他们军纪严明，专门攻

jī tǔ háo liè shēn chéng zhì tān guān wū lì shòu dào lǎo bǎi xìng de yōng
击土豪劣绅，惩治贪官污吏，受到老百姓的拥
hù hòu lái wǎ gāng jūn duō cì dǎ bài suí cháo de jūn duì wèi zuì zhōng
护。后来瓦岗军多次打败隋朝的军队，为最终
tuī fān suí cháo qǐ le jī jí de zuò yòng
推翻隋朝起了积极的作用。

【原文】

táng gāo zǔ qǐ yì shī
唐高祖① 起义师②
chú suí luàn chuàng guó jī
除隋乱③ 创国基
èr shí chuán sān bǎi zǎi
二十传④ 三百载
liáng miè zhī guó nǎi gǎi
梁灭之⑤ 国乃改⑥

【注释】

táng gāo zǔ táng cháo de kāi guó zhī jūn xìng lǐ míng
①唐高祖：唐朝的开国之君，姓李名
yuān yì shī rén yì zhī shī chú píng fù èr shí
渊。②义师：仁义之师。③除：平复。④二十
chuán táng cháo chuán wèi èr shí wèi jūn wáng liáng jí wéi shǐ chēng
传：唐朝传位二十位君王。⑤梁：即为史称
de hòu liáng zhū wēn suǒ lì nǎi yú shì cái
的“后梁”，朱温所立。⑥乃：于是，才。

【释义】

lǐ yuān zài tài yuán qǐ bīng tuī fān suí cháo kāi chuàng le táng cháo de
李渊在太原起兵推翻隋朝，开创了唐朝的
jī yè sǎo chú le suí mò de hùn luàn táng xiān hòu chuán le èr shí shì
基业，扫除了隋末的混乱。唐先后传了二十世，
lì shí sān bǎi nián hòu liáng miè táng yú shì gǎi huàn le cháo dài
历时三百年。后梁灭唐，于是改换了朝代。

【故事解读】

zhēn guàn zhī zhì
贞观之治

táng tài zōng lǐ shì mín dēng jī hòu xī qǔ suí cháo miè wáng de
唐太宗李世民登基后，吸取隋朝灭亡的
jiào xun lì jīng tú zhì shǐ shè huì jīng jì
教训，励精图治，使社会经济
xùn sù huī fù tā hái
迅速恢复。他还
xū xīn tīng qǔ bié ren de
虚心听取别人的
jiàn yì dà chén wèi zhēng
建议。大臣魏征
shì gè gǎn yú zhí yán de
是个敢于直言的
rén tā zǒng shì dāng miàn
人，他总是当面
zhǐ chū táng tài zōng de guò
指出唐太宗的过
shī táng tài zōng měi cì
失，唐太宗每次

dōu néng xū xīn de jiē shòu yóu yú táng tài zōng de kāi míng zài tā
都能虚心地接受。由于唐太宗的开明，在他
tǒng zhì shí qī chū xiàn le zhōng guó lì shǐ shang de shèng shì zhēn guàn
统治时期出现了中国历史上的盛世——“贞观
zhī zhì
之治”。

huáng cháo tí shī
黄巢题诗

táng cháo mò nián guān fǔ fǔ bài mín bù liáo shēng cóng ér bào
唐朝末年，官府腐败，民不聊生，从而爆
fā le huáng cháo qǐ yì qǐ yì jiā kuài le táng cháo de miè wáng huáng
发了黄巢起义。起义加快了唐朝的灭亡。黄
cháo chū shēng zài yán shāng zhī jiā cóng xiǎo jiù hěn yǒu zhì xiàng tā céng xiě
巢出生在盐商之家，从小就很有志向。他曾写
guò yì shǒu yǒng jú shī dài dào qiū lái jiǔ yuè bā wǒ huā kāi
过一首《咏菊》诗：“待到秋来九月八，我花开
hòu bǎi huā shā chōng tiān xiāng zhèn tòu cháng ān mǎn chéng jìn dài huáng jīn
后百花杀。冲天香阵透长安，满城尽带黄金
jiǎ biǎo dá le tā de xiōng jīn hé duì xiàn shí de bù mǎn hòu lái
甲。”表达了他的胸襟和对现实的不满。后来，
tā shuài lǐng yì jūn gōng jìn cháng ān dàn zài táng jūn fēng kuáng de fǎn pū
他率领义军攻进长安。但在唐军疯狂的反扑
xià jiā shàng zhū wēn de pàn biàn qǐ yì zuì zhōng shī bài huáng cháo zì
下，加上朱温的叛变，起义最终失败，黄巢自
shā gōng yuán nián zhū wēn fèi diào táng cháo zuì hòu yí gè huáng dì
杀。公元907年，朱温废掉唐朝最后一个皇帝，
zì lì wéi dì guó hào liáng táng cháo miè wáng
自立为帝，国号梁，唐朝灭亡。

【原文】

liáng táng jìn　　jí hàn zhōu
梁唐晋　及汉周
chēng wǔ dài　　jiē yǒu yóu
称五代① 皆有由②

【注释】

wǔ dài　jí wéi hòu liáng　hòu táng　hòu jìn　hòu hàn　hòu zhōu
①五代：即为后梁、后唐、后晋、后汉、后周。
yóu　lǐ yóu　yuán yīn
②由：理由，原因。

【释义】

hòu liáng　hòu táng　hòu jìn　hòu hàn　hòu zhōu bèi rén men chēng wéi wǔ dài　tā men de xīng shèng shuāi bài dōu shì yǒu yuán yóu de
后梁、后唐、后晋、后汉、后周被人们称为五代，他们的兴盛衰败都是有缘由的。

【故事解读】

xì zi huáng dì
戏子皇帝

wǔ dài shí qī　pín fán de zhàn zhēng shǐ bǎi xìng mín bù liáo shēng
五代时期，频繁的战争使百姓民不聊生，

gè guó tǒng zhì zhě hūn
各国统治者昏
yōng fǔ bài hòu táng
庸腐败，后唐
huáng dì lǐ cún xù jiù
皇帝李存勖就
shì yí gè diǎn xíng de
是一个典型的
lì zi lǐ cún xù
例子。李存勖
zài wèi shí bù dǒng
在位时，不懂
de rú hé zhì lǐ guó
得如何治理国
jiā bǎ guó jiā gǎo de wū yān
家，把国家搞得乌烟
zhàng qì tā hěn xǐ huan kàn xì yǎn xì yǒu shí gāo xìng hái qīn
瘴气。他很喜欢看戏、演戏，有时高兴，还亲
zì shàng tái yǎn xì yǔ xì zi men dǎ chéng yí piàn rén men sī xià dōu
自上台演戏，与戏子们打成一片。人们私下都
chēng tā wéi xì zi huáng dì tā de hūn yōng shǐ cháo tíng shàng xià jiān
称他为“戏子皇帝”。他的昏庸使朝廷上下奸
chén dāng dào guó lì rì yì shuāi bài zuì zhōng zǒu xiàng le miè wáng
臣当道，国力日益衰败，最终走向了灭亡。

【原文】

yán sòng xīng shòu zhōu shàn
炎宋兴① 受周禅②
shí bā chuán nán běi hùn
十八传③ 南北混④

【注释】

yán sòng　jiù shì sòng cháo　shòu　chéng shòu　chán　chán
①炎宋：就是宋朝。②受：承受。禅：禅
ràng　chuán　chuán chéng dì wèi　hùn　fēn luàn　bù ān dìng
让。③传：传承帝位。④混：纷乱，不安定。

【释义】

zhào kuāng yìn miè diào hòu zhōu　jiàn lì le sòng cháo　nán běi sòng yí
赵匡胤灭掉后周，建立了宋朝。南北宋一
gòng chuán le shí bā shì　zhè yì shí qī nán běi zhōng guó zài cì shí xiàn le
共传了十八世，这一时期南北中国再次实现了
tǒng yī
统一。

【故事解读】

zhàng zhú tài zǔ
杖逐太祖

sòng tài zǔ zhào kuāng yìn céng jīng shì hòu zhōu de diàn dū qián diǎn
宋太祖赵匡胤曾经是后周的殿都前点
jiǎn　tǒng lǐng jìn jūn　hěn dé jiāng shì men de yōng dài　dāng shí zhōu
检，统领禁军，很得将士们的拥戴。当时周
gōng dì hái nián yòu　zhào kuāng yìn shuài bīng běi zhēng de shí hòu　jīng chéng
恭帝还年幼。赵匡胤率兵北征的时候，京城
dào chù dōu liú chuán shuō　chū jūn de rì zǐ　dāng lì diǎn jiǎn wéi tiān
到处都流传说："出军的日子，当立点检为天
zǐ　xǔ duō yǒu qián rén dōu táo pǎo le　zhào kuāng yìn hài pà le
子。"许多有钱人都逃跑了。赵匡胤害怕了，

qiāo qiāo huí jiā gào sù jiā rén shuō wài biān de liú yán nà me lì
悄悄回家告诉家人说：“外边的流言那么厉
hài gāi zěn me bàn zhào kuāng yìn de jiě jiě zhǎng dé miàn rú tiě
害，该怎么办？”赵匡胤的姐姐长得面如铁
sè hěn yǒu diǎn zhàng fū qì tā dāng shí zhèng zài chú fáng zuò fàn tīng
色，很有点丈夫气，她当时正在厨房做饭，听
le zhào kuāng yìn de huà ná qǐ gǎn miàn zhàng jiù dǎ biān dǎ hái biān
了赵匡胤的话，拿起擀面杖就打，边打还边
mà shuō dà zhàng fū yù dào dà shì gāi zěn me bàn yīng gāi zì jǐ
骂说：“大丈夫遇到大事，该怎么办应该自己
jué dìng wèi shén me pǎo dào jiā lǐ lái xià nǚ rén zhào kuāng yìn
决定，为什么跑到家里来吓女人！”赵匡胤
zhè cái xià dìng jué xīn zhōng yú zài chén qiáo fā dòng bīng biàn jiàn lì
这才下定决心，终于在陈桥发动兵变，建立
le dà sòng wáng cháo
了大宋王朝。

fēng bō qí yuān
风波奇冤

nán sòng chū nián zōng zé yuè fēi hán shì zhōng děng míng jiāng shuài bīng
南宋初年，宗泽、岳飞、韩世忠等名将率兵
běi fá yǒu xiào dì dǎ jī le rù qīn zhōng yuán de jīn bīng yóu qí shì
北伐，有效地打击了入侵中原的金兵，尤其是
yuè fēi shuài lǐng de yuè jiā jūn ràng jīn bīng wén fēng sàng dǎn zài jīn bīng
岳飞率领的岳家军，让金兵闻风丧胆，在金兵
zhōng liú chuán zhe hàn shān yì hàn yuè jiā jūn nán de huà dàn shì
中流传着“撼山易，撼岳家军难”的话。但是，
yǐ sòng gāo zōng zhào gòu hé qín huì wèi shǒu de tóu jiàng pài què zhǐ xiǎng bǎo
以宋高宗赵构和秦桧为首的投降派却只想保
zhù bàn bì hé shān pò hài hé dǎ jī zhǔ zhāng kàng zhàn de ài guó jiàng
住半壁河山，迫害和打击主张抗战的爱国将
lǐng tā men yòng shí èr dào jīn pái zhào huí yuè fēi bìng yǐ mò xū
领。他们用十二道金牌召回岳飞，并以“莫须

yǒu de zuì míng zài fēng bō tíng shā hài le yuè fēi zì huǐ chángchéng dǎo
有”的罪名在风波亭杀害了岳飞，自毁长城，导
yǎn le yì chū rén shén gòng fèn de qiān gǔ qí yuān yuè fēi sǐ shí nián
演了一出人神共愤的千古奇冤。岳飞死时，年
jǐn sān shí jiǔ suì
仅三十九岁。

【原文】

liáo yǔ jīn jiē chēng dì
辽与金 皆称帝
yuán miè jīn jué sòng shì
元灭金 绝宋世[①]

【注释】

jué miè wáng
①绝：灭亡。

【释义】

liáo guó hé jīn guó xiāng jì zài běi fāng xīng
辽国和金国相继在北方兴
qǐ tā men gè zì chēng dì gē jù yì fāng
起，他们各自称帝割据一方。
hòu lái yuán cháo xiān miè diào jīn guó yòu miè diào
后来元朝先灭掉金国，又灭掉
nán sòng
南宋。

【故事解读】

bào zhǔ tóu hǎi
抱主投海

cháo tíng de fǔ bài shǐ nán sòng nán yǐ dǐ dǎng měng gǔ tiě tí de
朝廷的腐败使南宋难以抵挡蒙古铁蹄的
jiàn tà dāng shí suī yǒu wén tiān xiáng zhāng shì jié děng ài guó jiàng lǐng fèn
践踏，当时虽有文天祥、张世杰等爱国将领奋
lì kàng yuán dàn zhōng jiū bù néng wǎn huí jú miàn měng gǔ jūn duì zài miè
力抗元，但终究不能挽回局面。蒙古军队在灭
diào jīn guó hòu xùn sù xiàng nán sòng jìn gōng jūn xīn huàn sàn de sòng jūn
掉金国后，迅速向南宋进攻，军心涣散的宋军
jié jié bài tuì zài yá shān jué zhàn zhōng dà chén lù xiù fū bào zhe xiǎo
节节败退。在涯山决战中，大臣陆秀夫抱着小
huáng dì táo dào yì tiáo chuán shang zhāng shì jié pài rén jiē yìng què bèi
皇帝逃到一条船上。张世杰派人接应，却被
lù xiù fū dàng zuò yuán jūn de jiān xì
陆秀夫当做元军的奸细，
tā bào zhe xiǎo huáng dì yì qǐ tiào jìn
他抱着小皇帝一起跳进
le dà hǎi zhāng shì
了大海。张世
jié zhī dào xiāo xi
杰知道消息
hòu yě tiào hǎi
后，也跳海
xùn guó nán sòng
殉国，南宋
yīn cǐ miè wáng
因此灭亡。

【原文】

lì zhōng guó　jiān róng dí
莅中国　兼戎狄
jiǔ shí zǎi　guó zuò fèi
九十载　国祚废①

【注释】

guó zuò　jí guó jiā
①国祚：即国家。

【释义】

yuán cháo jiàn lì yǐ hòu　xiān hòu jiān bìng le biān jiāng de gè shǎo shù mín
元朝建立以后，先后兼并了边疆的各少数民
zú　dàn yuán cháo zhèng quán zhǐ cún zài le jiǔ shí duō nián　tǒng zhì jiù jié shù le
族。但元朝政权只存在了九十多年，统治就结束了。

【故事解读】

chéng jí sī hán
成吉思汗

shì jì shí　měng gǔ cǎo yuán shang zhǐ yǒu yì xiē fēn sàn de
12世纪时，蒙古草原上只有一些分散的

bù luò gè bù luò zhī jiān wèi le zhēng duó rén kǒu hé shēng chù jīng cháng
部落，各部落之间为了争夺人口和牲畜，经常
fā shēng zhàn zhēng hòu lái yí gè jiào tiě mù zhēn de shǒu lǐng xiān hòu
发生战争。后来，一个叫铁木真的首领先后
tǒng yī le gè bù luò bèi tuī jǔ wéi quán měng gǔ de hán shǐ chēng
统一了各部落，被推举为全蒙古的“汗”，史称
chéng jí sī hán tā jí wèi hòu bān bù le fǎ diǎn chuàng lì le
“成吉思汗”。他即位后，颁布了法典，创立了
wén zì wèi měng gǔ wén huà de fā zhǎn qǐ le jī jí zuò yòng suí hòu
文字，为蒙古文化的发展起了积极作用。随后，
chéng jí sī hán jìn xíng le sān cì xī zhēng zhàn lǐng le yà ōu dà lù de
成吉思汗进行了三次西征，占领了亚欧大陆的
hěn duō guó jiā shǐ zhōng guó fā zhǎn chéng yí gè dà de jūn shì dì guó
很多国家，使中国发展成一个大的军事帝国。

【原文】

tài zǔ xīng guó dà míng hào hóng wǔ
太祖兴① 国大明② 号洪武③
dū jīn líng dài chéng zǔ qiān yān jīng
都金陵 迨成祖④ 迁燕京⑤

【注释】

tài zǔ zhǐ míng tài zǔ zhū yuán zhāng guó guó jiā de
①太祖：指明太祖朱元璋。②国：国家的
chēng wèi hào jí nián hào dài děng dào zhí dào yān
称谓。③号：即年号。④迨：等到，直到。⑤燕
jīng jiù shì xiàn zài de běi jīng
京：就是现在的北京。

【释义】

zhū yuán zhāng jǔ bīng miè yuán jiàn lì le dà míng wáng cháo nián hào
朱元璋举兵灭元，建立了大明王朝，年号
hóng wǔ guó dū dìng zài nán jīng dào míng chéng zǔ shí jiāng guó dū qiān
洪武，国都定在南京。到明成祖时，将国都迁
dào běi jīng
到北京。

【故事解读】

zhèng hé xià xī yáng
郑和下西洋

míng chéng zǔ jí wèi bù jiǔ jiù pài zhèng hé shuài lǐng páng dà de
明成祖即位不久，就派郑和率领庞大的
chuán duì qián wǎng nán yáng hé yìn dù yáng yán àn gè guó jìn xíng mào yì hé
船队，前往南洋和印度洋沿岸各国进行贸易和
yǒu hǎo fǎng wèn zhè qī jiān zhèng hé yí gòng chū hǎi qī cì lì shí
友好访问。这期间，郑和一共出海七次，历时
èr shí bā nián zú jì biàn bù jīn
二十八年，足迹遍布今
tiān de dōng nán yà
天的东南亚、
yìn dù yáng yán
印度洋沿
àn yǐ jí fēi
岸以及非
zhōu dōng hǎi àn
洲东海岸。
zhèng hé chuán duì
郑和船队

suǒ dào zhī chù dōu shòu dào rè liè huān yíng tā bǎ zhōng guó de cí qì
所到之处都受到热烈欢迎。他把中国的瓷器、
chá yè děng tè sè chǎn pǐn dài dào gè guó yě dài huí le duì fāng de qí
茶叶等特色产品带到各国，也带回了对方的奇
zhēn yì bǎo zhèng hé xià xī yáng kuò dà le zhōng guó hé yà fēi guó jiā
珍异宝。郑和下西洋，扩大了中国和亚非国家
de jīng jì wén huà jiāo liú zēng qiáng le gè guó zhī jiān de yǒu yì
的经济、文化交流，增强了各国之间的友谊。

【原文】

shí qī shì zhì chóng zhēn quán yān sì
十七世　至崇祯　权阉肆①
kòu rú lín zhì lǐ chuǎng shén qì fén
寇如林②　至李闯③　神器焚④

【注释】

quán yān yǒu quán shì de huàn
①权阉：有权势的宦
chén sì hú zuò fēi wéi kòu
臣。肆：胡作非为。②寇：
jí qiáng dào rú lín shì xíng róng shù
即强盗。如林：是形容数
liàng xiāng dāng duō lǐ chuǎng jí zì
量相当多。③李闯：即自
chēng chuǎng wáng de lǐ zì chéng shén qì dài zhǐ huáng wèi
称闯王的李自成。④神器：代指皇位。

【释义】

míng cháo yán xù le shí qī shì dào le chóng zhēn huáng dì shí tài
明朝延续了十七世，到了崇祯皇帝时，太
jiān zhǎng wò dà quán sì yì héng xíng tóng shí nóng mín qǐ yì biàn bù
监掌握大权，肆意横行。同时，农民起义遍布
quán guó chuǎng wáng lǐ zì chéng tuī fān le míng wáng cháo
全国，闯王李自成推翻了明王朝。

【故事解读】

chuǎng wáng jìn běi jīng
闯王进北京

míng cháo mò nián huàn guān bǎ chí cháo zhèng zhèng zhì fǔ bài nóng
明朝末年，宦官把持朝政，政治腐败。农
mín qǐ yì biàn bù quán guó qí zhōng yǐng xiǎng zuì dà de shì lǐ zì chéng lǐng
民起义遍布全国，其中影响最大的是李自成领
dǎo de qǐ yì jūn lǐ zì chéng chū shēn pín kǔ nóng mín jiā tíng tā shuài
导的起义军。李自成出身贫苦农民家庭，他率
lǐng de jūn duì jì lǜ yán míng zuò zhàn yǒng gǎn shēn shòu lǎo bǎi xìng de
领的军队纪律严明，作战勇敢，深受老百姓的
ài dài dà jiā bǎ tā chēng wéi chuǎng wáng jīng guò yù xuè fèn zhàn
爱戴，大家把他称为“闯王”。经过浴血奋战，
lǐ zì chéng zhōng yú shuài bù gōng pò míng guó dū běi jīng chóng zhēn huáng dì
李自成终于率部攻破明国都北京，崇祯皇帝
táo dào méi shān shàng diào zì shā míng cháo miè wáng hòu lái lǐ zì chéng
逃到煤山上吊自杀，明朝灭亡。后来，李自成
de jūn duì fǔ huà biàn zhì shī qù zhàn dòu lì bèi wú sān guì yǐn jìn
的军队腐化变质，失去战斗力，被吴三桂引进
guān de qīng bīng dǎ bài lǐ zì chéng zài jiǔ gōng shān yù nàn
关的清兵打败，李自成在九宫山遇难。

【原文】

qīng tài zǔ yīng jǐng mìng
清太祖 膺景命①
jìng sì fāng kè dà dìng
靖四方② 克大定③

【注释】

yīng jǐng mìng lǐng shòu tiān mìng de yì si jìng píng dìng kè dá dào dà dìng wán quán píng dìng
①膺景命：领受天命的意思。②靖：平定。③克：达到。大定：完全平定。

【释义】

qīng cháo de jiàn lì shì yīn wèi qīng tài zǔ jiē shòu le shàng tiān shòu yǔ de shǐ mìng tǒng yī quán zhōng guó sǎo píng sì fāng ān dìng le tiān xià
清朝的建立，是因为清太祖接受了上天授予的使命，统一全中国，扫平四方，安定了天下。

【故事解读】

nǔ ěr hā chì
努尔哈赤

qīng cháo de chuàng shǐ rén shì nǔ ěr hā chì tā jiāng yí gè yóu
清朝的创始人是努尔哈赤。他将一个游

mù bù luò de mǎn zú zài duǎn duǎn shù shí nián jiān xùn liàn chéng yí gè xí
牧部落的满族，在短短数十年间训练成一个席
juǎn zhōng guó dà dì de qiáng dà mín zú hòu lái tā jiàn lì le dà jīn
卷中国大地的强大民族。后来，他建立了大金
cháo shǐ chēng hòu jīn tā zuò zhàn yīng yǒng cháng cháng chōng zài duì wu de
朝，史称后金。他作战英勇，常常冲在队伍的
qián miàn zài jūn duì zhōng xiǎng yǒu hěn gāo de shēngwàng nián tā
前面，在军队中享有很高的声望。1626年，他
shuài bīng jìn gōng níng yuǎn zāo dào míng jiàng yuán chóng huàn de wán qiáng dǐ kàng
率兵进攻宁远，遭到明将袁崇焕的顽强抵抗，
zhàn dòu zhōng tā shēn shòu zhòng shāng bù jiǔ qù shì yòu guò le shí jiǔ
战斗中，他身受重伤，不久去世。又过了十九
nián cái yóu tā de sūn zi fú lín shuài qīng jūn rù guān jiàn lì le qīng
年，才由他的孙子福临率清军入关，建立了清
wáng cháo
王朝。

【原文】

niàn èr shǐ quán zài zī
廿二史 全在兹①
zǎi zhì luàn zhī xīng shuāi
载治乱② 知兴衰③

【注释】

zī zhè lǐ cǐ chù zhì luàn tài píng yǔ zhàn
①兹：这里，此处。②治乱：太平与战
luàn xīng shuāi xīng wàng yǔ shuāi bài
乱。③兴衰：兴旺与衰败。

【释义】

zhè jiù shì yán xù dào xiàn zài de èr shí èr shǐ　měi bù shǐ
这就是延续到现在的二十二史。每部史
shū dōu jì zǎi zhe zhōng guó shè huì de zhì luàn gēng tì　shǐ wǒ men zhī dào
书都记载着中国社会的治乱更替，使我们知道
měi gè cháo dài xīng shuāi de yuán yīn
每个朝代兴衰的原因。

【故事解读】

cóng shàng gǔ dào míng cháo de zhè èr shí èr shǐ shì duì guò qù lì
从上古到明朝的这二十二史是对过去历
shǐ de zǒng jié　guó jiā de zhì luàn xīng shuāi　tōng guò dú shǐ néng zhī dào
史的总结，国家的治乱兴衰，通过读史能知道
de yì qīng èr chǔ　táng tài zōng lǐ shì mín zài zhōng chén wèi zhēng sǐ hòu
得一清二楚。唐太宗李世民在忠臣魏征死后
céng shuō guò yí duàn hěn yǒu míng de huà　yòng jìng zi zhào rén　kě yǐ zhī
曾说过一段很有名的话："用镜子照人，可以知
dào yī mào dài de zhèng bú zhèng　yòng lì shǐ de chéng bài zuò jiè jiàn　kě
道衣帽戴得正不正；用历史的成败作借鉴，可

yǐ zhī dào yí gè cháo dài xīng wàng hé shuāi bài de dào lǐ yòng rén de xíng
以知道一个朝代兴旺和衰败的道理；用人的行
wéi zuò jiè jiàn kě yǐ míng bai shì qing dé shī de yuán yīn zhè duàn huà
为作借鉴，可以明白事情得失的原因。”这段话
qǐ fā le hòu lái de bù shǎo jūn zhǔ yě shǐ táng tài zōng chéng wéi lì shǐ
启发了后来的不少君主，也使唐太宗成为历史
shang zuì zhù míng de míng jūn zhī yī
上最著名的明君之一。

【原文】

dú shǐ zhě kǎo shí lù
读史者 考实录①
tōng gǔ jīn ruò qīn mù
通古今② 若亲目

【注释】

shí lù biān nián tǐ shǐ shū de yì zhǒng zhuān jì mǒu yì huáng
①实录：编年体史书的一种，专记某一皇
dì tǒng zhì shí qī de dà shì gǔ jīn lì shǐ de lái lóng qù mài
帝统治时期的大事。②古今：历史的来龙去脉。

【释义】

fán shì yán jiū lì shǐ de rén hái yīng kǎo chá lì dài jūn wáng gōng
凡是研究历史的人，还应考察历代君王宫
tíng huó dòng de yuán shǐ wén xiàn néng dá dào tōng xiǎo gǔ wǎng jīn lái de
廷活动的原始文献。能达到通晓古往今来的

guī lǜ jiù xiàng zì jǐ qīn yǎn suǒ jiàn yí yàng
规律，就像自己亲眼所见一样。

【故事解读】

bā miàn shòu dí dú shū fǎ
八面受敌读书法

sū dōng pō bó xué duō cái xué jiū tiān rén tā céng jīng zài gěi
苏东坡博学多才，学究天人，他曾经在给
péng yǒu wáng láng de xìn zhōng shuō zì jǐ nián qīng de shí hòu dú shū měi yì
朋友王郎的信中说自己年轻的时候读书，每一
běn shū dōu yào dú hǎo duō biàn měi yí biàn zhǐ jiě jué yí gè wèn tí
本书都要读好多遍，每一遍只解决一个问题。
yě jiù shì bǎ yì běn shū de nèi róng fēn chéng jǐ gè fāng miàn měi cì zhǐ
也就是把一本书的内容分成几个方面，每次只
zhù yì jiě jué qí zhōng de yí gè wèn tí bù lǐ huì qí tā de dōng
注意解决其中的一个问题，不理会其他的东

xī bǐ rú dú dì yī biàn zhǐ zhù yì gǔ jīn zhì luàn xīng wáng bù
西。比如读第一遍，只注意古今治乱兴亡，不
guǎn qí tā de dì èr biàn zhǐ zhù yì shì jì wén wù qí tā de
管其他的。第二遍只注意事迹文物。其他的
yǐ cǐ lèi tuī sū dōng pō bǎ zhè zhǒng dú shū fǎ chēng wéi bā miàn shòu
以此类推。苏东坡把这种读书法称为“八面受
dí dú shū fǎ
敌读书法”。

【原文】

kǒu ér sòng xīn ér wéi
口而诵 心而惟①
zhāo yú sī xī yú sī
朝于斯② 夕于斯

【注释】

wéi sī kǎo sī zhǐ de shì zhè xiē shū
①惟：思考。②斯：指的是“这些书”。

【释义】

dú gǔ shū yào yì biān kǒu zhōng lǎng dú yì biān xīn lǐ sī kǎo
读古书要一边口中朗读，一边心里思考。
bù guāng bái tiān yào xué xí wǎn shàng yě yào qín xué kǔ dú
不光白天要学习，晚上也要勤学苦读。

【故事解读】

jiǎ dǎo tuī qiāo
贾岛推敲

táng cháo shí qī yǒu gè jiào jiǎ dǎo de shī rén xiě shī shí fēn rèn
唐朝时期有个叫贾岛的诗人，写诗十分认
zhēn bèi rén chēng wéi kǔ yín shī rén yí cì tā tū rán lái le líng
真，被人称为“苦吟诗人”。一次他突然来了灵
gǎn xiě le yì shǒu shī qí zhōng liǎng jù shì niǎo sù chí biān shù sēng qiāo
感，写了一首诗，其中两句是：“鸟宿池边树，僧敲
yuè xià mén dàn tā duì sēng qiāo yuè xià mén yí jù zhōng de qiāo zì
月下门。”但他对“僧敲月下门”一句中的“敲”字
bù mǎn yì xiǎng huàn chéng tuī zì kě yòu ná bú dìng zhǔ yi yú shì
不满意，想换成“推”字，可又拿不定主意，于是
jiù liǎng shǒu zuò zhe tuī hé qiāo de dòng zuò yǐ zhì yú rù le mí zhuàng dào
就两手做着推和敲的动作，以至于入了迷，撞到
dāng shí rèn jīng chéng zuì gāo zhǎng guān de hán yù de jiào zi shàng hán yù bèi
当时任京城最高长官的韩愈的轿子上。韩愈被
tā zhí zhuó de jīng shén suǒ gǎn dòng liǎng rén yīn cǐ chéng le hǎo péng you zhí
他执著的精神所感动，两人因此成了好朋友。直
dào xiàn zài rén men hái bǎ tuī qiāo zuò wéi xué xí rèn zhēn de dài míng cí
到现在，人们还把“推敲”作为学习认真的代名词。

【原文】

xī zhòng ní① shī xiàng tuó②
昔仲尼① 师项橐②
gǔ shèng xián shàng qín xué
古圣贤 尚勤学

【注释】

①昔：以前。②师：求学。项橐：鲁国神童的名字。

【释义】

从前，孔子曾拜过一个七岁的孩子项橐为师。作为一代圣贤，还如此谦虚好学，是多么值得我们学习呀！

【故事解读】

孔子拜师

孔子是我国古代著名的圣贤，他一生勤奋好学，而且十分谦虚，不论任何人，只要有一技之长，他都虚心向人家学习。一次，他外出遇到几个小孩儿正在玩游戏，挡住了他的去路。当孔子问他们为什么不让路时，一个叫项橐的小孩儿针对孔子的问话提出了自己的观点。孔子见项橐聪明，便一连提出了很多问题，项橐都对答如流。孔子十分惊叹他的聪明，就虚心地向他学习。被称为圣人的孔子都能这样，我们普通人更应该多学习。

【原文】

zhào zhōng lìng　dú lǔ lún
赵中令[①] 读鲁论[②]

bǐ jì shì　xué qiě qín
彼既仕[③] 学且勤

【注释】

①赵中令：指赵晋，中令是官名。②鲁论：即《论语》。③彼：指赵晋。既仕：做了官。

【释义】

zhào pǔ shì sòng cháo de kāi guó zǎi xiàng tā fēi cháng xǐ huān lún
赵普是宋朝的开国宰相，他非常喜欢《论
yǔ jí shǐ zuò le gāo guān réng rán jiān chí qín fèn de xué xí
语》，即使做了高官，仍然坚持勤奋地学习。

【故事解读】

qín fèn de zhào pǔ
勤奋的赵普

zhào pǔ shì sòng
赵普是宋
cháo de zǎi xiàng méi
朝的宰相，没
dāng guān zhī qián jiù fēi
当官之前就非
cháng xǐ huan dú shū
常喜欢读书。
dāng le zǎi xiàng hòu
当了宰相后，
ài dú shū de xí guàn
爱读书的习惯
réng méi yǒu gǎi biàn
仍没有改变。
yì tiān wǎn shang sòng
一天晚上，宋
tài zǔ zhào kuāng yìn zhǎo tā qù shāng liang guó jiā dà shì yí jìn mén
太祖赵匡胤找他去商量国家大事。一进门，
jiàn zhào pǔ zhèng zài tiǎo dēng yè dú zhào kuāng yìn jiàn tā dú de shì lún
见赵普正在挑灯夜读，赵匡胤见他读的是《论

yǔ shí fēn qí guài jiù wèn tā lún yǔ shì ér tóng de qǐ
语》，十分奇怪，就问他：“《论语》是儿童的启
méng dú wù nǐ zěn me hái zài dú ne zhào pǔ shuō wǒ zhǐ yòng
蒙读物，你怎么还在读呢？”赵普说：“我只用
bàn bù lún yǔ jiù wèi nǐ dǎ xià tiān xià hái yào yòng lìng yí bàn
半部《论语》就为你打下天下，还要用另一半
bāng nǐ zhì lǐ tiān xià xiàng zhào pǔ zhè yàng de gāo guān dōu néng jiān chí
帮你治理天下。”像赵普这样的高官都能坚持
dú shū jīn tiān de qīng shào nián gèng yīng fā fèn xué xí
读书，今天的青少年更应发奋学习。

【原文】

pī pú biān xiāo zhú jiǎn
披蒲编① 削竹简②
bǐ wú shū qiě zhī miǎn
彼无书③ 且知勉

【注释】

pī jí dǎ kāi pú biān pú cǎo biān zhī de
①批：即“打开”。蒲编：蒲草编织的
shū zhú jiǎn zhú piàn bǐ tā
书。②竹简：竹片。③彼：他。

【释义】

gǔ shí hou de lù wēn shū bǎ pú cǎo biān zhī chéng xí chāo shū
古时候的路温舒把蒲草编织成席抄书

xué xí gōng sūn hóng jiāng zhú zǐ xiāo chéng zhú jiǎn chāo shū xué xí tā
学习，公孙弘将竹子削成竹简抄书学习。他
men suī rán yīn jiā li qióng méi shū kě dú dàn yī rán néng kè kǔ
们虽然因家里穷，没书可读，但依然能刻苦
xué xí
学习。

【故事解读】

biān pú chāo shū
编蒲抄书

hàn cháo yǒu gè jiào lù wēn shū de rén fēi cháng ài xué xí kě
汉朝有个叫路温舒的人，非常爱学习。可
shì yīn wèi jiā li qióng fù qīn méi yǒu qián gōng tā shàng xué tā zhǐ hǎo
是因为家里穷，父亲没有钱供他上学，他只好
gěi bié ren fàng yáng miǎn qiǎng wéi chí shēng jì suī rán shī qù le xué xí
给别人放羊勉强维持生计。虽然失去了学习
de jī huì lù wēn shū xīn li hěn nán shòu dàn tā bìng méi yǒu fàng qì
的机会，路温舒心里很难受，但他并没有放弃
xué xí méi qián mǎi shū jiù xiàng bié ren jiè kě zhè yàng hěn bù fāng
学习。没钱买书，就向别人借。可这样很不方
biàn yǒu yì tiān tā fàng yáng shí fā xiàn hé biān yǒu yì zhǒng yè zi hěn
便。有一天，他放羊时发现河边有一种叶子很
kuān de pú cǎo líng jī yí dòng jiù cǎi le bù shǎo pú cǎo biān chéng
宽的蒲草，灵机一动，就采了不少蒲草，编成
yì zhāng xí zi rán hòu bǎ jiè lái de shū dōu chāo zài xí zi shang zhè
一张席子。然后把借来的书都抄在席子上，这
yàng dú qǐ lái jiù hěn fāng biàn le tā yòng zhè zhǒng fāng fǎ dú le hěn
样读起来就很方便了。他用这种方法读了很
duō shū hòu lái chéng le yí gè hěn yǒu xué wen de rén
多书，后来成了一个很有学问的人。

xiāo zhú wéi jiǎn
削竹为简

gōng sūn hóng shì xī hàn shí de míng chén xiǎo de shí hou jiā li hěn
公孙弘是西汉时的名臣，小的时候家里很
qióng dàn tā yì zhí méi yǒu tíng zhǐ guò xué xí mǎi bù qǐ shū tā
穷，但他一直没有停止过学习。买不起书，他
jiù bǎ zhú lín li de zhú zi kǎn xià lái pī chéng yí kuài kuài zhú piàn
就把竹林里的竹子砍下来，劈成一块块竹片，
guā qù qīng pí rán hòu cóng bié ren nà lǐ jiè lái chūn qiū yí zì
刮去青皮，然后从别人那里借来《春秋》，一字
bú lòu de chāo xià lái rì yè sòng dú hòu lái zài hàn wǔ dì qīn
不漏地抄下来，日夜诵读。后来，在汉武帝亲
zì zhǔ chí de yí cì kǎo shì zhōng tā yǐ jīng pì de jiàn jiě hé yuān bó
自主持的一次考试中，他以精辟的见解和渊博
de zhī shi jì yā qún xióng dé dào hàn wǔ dì de shǎng shí zuì hòu zuò
的知识，技压群雄，得到汉武帝的赏识，最后做
le hàn cháo de zǎi xiàng tā zài jiān kǔ de tiáo jiàn xià fā fèn nǔ lì
了汉朝的宰相。他在艰苦的条件下发奋努力，
chéng wéi guó jiā de yǒu yòng zhī cái hěn zhí dé wǒ men xué xí
成为国家的有用之才，很值得我们学习。

【原文】

tóu xuán liáng zhuī cì gǔ
头悬梁① 锥刺股②
bǐ bú jiào zì qín kǔ
彼不教 自勤苦

【注释】

xuán liáng xuán guà zài wū liáng shàng zhuī zhǐ zuàn zi cì
①悬梁：悬挂在屋梁上。②锥：指钻子。刺
gǔ yǐ jiān wù cì dà tuǐ
股：以尖物刺大腿。

【释义】

gǔ rén xué xí shí wèi le bì miǎn kē shuì bǎ tóu fa diào zài
古人学习时，为了避免瞌睡，把头发吊在
wū liáng shàng yòng zhuī zi cì zì jǐ de dà tuǐ tā men xué xí shí méi
屋梁上，用锥子刺自己的大腿。他们学习时没
yǒu rén jiāo shòu quán píng zì jǐ de qín fèn hé nǔ lì
有人教授，全凭自己的勤奋和努力。

【故事解读】

sūn jìng xuán fà
孙敬悬发

hàn cháo shí qī yǒu gè
汉朝时期，有个
jiào sūn jìng de rén cóng xiǎo jiù
叫孙敬的人，从小就
kù ài dú shū suī rán dú le
酷爱读书。虽然读了
hěn duō shū kě sūn jìng
很多书，可孙敬
réng bù mǎn zú hèn bu
仍不满足，恨不

de bǎ tiān xià de shū dōu dú wán kě shì dú shū jiǔ le jiù hěn róng
得把天下的书都读完。可是读书久了，就很容
yì dǎ kē shuì wèi le bù yǐng xiǎng dú shū sūn jìng xiǎng le gè bàn fǎ
易打瞌睡。为了不影响读书，孙敬想了个办法：
tā zài wū dǐng de liáng shang diào le yì gēn shéng zi rán hòu bǎ shéng zi
他在屋顶的梁上吊了一根绳子，然后把绳子
yì duān jì zài zì jǐ de tóu fa shang rú guǒ yì dǎ kē shuì shéng zi
一端系在自己的头发上。如果一打瞌睡，绳子
jiù huì chě zhù tóu fa téng tòng jiù huì gǎn zǒu shuì yì yòng zhè zhǒng fāng
就会扯住头发，疼痛就会赶走睡意。用这种方
fǎ sūn jìng zài duǎn shí jiān nèi yuè dú le dà liàng shū jí zhǎng dà hòu
法，孙敬在短时间内阅读了大量书籍，长大后，
zhōng yú chéng wéi guó jiā de dòng liáng
终于成为国家的栋梁。

sū qín cì gǔ
苏秦刺股

zhàn guó shí qī yǒu wèi zhù míng de zòng héng jiā jiào sū qín tā gēn
战国时期有位著名的纵横家叫苏秦，他跟
suí guǐ gǔ zǐ xué xí zòng héng shù xué chéng hòu wèi le néng zhǎo dào yòng wǔ
随鬼谷子学习纵横术，学成后为了能找到用武
zhī dì jiù biàn mài le jiā chǎn sì chù yóu shuì kě shì jǐ nián guò
之地，就变卖了家产，四处游说。可是几年过
hòu bù jǐn méi yǒu rén shǎng shí tā ér qiě qián yě yòng guāng le tā zhǐ
后，不仅没有人赏识他，而且钱也用光了，他只
hǎo huí dào jiā li rán ér fù mǔ hé qī zi dōu jué de tā méi chū
好回到家里。然而，父母和妻子都觉得他没出
xi zhè duì sū qín de cì jī hěn dà yú shì tā kè kǔ dú shū
息，这对苏秦的刺激很大。于是，他刻苦读书，
kùn le jiù yòng zhuī zi cì zì jǐ de dà tuǐ lái tí shén jīng guò yí
困了就用锥子刺自己的大腿来提神。经过一
duàn shí jiān de kǔ dú sū qín zài cì chū yóu tā zhēn duì qín guó de
段时间的苦读，苏秦再次出游，他针对秦国的

yě xīn tí chū liù guó lián hé duì fu qín guó de cè lüè dé dào liù
野心，提出六国联合对付秦国的策略，得到六
guó de zàn tóng yí xià zi shēn pèi liù guó de xiàng yìn chéng wéi dāng shí
国的赞同，一下子身佩六国的相印，成为当时
xiǎn hè tiān xià de míng rén
显赫天下的名人。

【原文】

rú náng yíng rú yìng xuě
如囊萤① 如映雪②
jiā suī pín xué bú chuò
家虽贫 学不辍③

【注释】

náng yíng yòng dài zi zhuāng yíng huǒ chóng yìng xuě xuě fǎn
①囊萤：用袋子装萤火虫。②映雪：雪反
shè de guāng chuò zhōng duàn zhōng zhǐ
射的光。③辍：中断，终止。

【释义】

jìn cháo de chē yìn yòng zhuāng yǒu yíng huǒ chóng de sī dài jiè guāng dú
晋朝的车胤，用装有萤火虫的丝袋借光读
shū jìn cháo de sūn kāng jiè bái xuě fǎn shè de yuè guāng dú shū tā
书。晋朝的孙康，借白雪反射的月光读书。他
men suī rán jiā pín dàn réng xiǎng bàn fǎ bù zhōng duàn xué xí
们虽然家贫，但仍想办法不中断学习。

【故事解读】

sūn kāng yìng xuě
孙康映雪

sūn kāng shì jìn cháo shí qī yí gè qióng rén jiā de hái zi méi qián
孙康是晋朝时期一个穷人家的孩子，没钱
mǎi dēng yóu suǒ yǐ wǎn shang bù néng jì xù dú shū yí cì sūn kāng
买灯油，所以晚上不能继续读书。一次，孙康
kàn dào wài miàn xià qǐ le dà xuě zì jǐ yòu shuì bù zháo jiào jiù qǐ
看到外面下起了大雪，自己又睡不着觉，就起
chuáng ná shū zài yuè guāng xià kàn qǐ lái kàn le yí huì er gǎn jué yǎn
床拿书在月光下看起来，看了一会儿，感觉眼
jing bù shū fu yú shì tā gān cuì pā zài xuě dì shang xuě dì fǎn shè
睛不舒服。于是他干脆趴在雪地上，雪地反射
de guāng bǎ shū shang de zì jì zhào de gèng jiā qīng chu sūn kāng wàng jì
的光把书上的字迹照得更加清楚。孙康忘记
le hán lěng zhuān xīn kàn qǐ shū lái cóng cǐ sūn kāng jīng cháng zài xuě
了寒冷，专心看起书来。从此，孙康经常在雪
yè li kàn shū hòu lái sūn kāng chéng le yì míng dà xué wen jiā wèi
夜里看书。后来，孙康成了一名大学问家，为
guó jiā zuò chū le gòng xiàn
国家作出了贡献。

chē yìn náng yíng
车胤囊萤

chē yìn shì jìn cháo shí qī de rén nián qīng shí jiù fēi cháng xǐ huan
车胤是晋朝时期的人，年轻时就非常喜欢
dú shū bù guǎn bái tiān duō lèi zhǐ yào wǎn shang yì ná qǐ shū suǒ yǒu
读书，不管白天多累，只要晚上一拿起书，所有

的疲劳就一扫而光。后来家里穷得连灯油也买不起了，车胤很苦恼。一个夏天的晚上，车胤在野外散步，看见飞舞着的萤火虫，忽然心里有了一个好主意。他抓了一些萤火虫装进袋子，借着萤火虫微弱的光，车胤又能读书了。后来，车胤做了大官，但仍然坚持学习，他一生都以勤学闻名于世。

【原文】

如负薪① 如挂角②
身虽劳 犹苦卓③

【注释】

fù xīn bēi zhe mù cái guà jiǎo jiāng shū guà zài niú

①负薪：背着木材。②挂角：将书挂在牛

jiǎo shàng zhuó zhuó jué fēi fán

角上。③卓：卓绝非凡。

【释义】

hàn cháo zhū mǎi chén yí miàn bèi chái yí miàn dú shū suí cháo lǐ

汉朝朱买臣一面背柴，一面读书。隋朝李

mì qí niú wài chū shí niú jiǎo shàng guà zhe shū yǐ biàn suí shí yuè dú

密骑牛外出时，牛角上挂着书，以便随时阅读。

tā men suī rán shēn tǐ láo lèi què réng néng kè kǔ dú shū

他们虽然身体劳累，却仍能刻苦读书。

【故事解读】

lǐ mì guà jiǎo

李密挂角

suí cháo shí de lǐ mì cóng xiǎo jiù xǐ huan

隋朝时的李密从小就喜欢

dú shū xué xí jí shǐ wài chū yě bǎ shū suí shēn

读书学习，即使外出也把书随身

xié dài yí cì tā chū mén qù bài fǎng

携带。一次，他出门去拜访

péng you wèi le fāng biàn lù shang yuè

朋友，为了方便路上阅

dú jiù bǎ hàn shū guà zài niú

读，就把《汉书》挂在牛

jiǎo shang zhèng zài tā quán xīn dú shū shí yǔ dāng shí de zǎi xiàng yáng sù
角上。正在他全心读书时，与当时的宰相杨素
xiāng yù yáng sù jiàn tā rú cǐ hào xué dùn shēng hǎo gǎn tōng guò liǎo
相遇。杨素见他如此好学，顿生好感。通过了
jiě yáng sù gǎn jué lǐ mì hái yǒu jǔ yī fǎn sān de dú dào jiàn jiě
解，杨素感觉李密还有举一反三的独到见解。
hòu lái yáng sù de ér zi qǐ bīng fǎn suí bài lǐ mì wéi jūn shī
后来，杨素的儿子起兵反隋，拜李密为军师。
lǐ mì hòu lái jiā rù le wǎ gāng jūn wèi tuī fān suí cháo de cán bào tǒng
李密后来加入了瓦岗军，为推翻隋朝的残暴统
zhì zuò chū le gòng xiàn tā guà jiǎo dú shū de shì jì yě jī lì le
治作出了贡献。他挂角读书的事迹也激励了
hěn duō de dú shū rén
很多的读书人。

mǎi chén fù xīn
买臣负薪

hàn cháo yǒu gè jiào zhū mǎi chén de dú shū rén jiā li hěn qióng
汉朝有个叫朱买臣的读书人，家里很穷，
dào le sì shí suì hái shi yí gè qióng kùn de shū shēng yǔ qī zi cuī shì
到了四十岁还是一个穷困的书生，与妻子崔氏
jiān nán dù rì wèi le shēng huó zhū mǎi chén měi tiān dōu jìn shān kǎn chái
艰难度日。为了生活，朱买臣每天都进山砍柴。
jí shǐ zhè yàng tā yě méi yǒu fàng qì dú shū měi cì kǎn chái tā dōu
即使这样，他也没有放弃读书，每次砍柴，他都
yào dài shàng shū qī zi cuī shì wú fǎ rěn shòu zhè zhǒng jiān kǔ de shēng
要带上书。妻子崔氏无法忍受这种艰苦的生
huó yǔ tā lí le hūn zhū mǎi chén gū shēn yì rén yī rán měi tiān
活，与他离了婚。朱买臣孤身一人，依然每天
kǎn chái dú shū zài tā kuài wǔ shí suì shí hàn wǔ dì zhào jiàn tā
砍柴、读书。在他快五十岁时，汉武帝召见他，
rèn mìng tā wéi zhōng dà fū hòu lái yòu zuò le jiā xiāng de tài shǒu tā
任命他为中大夫，后来又做了家乡的太守。他

de qī zi jiàn zhū mǎi chén yī jǐn huán xiāng xiū kuì nán dāng
的妻子见朱买臣衣锦还乡，羞愧难当。

【原文】

sū lǎo quán èr shí qī
苏老泉① 二十七

shǐ fā fèn dú shū jí
始发愤 读书籍

bǐ jì lǎo yóu huǐ chí
彼既老 犹悔迟②

ěr xiǎo shēng yí zǎo sī
尔小生③ 宜早思

【注释】

sū lǎo quán shì sòng cháo de wén xué jiā sū xún de wài hào yóu huǐ chí hái bú huì hòu huǐ tài wǎn xiǎo shēng hòu bèi
①苏老泉：是宋朝的文学家苏洵的外号。②犹悔迟：还不会后悔太晚。③小生：后辈。

【释义】

sū xún dào èr shí qī suì shí cái fā fèn dú shū tā chéng rén hòu cái míng bai dú shū de zhòng yào hòu huǐ zì jǐ de xíng wéi xiàn zài de nián qīng rén yīng gāi jí zǎo xué xí
苏洵到二十七岁时才发愤读书，他成人后才明白读书的重要，后悔自己的行为。现在的年轻人，应该及早学习。

【故事解读】

sū xún fā fèn

苏洵发愤

sū xún shì zhù míng de táng sòng sǎn wén bā dà jiā zhī yī kě

苏洵是著名的唐、宋散文八大家之一，可

tā xiǎo shí hou bìng bù xǐ huan dú shū dào le èr shí qī suì réng rán

他小时候并不喜欢读书，到了二十七岁，仍然

yí shì wú chéng kàn dào hěn duō yǔ zì jǐ nián jì xiāng fǎng de rén dōu

一事无成。看到很多与自己年纪相仿的人都

yǒu le chéng jiù sū xún cái měng rán xǐng wù xià jué xīn nǔ lì dú shū

有了成就，苏洵才猛然醒悟，下决心努力读书。

tōng guò yí duàn shí jiān de nǔ lì tā jìn bù hěn kuài hòu lái tā dài

通过一段时间的努力，他进步很快。后来他带

zhe ér zi sū shì sū zhé yì qǐ jìn jīng gǎn kǎo xiāng jì jīn bǎng tí

着儿子苏轼、苏辙一起进京赶考，相继金榜题

míng hōng dòng le dāng shí de jīng chéng tā men fù zǐ sān rén yě bèi hòu

名，轰动了当时的京城。他们父子三人也被后

rén tóng shí liè rù táng sòng bā dà jiā de míng dān

人同时列入“唐宋八大家”的名单。

【原文】

ruò liáng hào bā shí èr
若梁灏[①] 八十二

duì dà tíng kuí duō shì
对大廷[②] 魁多士[③]

bǐ jì chéng zhòng chēng yì
彼既成 众称异[④]

ěr xiǎo shēng yí lì zhì
尔小生 宜立志[⑤]

【注释】

liáng hào sòng cháo rén zuì xǐ huān niàn shū dà tíng cháo
①梁灏：宋朝人，最喜欢念书。②大廷：朝

tíng de yì si kuí duō shì zài zhòng duō dú shū rén zhī zhōng yǒng
廷的意思。③魁多士：在众多读书人之中，勇

duó dì yī míng chēng yì rèn wéi qí tè yí yīng gāi
夺第一名。④称异：认为奇特。⑤宜：应该。

【释义】

liáng hào bā shí èr suì le hái jìn jīng gǎn kǎo bìng zhòng le jìn
梁灏八十二岁了，还进京赶考，并中了进

shì dì yī míng duì yú tā de chénggōng dà jiā dōu chēng zàn jīng qí
士第一名。对于他的成功，大家都称赞、惊奇。

hòu bèi xiǎo shēng men yīng gāi shù lì dú shū chéng cái de zhì xiàng
后辈小生们，应该树立读书成才的志向。

【故事解读】

liáng hào duó kuí
梁灏夺魁

liáng hào zì yòu xǐ huan dú shū shì dāng dì yǒu míng de cái zǐ
梁灏自幼喜欢读书，是当地有名的才子。
sān shí duō suì shí liáng hào mǎn huái xìn xīn de cān jiā le cháo tíng de kǎo
三十多岁时，梁灏满怀信心地参加了朝廷的考
shì bú liào què míng luò sūn shān dàn tā bìng méi yǒu qì něi ér shì
试，不料却名落孙山。但他并没有气馁，而是
dìng xià mù biāo yí dìng yào kǎo zhòng zhuàng yuan shéi zhī tā cóng hòu jìn yì
定下目标一定要考中状元。谁知他从后晋一
zhí kǎo dào hòu zhōu hái shi méi yǒu kǎo zhòng sòng cháo jiàn lì hòu yǐ
直考到后周，还是没有考中。宋朝建立后，已
jīng bā shí èr suì de liáng hào zài yí
经八十二岁的梁灏再一
cì zǒu jìn kǎo chǎng zhè
次走进考场，这
cì tā zhōng
次他终
yú kǎo qǔ
于考取

le dì yī míng liáng hào qín fèn hào xué jiān rèn bù bá de jīng shén shǐ
了第一名。梁灏勤奋好学、坚韧不拔的精神使
tā chéng le hòu rén xué xí de bǎng yàng
他成了后人学习的榜样。

【原文】

yíng bā suì néng yǒng shī
莹八岁①　能咏诗②
mì qī suì néng fù qí
泌七岁③　能赋棋
bǐ yǐng wù rén chēng qí
彼颖悟④　人称奇
ěr yòu xué dāng xiào zhī
尔幼学　当效之⑤

【注释】

yíng zǔ yíng zì yuán zhēn běi qí rén bā suì néng zuò
①莹：祖莹，字元珍，北齐人，八岁能作
shī yǒng yín yǒng mì lǐ mì
诗。②咏：吟咏。③泌：李泌，
táng cháo rén qī suì zuò qí fù lì rèn sì
唐朝人，七岁作棋赋，历任四
cháo zǎi xiàng bǐ tā men zhǐ zǔ yíng
朝宰相。④彼：他们，指祖莹
hé lǐ mì yǐng wù cōng míng xiào
和李泌。颖悟：聪明。⑤效：
xiào fǎng
效仿。

【释义】

zǔ yíng bā suì shí jiù néng dú shī lǐ mì qī suì shí huì xiě fù
祖莹八岁时就能读诗，李泌七岁时会写赋
lùn qí dào tā men cōng míng chū zhòng rén chēng qí tóng nǐ men xiǎo shí
论棋道。他们聪明出众，人称奇童。你们小时
hou xué xí yīng gāi xiào fǎng tā men
候学习，应该效仿他们。

【故事解读】

zǔ yíng yǒng shī
祖莹咏诗

zǔ yíng chū shēng zài běi cháo shí qī de běi qí tā de fù qīn céng
祖莹出生在北朝时期的北齐，他的父亲曾
dāng guò tài shǒu suǒ yǐ jiā li de cáng shū hěn duō zǔ yíng shòu jiā tíng
当过太守，所以家里的藏书很多。祖莹受家庭
xūn táo cóng xiǎo jiù xǐ huan dú shū xué xí shèn zhì dào le chī mí de
熏陶，从小就喜欢读书学习，甚至到了痴迷的
chéng dù tā de fù mǔ jiàn tā yè yǐ jì rì de dú shū pà tā bǎ
程度。他的父母见他夜以继日地读书，怕他把
shēn tǐ áo huài jiù bǎ dēng cáng qǐ lái bú ràng tā wǎn shang dú shū
身体熬坏，就把灯藏起来，不让他晚上读书。
chuán shuō tā bā suì shí jiù néng xiě shī shí èr suì jiù dāng le guān bèi
传说他八岁时就能写诗，十二岁就当了官，被
chēng wéi shì shèng xiǎo ér tā cháng shuō xiě shī yào chū zì nèi xīn
称为“世圣小儿”。他常说，写诗要出自内心，
yào yǒu zì jǐ de jiàn jiě hé fēng gé zhǎng dà hòu zǔ yíng dāng le chē
要有自己的见解和风格。长大后，祖莹当了车
qí dà jiāng jūn bèi fēng wéi wén ān xiàn bó
骑大将军，被封为文安县伯。

lǐ mì fù qí
李泌赋棋

táng cháo yǒu gè shén tóng jiào lǐ mì zài dāng shí hěn yǒu míng qi
唐朝有个神童叫李泌，在当时很有名气。
táng míng huáng dé zhī hòu biàn bǎ lǐ mì zhào jìn gōng li ràng zǎi xiàng zhāng
唐明皇得知后，便把李泌召进宫里，让宰相张
yuè kǎo kǎo tā zhāng yuè jiù chū le gè fāng yuán dòng jìng de tí mù
说考考他。张说就出了个《方圆动静》的题目，
bìng yāo qiú yǐ xià qí lái jiě shì shéi zhī lǐ mì jìng rán bù jiǎ sī
并要求以下棋来解释。谁知李泌竟然不假思
suǒ duì dá rú liú zhè lìng táng míng huáng dà wéi jīng qí dāng shí lǐ
索，对答如流，这令唐明皇大为惊奇。当时李
mì zhǐ yǒu qī suì hòu lái lǐ mì chéng wéi táng cháo zuì nián qīng de dà
泌只有七岁。后来李泌成为唐朝最年轻的大
xué shì guān zhì zǎi xiàng
学士，官至宰相。

【原文】

cài wén jī néng biàn qín
蔡文姬① 能辨琴②

xiè dào yùn néng yǒng yín
谢道韫③ 能咏吟④

bǐ nǚ zǐ qiě cōng mǐn
彼女子 且聪敏⑤

ěr nán zǐ dāng zì jǐng
尔男子 当自警⑥

【注释】

①蔡文姬：东汉蔡邕的女儿。②辩：分辨，判别。③谢道韫：晋朝谢安的侄女。④咏吟：咏诗作对。⑤聪敏：天资聪明灵敏。⑥自警：自我警惕。

【释义】

汉朝的蔡文姬能听懂琴音，晋朝的谢道韫能吟咏诗句。她们作为女子，尚且这样聪明，你们作为男子汉，更应该警醒才对。

【故事解读】

文姬辨琴

蔡文姬是我国历史上著名的才女，她的父亲蔡邕也是东汉著名的学者。有一天，蔡邕正在弹琴，忽然看到家里的猫正在抓一只老鼠，

bàn tiān yě méi zhì fú lǎo shǔ cài yōng shòu dào gǎn rǎn bù zhī bù jué
半天也没制服老鼠。蔡邕受到感染，不知不觉
zhōng bǎ zhè zhǒng qíng xù dài dào qín de xuán lǜ zhōng méi xiǎng dào zài hòu
中把这种情绪带到琴的旋律中。没想到，在后
wū tīng qín de cài wén jī hū rán shuō māo shǔ de zhàn dòu kuài jié shù
屋听琴的蔡文姬忽然说：“猫鼠的战斗快结束
le ba cài yōng tīng le wén jī de huà hòu hěn gāo xìng cài wén jī
了吧？”蔡邕听了文姬的话后很高兴。蔡文姬
shēng huó zài zhàn luàn nián dài céng bèi xiōng nú rén lǔ qù hòu bèi cáo cāo
生活在战乱年代，曾被匈奴人掳去，后被曹操
yòng zhòng jīn shú huí wén jī guī hàn hòu zhěng lǐ le xǔ duō fù qīn sàn
用重金赎回。文姬归汉后，整理了许多父亲散
shī de shū gǎo wèi jì chéng hé fā zhǎn mín zú wén huà zuò chū le zhòng dà
失的书稿，为继承和发展民族文化作出了重大
gòng xiàn
贡献。

dào yùn yǒng shī

道韫咏诗

xiè dào yùn shì dōng jìn de nǚ shī rén yǒu yì nián dōng tiān xià
谢道韫是东晋的女诗人。有一年冬天下
dà xuě tā de bó fù xiè ān yǔ jiā rén zài hòu yuàn shǎng xuě xiè ān
大雪，她的伯父谢安与家人在后院赏雪。谢安
yì shí gāo xìng jiù chū le yí jù dà xuě fēn fēn hé suǒ sì lái kǎo
一时高兴，就出了一句“大雪纷纷何所似”来考
wǎn bèi men dà jiā dōu qiǎng zhe huí dá kě xiè ān dōu bù mǎn yì zhè
晚辈们，大家都抢着回答，可谢安都不满意，这
shí xiè dào yùn shuō wèi ruò liǔ xù yīn fēng qǐ xiè ān tīng le hěn
时谢道韫说：“未若柳絮因风起。”谢安听了很
gāo xìng xiè dào yùn yīn cǐ bèi shì rén chēng wéi yǒng xù cái hòu
高兴。谢道韫因此被世人称为“咏絮才”。后
lái tā jià gěi le zhù míng dà shū fǎ jiā wáng xī zhī de ér zi bèi
来，她嫁给了著名大书法家王羲之的儿子，被

rén men rèn wéi shì qì zhì gāo yǎ de nǚ zǐ
人们认为是气质高雅的女子。

【原文】

táng liú yàn　fāng qī suì
唐刘晏①　方七岁②

jǔ shén tóng　zuò zhèng zì
举神童③　作正字④

bǐ suī yòu　shēn yǐ shì
彼虽幼⑤　身已仕⑥

ěr yòu xué　miǎn ér zhì
尔幼学　勉而致⑦

yǒu wéi zhě　yì ruò shì
有为者　亦若是⑧

【注释】

liú yàn zì shì ān qī suì zuò shī shì chēng shén tóng fāng qià hǎo cái jǔ tuī xuǎn zuò zuò le bǐ tā zhèng zì fù zé jiào zhèng wén zì de guān míng shì dāng guān miǎn miǎn lì zhì zuò dào yì ruò shì yě hé tā yí yàng

①刘晏：字士安，七岁作诗，世称神童。②方：恰好，才。③举：推选。④作：作了。⑤彼：他。正字：负责校正文字的官名。⑥仕：当官。⑦勉：勉力。致：做到。⑧亦若是：也和他一样。

【释义】

刘晏七岁时就被视为神童，当了翰林院的正字（官职）。他虽然年龄很小，可已经做了官。大家从小就应勉励自己，有作为的人都是这样。

【故事解读】

刘晏正字

唐朝的刘晏自幼聪明，七岁时就被举荐为神童。八岁时，被唐玄宗授予翰林院正字的官职，专门负责为太子校正文字。刘晏虽然身在高位，但他并不骄傲，并且痛恨腐败的权贵，曾劝唐玄宗注意那些祸国殃民的奸臣。“安史之乱”发生时，他积极筹措资金，为击败叛军作出了巨大贡献。

【原文】

quǎn shǒu yè　　jī sī chén
犬守夜①　鸡司晨②
gǒu bù xué　　hé wéi rén
苟不学③　曷为人④

【注释】

shǒu yè　zài wǎn shàng kān jiā hù yuàn　sī　guǎn lǐ zhǎng
①守夜：在晚上看家护院。②司：管理，掌
guǎn　gǒu　jiǎ rú　hé　tōng　hé　zěn me
管。③苟：假如。④曷：通“何”。怎么。

【释义】

gǒu kě yǐ tì rén shǒu yè　jī kě yǐ gěi rén bào xiǎo　rén rú
狗可以替人守夜，鸡可以给人报晓。人如
guǒ bù nǔ lì xué xí　méi yǒu běn shì　hái suàn shì rén ma
果不努力学习，没有本事，还算是人吗？

【故事解读】

wén jī qǐ wǔ
闻鸡起舞

dōng jìn shí qī yǒu wèi zhù míng de dà jiàng jiào zǔ tì　tā nián shào
东晋时期有位著名的大将叫祖逖，他年少

shí jiù xiōng huái dà zhì
时就胸怀大志。
dāng shí tā hé hǎo yǒu
当时他和好友
liú kūn zhù zài yì qǐ
刘琨住在一起，
liǎng rén jīng cháng zài yì
两人经常在一
qǐ fēn xī zhèng jú chàng
起分析政局，畅
tán lǐ xiǎng yì tiān
谈理想。一天
líng chén zǔ tì hū rán
凌晨，祖逖忽然
bèi gōng jī de jiào shēng chǎo xǐng tā jiào xǐng liú kūn shuō zhè ge shēng
被公鸡的叫声吵醒，他叫醒刘琨说：“这个声
yīn suī rán bù hǎo tīng què zài cuī cù wǒ men qǐ lái liàn gōng yú shì
音虽然不好听，却在催促我们起来练功。”于是
liǎng rén qǐ lái liàn jiàn yǐ cǐ lái jī lì dòu zhì hòu lái tā men
两人起来练剑，以此来激励斗志。后来，他们
shōu fù le cháng jiāng yǐ běi huáng hé yǐ nán de dà piàn shī dì suǒ yǐ
收复了长江以北、黄河以南的大片失地。所以，
hòu rén jiù yòng wén jī qǐ wǔ lái xíng róng fèn fā pīn bó de jīng shén
后人就用“闻鸡起舞”来形容奋发拼搏的精神。

【原文】

cán tǔ sī fēng niàng mì
蚕吐丝 蜂酿蜜①
rén bù xué bù rú wù
人不学 不如物②

【注释】

niàng niàng zào wù dòng wù
①酿：酿造。②物：动物。

【释义】

cán néng tǔ sī mì fēng néng niàng mì zuò rén rú guǒ bù xué
蚕能吐丝，蜜蜂能酿蜜。做人如果不学
xí bù néng wèi shè huì zuò chū gòng xiàn jiù lián dòng wù dōu bù rú ya
习，不能为社会作出贡献，就连动物都不如呀！

【故事解读】

dà zì rán zhōng yǒu hěn duō xīn qín láo dòng de dòng wù yǒu xiē hái
大自然中有很多辛勤劳动的动物，有些还
bèi rén lèi sì yǎng wèi shè huì fú wù bǐ rú xiǎo xiǎo de cán hé mì
被人类饲养，为社会服务。比如小小的蚕和蜜
fēng tā men suī rán xiǎo dàn duì rén lèi de bāng zhù fēi cháng dà rén
蜂，它们虽然小，但对人类的帮助非常大。人
men cǎi sāng yè wèi cán cán tǔ sī lái bào dá rén lèi rén men yòng huā
们采桑叶喂蚕，蚕吐丝来报答人类；人们用花
yǎng mì fēng mì fēng yòng niàng de mì chóu xiè rén lèi nǎ pà shì yì zhī
养蜜蜂，蜜蜂用酿的蜜酬谢人类。哪怕是一只
xiǎo xiǎo de chóng zi rén men yě bú huì wàng jì tā men de gōng láo gèng
小小的虫子，人们也不会忘记它们的功劳，更
hé kuàng rén ne zuò wéi rén rú guǒ bù cóng xiǎo xué xí zhǎng dà le
何况人呢？作为人，如果不从小学习，长大了
ná shén me lái huí bào fù mǔ huí bào shè huì ne
拿什么来回报父母、回报社会呢？

【原文】

yòu ér xué　　zhuàng ér xíng
幼而学　　壮而行①

shàng zhì jūn　　xià zé mín
上致君②　　下泽民③

yáng míng shēng　　xiǎn fù mǔ
扬名声④　　显父母⑤

guāng yú qián　　yù yú hòu
光于前⑥　　裕于后⑦

【注释】

zhuàng zhǎng dà xíng zuò zhì jūn jìn lì fǔ
①壮：长大。行：做。②致君：尽力辅
zuǒ jūn wáng zé mín wèi bǎi xìng móu fú lì yáng xiǎn
佐君王。③泽民：为百姓谋福利。④扬：显
yáng xiǎn xiǎn yào guāng yú qián guāng yào zǔ xiān yù
扬。⑤显：显耀。⑥光于前：光耀祖先。⑦裕
yú hòu shǐ zǐ sūn shēng huó fù zú
于后：使子孙生活富足。

【释义】

xiǎo shí hou hǎo hǎo xué xí zhǎng dà le gàn yì fān shì yè shàng
小时候好好学习，长大了干一番事业。上
kě yǐ xiào mìng jūn wáng xià kě yǐ zào fú bǎi xìng zhǐ yǒu zhè yàng cái
可以效命君王，下可以造福百姓。只有这样才

néng yáng míng tiān xià shǐ fù mǔ guāng róng guāng yào xiān zǔ zào fú hòu dài
能扬名天下，使父母光荣，光耀先祖，造福后代。

【故事解读】

hán yì xùn zǐ
韩亿训子

sòng cháo de hán yì yì shēng wéi guān qīng lián jiào yù hái zi yě
宋朝的韩亿，一生为官清廉，教育孩子也
yǒu hěn dú dào de fāng fǎ yí cì tā zài shǎn xī zuò guān de ér zi
有很独到的方法。一次，他在陕西做官的儿子
huí jiā tàn qīn shí hán yì xiàng tā wèn qǐ zuì jìn fā shēng zài shǎn xī de
回家探亲时，韩亿向他问起最近发生在陕西的
yì zhuāng yí àn ér zi què yì shí huí dá bù chū lái hán yì dà nù
一桩疑案，儿子却一时回答不出来。韩亿大怒，
mà tā shī zhí jǔ qǐ shǒu zhàng yào dǎ tā ér zi lián máng rèn cuò
骂他失职，举起手杖要打他。儿子连忙认错，
cóng cǐ zài gōng zuò zhōng jīng jīng yè yè bù gǎn yǒu yì diǎn mǎ hu yóu
从此在工作中兢兢业业，不敢有一点马虎。由
yú hán yì jiào zǐ yǒu fāng rén men dōu bǎ tā dàng zuò xué xí de bǎng yàng
于韩亿教子有方，人们都把他当做学习的榜样。

【原文】

rén yí zǐ jīn mǎn yíng
人遗子① 金满籯②
wǒ jiào zǐ wéi yì jīng
我教子 唯一经③

【注释】

yí liú yíng zhú xiāng zǐ yì jīng yí bù jīng
①遗：留。②籯：竹箱子。③一经：一部经
shū
书。

【释义】

rén men liú gěi ér sūn de shì mǎn kuāng de jīn yín cái bǎo wǒ jiào
人们留给儿孙的是满筐的金银财宝，我教
yù hái zǐ de zhǐ yǒu zhè běn sān zì jīng
育孩子的，只有这本《三字经》。

【故事解读】

shū guǎng jiào zǐ
疏广教子

shū guǎng shì xī hàn shí qī yí wèi hěn yǒu míng de rén tā céng
疏广是西汉时期一位很有名的人，他曾
zài cháo tíng zhōng dān rèn bó shì de guān zhí ér qiě hái shi huáng tài zǐ
在朝廷中担任博士的官职，而且还是皇太子
de lǎo shī dì wèi jí qí xiǎn hè dāng tā gào lǎo huán xiāng shí cháo
的老师，地位极其显赫。当他告老还乡时，朝
tíng cì gěi tā hěn duō jīn yín cái bǎo ér tā huí dào jiā xiāng hòu
廷赐给他很多金银财宝。而他回到家乡后，
bǎ zhè xiē cái bǎo dōu fēn gěi le qīn qi péng you zì jǐ yì diǎn er
把这些财宝都分给了亲戚朋友，自己一点儿
yě méi yǒu liú xià yǒu rén quàn tā gěi hòu dài liú diǎn er cái chǎn
也没有留下。有人劝他给后代留点儿财产，

shū guǎng shuō wǒ bú shì bù xǐ huan hái zi men zhǐ shì bù xiǎng ràng
疏广说："我不是不喜欢孩子们，只是不想让
tā men yǒu le yī kào hòu biàn de lǎn duò bù néng fā huī zì jǐ de
他们有了依靠后变得懒惰，不能发挥自己的
cōng míng cái zhì fǒu zé bú shì hài le tā men ma shū guǎng de
聪明才智。否则不是害了他们吗？"疏广的
zhè zhǒng zuò fǎ chéng le hòu rén de kǎi mó
这种做法成了后人的楷模。

【原文】

qín yǒu gōng xì wú yì
勤有功① 戏无益
jiè zhī zāi yí miǎn lì
戒之哉② 宜勉力

【注释】

gōng chéng guǒ jiè jǐng tì
①功：成果。②戒：警惕。

【释义】

rén zhǐ yào qín láo jiù huì chénggōng xī xì lǎn duò shì méi yǒu hǎo
人只要勤劳就会成功，嬉戏懒惰是没有好
chù de hǎo hāo jì zhù zhè xiē quàn gào qín fèn zì miǎn ba
处的。好好记住这些劝告，勤奋自勉吧！

【故事解读】

tiě chǔ mó chéng zhēn
铁杵磨成针

táng cháo yǒu wèi zhù míng de shī rén jiào lǐ bái tā suī rán hěn yǒu
唐朝有位著名的诗人叫李白，他虽然很有
cái qì dàn tā xiǎo shí hou bìng bù xǐ huan dú shū jīng cháng xué xí yí
才气，但他小时候并不喜欢读书，经常学习一
huì er jiù wán shuǎ qù le yí cì lǐ bái táo xué dào wài miàn wán
会儿就玩耍去了。一次，李白逃学到外面玩，
zài lù biān kàn jiàn yí wèi lǎo nǎi nai zhèng zài mó yì gēn tiě bàng lǐ bái
在路边看见一位老奶奶正在磨一根铁棒。李白
jué de hěn qí guài wèn lǎo nǎi nai zài gàn shén me lǎo nǎi nai shuō yào
觉得很奇怪，问老奶奶在干什么，老奶奶说要
bǎ tiě bàng mó chéng xiù huā zhēn lǐ bái wèn zhè me cū de tiě bàng
把铁棒磨成绣花针。李白问：“这么粗的铁棒
zěn me kě néng mó chéng zhēn ne lǎo nǎi nai shuō zhǐ yào jiān chí xià
怎么可能磨成针呢？”老奶奶说：“只要坚持下
qù tiě bàng yí dìng kě yǐ mó chéng zhēn
去，铁棒一定可以磨成针！”

lǐ bái shēn shòu qǐ fā cóng cǐ kāi shǐ
李白深受启发，从此开始
fā fèn xué xí zhōng yú chéng wéi táng
发奋学习，终于成为唐
cháo zuì zhù míng de shī rén
朝最著名的诗人。

千字文解读

序

《蒙学经典解读》是专门为青少年读者策划编辑的传统蒙学读本，通过对《三字经》《弟子规》《千字文》《百家姓》的注音释词、多角度解读，使青少年事半功倍地学习传统蒙书经典的精华，促进身心健康发展。《千字文解读》就是其中的一种。

《千字文》是古代的蒙学读物，也就是小孩子启蒙的识字读本。这部读本是众多蒙学读物中较为优秀的一种，原因是它不但教识字，还向青少年读者介绍中华民族的传统美德、做人做事的道理。同时还普及了许多历史知识和科学常识，对青少年提高思想修养和文化水平有很大帮助。

原著非常简炼，读起来朗朗上口，易读易背，但文字并不浅显。《千字文解读》以简明的语言为之释义，又选讲了许多与之有关的故事，对青少年学习和理解《千字文》很有帮助，而且增加了可读性，是帮助青少年学习和理解《千字文》的较好读本。

【原文】

tiān dì xuán huáng　yǔ zhòu hóng huāng
天地玄黄　宇宙洪荒

rì yuè yíng zè　chén xiù liè zhāng
日月盈昃①　辰宿列张②

【注释】

yíng　yuè guāng yuán mǎn　zè　tài yáng xī xié　xiù　wǒ
①盈：月光圆满。昃：太阳西斜。②宿：我

guó gǔ dài tiān wén xué jiā jiāng tiān kōng zhōng mǒu xiē xīng de jí qún tǐ jiào zuò
国古代天文学家将天空中某些星的集群体叫做

xiù
“宿”。

【释义】

cāng tiān shì hēi sè de　dà dì shì huáng
苍天是黑色的，大地是黄

sè de　máng máng yǔ zhòu liáo kuò wú biān　rì
色的，茫茫宇宙辽阔无边。日

chū rì luò　yuè yuán yuè quē　xīng chén bù mǎn wú
出日落，月圆月缺，星辰布满无

jì de tiān kōng
际的天空。

【故事解读】

kāi tiān pì dì
开天辟地

chuán shuō zài hěn
传说在很
jiǔ yǐ qián tiān hé dì
久以前，天和地
lián wéi yì tǐ kàn shang
连为一体，看上
qu jiù xiàng gè dà jī
去就像个大鸡
dàn yí gè jiào pán
蛋。一个叫盘
gǔ de jù rén zài jī
古的巨人在“鸡
dàn lǐ shuì le yí wàn
蛋”里睡了一万
bā qiān nián xǐng lai hòu
八千年，醒来后
jué de hěn biē mèn jiù
觉得很憋闷，就
yòng fǔ tóu bǎ jī dàn
用斧头把“鸡蛋”
pōu kai lǐ miàn qīng jìng de qì tǐ biàn chéng le cāng tiān hún zhuó de qì
剖开，里面清净的气体变成了苍天，浑浊的气
tǐ xíng chéng le dà dì rén yǔ dòng wù jiù shēng huó zài tiān dì zhī jiān
体形成了大地，人与动物就生活在天地之间。
pán gǔ sǐ hòu shēn tǐ de gè gè bù fen biàn chéng le rì yuè xīng chén
盘古死后，身体的各个部分变成了日月星辰、
jiāng hé hú hǎi hé shān luán sēn lín
江河湖海和山峦森林。

【原文】

hán lái shǔ wǎng qiū shōu dōng cáng
寒来暑往　秋收冬藏
rùn yú chéng suì lǜ lǚ tiáo yáng
闰余成岁　律吕调阳①
yún téng zhì yǔ lù jié wéi shuāng
云腾致雨　露结为霜

【注释】

lǜ lǚ zhōng guó gǔ diǎn yīn yuè yīn jiē dān wèi shì shí èr lǜ de yòu chēng měi gè bàn yīn chēng wéi yí lǜ qí zhōng jī shù gè lǜ jiào zuò lǜ ǒu shù gè lǜ jiào zuò lǚ zǒng chēng liù lǜ liù lǚ jiǎn chēng lǜ lǚ
①律吕：中国古典音乐音阶单位，是十二律的又称，每个半音称为一律，其中奇数各律叫做“律”，偶数各律叫做“吕”，总称“六律”“六吕”，简称“律吕”。

【释义】

hán shǔ xún huán jiāo tì qiū tiān máng zhe shōu gē dōng tiān máng zhe chǔ cáng jī lěi shù nián de rùn yú bìng chéng yí gè yuè fàng zài rùn nián li gǔ rén yòng liù lǜ liù lǚ lái tiáo jié yīn yáng yún qì shēng
寒暑循环交替，秋天忙着收割，冬天忙着储藏。积累数年的闰余并成一个月，放在闰年里。古人用六律六吕来调节阴阳。云气升

dào tiān kōng yù lěng jiù xíng chéng yǔ lù shui pèng shàng hán yè jiù huì
到天空，遇冷就形成雨；露水碰上寒夜，就会
níng jié wéi shuāng
凝结为霜。

【故事解读】

èr shí sì jié qi
二十四节气

èr shí sì jié qi duì rén men de nóng yè huó dòng jí jiā tíng qǐ
二十四节气对人们的农业活动及家庭起
jū shēng huó yǒu zhe zhòng yào de zhǐ dǎo yì yì zhè èr shí sì jié qi
居生活有着重要的指导意义。这二十四节气
shì chūn jì lì chūn yǔ shuǐ jīng zhé chūn fēn qīng míng gǔ yǔ
是，春季：立春、雨水、惊蛰、春分、清明、谷雨；
xià jì lì xià xiǎo mǎn mángzhòng xià zhì xiǎo shǔ dà shǔ qiū
夏季：立夏、小满、芒种、夏至、小暑、大暑；秋
jì lì qiū chǔ
季：立秋、处
shǔ bái lù qiū
暑、白露、秋
fēn hán lù shuāng
分、寒露、霜
jiàng dōng jì lì
降；冬季：立
dōng xiǎo xuě dà
冬、小雪、大
xuě dōng zhì xiǎo
雪、冬至、小
hán dà hán gǔ
寒、大寒。古
rén hái biān le yì shǒu
人还编了一首

gē jué chūn yǔ jīng chūn qīng gǔ tiān xià mǎn máng xià shǔ xiāng lián qiū chǔ
歌诀：春雨惊春清谷天，夏满芒夏暑相连，秋处
lù qiū hán shuāng jiàng dōng xuě xuě dōng xiǎo dà hán
露秋寒霜降，冬雪雪冬小大寒。

【原文】

jīn shēng lì shuǐ yù chū kūn gāng
金生丽水① 玉出昆冈②
jiàn hào jù què zhū chēng yè guāng
剑号巨阙③ 珠称夜光④

【注释】

lì shuǐ jí lì jiāng yòu míng jīn shā jiāng chū chǎn huáng jīn
①丽水：即丽江，又名金沙江，出产黄金。
kūn gāng kūn lún shān jù què yuè wáng yǔn cháng mìng ōu yě zǐ
②昆冈：昆仑山。③巨阙：越王允常命欧冶子
zhù zào le wǔ bǎ bǎo jiàn zhī yī ér yǐ jù què zuì wéi fēng lì zhēn
铸造了五把宝剑之一，而以“巨阙”最为锋利珍
guì yè guāng sōu shén jì yǒu jì zǎi suí hóu jiù hǎo le yì
贵。④夜光：《搜神记》有记载，隋侯救好了一
tiáo shòu shāng de cháng shé hòu lái cháng shé xián le yì kē zhēn zhū lái bào
条受伤的长蛇，后来，长蛇衔了一颗珍珠来报
dá tā de ēn qíng nà zhēn zhū yè jiān néng fàng shè chū yào yǎn de guāng
答他的恩情，那珍珠夜间能放射出耀眼的光
liàng yīn cǐ rén chēng yè guāng zhū
亮，因此人称“夜光珠”。

【释义】

jīn zi shēng yú jīn shā jiāng dǐ, měi yù chū zì kūn lún shānzhōng.
金子生于金沙江底，美玉出自昆仑山中。
zuì yǒu míng de bǎo jiàn jiào "jù què", zuì guì zhòng de míng zhū jiào "yè guāng".
最有名的宝剑叫“巨阙”，最贵重的明珠叫“夜光”。

【故事解读】

suí hóu zhū
随侯珠

chuánshuō, gǔ shí hou suí guó zhū hóu suí hóu yí cì chū wài yóu wán de lù shang, kàn dào yì tiáo xiǎo shé zài dì shang dǎ gǔn, shēnshang hái liú zhe xiě. suí hóu jiàn tā kě lián, jiù xià mǎ bǎ tā fàng jin shuǐ zhōng.
传说，古时候随国诸侯随侯一次出外游玩的路上，看到一条小蛇在地上打滚，身上还流着血。随侯见它可怜，就下马把它放进水中。

liǎng gè yuè hòu de yì tiān yè lǐ, suí hóu mèng jiàn yǒu gè xiǎo hái pěng zhe yì kē guāngmáng duó mù de míng zhū, shuō zì jǐ shì shé de huà shēn, tè lái bào jiù mìng zhī ēn. suí hóu dì èr tiān xǐng
两个月后的一天夜里，随侯梦见有个小孩捧着一颗光芒夺目的明珠，说自己是蛇的化身，特来报救命之恩。随侯第二天醒

lai guǒ rán fā xiàn chuáng tóu yǒu yì kē míng zhū zhè kē míng guì de zhū
来，果然发现床头有一颗明珠。这颗名贵的珠
zi yīn cǐ bèi chēng wéi suí zhū hòu lái suí zhū yě bèi yòng
子因此被称为“随珠”。后来，“随珠”也被用
lái bǐ yù wú jià zhī bǎo
来比喻无价之宝。

【原文】

guǒ zhēn lǐ nài cài zhòng jiè jiāng
果珍李柰① 菜重芥姜
hǎi xián hé dàn lín qián yǔ xiáng
海咸河淡 鳞潜羽翔
lóng shī huǒ dì niǎo guān rén huáng
龙师火帝② 鸟官人皇③

【注释】

nài guǒ mù míng luò yè xiǎo qiáo mù huā bái sè guǒ
①柰：果木名，落叶小乔木，花白色，果
xiǎo lóng shī xiāng chuán fú xī shì yòng lóng gěi bǎi guān mìng míng yīn
小。②龙师：相传伏羲氏用龙给百官命名，因
cǐ jiào tā lóng shī huǒ dì shén nóng shì yòng huǒ gěi bǎi guān mìng
此叫他“龙师”。火帝：神农氏用火给百官命
míng yīn cǐ jiào tā huǒ dì niǎo guān shào hào shì yòng niǎo gěi
名，因此叫他“火帝”。③鸟官：少昊氏用鸟给
bǎi guān mìng míng jiào tā niǎo guān rén huáng chuán shuō zhōng de sān huáng
百官命名，叫他“鸟官”。人皇：传说中的三皇
zhī yī
之一。

【释义】

shuǐ guǒ zhōng de zhēn pǐn shì lǐ zi hé huā hóng shū cài zhōng zuì guì
水果中的珍品是李子和花红，蔬菜中最贵
zhòng de shì jiè cài hé shēng jiāng hǎi shuǐ shì xián de hé shuǐ shì dàn de
重的是芥菜和生姜。海水是咸的，河水是淡的；
yú zài shuǐ xià yóu dòng niǎo zài kōng zhōng fēi xiáng fú xī shì shén nóng
鱼在水下游动，鸟在空中飞翔。伏羲氏、神农
shì shào hào shì rén huáng dōu shì gǔ dài chuán shuō zhōng de rén wù
氏、少昊氏、人皇，都是古代传说中的人物。

【故事解读】

huán jìng yǔ shēng mìng
环境与生命

dì qiú shì tài yáng xì dà jiā zú zhōng de yì yuán dì qiú de
地球是太阳系大家族中的一员。地球的
biǎo miàn qiān chā wàn bié yǒu gāo shān píng yuán qiū líng shā mò jiāng hé
表面千差万别，有高山平原、丘陵沙漠、江河
hú pō děng gè zhǒng dì
湖泊等各种地
mào rén lèi zì yì bǎi
貌，人类自一百
duō wàn nián yǐ qián jiù
多万年以前就
shēng huó zài zhè lǐ jù
生活在这里。据
kē xué yán jiū fā xiàn
科学研究发现，
shēng mìng de qǐ yuán yuán
生命的起源，源

自海洋，自低级的细胞开始，由简单到复杂，种类由少到多，最终形成了今天这样丰富多彩的大千世界。

【原文】

始制文字　乃服衣裳

【释义】

传说黄帝的大臣仓颉创造了文字；黄帝的妻子嫘祖教人养蚕做成丝，人们这才穿上了衣裳。

【故事解读】

仓颉造字

在汉字发明以前，人们是用在绳子上打结记事的方法，来记录重要事情。到了黄帝

shí qī yǒu gè jiào cāng jié de guān yuán shòu dāng shí rén men zhān bǔ de
时期，有个叫仓颉的官员，受当时人们占卜的
qǐ fā kāi shǐ le wén zì de chuàng zào gōng zuò jīng guò cháng qī de
启发，开始了文字的创造工作。经过长期的
jiān kǔ nǔ lì kè fú le wú shù kùn nan cāng jié zhōng yú zhǎo dào le
艰苦努力，克服了无数困难，仓颉终于找到了
wén zì de chuàng zào fāng fǎ zì cóng rén lèi yǒu le wén zì zhī hòu
文字的创造方法。自从人类有了文字之后，
gè zhǒng guī zhāng zhì dù dé yǐ què lì shè huì shēng huó yě zhú bù zǒu
各种规章制度得以确立，社会生活也逐步走
rù le zhèng guǐ
入了正轨。

【原文】

tuī wèi ràng guó yǒu yú táo táng
推位让国 有虞陶唐①

【注释】

yǒu yú yǒu yú shì zhè lǐ zhǐ shùn yòu chēng yú shùn
①有虞：有虞氏。这里指舜，又称虞舜。
táo táng táo táng shì zhè lǐ zhǐ yáo yòu chēng táng yáo
陶唐：陶唐氏。这里指尧，又称唐尧。

【释义】

tuī ràng guó jūn zhī wèi shàn ràng guó jiā zhì lǐ quán de shì yáo
推让国君之位，禅让国家治理权的，是尧
dì hé shùn dì
帝和舜帝。

【故事解读】

yáo shùn shàn ràng
尧舜禅让

wǒ guó gǔ dài yuán shǐ shè huì mò qī bù luò zhōng quán lì jì chéng cǎi qǔ mín zhǔ tuī xuǎn de fāng shì yě jiù shì shàn ràng zhì yáo wǎn nián de shí hou yǒu rén tí yì chuán wèi gěi tā de ér zi dān zhū dàn yáo rèn wéi dān zhū néng lì chà jiù méi yǒu dā ying zuì hòu jué dìng tuī xuǎn shùn zài yáo sǐ hòu dān rèn bù luò lián méng de shǒu lǐng shùn dāng shang shǒu lǐng hòu dà dǎn qǐ yòng yǔ zhì lǐ hóng shuǐ yǔ sān guò jiā mén ér bú rù yòng le shí yú nián shí jiān zhōng yú zhì shuǐ chéng gōng yīn cǐ bèi tuī jǔ wéi shùn de jì chéng rén

我国古代原始社会末期，部落中权力继承采取民主推选的方式，也就是“禅让制”。尧晚年的时候，有人提议传位给他的儿子丹朱，但尧认为丹朱能力差，就没有答应，最后决定推选舜在尧死后担任部落联盟的首领。舜当上首领后，大胆启用禹治理洪水。禹三过家门而不入，用了十余年时间，终于治水成功，因此被推举为舜的继承人。

shàn ràng zhì
禅让制

wéi lì dài suǒ chēngsòng yáo shùn yǔ yě yīn cǐ bèi hòu rén zūn wéi xián
为历代所称颂，尧、舜、禹也因此被后人尊为贤
dé zhī rén
德之人。

【原文】

diào mín fá zuì zhōu fā yīn tāng
吊民伐罪 周发殷汤①
zuò cháo wèn dào chuí gǒng píng zhāng
坐朝问道 垂拱平章②
ài yù lí shǒu chén fú róng qiāng
爱育黎首 臣伏戎羌

【注释】

zhōu fā xī zhōu de dì yī gè jūn zhǔ wǔ wáng jī fā yīn
①周发：西周的第一个君主武王姬发。殷
tāng lì shǐ shàngshāngcháo yòu chēng yīn chéngtāng shì dì yī gè jūn zhǔ
汤：历史上商朝又称殷，成汤是第一个君主，
tā tǎo fá xià cháo bào jūn jié ér jiàn lì shāngcháo chuí gǒng bú zuò
他讨伐夏朝暴君桀而建立商朝。②垂拱：不做
shén me ér tiān xià tài píng duō yòng zuò chēngsònghuáng dì wú wéi ér zhì
什么而天下太平。多用作称颂皇帝无为而治
de tào yǔ píng zhāng píng zhǐ tài píng zhāng tōng zhāng zhāngmíng
的套语。平章：平指太平。章通“彰”，彰明，
xiǎn zhù
显著。

【释义】

安抚苦难百姓，讨伐有罪之人的是周武王和成汤王。君主端坐朝廷，探讨治国之道；垂衣拱手，与贤臣共商国是。他们爱护、体恤老百姓，四方的少数民族都前来归附。

【故事解读】

网开一面

商朝的开国君主汤是一个仁厚之人，有一次，他外出游玩，看见一个人在树上挂起一张网捕鸟，嘴里念叨说：“天上来的，地面来的，四面八方来的鸟，都飞进网里来吧。”汤对他说：“你太过分了吧，怎么可以这样呢！你撤掉三面的网，留下一面的网就可以了。”那人照办了。汤祝告道：“鸟儿啊，你们愿意往左的就往左，往右的就往右，只有不听我话的鸟儿，才飞

jìn wǎng lǐ lái tāng wǎng kāi yí miàn ēn jí qín shòu de shì chuán kāi
进网里来。”汤网开一面，恩及禽兽的事传开
hòu rén mín dōu chēng zàn tā duì dài bǎi xìng kuān hòu rén cí fēn fēn yōng
后，人民都称赞他对待百姓宽厚仁慈，纷纷拥
hù tāng de shì lì jìn yí bù zhuàng dà
护，汤的势力进一步壮大。

【原文】

xiá ěr yì tǐ shuài bīn guī wáng
遐迩一体① 率宾归王②
míng fèng zài zhú bái jū shí chǎng
鸣凤在竹 白驹食场③
huà bèi cǎo mù lài jí wàn fāng
化被草木④ 赖及万方

【注释】

xiá ěr zhǐ yuǎn jìn shuài bīn shuài tǔ zhī bīn mò
①遐迩：指远近。②率宾：“率土之滨，莫
fēi wáng chén de jiǎn xiě jū xiǎo mǎ bèi tōng pī
非王臣”的简写。③驹：小马。④被：通“披”。
fù gài ēn zé
覆盖，恩泽。

【释义】

jǔ guó shàng xià yuǎn jìn tǒng yī sì fāng zhū hóu shuài lǐng zǐ mín
举国上下，远近统一，四方诸侯率领子民

guī shùn jūn wáng fèng huáng zài zhú lín zhōng míng jiào bái mǎ zài cǎo yuán shàng
归顺君王。凤凰在竹林中鸣叫，白马在草原上
mì shí xián jūn de jiào huà fù gài dà zì rán de yì cǎo yí mù ēn
觅食。贤君的教化覆盖大自然的一草一木，恩
zé biàn jí tiān xià bǎi xìng
泽遍及天下百姓。

【故事解读】

chéng kāng zhī zhì
成康之治

xī zhōu zhèng quán jiàn lì bù jiǔ zhōu wǔ wáng jiù bìng sǐ le zhōu
西周政权建立不久，周武王就病死了。周
gōng fǔ zuǒ nián yòu de chéng wáng zhì lǐ guó jiā zhōu cháo xīn jiàn le yí
公辅佐年幼的成王治理国家。周朝新建了一
zuò dū chéng jiào zuò luò yì bǎ cháo zhōng de wán gù fèn zǐ jí zhōng dào
座都城，叫做洛邑，把朝中的顽固分子集中到
nà lǐ guǎn lǐ zhōu gōng hái bāng zhù chéng wáng zhì dìng le yí tào wán shàn
那里管理。周公还帮助成王制定了一套完善
de zhì dù fǎ diǎn cóng cǐ
的制度法典，从此
tiān xià bǎi xìng ān
天下百姓安
jū lè yè
居乐业，
cóng ér shǐ shè
从而使社
huì ān dìng
会安定、
jīng jì fán róng
经济繁荣。
cóng chéng wáng
从成王

dào tā de ér zi kāng wáng qián hòu yuē wǔ shí nián shì zhōu cháo zuì qiáng
到他的儿子康王，前后约五十年，是周朝最强
shèng de shí qī shǐ chēng chéng kāng zhī zhì
盛的时期，史称“成康之治”。

【原文】

gài cǐ shēn fà sì dà wǔ cháng
盖此身发① 四大五常②
gōng wéi jū yǎng qǐ gǎn huǐ shāng
恭惟鞠养③ 岂敢毁伤
nǚ mù zhēn jié nán xiào cái liáng
女慕贞洁 男效才良

【注释】

gài fā yǔ cí wú shí yì sì dà zhǐ dì shuǐ
①盖：发语词，无实义。②四大：指地、水、
fēng huǒ wǔ cháng zhǐ rén yì lǐ zhì xìn jū yǎng
风、火。五常：指仁、义、礼、智、信。③鞠养：
fǔ yǎng yǎng yù
抚养，养育。

【释义】

rén de shēn tǐ fà fū yóu dì shuǐ fēng huǒ sì zhǒng wù zhì zǔ
人的身体发肤由地、水、风、火四种物质组
chéng chēng wéi sì dà rén de xíng wéi yǐ rén yì lǐ zhì xìn
成，称为“四大”；人的行为以仁、义、礼、智、信

wéi zhǔn zé chēng wéi wǔ cháng tiáo yǎng hǎo shēn tǐ shì wèi bào dá
为准则，称为“五常”。调养好身体，是为报答
fù mǔ de shēng yù zhī ēn zěn gǎn qīng yì shāng hài zì jǐ ne nǚ zǐ
父母的生育之恩，怎敢轻易伤害自己呢？女子
yào yǎng mù nà xiē wéi rén chēng dào de zhēn jié nǚ zǐ nán zǐ yīng xué xí
要仰慕那些为人称道的贞洁女子，男子应学习
dé cái jiān bèi de xián rén
德才兼备的贤人。

【故事解读】

sì dà wǔ cháng
四大五常

gǔ rén rèn wéi dì shuǐ fēng huǒ shì yǔ zhòu zǔ chéng de sì
古人认为：地、水、风、火是宇宙组成的四
zhǒng jī běn wù zhì dì shì jiān yìng de néng chéng zài wàn wù shuǐ shì
种基本物质。地是坚硬的，能承载万物；水是
shī rùn de néng bāo róng wàn wù huǒ shì wēn nuǎn de néng chéng shú wàn
湿润的，能包容万物；火是温暖的，能成熟万

wù fēng shì líng dòng de néng shēng zhǎng wàn wù rén tǐ jiù yóu cǐ sì
物；风是灵动的，能生长万物。人体就由此四
dà zǔ chéng suǒ yǐ sì dà cháng zuò wéi rén shēn de dài chēng wǔ cháng shì
大组成，所以四大常作为人身的代称。五常是
zhǐ rén yì lǐ zhì xìn shì rú jiā de lún lǐ dào dé guī fàn
指仁、义、礼、智、信，是儒家的伦理道德规范，
jīn tiān réng jiù duì guī fàn rén men de xíng wéi jù yǒu jiè jiàn yì yì
今天仍旧对规范人们的行为具有借鉴意义。

【原文】

zhī guò bì gǎi dé néng mò wàng
知过必改　得能莫忘

【释义】

zhī dào zì jǐ yǒu guò cuò yí dìng yào gǎi zhèng shì hé zì jǐ
知道自己有过错，一定要改正；适合自己
zuò de shì qing yí dìng bú yào fàng qì
做的事情，一定不要放弃。

【故事解读】

fù jīng qǐng zuì
负荆请罪

zhàn guó shí de qín zhāo xiāng wáng wèi le piàn qǔ wú jià zhī bǎo hé
战国时的秦昭襄王为了骗取无价之宝和
shì bì biàn jiǎ yì sòng gěi zhào guó shí wǔ zuò chéng chí lìn xiàng rú chū
氏璧，便假意送给赵国十五座城池。蔺相如出

shǐ qín guó bù rǔ shǐ mìng shǐ de wán bì guī zhào hòu lái tā yòu suí zhào wáng dào miǎn chí

使秦国，不辱使命，使得完璧归赵。后来，他又随赵王到渑池

fù yàn shǐ zhào wáng miǎn shòu qín wáng wǔ rǔ lìn xiàng rú lián lì dà

赴宴，使赵王免受秦王侮辱。蔺相如连立大

gōng bèi fēng wéi chéng xiàng dà jiàng lián pō xīn zhōng bù fú jǐ cì jiè

功，被封为丞相。大将廉颇心中不服，几次借

jī wǔ rǔ lìn xiàng rú lìn xiàng rú yǐ guó jiā lì yì wéi zhòng měi cì

机侮辱蔺相如。蔺相如以国家利益为重，每次

dōu rěn ràng huí bì lián pō dé zhī zhēn xiàng hòu shí fēn cán kuì yì

都忍让回避。廉颇得知真相后，十分惭愧，毅

rán tǎn lù shàng shēn fù jīng qǐng zuì èr rén yīn cǐ jié wéi mò nì zhī jiāo

然坦露上身，负荆请罪，二人因此结为莫逆之交。

【原文】

wǎng tán bǐ duǎn mǐ shì jǐ cháng

罔谈彼短① 靡恃己长②

【注释】

wǎng wú bù méi yǒu mǐ wú bù méi yǒu
①罔：无，不，没有。②靡：无，不，没有。
shì yī lài yī zhàng
恃：依赖，依仗。

【释义】

bú yào tán lùn bié ren de quē diǎn hé duǎn chu yě bú yào yī zhàng
不要谈论别人的缺点和短处，也不要依仗
zì jǐ de cháng chu ér jiāo ào zì dà
自己的长处而骄傲自大。

【故事解读】

huáng fǔ jì zì zé
黄甫绩自责

suí cháo míng chén huáng fǔ jì zì yòu cōng míng líng lì yòu dǒng shì
隋朝名臣皇甫绩，自幼聪明伶俐又懂事，
jiā li rén dōu gé wài téng ài tā mǔ qīn yì zhí jiào yù tā yào qín
家里人都格外疼爱他。母亲一直教育他要勤
fèn dú shū dǒng de qiān gōng lǐ ràng yí cì tā hé gē ge men yīn
奋读书，懂得谦恭礼让。一次，他和哥哥们因
tān wán wàng le zuò gōng kè jié guǒ gē ge men dōu ái le mǔ qīn de dǎ
贪玩忘了做功课，结果哥哥们都挨了母亲的打，
wéi dú tā dé yǐ xìng miǎn gē ge men dōu shuō mǔ qīn piān xiàng tā wǎn
唯独他得以幸免，哥哥们都说母亲偏向他。晚
shang huáng fǔ jì zì jǐ fǎn xǐng zhè jiàn shì bù guāng shì gē ge men de
上，皇甫绩自己反省：这件事不光是哥哥们的

cuò zì jǐ yě yīng gāi shòu fá yú shì dì èr tiān tā ràng gē ge
错，自己也应该受罚。于是，第二天他让哥哥
men dǎ le zì jǐ yí dùn yǐ shì chéng fá huáng fǔ jì xiǎo xiǎo nián jì
们打了自己一顿，以示惩罚。皇甫绩小小年纪
jiù néng yán gé yāo qiú zì jǐ fēi cháng zhí de wǒ men xué xí
就能严格要求自己，非常值得我们学习。

【原文】

xìn shǐ kě fù qì yù nán liáng
信使可复　器欲难量

【释义】

chéng shí de huà yào jīn de zhù shí jiān de kǎo yàn qì dù yào
诚实的话要禁得住时间的考验；器度要
dà ràng rén nán yǐ gū liáng
大，让人难以估量。

【故事解读】

qí huáng yáng jiàn xián
祁黄羊荐贤

qí huáng yáng shì chūn qiū shí qī jìn guó de dà fū tā wéi rén
祁黄羊是春秋时期晋国的大夫，他为人
gěng zhí xīn xiōng tǎn dàng yì tiān jìn píng gōng wèn qí huáng yáng shéi kě
耿直，心胸坦荡。一天，晋平公问祁黄羊谁可
yǐ zuò nán yáng xiàn lìng qí huáng yáng tuī jiàn le tā de chóu rén xiè hú
以做南阳县令，祁黄羊推荐了他的仇人解狐。

xiè hú shàng rèn hòu fēi cháng chèn zhí dāng dì bǎi xìng ān jū lè yè
解狐上任后，非常称职，当地百姓安居乐业。
bù jiǔ jìn píng gōng yòu wèn tā shéi kě yǐ zuò jīng chéng li de wèi guān
不久，晋平公又问他谁可以做京城里的尉官，
qí huáng yáng tuī jiàn le zì jǐ de ér zi qí wǔ qí wǔ dān rèn wèi
祁黄羊推荐了自己的儿子祁午。祁午担任尉
guān hòu yě hěn chèn zhí kǒng zǐ zhī dào zhè jiàn shì hòu chēng zàn tā
官后，也很称职。孔子知道这件事后，称赞他
dào qí huáng yáng tuī jiàn rén cái zhǐ kàn cái néng bú lùn qīn chóu zhēn
道：“祁黄羊推荐人才只看才能，不论亲仇，真
chēng de shàng shì dà gōng wú sī a
称得上是大公无私啊！”

【原文】

mò bēi sī rǎn　　shī zàn gāo yáng
墨悲丝染①　　诗赞羔羊②
jǐng xíng wéi xián　　kè niàn zuò shèng
景行维贤③　　克念作圣④

【注释】

mò mò zǐ míng dí lǔ guó rén zhàn guó chū qī sī xiǎng
①墨：墨子，名翟。鲁国人，战国初期思想
jiā mò jiā xué pài chuàng shǐ rén gāo yáng tōng guò yǒng gāo yáng máo
家，墨家学派创始人。②羔羊：通过咏羔羊毛
sè de jié bái rú yī lái zàn sòng jūn zǐ de jié jiǎn zhèng zhí dé rú
色的洁白如一，来赞颂君子的“节俭正直，德如
gāo yáng jǐng xíng shì duì gāo shān yào tái tóu zhān yǎng duì xián rén
羔羊。”③景行：是对高山要抬头瞻仰，对贤人

de pǐn dé yào kàn qí zhàn dào yí gè háng liè zhōng qù kè néng
的品德要看齐，站到一个行列中去。④克：能。

【释义】

mò zǐ wèi bái sī rǎn sè bú tuì ér bēi qì shī jīng zhōng
墨子为白丝染色不褪而悲泣，《诗经》中
yǒu gāo yáng piān chuán sòng xíng wéi guāng míng zhèng dà de rén cái néng chéng
有《羔羊》篇传颂。行为光明正大的人才能成
wéi xián rén néng kè zhì zì jǐ sī xīn zá niàn de rén cái néng chéng wéi shèng
为贤人，能克制自己私心杂念的人才能成为圣
rén
人。

【故事解读】

wèi zhào xué shī
魏照学师

guō tài shì dōng hàn mò nián de zhù míng wén rén tā xué shí yuān
郭泰是东汉末年的著名文人。他学识渊
bó dài rén kuān hòu suǒ yǐ yǒu hěn duō rén lái bài shī xué yì dì
博，待人宽厚，所以有很多人来拜师学艺。弟
zǐ zhōng yǒu gè jiào wèi zhào de rén hái bǎ xíng li bān lai zhěng tiān hé
子中有个叫魏照的人，还把行李搬来，整天和
lǎo shī zhù zài yì qǐ guō tài hěn qí guài biàn wèn tā bié ren
老师住在一起。郭泰很奇怪，便问他："别人
shàng wán kè dōu huí jiā le nǐ wèi shén me zǎo wǎn dōu péi zhe wǒ ya
上完课都回家了，你为什么早晚都陪着我呀？"
wèi zhào shuō wǒ tiān tiān hé nín zài yì qǐ bù jǐn shì yào nǔ lì
魏照说："我天天和您在一起，不仅是要努力
xué xí zhī shi gèng yào mó fǎng nín de xíng wéi chǔ shì cóng ér gèng shēn
学习知识，更要模仿您的行为处世，从而更深

kè de xué xí nín de gāo shàng pǐn dé
刻地学习您的高尚品德。”

【原文】

dé jiàn míng lì　xíng duān biǎo zhèng
德建名立　形端表正
kōng gǔ chuánshēng　xū táng xí tīng
空谷传声　虚堂习听①

【注释】

xí chánɡ qī fǎn fù de zuò zhú jiàn yǎngchéng de bù zì jué
①习：长期反复地做，逐渐养成的不自觉
de huó dòng
的活动。

【释义】

dé xíng jiàn lì le míngshēng jiù zì rán shù lì qǐ lái jǔ zhǐ
德行建立了，名声就自然树立起来；举止
duānzhuāng yí biǎo jiù zì rán duānzhèng kōngkuàng de shān gǔ zhōngnéng jiāng
端庄，仪表就自然端正。空旷的山谷中能将
shēng yīn chuán bō de hěn yuǎn kuānchang de tīng táng li shuō huà yě shì yǒu huí
声音传播得很远，宽敞的厅堂里说话也是有回
yīn de
音的。

【故事解读】

fú zǐ jiàn zhì shàn fù
宓子贱治单父

fú zǐ jiàn shì kǒng zǐ de xué sheng céng bèi lǔ wáng pài wǎng shàn fù
宓子贱是孔子的学生，曾被鲁王派往单父
qù zuò xiàn lìng shàng rèn qián kǒng zǐ gào jiè tā bú yào suí biàn yíng hé
去做县令。上任前，孔子告诫他不要随便迎合
bié ren yě bú yào suí biàn zé bèi bié ren shàng rèn hòu fú zǐ jiàn xiàng
别人，也不要随便责备别人。上任后，宓子贱像
duì dài fù qīn yí yàng zūn jìng zhǎng bèi xiàng duì dài hái zi yí yàng ài hù
对待父亲一样尊敬长辈，像对待孩子一样爱护
bǎi xìng sān nián hòu shàn fù zhè ge dì fang biàn de mín fēng chún pǔ bǎi
百姓。三年后，单父这个地方变得民风淳朴，百
xìng ān jū lè yè hòu lái rén men wèi le jì niàn fú zǐ jiàn zài tā
姓安居乐业。后来，人们为了纪念宓子贱，在他
měi tiān tán qín de dì fang jiàn le yí gè qín tái yǐ biǎo dá jìng yǎng zhī qíng
每天弹琴的地方建了一个琴台，以表达敬仰之情。

【原文】

huò yīn è jī fú yuán shàn qìng
祸因恶积　福缘善庆①

【注释】

yuán yīn wèi
①缘：因为。

【释义】

祸害是因为多次作恶积累而成，幸福是由于常年行善得到的奖赏。

【故事解读】

跋扈之祸

汉顺帝死后，梁皇后便让哥哥梁冀协助年幼的皇帝管理朝政。梁冀为人专横跋扈。为了让小皇帝成为自己的傀儡，几年之间他一连扶植了好几个皇帝继承人。当他认为彻底掌握了朝政大权后，便放心地过上了豪华奢侈的生活。后来，汉桓帝渐渐长大，他对梁冀独揽大权和滥杀无辜的行为十分不满，于是秘密联合几个大臣，将其逮捕。梁冀自知作恶多端，服毒自尽，结束了罪恶的一生。

【原文】

chǐ bì fēi bǎo　cùn yīn shì jìng
尺璧非宝　寸阴是竞

【释义】

yì chǐ cháng de yù bì suàn bú shàng bǎo guì yí cùn duǎn de guāng yīn
一尺长的玉璧算不上宝贵，一寸短的光阴
què zhí de qù zhēng qǔ
却值得去争取。

【故事解读】

chǐ bì cùn yīn
尺璧寸阴

gǔ shí hou rén men jiù hěn dǒng de zhēn xī shí jiān dōng jìn shí
古时候，人们就很懂得珍惜时间。东晋时
qī yǒu yí gè jiào táo kǎn de rén tā wéi guān qīng lián bàn shì qín
期，有一个叫陶侃的人，他为官清廉，办事勤
miǎn tí chàng zhēn xī měi yí cùn guāng yīn bù jǐn zì jǐ shēn tǐ lì xíng
勉，提倡珍惜每一寸光阴，不仅自己身体力行，
hái cháng cháng yán gé yāo qiú xià shǔ táo kǎn zài cháng shā zuò guān shí
还常常严格要求下属。陶侃在长沙做官时，
yí cì shǒu xià rén yīn hē jiǔ wán lè wù le gōng shì tā zhī dào hòu fēi
一次手下人因喝酒玩乐误了公事，他知道后非
cháng shēng qì xià lìng jiāng jiǔ jù dōu sōu le chū lái rēng jìn cháng jiāng
常生气，下令将酒具都搜了出来，扔进长江，

bìng jiào yù tā men shèng rén bǎ měi yí cùn guāng yīn kàn de bǐ yì chǐ
并教育他们："圣人把每一寸光阴看得比一尺
cháng de yù bì hái guì zhòng nǐ men zěn me néng làng fèi shí jiān ne
长的玉璧还贵重，你们怎么能浪费时间呢？"
cóng cǐ zhī hòu tā de shǒu xià zài yě bù gǎn xī xì zuò lè làng fèi shí
从此之后，他的手下再也不敢嬉戏作乐浪费时
guāng le
光了。

【原文】

zī fù shì jūn yuē yán yǔ jìng
资父事君① 曰严与敬
xiào dāng jié lì zhōng zé jìn mìng
孝当竭力 忠则尽命
lín shēn lǚ bó sù xīng wēn qìng
临深履薄 夙兴温凊②

【注释】

shì shì fèng sù xīng sù xīng yè mèi zhī lüè
①事：侍奉。②夙兴："夙兴夜寐"之略。
sù zǎo wēn qìng dōng wēn xià qìng zhī lüè qìng liáng
夙，早。温凊："冬温夏凊"之略。凊，凉。

【释义】

fèng yǎng fù mǔ shì fèng jūn zhǔ yào yán sù rèn zhēn gōng jìng
奉养父母，侍奉君主，要严肃认真、恭敬。

孝顺父母应当尽心竭力；效忠君主则要不惜献出生命。侍奉君主要像面对深渊、脚踩薄冰那样小心谨慎；孝顺父母要早起晚睡，无微不至。

【故事解读】

木兰从军

南北朝时期，北方有个姑娘叫花木兰，武艺高强。一天，里长送来文书，说朝廷要和邻国开战，让木兰的父亲从军。可年迈的父亲怎能上战场打仗呢？木兰偷着买来战马和战袍，把自己打扮成一个小伙子，替父参军去了。在军营里，木兰作战勇敢，屡立战功，当上了大将军。战争结束后，木兰辞掉皇帝的重赏，回家侍奉父母去了。木兰忠于国家，孝敬父母，成为后人称颂的典范。

【原文】

sì lán sī xīn　rú sōng zhī shèng
似兰斯馨　如松之盛
chuān liú bù xī　yuān chéng qǔ yìng
川流不息　渊澄取映

【释义】

jù yǒu gāo shàng pǐn dé de rén　tā de dé xíng xiàng lán cǎo yí yàng fāng xiāng　rú qīng sōng yí yàng mào shèng　dé xíng néng yán jí zǐ sūn　xiàng hé shuǐ yí yàng liú gè bù tíng　wèi zǐ sūn zuò chū bǎng yàng　xiàng shēn tán qīng chè zhī shuǐ　chéng wéi hòu rén de jiè jiàn
具有高尚品德的人，他的德行像兰草一样芳香，如青松一样茂盛。德行能延及子孙，像河水一样流个不停；为子孙做出榜样，像深潭清澈之水，成为后人的借鉴。

【故事解读】

bù tān wéi bǎo
不贪为宝

zǐ hǎn shì chūn qiū shí qī sòng guó de guān yuán　tā wéi guān qīng zhèng　pǐn dé gāo shàng　zài dāng shí wēi wàng hěn gāo　yí cì　yǒu rén zhuānchéng bài
子罕是春秋时期宋国的官员，他为官清正，品德高尚，在当时威望很高。一次，有人专程拜

fǎng zǐ hǎn bìng yào sòng gěi tā yí kuài bǎo yù zǐ hǎn jiē guo bǎo yù kàn le
访子罕并要送给他一块宝玉，子罕接过宝玉看了
kàn shuō nǐ hái shi ná huí qù ba wǒ bù néng shōu lái rén yǐ wéi
看说："你还是拿回去吧，我不能收。"来人以为
zǐ hǎn bù shí huò zǐ hǎn què xiào zhe shuō dào wǒ yǐ bù tān wéi bǎo
子罕不识货，子罕却笑着说道："我以不贪为宝，
nǐ yǐ yù wéi bǎo nǐ ruò jiāng yù gěi le wǒ nǐ wǒ èr rén qǐ bù
你以玉为宝。你若将玉给了我，你我二人岂不
dōu shī qù le bǎo xiàn bǎo rén tīng hòu shí fēn gǎn dòng zǐ hǎn yǐ
都失去了宝？"献宝人听后十分感动。子罕以
bù tān wéi bǎo qí gāo shàng de pǐn dé hěn zhí dé wǒ men hòu rén xué xí
不贪为宝，其高尚的品德，很值得我们后人学习。

【原文】

róng zhǐ ruò sī yán cí ān dìng
容止若思① 言辞安定②

【注释】

róng zhǐ yí róng jǔ zhǐ ruò sī chén jìng ān xiáng ān
①容止：仪容举止。若思：沉静安详。②安
dìng wěn zhòng cóng róng chén jìng
定：稳重，从容沉静。

【释义】

yí tài jǔ zhǐ yào zhuāngzhòng kàn shang qu xiàng zài sī kǎo wèn tí
仪态举止要庄重，看上去像在思考问题；
yán yǔ cuò cí yào wěn zhòng xiǎn de cóng róng zhèn jìng
言语措辞要稳重，显得从容镇静。

【故事解读】

yǔ chū jīng rén
语出惊人

wáng hóng shì běi cháo shí de dà chén wéi rén qīng zhèng lián míng zhí
王纮是北朝时的大臣，为人清正廉明、直
yán bú huì tā shí wǔ suì de shí hou yǒu yí cì suí fù qīn bài
言不讳。他十五岁的时候，有一次随父亲拜
jiàn shàng si hóu jǐng dāng shí yì qún rén zhèng zài tàn tǎo chuān yī fu qián
见上司侯景，当时一群人正在探讨穿衣服前
jīn xiàng zuǒ yǎn hái shi xiàng yòu yǎn tīng dào tā men zài tàn tǎo zhè ge
襟向左掩还是向右掩。听到他们在探讨这个
wú liáo de wèn tí wáng hóng zǒu shàng qián shuō xiàn zài wǒ men de guó
无聊的问题，王纮走上前说："现在我们的国
jiā zhèng chǔ yú fā zhǎn zhī zhōng yǒu xǔ duō wèn tí xū yào qù tàn tǎo
家正处于发展之中，有许多问题需要去探讨
hé yán jiū nǎ yǒu shí jiān tǎo lùn zhè zhǒng wēi bù zú dào de wèn tí
和研究，哪有时间讨论这种微不足道的问题
ne dà jiā yì shí bèi zhèn zhù le hóu jǐng jiàn tā yǔ chū jīng
呢？"大家一时被镇住了。侯景见他语出惊
rén fēi dàn méi yǒu guài zuì hái shǎng gěi tā mǎ pǐ hé gōng jiàn
人，非但没有怪罪，还赏给他马匹和弓箭。

【原文】

dǔ chū chéng měi shèn zhōng yí lìng
笃初诚美① 慎终宜令
róng yè suǒ jī jí shèn wú jìng
荣业所基 籍甚无竟②

【注释】

dǔ zhōng shí chéng xìn jí shèng dà
①笃：忠实，诚信。②籍：盛大。

【释义】

wú lùn xiū shēn qiú xué hǎo de kāi tóu gù rán bú cuò rèn zhēn
无论修身、求学，好的开头固然不错，认真

qù zuò yǒu hǎo de jié guǒ gèng wéi zhòng yào shì yè de xiǎn yào fā dá
去做，有好的结果更为重要。事业的显耀发达，

qǔ jué yú tā de gēn jī dé xíng gāo shàng hǎo míng shēng zì rán huì liú
取决于它的根基；德行高尚，好名声自然会流

chuán jiǔ yuǎn
传久远。

【故事解读】

bān gù xiōng mèi xiě hàn shū
班固兄妹写汉书

bān gù shì dōng hàn zhù míng de
班固是东汉著名的

shǐ xué jiā hàn shū jiù shì tā de
史学家，《汉书》就是他的

zhù zuò bān gù de fù qīn fā
著作。班固的父亲发

xiàn sī mǎ qiān de shǐ jì
现司马迁的《史记》

zhǐ xiě dào hàn wǔ dì shí qī
只写到汉武帝时期，

biàn xiǎng àn zhào zhè ge sī lù jì xù xiě xia qu hòu lái bān gù
便想按照这个思路继续写下去。后来，班固
fā xiàn fù qīn xiě de hěn bù xiáng xì biàn jí zhōng jīng lì bǔ xiě zhè
发现父亲写得很不详细，便集中精力，补写这
tào shǐ shū jiù zài zhù zuò jí jiāng wán chéng de shí hou bān gù què
套史书。就在著作即将完成的时候，班固却
zāo rén xiàn hài qū sǐ zài yù zhōng bān gù sǐ hòu mèi mei bān zhāo
遭人陷害，屈死在狱中。班固死后，妹妹班昭
jì chéng le gē ge de shì yè wán chéng le tā wèi xiě wán de bù fen
继承了哥哥的事业，完成了他未写完的部分。

【原文】

xué yōu dēng shì shè zhí cóng zhèng
学优登仕① 摄职从政②

【注释】

xué yōu lún yǔ yǒu xué ér yōu zé shì zhī yǔ shè
①学优：《论语》有“学而优则仕”之语。②摄：
dài lǐ
代理。

【释义】

xué xí chū sè le jiù kě yǐ qù zuò guān yǒu le guān zhí jiù kě
学习出色了就可以去做官，有了官职就可
yǐ zhǔ chí zhèng wù cān yù zhì lǐ guó jiā
以主持政务，参与治理国家。

【故事解读】

qīng guān zhèng bǎn qiáo
清官郑板桥

qīng dài zhù míng huà jiā wén xué jiā zhèng bǎn qiáo zì yòu xǐ hào
清代著名画家、文学家郑板桥，自幼喜好
dú shū qín fèn shàng jìn dàn tā yì zhí huái cái bú yù dào le wǔ
读书，勤奋上进。但他一直怀才不遇，到了五
shí suì cái zuò le gè xiǎo xiàn guān tā zài shān dōng zhì lǐ fàn xiàn shí
十岁才做了个小县官。他在山东治理范县时，
qín zhèng lián jié duàn àn gōng dào yí shàng rèn jiù gěi le dāng dì fù háo
勤政廉洁，断案公道。一上任就给了当地富豪
men yí gè xià mǎ wēi bú dàn jù jué cān jiā yàn qǐng hái dāng zhòng yuē
们一个下马威，不但拒绝参加宴请，还当众约
fǎ sān zhāng shòu dào dāng dì bǎi xìng de yōng hù hòu lái zhèng bǎn qiáo
法三章，受到当地百姓的拥护。后来，郑板桥
yīn shàng shū cháo tíng yāo qiú wèi mín zhèn zāi ér dé zuì le shàng si bèi bà
因上书朝廷要求为民赈灾而得罪了上司，被罢
miǎn huí jiā suī rán guān zhí dī wēi dàn tā zhí zhèng wèi mín de shì jì
免回家。虽然官职低微，但他执政为民的事迹
qiān bǎi nián lái bèi guǎng fàn chuán sòng
千百年来被广泛传颂。

【原文】

cún yǐ gān táng　　qù ér yì yǒng
存以甘棠①　去而益咏

【注释】

gān táng mù míng jí táng lí hòu duō yǐ gān táng
①甘棠：木名。即棠梨。后多以“甘棠”
chēngsòng xún lì de měi zhèng hé yí ài
称颂循吏的美政和遗爱。

【释义】

shào gōng huó zhe shí céng zài gān táng shù xià chǔ lǐ zhèng wù tǐ chá
召公活着时曾在甘棠树下处理政务，体察
mín qíng tā qù shì hòu bǎi xìng lián nà kē gān táng shù yě shě bu de
民情。他去世后，百姓连那棵甘棠树也舍不得
kǎn fá tóng shí gèng jiā zàn měi tā de měi dé
砍伐，同时更加赞美他的美德。

【故事解读】

shào gōng zhì zhèng
召公治政

xī zhōu chū qī de zhù míng
西周初期的著名
dà chén shào gōng céng fǔ zuǒ
大臣召公，曾辅佐
wǔ wáng miè shāng wǔ wáng qù shì
武王灭商。武王去世
hòu shào gōng yǔ zhōu gōng yì qǐ
后，召公与周公一起
fǔ zuǒ nián yòu de
辅佐年幼的

成王治理国家。召公经常深入民间了解百姓疾苦，因此深受百姓的爱戴。据说，一次他巡视南方时，曾在一棵甘棠树下休息。他去世后，百姓十分怀念他，便将这棵树保留下来。《诗经·召南》中就曾写道：“甘棠树，高又大，莫剪它呀莫砍它，召公曾宿在那树下。”充分体现了老百姓对召公的爱戴之情。

【原文】

乐殊贵贱[1]　礼别尊卑

【注释】

①殊：区别。

【释义】

选择乐曲要根据人的身份贵贱，采用礼节要按照人的地位高低。

【故事解读】

lǐ yuè zhì dù
礼乐制度

lǐ zài gǔ dài zhǔ yào yǒu wǔ zhǒng jí jí lǐ jì sì tiān dì
礼在古代主要有五种，即吉礼（祭祀天地
rén xiōng lǐ sāng zàng bīn lǐ zhū hóu cháo jiàn tiān zǐ jūn lǐ
人）、凶礼（丧葬）、宾礼（诸侯朝见天子）、军礼
jūn zhōng de lǐ jié jiā lǐ hūn lǐ guàn lǐ wǒ guó sù lái
（军中的礼节）、嘉礼（婚礼、冠礼）。我国素来
yǒu lǐ yí zhī bāng de chēng hào zài jǔ xíng gè zhǒng lǐ yí shí yì
有“礼仪之邦”的称号。在举行各种礼仪时，一
bān dōu yào yǎn zòu yīn yuè zhè xiē yīn yuè dōu shì yǔ gè zhǒng lǐ yí xiāng
般都要演奏音乐，这些音乐都是与各种礼仪相
pèi de lǐ yuè zhì dù shì zhōng guó gǔ dài shè huì zhòng yào de shàng céng jiàn
配的。礼乐制度是中国古代社会重要的上层建
zhù zhī yī zài rén men de shè huì huó dòng zhōng bàn yǎn zhe zhòng yào jué sè
筑之一，在人们的社会活动中扮演着重要角色。

【原文】

shàng hé xià mù fū chàng fù suí
上和下睦　夫唱妇随

【释义】

zhǎng bèi hé xiǎo bèi yào hé mù xiāng chǔ fū qī yào yí chàng yí
长辈和小辈要和睦相处，夫妻要一唱一

hè xié tiáo hé xié
和，协调和谐。

【故事解读】

jī gǔ kàng jīn
击鼓抗金

hán shì zhōng shì nán sòng chū nián de kàng jīn míng jiāng tā de fū rén
韩世忠是南宋初年的抗金名将，他的夫人
míng jiào liáng hóng yù liáng hóng yù de zǔ fù hé fù qīn dōu shì wǔ jiàng
名叫梁红玉。梁红玉的祖父和父亲都是武将，
liáng hóng yù cóng xiǎo jiù gēn tā men xué le yì shēn hǎo wǔ yì hòu lái
梁红玉从小就跟他们学了一身好武艺。后来，
zǔ fù hé fù qīn bèi shā liáng hóng yù yě lún wéi yíng jì zài yí cì
祖父和父亲被杀，梁红玉也沦为营妓。在一次
yàn huì shang tā rèn shi le hán shì zhōng bìng zuì zhōng yǔ tā jié wéi fū
宴会上，她认识了韩世忠，并最终与他结为夫
fù cǐ hòu liáng hóng yù yì zhí gēn suí hán shì zhōng huó yuè yú kàng jīn
妇。此后，梁红玉一直跟随韩世忠，活跃于抗金
qián xiàn
前线。

yǒu yí cì hán shì zhōng de bù duì bǎ jīn wù shù de duì wǔ wéi
有一次，韩世忠的部队把金兀术的队伍围
kùn zài huáng tiān dàng liáng hóng yù qīn zì jī gǔ gǔ wǔ shì qì sòng jūn
困在黄天荡，梁红玉亲自击鼓，鼓舞士气，宋军
shì qì bèi zēng jī bài jīn jiàng xié mǎo ā lǐ hán cháng děng suǒ shuài zhōu
士气倍增，击败金将斜卯阿里、韩常等所率舟
shī huáng tiān dàng zhī zhàn chén zhòng de dǎ jī le jīn bīng de xiāo zhāng qì
师。黄天荡之战沉重地打击了金兵的嚣张气
yàn niǔ zhuǎn le nán sòng jūn zǒng shì dǎ bài zhàng de jú miàn dà zhǎng le
焰，扭转了南宋军总是打败仗的局面，大长了
sòng jūn kàng jīn jiù guó de shì qì liáng hóng yù yě chéng wéi míng chuí qīng
宋军抗金救国的士气。梁红玉也成为名垂青

shǐ de jīn guó yīng xióng
史的巾帼英雄。

【原文】

wài shòu fù xùn　rù fèng mǔ yí
外受傅训　入奉母仪

zhū gū bó shū　yóu zǐ bǐ ér
诸姑伯叔　犹子比儿①

kǒng huái xiōng dì　tóng qì lián zhī
孔怀兄弟②　同气连枝

【注释】

bǐ rú tóng　kǒng huái xiōng dì
①比：如同。②孔怀：兄弟。

【释义】

zài wài miàn yào tīng cóng shī zhǎng de jiào huì, zài jiā li yào zūn shǒu mǔ qīn de guī fàn. duì dài gū gu、bó bo、shū shu děng zhǎng bèi, yào xiàng shì tā men de qīn shēng zǐ nǚ yí yàng. xiōng dì zhī jiān yào xiāng hù yǒu ài, yīn wèi yì mǔ tóng bāo, xuè mài xiāng tōng, jiù xiàng yì kē shù shang de zhī chà yí yàng lián zhī tóng gēn.

在外面要听从师长的教诲，在家里要遵守母亲的规范。对待姑姑、伯伯、叔叔等长辈，要像是他们的亲生子女一样。兄弟之间要相互友爱，因为一母同胞，血脉相通，就像一棵树上的枝杈一样连枝同根。

【故事解读】

xiōng dì zhé jiàn

兄弟折箭

yuán tài zǔ tiě mù zhēn yǒu sì gè xiōng dì tā men cháng wèi yì xiē
元太祖铁木真有四个兄弟，他们常为一些
xiǎo shì nào de bù hé qi tā men de mǔ qīn wèi cǐ shāng tòu le nǎo jīn
小事闹得不和气，他们的母亲为此伤透了脑筋。
yì tiān wǎn shang mǔ qīn bǎ wǔ gè ér zi jiào dào shēn biān qǔ chu wǔ
一天晚上，母亲把五个儿子叫到身边，取出五
zhī jiàn fā gěi měi rén yì zhī ràng tā men bǎ jiàn zhé duàn jié guǒ tā
枝箭，发给每人一支，让他们把箭折断，结果他
men hěn qīng sōng jiù bǎ jiàn zhé duàn le jiē zhe mǔ qīn yòu ná chu wǔ
们很轻松就把箭折断了。接着，母亲又拿出五
zhī jiàn kǔn zài yì qǐ ràng tā men zài zhé zhè cì wǔ xiōng dì fèi
枝箭，捆在一起让他们再折。这次，五兄弟费
jìn jiǔ niú èr hǔ zhī lì yě méi néng zhé duàn mǔ qīn yì wèi shēn cháng
尽九牛二虎之力也没能折断。母亲意味深长
de shuō zhǐ yǒu xiōng dì qí xīn cái néng zhàn wú bú shèng a wǔ
地说：“只有兄弟齐心，才能战无不胜啊！”五
xiōng dì huǎng rán dà wù cóng cǐ yǐ hòu xiāng hù guān xīn zài yě bú nào
兄弟恍然大悟，从此以后相互关心，再也不闹
máo dùn le
矛盾了。

【原文】

jiāo yǒu tóu fèn qiē mó zhēn guī
交友投分 切磨箴规①

【注释】

qiē mó xué wèn shàng de tàn tǎo yán jiū zhēn quàn jiè quàn miǎn
①切磨：学问上的探讨研究。箴：劝诫、劝勉。

【释义】

jié jiāo péng you yào yì qì xiāng tóu xué xí shang hù xiāng qiē cuō yán
结交朋友要意气相投，学习上互相切磋研
jiū pǐn xíng shang hù xiāng quàn miǎn
究，品行上互相劝勉。

【故事解读】

gāo shān liú shuǐ mì zhī yīn
高山流水觅知音

chūn qiū shí qī de yú bó
春秋时期的俞伯
yá jīng tōng yīn lǜ qín yì
牙精通音律，琴艺
gāo chāo yǒu yì tiān
高超。有一天，
tā zài chuánshang yóu lǎn
他在船上游览，
duì zhe qīng fēng míng yuè
对着清风明月，
gǎn kǎi de tán qi le
感慨地弹起了
qín qín shēng yōu yáng yuè
琴，琴声悠扬悦

ěr zhè shí àn shang hū rán chuán lai jiào jué zhī shēng yí kàn yuán lái
耳。这时，岸上忽然传来叫绝之声，一看，原来
shì gè míng jiào zhōng zǐ qī de qiáo fū yú bó yá qǐng tā shàng chuán
是个名叫钟子期的樵夫。俞伯牙请他上船，
zhuān mén wèi tā yǎn zòu dāng bó yá tán zòu biǎo xiàn gāo shān de qǔ zi
专门为他演奏。当伯牙弹奏表现高山的曲子
shí zhōng zǐ qī shuō hǎo xiàng gāo sǒng rù yún de tài shān dāng bó
时，钟子期说："好像高耸入云的泰山！"当伯
yá tán zòu biǎo xiàn jiāng hé de yuè qǔ shí zhōng zǐ qī shuō hǎo xiàng gǔn
牙弹奏表现江河的乐曲时，钟子期说："好像滚
gǔn de liú shuǐ bó yá jī dòng jí le shuō nǐ zhēn shì wǒ de
滚的流水！"伯牙激动极了，说："你真是我的
zhī yīn a
知音啊！"

【原文】

rén cí yǐn cè zào cì fú lí
仁慈隐恻① 造次弗离

【注释】

yǐn cè lián mǐn tóng qíng
①隐恻：怜悯，同情。

【释义】

duì rén yào rén ài cí shàn fù yǒu tóng qíng xīn zhè zhǒng chuán tǒng měi
对人要仁爱慈善，富有同情心。这种传统美
dé jiù shì zài zuì cāng cù zuì wēi jí de qíng kuàng xià yě bù néng wéi bèi
德，就是在最仓促、最危急的情况下也不能违背。

【故事解读】

宽容化世仇

明朝时，袁衷家和沈家是邻居，但不知为什么，沈家却一直把袁家当做世代的仇人。袁家桃树的枝条伸进了沈家的院子，沈家就把桃树枝给锯了。而沈家的枣树枝条伸到袁家的院子里后，袁衷的母亲不仅不让孩子们吃树上的枣，还把收获的枣还给了沈家。后来，沈家的父亲生病，袁衷的父亲不仅亲自去探望，还为沈家凑钱看病，帮助他们渡过难关。袁家的宽容终于感动了沈家，从此两家化解了仇恨，后来还做了亲家呢！

【原文】

节义廉退　颠沛匪亏[①]

【注释】

①颠沛：处境窘迫困顿。匪：非，不是。

【释义】

节操、正义、廉洁、谦让这些高尚的德操，即使在遭受挫折时也不能亏缺。

【故事解读】

嗟来之食

春秋时期，有一年齐国发生了严重的饥荒，到处都是饥饿的难民。有个叫黔敖的人每天在路边做好饭食，让过往的难民来吃。一天，路上走来一个难民，黔敖站起来，手里端着饭对那人吆喝道："嗟，来食！"意思是说："喂，过来吃！"谁知那个难民不但不吃，反而站直身子对黔敖说："我正是不吃嗟来之食，才饿成

zhè yàng de qián áo zhè cái yì shí dào nàn mín yě shì yǒu zūn yán de
这样的。”黔敖这才意识到难民也是有尊严的，
mǎ shàng xiàng tā dào qiàn bìng shí fēn chéng kěn de quàn tā chī fàn
马上向他道歉，并十分诚恳地劝他吃饭。

【原文】

xìng jìng qíng yì xīn dòng shén pí
性静情逸① 心动神疲②

【注释】

qíng yì qíng xù ān yì shū shì xīn dòng xīn wéi wài
①情逸：情绪安逸舒适。②心动：心为外
wù suǒ dòng
物所动。

【释义】

xìng qíng chén jìng dàn bó qíng xù jiù ān yì zì zài nèi xīn fú
性情沉静淡泊，情绪就安逸自在；内心浮
zào hào dòng jīng shen jiù pí bèi kùn juàn
躁好动，精神就疲惫困倦。

【故事解读】

zhì nù
制怒

nián lín zé xú bèi qīng dào guānghuáng dì pài dào guǎng dōng
1839年，林则徐被清道光皇帝派到广东

zhǔ chí jìn yān gōng zuò lín xíng qián lín zé xú de lǎo shī dīng zhǔ tā
主持禁烟工作。临行前，林则徐的老师叮嘱他
shuō guǎng dōng de huán jìng hěn fù zá nǐ wéi rén gāng zhèng gěng zhí
说：“广东的环境很复杂，你为人刚正耿直，
cháng cháng zhí yán bú huì suǒ yǐ zhè cì qián qù guǎng dōng yù shì yí dìng
常常直言不讳，所以这次前去广东遇事一定
yào shēn sī shú lǜ qiān wàn bú yào lǔ mǎng jí zào lín zé xú rèn zhēn
要深思熟虑，千万不要鲁莽急躁。”林则徐认真
tīng zhe láo jì zài xīn li dào le guǎng zhōu hòu tā xiě le yí gè
听着，牢记在心里。到了广州后，他写了一个
tiáo fú guà zài qiáng shang shàng miàn xiě zhe zhì nù měi dāng yù dào
条幅挂在墙上，上面写着“制怒”。每当遇到
kùn nan qíng xù jí zào shí tā jiù tái tóu kàn kan tiáo fú nǔ lì shǐ
困难，情绪急躁时，他就抬头看看条幅，努力使
zì jǐ de qíng xù píng wěn xià lai zuì zhōng
自己的情绪平稳下来。最终，
tā yuán mǎn de wán chéng le jìn yān rèn
他圆满地完成了禁烟任
wu
务。

【原文】

shǒu zhēn zhì mǎn　zhú wù yì yí
守真志满①　逐物意移②

jiān chí yǎ cāo　hǎo jué zì mí
坚持雅操　好爵自縻③

【注释】

shǒu zhēn　bǎo chí zì jǐ tiān shēng de shàn xìng　zhú wù　zhuī qiú wù yù xiǎng shòu　yì yí　shàn xìng jiù huì zhuǎn yí gǎi biàn　mí　shuān zhù　jì zhù
①守真：保持自己天生的善性。②逐物：追求物欲享受。意移：善性就会转移改变。③縻：拴住，系住。

【释义】

bǎo chí chún jié de tiān xìng　jiù huì gǎn dào mǎn zú　zhuī qiú wù yù xiǎng shòu　tiān xìng jiù huì zhuǎn yí gǎi biàn　jiān chí gāo shàng de qíng cāo　jiù huì yǒu hǎo de qián chéng
保持纯洁的天性，就会感到满足；追求物欲享受，天性就会转移改变。坚持高尚的情操，就会有好的前程。

【故事解读】

zhòng xué qīng cái
重学轻财

wáng xuán shǒu shì dōng jìn chéng xiàng wáng xún de xiǎo ér zi xiǎo shí
王悬首是东晋丞相王珣的小儿子，小时
hou jiù tè bié xǐ huan dú shū hòu lái tā de fù qīn qù shì le
候就特别喜欢读书。后来，他的父亲去世了，
xiōng dì men kāi shǐ fēn jiā chǎn gē ge men dōu shí fēn téng ài wáng xuán
兄弟们开始分家产。哥哥们都十分疼爱王悬
shǒu yào duō fēn yì xiē jiā chǎn gěi tā wáng xuán shǒu què shuō wǒ
首，要多分一些家产给他。王悬首却说：“我
zhǐ xiǎng yào fù qīn de cáng shū qí tā de shén me yě bú yào wáng
只想要父亲的藏书，其他的什么也不要。”王
xuán shǒu cóng zhè xiē shū zhōng huò dé le yuān bó de zhī shi zhǎng dà hòu
悬首从这些书中获得了渊博的知识，长大后
zài liú sòng wáng cháo zhōng yùn chóu wéi wò duō cì lì xia dà gōng shēn
在刘宋王朝中运筹帷幄，多次立下大功，深
shòu sòng wén dì de xìn lài chéng wéi cháo tíng zhòng chén
受宋文帝的信赖，成为朝廷重臣。

【原文】

dū yì huá xià dōng xī èr jīng
都邑华夏① 东西二京
bèi máng miàn luò fú wèi jù jīng
背邙面洛② 浮渭据泾

【注释】

yì guó dū jīng chéng máng shān míng běi máng shān
①邑：国都，京城。②邙：山名，北邙山，
zài hé nán shěng
在河南省。

【释义】

gǔ shí hou de dū chéng huá měi zhuàngguān yǒu dōng jīng luò yáng hé xī
古时候的都城华美壮观，有东京洛阳和西
jīng cháng ān dōng jīng luò yáng bèi kào běi máng shān nán lín luò shuǐ xī
京长安。东京洛阳背靠北邙山，南临洛水；西
jīng cháng ān zuǒ kuà wèi hé yòu yī jīng shuǐ
京长安左跨渭河，右依泾水。

【故事解读】

dōng xī èr jīng
东西二京

luò yáng jīn hé nán luò yáng hé cháng ān jīn shǎn xī xī ān
洛阳（今河南洛阳）和长安（今陕西西安），
shì zhōng guó gǔ dài zuì gǔ lǎo de liǎng zuò dū chéng luò yáng jiàn yú xī
是中国古代最古老的两座都城。洛阳建于西
zhōu chéng wáng shí qī zhī hòu dōng hàn cáo wèi xī jìn běi wèi
周成王时期。之后，东汉、曹魏、西晋、北魏，
yǐ jí suí táng hòu liáng hòu táng jiǔ gè cháo dài zài luò yáng jiàn dū
以及隋、唐、后梁、后唐九个朝代在洛阳建都，
suǒ yǐ luò yáng yǒu jiǔ cháo gù dū zhī chēng zuì zǎo zài cháng ān jiàn
所以洛阳有“九朝故都”之称。最早在长安建

dū de shì xī hàn yǐ hòu qián zhào qián qín hòu qín xī wèi běi
都的是西汉，以后，前赵、前秦、后秦、西魏、北
zhōu yǐ jí suí táng gè dài jūn zài cǐ jiàn dū
周以及隋、唐各代均在此建都。

【原文】

gōng diàn pán yù lóu guàn fēi jīng
宫殿盘郁 楼观飞惊
tú xiě qín shòu huà cǎi xiān líng
图写禽兽 画彩仙灵
bǐng shè páng qǐ jiǎ zhàng duì yíng
丙舍旁启① 甲帐对楹②
sì yán shè xí gǔ sè chuī shēng
肆筵设席 鼓瑟吹笙③
shēng jiē nà bì biàn zhuǎn yí xīng
升阶纳陛④ 弁转疑星⑤

【注释】

bǐng shè gōngzhōng bié shì jiǎ zhàng hàn wǔ dì shí suǒ
①丙舍：宫中别室。②甲帐：汉武帝时所
zào de zhàng mù shēng huángguǎn yuè qì bì dì wáng gōng diàn de
造的帐幕。③笙：簧管乐器。④陛：帝王宫殿的
tái jiē biàn gǔ shí de yì zhǒng guān mào hòu fàn zhǐ mào zi
台阶。⑤弁：古时的一种官帽，后泛指帽子。

【释义】

这段文字是对洛阳和长安宏伟的宫殿以及百官上朝时壮观场面的描述：宫殿盘旋曲折，重重叠叠；楼阁高耸如飞，触目惊心。宫殿上绘着各种飞禽走兽，描画着五彩的天仙神灵。正殿两边的配殿从侧面开启，豪华的帐幕对着高高的楹柱。宫殿中大摆宴席，乐人吹笙鼓瑟，一片歌舞升平的景象。登上台阶进入殿堂的文武百官云集一处，帽子转动，好像满天的星星。

国学名著典藏大系

蜀学

○经典解读○

(中)

李诚/主编

四川出版集团
巴蜀书社

图书在版编目(CIP)数据

蒙学经典解读/李诚主编.—成都:巴蜀书社,
2013.9
ISBN 978-7-5531-0343-3

Ⅰ.①蒙… Ⅱ.①李… Ⅲ.①古汉语—启蒙读物
Ⅳ.①H194.1

中国版本图书馆 CIP 数据核字(2013)第 224043 号

蒙学经典解读 李诚主编

策划组稿	施　维
责任编辑	张照华
出　　版	四川出版集团巴蜀书社 成都市槐树街 2 号　邮编 610031 总编室电话:(028)86259397
网　　址	www.bsbook.com
发　　行	巴蜀书社 发行科电话:(028)86259422　86259423
经　　销	新华书店
内文排版	四川泽雨文化有限公司
印　　刷	成都翔川印务有限公司
版　　次	2013 年 10 月第 1 版
印　　次	2013 年 10 月第 1 次印刷
印　　数	1—5000 册
成品尺寸	170mm×240mm
印　　张	40(全 3 册)
字　　数	650 千
书　　号	ISBN 978-7-5531-0343-3
定　　价	40.00 元(全 3 册)

【原文】

yòu tōng guǎng nèi　　zuǒ dá chéng míng

右通广内[①]　左达承明[②]

jì jí fén diǎn　　yì jù qún yīng

既集坟典[③]　亦聚群英

【注释】

guǎng nèi　hàn gōng tíng cáng shū zhī suǒ　chéng míng　gǔ dài

①广内：汉宫廷藏书之所。②承明：古代

tiān zǐ zuǒ yòu lù qǐn chēng chéng míng　fén　sān fén　jì zài

天子左右路寝称承明。③坟：《三坟》，记载

sān huáng shì jì de shū　diǎn　wǔ diǎn　jì zǎi wǔ dì shì jì

三皇事迹的书。典：《五典》，记载五帝事迹

de shū

的书。

【释义】

yòu miàn tōng xiàng yòng lái cáng shū de guǎng nèi

右面通向用来藏书的广内

diàn　zuǒ miàn dào dá cháo chén xiū xi de chéng míng diàn

殿，左面到达朝臣休息的承明殿。

zhè lǐ shōu cáng le hěn duō de diǎn jí míng zhù　yě

这里收藏了很多的典籍名著，也

jù jí zhe chéng qún de wén wǔ yīng cái

聚集着成群的文武英才。

【故事解读】

shū jí yǔ wén míng
书籍与文明

shū jí shì rén lèi jìn bù de jiē tī zhōng guó zì gǔ yǐ lái jiù
书籍是人类进步的阶梯，中国自古以来就
zhòng shì duì shū jí de bǎo hù cóng hàn dài de guǎng nèi diàn dào qīng dài
重视对书籍的保护。从汉代的广内殿到清代
de wén yuān gé lì dài jūn yǒu guī mó hóng dà de cáng shū guǎn lì dài
的文渊阁，历代均有规模宏大的藏书馆，历代
xián jūn yě dōu yǐ cáng shū duō ér zì háo zì cóng sòng dài fā míng huó
贤君也都以藏书多而自豪。自从宋代发明活
zì yìn shuā shù zhī hòu shū jí de chuán bō gèng wéi guǎng fàn duì zhōng guó
字印刷术之后，书籍的传播更为广泛，对中国
gǔ dài wén míng de chuán chéng hé fā zhǎn qǐ dào le fēi cháng zhòng yào de zuò yòng
古代文明的传承和发展起到了非常重要的作用。

【原文】

dù gǎo zhōng lì qī shū bì jīng
杜稿钟隶① 漆书壁经②

【注释】

dù gǎo dù dù de cǎo shū shǒu gǎo zhōng lì zhōng yóu de
①杜稿：杜度的草书手稿。钟隶：钟繇的
lì shū zhēn jì qī shū jí xiàn wèi ān lí wáng mù zhōng fā jué chū
隶书真迹。②漆书：汲县魏安厘王墓中发掘出

lái de qī shū bì jīng hàn dài lǔ gōng wáng zài qū fù kǒng miào qiáng bì
来的漆书。壁经：汉代鲁恭王在曲阜孔庙墙壁
lǐ fā xiàn de gǔ wén jīng shū
里发现的古文经书。

【释义】

shū diàn zhōng yǒu dù dù de cǎo shū zhōng yóu de lì shū hái yǒu
书殿中有杜度的草书、钟繇的隶书，还有
qī xiě de gǔ jí hé kǒng bì zhōng de jīng diǎn
漆写的古籍和孔壁中的经典。

【故事解读】

guān yú shū fǎ
关于书法

shū fǎ yǐ yǒu sān qiān duō nián de lì shǐ shì wǒ guó chuán tǒng
书法已有三千多年的历史，是我国传统
yì shù zhī yī shū fǎ shì zhǐ yòng máo bǐ shū xiě hàn zì de fǎ zé
艺术之一。书法是指用毛笔书写汉字的法则，
jì fǎ shang jīng yán zhí bǐ yùn bǐ yòng mò jié gòu tǐ mào fēng
技法上精研执笔、运笔、用墨、结构、体貌风
gé děng píng zhe chōu
格等，凭着抽
xiàng de diǎn xiàn yùn
象的点线运
zhuǎn dá dào yì zhǒng
转，达到一种
wán měi de shì jué
完美的视觉
xiào guǒ hàn zì
效果。汉字

的字体，包括殷墟甲骨文、商周金文、秦篆，发展到汉隶成熟后的魏碑、唐楷、宋行、明人小楷等多种形式。我国历史上曾涌现出众多著名的书法家：王羲之、颜真卿、柳公权、黄庭坚……

【原文】

府罗将相　路侠槐卿①
户封八县　家给千兵
高冠陪辇②　驱毂振缨③
世禄侈富　车驾肥轻
策功茂实　勒碑刻铭

【注释】

①侠：同“夹”。②辇：古时用人拉或推的

chē gǔ fàn zhǐ chē
车。③毂：泛指车。

【释义】

zhè duàn wén zì miáo shù le cháo zhōng dà chén de shēng huó qíng kuàng gōng
这段文字描述了朝中大臣的生活情况：宫
tíng nèi jiàng xiàng yī cì pái chéng liǎng liè gōng tíng wài dà fū gōng qīng jiā dào
廷内将相依次排成两列，宫廷外大夫公卿夹道
zhàn lì tā men měi hù yǒu bā xiàn zhī guǎng de fēng dì pèi bèi zhe chéng
站立。他们每户有八县之广的封地，配备着成
qiān de wèi bīng tā men dài zhe gāo gāo de guān mào péi zhe huáng dì chū
千的卫兵。他们戴着高高的官帽，陪着皇帝出
yóu jià zhe chē mǎ mào dài suí fēng piāo wǔ tā men de zǐ sūn shì
游，驾着车马，帽带随风飘舞。他们的子孙世
dài xiǎng shòu zhe yōu hòu de fèng lù guò zhe shē chǐ fù zú de shēng huó
代享受着优厚的俸禄，过着奢侈富足的生活，
qīng chē féi mǎ tā men wèi guó jiā chū móu huà cè gōng xūn zhuó zhù
轻车肥马。他们为国家出谋划策，功勋卓著，
shì jì bèi kè zài shí bēi hé qì wù shang bèi hòu rén suǒ chuán yáng
事迹被刻在石碑和器物上被后人所传扬。

【原文】

pán xī yī yǐn zuǒ shí ē héng
磻溪伊尹① 佐时阿衡②

【注释】

pán xī zhǐ jiāng tài gōng lǚ shàng lǚ shàng zài pán xī diào
①磻溪：指姜太公吕尚。吕尚在磻溪钓

yú yù wén wáng fǔ zuǒ zhōu wǔ wáng miè shāng yī yǐn yuán wéi yǒu shēn
鱼，遇文王，辅佐周武王灭商。伊尹：原为有莘
shì nǚ de péi jià nú lì shāng tāng yòng wéi xiǎo chén hòu lái rèn yǐ guó
氏女的陪嫁奴隶，商汤用为小臣，后来任以国
zhèng fǔ zuǒ shāng tāng miè xià jié ē héng shāng cháo guān míng xiāng dāng
政，辅佐商汤灭夏桀。②阿衡：商朝官名，相当
yú zǎi xiāng cǐ tè zhǐ yī yǐn
于宰相。此特指伊尹。

【释义】

zhōu wǔ wáng zài pán xī yù dào lǚ shàng zūn tā wéi tài gōng wàng
周武王在磻溪遇到吕尚，尊他为“太公望”；
yī yǐn fǔ zuǒ shí zhèng shāng tāng fēng tā wéi ē héng tā men dōu shì
伊尹辅佐时政，商汤封他为“阿衡”。他们都是
fǔ zuǒ dì wáng chéng jiù dà yè de gōng chén
辅佐帝王成就大业的功臣。

【故事解读】

yī yǐn gān tāng
伊尹干汤

yī yǐn shì chéng tāng de zhòng yào móu chén tā běn shì yí gè gū
伊尹是成汤的重要谋臣，他本是一个孤
ér yīn wèi shēng cháng zài yī shuǐ biān shàng jiù yǐ yī wéi xìng tā shú
儿，因为生长在伊水边上，就以伊为姓。他熟
zhī zhì guó zhī dào yòu jīng tōng chú yì zuì chū tā zhǐ yǒu shēn shì
知治国之道，又精通厨艺。最初，他只有莘氏
de pú rén chéng tāng qǔ yǒu shēn shì de nǚ ér wéi qī tā zuò wéi péi
的仆人，成汤娶有莘氏的女儿为妻，他作为陪
jià zhī rén dào le tāng de shēn biān tā céng jīng yǐ pēng tiáo de dào lǐ
嫁之人到了汤的身边。他曾经以烹调的道理

lái bǐ yù zhì guó zhī dào chéng tāng fēi cháng gāo xìng zhī dào tā bú shì
来比喻治国之道，成汤非常高兴，知道他不是
děng xián zhī bèi jiù wěi rèn tā wéi ē héng ē héng shì shāng dài de guān
等闲之辈，就委任他为阿衡。阿衡是商代的官
míng xiāng dāng yú hòu dài de zǎi xiàng yī yǐn guǒ rán bāng zhù chéng tāng dǎ
名，相当于后代的宰相。伊尹果然帮助成汤打
bài xià jié jiàn lì le shāng cháo shāng tāng sǐ hòu yī yǐn yòu fǔ zuǒ
败夏桀，建立了商朝。商汤死后，伊尹又辅佐
wài bǐng zhòng rén tài jiǎ gǒng gù le shāng cháo de tǒng zhì zài lì shǐ
外丙、仲壬、太甲，巩固了商朝的统治。在历史
shàng tā cháng cháng yǔ jiāng zǐ yá bìng chēng wéi yī lǚ jiāng zǐ yá míng
上，他常常与姜子牙并称为“伊吕”（姜子牙名
lǚ shàng
吕尚）。

【原文】

yǎn zhái qū fù wēi dàn shú yíng
奄宅曲阜 微旦孰营①

【注释】

dàn zhōu gōng dàn
①旦：周公旦。

【释义】

qǔ dé qū fù zhī dì jū zhù yào bú shì zhōu gōng dàn de gōng
取得曲阜之地居住，要不是周公旦的功
láo shéi néng shǐ lǔ guó yǒu zhè yàng de fēng dì ne
劳，谁能使鲁国有这样的封地呢？

【故事解读】

míng chén zhōu gōng
名臣周公

zhōu gōng shì xī zhōu chū nián zhù míng de zhèng zhì jiā tā fǔ zuǒ zhōu wǔ wáng miè diào le shāng cháo dàn bù jiǔ wǔ wáng bìng sǐ zhōu gōng biàn dān fù qǐ fǔ zuǒ nián yòu chéng wáng de zhòng rèn dāng shí guǎn shū cài shū hé wǔ gēng lián hé dōng yí fā dòng pàn luàn xī zhōu wáng cháo xíng shì wēi jí zhōu gōng shuài jūn dōng zhēng píng dìng le pàn luàn zhōu gōng hái zhǔ chí yíng jiàn dōng dū luò yì bìng zhì dìng le yí tào wán bèi de lǐ yuè hé diǎn zhāng zhì dù zhōu gōng zhì lǐ duì zhōng guó gǔ dài shè huì de zhèng zhì mó shì yǐng xiǎng shēn yuǎn

周公是西周初年著名的政治家。他辅佐周武王灭掉了商朝，但不久武王病死，周公便担负起辅佐年幼成王的重任。当时，管叔、蔡叔和武庚联合东夷发动叛乱，西周王朝形势危急。周公率军东征，平定了叛乱。周公还主持营建东都洛邑，并制定了一套完备的礼乐和典章制度。周公制礼，对中国古代社会的政治模式影响深远。

【原文】

huán gōng kuāng hé　jì ruò fú qīng
桓 公 匡 合① 济 弱 扶 倾

【注释】

kuāng zhèng jiū zhèng duān zhèng
①匡：正，纠正，端正。

【释义】

chūn qiū shí qī qí huán gōng jiǔ cì huì hé zhū hóu jiù jì ruò xiǎo de guó jiā fú chí jiāng yào qīng dǎo de zhōu wáng shì
春秋时期，齐桓公九次会合诸侯，救济弱小的国家，扶持将要倾倒的周王室。

【故事解读】

jiǔ hé zhū hóu yì kuāng tiān xià
九合诸侯，一匡天下

qí huán gōng shì chūn qiū qián qī zhù míng de zhèng zhì jiā tā rèn yòng guǎn zhòng wéi xiàng jìn xíng gǎi gé hěn kuài shǐ qí guó qiáng shèng qǐ lái yī kào xióng hòu de jīng jì hé jūn shì lì liàng tā bāng zhù yān guó dǎ bài
齐桓公是春秋前期著名的政治家，他任用管仲为相，进行改革，很快使齐国强盛起来。依靠雄厚的经济和军事力量，他帮助燕国打败

bèi róng yíng jiù xíng wèi liǎng guó zhì zhǐ le róng dí duì zhōng yuán de rù
北戎，营救邢、卫两国，制止了戎狄对中原的入
qīn tóng shí lián hé zhū hóu gōng dǎ cài chǔ yǒu xiào de è zhì le
侵。同时联合诸侯攻打蔡、楚，有效地遏制了
chǔ guó xiàng zhōng yuán fā zhǎn de shì tóu bìng ān dìng le zhōu wáng shì de
楚国向中原发展的势头，并安定了周王室的
nèi luàn tā duō cì huì méng zhū hóu chéng wéi chūn qiū shí qī de dì yī
内乱。他多次会盟诸侯，成为春秋时期的第一
wèi bà zhǔ
位霸主。

【原文】

qǐ huí hàn huì yuè gǎn wǔ dīng
绮回汉惠① 说感武丁②
jùn yì mì wù duō shì shí níng
俊乂密勿③ 多士寔宁

【注释】

qǐ qǐ lǐ jì shāng shān sì hào zhī yī yuè fù
①绮：绮里季，商山四皓之一。②说：傅
yuè fù yuè yuán shì fù yán gǎo bǎn zhù de nú lì yīn wáng wǔ dīng
说。傅说原是傅岩搞版筑的奴隶，殷王武丁
mèng jiàn le tā biàn huà xiàng fǎng qiú zhǎo dào yǐ hòu yòng wéi zǎi
梦见了他，便画像访求。找到以后，用为宰
xiāng yì zhì lǐ ān dìng
相。③乂：治理，安定。

【释义】

hàn huì dì zuò tài zǐ shí kào qǐ lǐ jì cái miǎn chú bèi fèi chù
汉惠帝做太子时靠绮里寄才免除被废黜
de è yùn shāng jūn wǔ dīng yīn gǎn mèng ér dé xián xiàng fù yuè zhè xiē
的厄运，商君武丁因感梦而得贤相傅说。这些
rén cái néng chū zhòng qín miǎn nǔ lì yī kào zhè yàng de xián shì guó
人才能出众，勤勉努力。依靠这样的贤士，国
jiā cái néng fù qiáng ān níng
家才能富强安宁。

【故事解读】

shāng shān sì hào
商山四皓

hàn gāo zǔ liú bāng wǎn nián shí xiǎng fèi diào tài zǐ tài zǐ dé zhī
汉高祖刘邦晚年时想废掉太子，太子得知
hòu fēi cháng jiāo jí móu shì zhāng liáng gěi tā chū le yì tiáo miào jì zhè
后非常焦急，谋士张良给他出了一条妙计。这
tiān liú bāng jǔ xíng yàn huì hū rán fā xiàn tài zǐ páng biān zhàn zhe sì
天，刘邦举行宴会，忽然发现太子旁边站着四
gè lǎo rén yí wèn cái zhī dào shì zhù míng de xián rén shāng shān sì
个老人，一问才知道是著名的贤人“商山四
hào zuì chū liú bāng zhēng zhào tā men dào cháo zhōng zuò guān sì rén
皓”。最初，刘邦征召他们到朝中做官，四人
méi yǒu dā ying liú bāng jiàn shāng shān sì hào qián lái fǔ zuǒ tài zǐ
没有答应。刘邦见“商山四皓”前来辅佐太子，
duì tài zǐ hěn shì guā mù xiāng kàn cóng cǐ dǎ xiāo le fèi diào tài zǐ de
对太子很是刮目相看，从此打消了废掉太子的
niàn tou
念头。

【原文】

jìn chǔ gēng bà　zhào wèi kùn héng

晋楚更霸　赵魏困横①

【注释】

héng lián héng

①横：连横。

【释义】

chūn qiū shí jìn chǔ liǎng guó zài qí guó zhī hòu xiāng jì chēng bà

春秋时，晋、楚两国在齐国之后相继称霸。

zhàn guó shí zhào wèi liǎng guó yīn zhāng yí de lián héng zhèng cè ér shòu kùn yú qín

战国时，赵、魏两国因张仪的“连横”政策而受困于秦。

【故事解读】

jìn chǔ zhēng bà

晋楚争霸

chūn qiū shí qī yǒu wǔ gè zhū hóu guó xiāng jì chēng bà jìn chǔ shì qí zhōng bǐ jiào tū chū de liǎng gè jìn guó zài jìn wén gōng shí guó lì

春秋时期有五个诸侯国相继称霸，晋、楚是其中比较突出的两个。晋国在晋文公时国力

dá dào dǐng fēng jìn wén gōng shuài jūn zài chéng pú zhī zhàn zhōng dà bài chǔ jūn
达到顶峰，晋文公率军在城濮之战中大败楚军，
yì jǔ diàn dìng le bà zhǔ dì wèi jìn wén gōng qù shì hòu bà yè de
一举奠定了霸主地位。晋文公去世后，霸业的
tiān píng kāi shǐ xiàng chǔ guó qīng xié chǔ zhuāng wáng zài bì zhī zhàn zhōng dà
天平开始向楚国倾斜，楚庄王在邲之战中大
bài jìn jūn cóng cǐ wēi míng dà zhèn chēng bà tiān xià jìn chǔ liǎng guó
败晋军，从此威名大振，称霸天下。晋、楚两国
zhēng bà de jǐ shí nián jiān gěi bǎi xìng de shēng huó dài lai hěn dà de zāi
争霸的几十年间，给百姓的生活带来很大的灾
nàn dàn tóng shí yě cù jìn le bù tóng dì yù de wén huà jiāo liú hé gè
难，但同时也促进了不同地域的文化交流和各
gè mín zú zhī jiān de róng hé
个民族之间的融合。

【原文】

jiǎ tú miè guó jiàn tǔ huì méng
假途灭虢① 践土会盟

【注释】

jiǎ tú miè guó yú hóu bù tīng gōng zhī qí de quàn jiàn jiǎ dào
①假途灭虢：虞侯不听宫之奇的劝谏，假道
yú jìn guó jié guǒ jìn guó zài miè diào guó guó zhī hòu suí jí miè diào yú guó
于晋国，结果晋国在灭掉虢国之后随即灭掉虞国。

【释义】

jìn xiàn gōng xiàng yú guó jiè lù qù xiāo miè guó guó jié guǒ miè
晋献公向虞国借路去消灭虢国，结果灭

guó hòu huí shī tú zhōng yòu miè le yú guó dào hòu lái jìn wén gōng
虢后，回师途中又灭了虞国。到后来，晋文公
zài jiàn tǔ huì méng zhū hóu xiāng yuē xiào mìng wáng shì bèi tuī wéi zhū hóu
在践土会盟诸侯，相约效命王室，被推为诸侯
méng zhǔ
盟主。

【故事解读】

jiǎ tú miè guó
假途灭虢

chūn qiū shí qī jìn xiàn gōng wèi le kuò dà jiāng tǔ xiǎng tūn
春秋时期，晋献公为了扩大疆土，想吞
bìng yú hé guó zhè liǎng gè lín guó kě yú guó hé guó guó jié wéi méng
并虞和虢这两个邻国。可虞国和虢国结为盟
yǒu yí dàn fā shēng zhàn shì liǎng guó huì bǐ cǐ jiù yuán jìn xiàn gōng
友，一旦发生战事，两国会彼此救援，晋献公
yì shí bù zhī rú hé shì hǎo yǒu gè dà chén xiàn jì shuō yú
一时不知如何是好。有个大臣献计说：“虞
guó guó jūn tān dé wú yàn kě xiān sòng gěi tā bǎo mǎ měi yù ràng
国国君贪得无厌，可先送给他宝马美玉，让
tā jiè dào gěi wǒ men miè guó rán hòu zài huí lai miè yú yú guó
他借道给我们灭虢，然后再回来灭虞。”虞国
guó jūn shōu dào lǐ wù guǒ rán dā ying jiè dào gěi jìn guó jìn guó
国君收到礼物，果然答应借道给晋国。晋国
hěn kuài jiù miè diào le guó guó jìn jūn kǎi xuán huí guó shí yòu shùn
很快就灭掉了虢国，晋军凯旋回国时，又顺
dào miè diào le yú guó jìn guó miè diào yú guó hòu lì liàng biàn
道灭掉了虞国。晋国灭掉虞、虢后，力量变
de gèng jiā qiáng dà le
得更加强大了。

【原文】

hé zūn yuē fǎ　hán bì fán xíng
何遵约法①　韩弊烦刑②

【注释】

hé xiāo hé hàn gāo zǔ chéngxiàng hán hán fēi
①何：萧何。汉高祖丞相。②韩：韩非。
bì zuò fǎ zì bì yú
弊：作法自弊于。

【释义】

hàn chū xiāo hé zūn shǒu jiǎn yuē de lǜ fǎ fǔ zuǒ liú bāng dēng
汉初，萧何遵守简约的律法，辅佐刘邦登
shàngwáng wèi qín guó de hán fēi zhǔ zhāngyòng yán lì de fǎ lǜ zhì guó
上王位。秦国的韩非主张用严厉的法律治国，
jié guǒ zì jǐ què sǐ yú kù xíng
结果自己却死于酷刑。

【故事解读】

yuē fǎ sān zhāng
约法三章

qín cháo miè wáng hòu zài xiāo hé hé hán xìn děng rén de fǔ zuǒ
秦朝灭亡后，在萧何和韩信等人的辅佐

下，刘邦最终战胜项羽，建立了汉朝。为了笼络人心，刘邦宣布废除秦朝的苛严法律，同时他还约法三章：杀人者偿命，伤人者治罪，抢劫东西的要惩处，刘邦因此而深得民心。汉朝建立后，萧何担任丞相，负责制定法律制度。他制定了著名的“汉律九章”，为社会经济的发展营造了良好的环境。

【原文】

起翦颇牧[①] 用军最精

宣威沙漠 驰誉丹青

【注释】

qǐ jiǎn pō mù qǐ bái qǐ jiǎn wáng jiǎn pō lián
①起翦颇牧：起：白起；翦：王翦；颇：廉
pō mù lǐ mù
颇；牧：李牧。

【释义】

zhàn guó shí qín jiàng bái qǐ wáng jiǎn hé zhào jiàng lián pō lǐ mù
战国时，秦将白起、王翦和赵将廉颇、李牧
dài bīng dǎ zhàng zuì wéi gāo míng tā men de wēi míng yuǎn chuán dào shā mò
带兵打仗最为高明。他们的威名远传到沙漠
biān dì bìng yǒng chuí qīng shǐ
边地，并永垂青史。

【故事解读】

lián pō de gù shì
廉颇的故事

lián pō shì zhàn guó shí qī zhào guó de zhù míng wǔ jiàng tā bú dàn
廉颇是战国时期赵国的著名武将，他不但
wǔ yì gāo qiáng hái shàn yú yòng bīng dǎ zhàng qín guó qí guó zhè xiē
武艺高强，还善于用兵打仗。秦国、齐国这些
dà guó cháng lái gōng dǎ zhào guó zhào wáng yòng lián pō wéi tǒng shuài duō cì
大国常来攻打赵国，赵王用廉颇为统帅，多次
dǎ bài dí jūn yǐ zhì yú dí jūn tīng dào lián pō de míng zi dōu hěn
打败敌军。以至于敌军听到廉颇的名字，都很
hài pà
害怕。

lián pō wèi zhào guó de ān níng fèn dòu le yì shēng wǎn nián réng xī
廉颇为赵国的安宁奋斗了一生，晚年仍希
wàng wèi guó chū lì tā cháng duì rén shuō wǒ zhēn xiǎng yǒu yì tiān hái
望为国出力，他常对人说：“我真想有一天，还
néng shuài lǐng zhào guó de bīng shì chōng fēng xiàn zhèn a zhǐ yào yì xī shàng
能率领赵国的兵士冲锋陷阵啊！”只要一息尚
cún jiù yào quán shēn xīn de bào xiào zǔ guó zhè jiù shì zhè wèi ài guó
存，就要全身心地报效祖国，这就是这位爱国
jiàng lǐng de yīng xióng běn sè
将领的英雄本色。

【原文】

jiǔ zhōu yǔ jì bǎi jùn qín bìng
九州禹迹 百郡秦并

【释义】

dà yǔ zhì shuǐ de zú jì biàn bù jiǔ zhōu dà dì quán guó gè jùn
大禹治水的足迹遍布九州大地，全国各郡
zài qín bìng liù guó hòu guī yú tǒng yī
在秦并六国后归于统一。

【故事解读】

dà yǔ zhì shuǐ
大禹治水

chuán shuō shàng gǔ shí qī hóng shuǐ fàn làn bǎi xìng shēn shòu qí kǔ
传说上古时期，洪水泛滥，百姓深受其苦。

舜帝时，大禹的父亲鲧被派去治水，由于方法不当，越治洪水反而越大，鲧也因此被流放。后来，大禹接替父亲的职位继续治水。他吸取父亲的教训，采取疏导的办法，治水十三年，足迹遍布九州各地，终于制服了洪水。其间，大禹曾三过家门而不入，其公而忘私的精神历代受到人们的称颂。他因此被推举为夏部落的首领，舜还把部落联盟首领的位子让给了他。

【原文】

岳宗泰岱[1]　禅主云亭

【注释】

①岱：泰山的别称。也叫“岱宗”“岱岳”。

【释义】

五岳中人们最尊崇东岳泰山，历代帝王都

zài yún shān hé tíng shān zhǔ chí fēng shàn dà lǐ
在云山和亭山主持封禅大礼。

【故事解读】

fēng shàn
封 禅

fēng shàn shì gǔ dài dì wáng jì sì tiān dì de yì zhǒng diǎn lǐ
封禅是古代帝王祭祀天地的一种典礼。
fēng wéi jì tiān shàn wéi jì dì fēng zài tài shān shàn zài tài
“封”为祭天，“禅”为祭地。封在泰山，禅在泰
shān fù jìn de yún shān hé tíng shān fēng hé shàn yì bān tóng shí jìn xíng
山附近的云山和亭山。封和禅一般同时进行，
dàn fēng zhòng yú shàn fēng shàn yǒu yí tào fù zá ér shén mì de yí shì
但封重于禅。封禅有一套复杂而神秘的仪式，
shì jiǎ jiè tiān yì lái xuàn yào hé wéi hù tǒng zhì de yì zhǒng shǒu duàn
是假借天意来炫耀和维护统治的一种手段。
yǒu jì zǎi de fēng shàn shǐ yú qín shǐ huáng míngchéng zǔ shí zài běi jīng nán
有记载的封禅始于秦始皇，明成祖时在北京南
jiāo jiàn tiān dì tán hé jì tiān dì míng jiā jìng dì shí zài běi jiāo jiàn
郊建天地坛，合祭天地。明嘉靖帝时在北郊建
dì tán jì dì nán jiāo de gǎi chēng tiān tán zhuān mén jì tiān
地坛祭地，南郊的改称天坛，专门祭天。

【原文】

yàn mén zǐ sài　jī tián chì chéng
雁门紫塞① 鸡田赤城②
kūn chí jié shí　jù yě dòng tíng
昆池碣石③ 钜野洞庭④
kuàng yuǎn mián miǎo　yán xiù yǎo míng
旷远绵邈⑤ 岩岫杳冥⑥

【注释】

zǐ sāi chángchéng jī tián xī běi biān sài dì míng
①紫塞：长城。②鸡田：西北边塞地名。
chì chéng shān míng zài zhè jiāng shěng tiān tāi xiàn běi wèi tiān tāi shān nán
赤城：山名，在浙江省天台县北，为天台山南
mén kūn chí jí kūn míng diān chí jié shí hé běi yào tíng xiàn
门。③昆池：即昆明滇池。碣石：河北乐亭县
dōng jīn chén rù bó hǎi jù yě gǔ hú zé míng zài jīn shān
东，今沉入渤海。④钜野：古湖泽名。在今山
dōng shěng jù yě xiàn běi wǔ lǐ mián miǎo lián mián yáo yuǎn de yàng
东省巨野县北五里。⑤绵邈：连绵遥远的样
zi yán xiù yǎo míng xiù shān dòng míng hūn àn
子。⑥岩岫杳冥：岫，山洞。冥，昏暗。

【释义】

míng guān yǒu běi jiāng de yàn mén guān yào sài yǒu wàn lǐ chángchéng
名关有北疆的雁门关，要塞有万里长城；

yì zhàn yǒu biān dì jī tián qí shān yǒu tiān tāi chì chéng shǎng chí fù kūn
驿站有边地鸡田，奇山有天台赤城。赏池赴昆
míng diān chí guān hǎi qù hé běi jié shí kàn zé qù shān dōng jù yě
明滇池，观海去河北碣石，看泽去山东钜野，
wàng hú qù hú nán dòng tíng zǔ guó fú yuán liáo kuò jiāng hé yuán yuǎn liú
望湖去湖南洞庭。祖国幅员辽阔，江河源远流
cháng hú hǎi guǎng kuò wú biān míng shān qí gǔ yōu shēn xiù lì qì xiàng
长，湖海广阔无边。名山奇谷幽深秀丽，气象
wàn qiān zhè duàn wén zì rè qíng de gē sòng le zǔ guó shān hé de měi
万千。这段文字热情地歌颂了祖国山河的美
lì hé zhuàngguān
丽和壮观。

【原文】

zhì běn yú nóng wù zī jià sè
治本于农　务兹稼穑①
chù zài nán mǔ wǒ yì shǔ jì
俶载南亩②　我艺黍稷③
shuì shú gòng xīn quàn shǎng chù zhì
税熟贡新　劝赏黜陟④

【注释】

jià sè zhǒng zhí hé shōu gē chù kāi shǐ zài
①稼穑：种植和收割。②俶：开始。载：
cóng shì shǔ jì shǔ zhǐ zhí wù míng yì chēng jì mí
从事。③黍稷：黍，指植物名。亦称“稷”“糜
zi jì zhí wù míng wǒ guó gǔ lǎo de shí yòng zuò wù jí
子”。稷，植物名。我国古老的食用作物，即

sù chù biǎn zhí bà miǎn zhì jìn shēng jiǎng lì
粟。④黜：贬职，罢免。陟：晋升，奖励。

【释义】

zhè duàn huà de yì si shì zhì guó de gēn běn zài fā zhǎn nóng
这段话的意思是：治国的根本在发展农
yè yào nǔ lì zuò hǎo bō zhòng shōu huò zhè xiē nóng huó yì nián de
业，要努力做好播种、收获这些农活。一年的
nóng huó kāi shǐ le wǒ zhòngshang xiǎo mǐ yòu zhòngshang gāo liang shōu huò
农活开始了，我种上小米，又种上高粱。收获
jì jié yòng gāng shú de xīn gǔ jiǎo nà shuì liáng guān fǔ yīng àn nóng hù
季节，用刚熟的新谷缴纳税粮，官府应按农户
de gòng xiàn dà xiǎo jǐ yǔ jiǎng lì huò chǔ fá zhè duàn wén zì qiáng diào
的贡献大小给予奖励或处罚。这段文字强调
le nóng yè de zhòng yào xìng zài gǔ dài shè huì zhōng tǒng zhì jiē jí zhòng
了农业的重要性，在古代社会中，统治阶级重
běn yì mò jí zhòng shì fā zhǎn nóng yè shēngchǎn yì zhì shāng pǐn jīng jì
本抑末，即重视发展农业生产，抑制商品经济
de fā zhǎn
的发展。

【原文】

mèng kē dūn sù shǐ yú bǐng zhí
孟轲敦素① 史鱼秉直
shù jī zhōngyōng láo qiān jǐn chì
庶几中庸② 劳谦谨敕③

【注释】

dūn sù chóng shàng pǔ sù shù jī chà bù duō jiē
①敦素：崇尚朴素。②庶几：差不多，接
jìn chì guī quàn gào jiè zì jǐ
近。③敕：规劝告诫自己。

【释义】

mèng zǐ chóngshàng dūn hòu zhì pǔ de běn sè shǐ yú jiān chí bǐng xìng
孟子崇尚敦厚质朴的本色，史鱼坚持秉性
gāng zhí de pǐn dé wéi rén chǔ shì yào jǐn kě néng hé hū zhōngyōng de biāo
刚直的品德。为人处世要尽可能合乎中庸的标
zhǔn bù piān bù yǐ hái yào zuò dào qín láo qiān xū jǐn shèn zì lǜ
准，不偏不倚，还要做到勤劳、谦虚、谨慎、自律。

【故事解读】

shǐ yú zhí bǐ
史鱼直笔

shǐ yú shì chūn qiū mò nián wèi guó de zhù míng guān yuán sù yǐ zhèng
史鱼是春秋末年卫国的著名官员，素以正
zhí gǎn jiàn zhù chēng dāng shí wèi líng gōng de chǒng chén mí zǐ xiá héng
直敢谏著称。当时，卫灵公的宠臣弥子瑕，横
xíng bà dào bǎ cháo tíng gǎo de wū yān zhàng qì dà chén men gǎn nù bù
行霸道，把朝廷搞得乌烟瘴气，大臣们敢怒不
gǎn yán shǐ yú shì cháo zhōng zuì gǎn zhí yán de rén duō cì dāng miàn zhǐ
敢言。史鱼是朝中最敢直言的人，多次当面指
chu wèi líng gōng de guò cuò lín zhōng qián shǐ yú hái xiě xia yí shū
出卫灵公的过错。临终前，史鱼还写下遗书，

yāo qiú wèi líng gōng bà miǎn mí zǐ xiá kǒng zǐ zhī dào zhè jiàn shì hòu
要求卫灵公罢免弥子瑕。孔子知道这件事后，
píng lùn shuō hǎo yí gè gāng zhí bù ē de shǐ yú wú lùn shén me shí
评论说："好一个刚直不阿的史鱼，无论什么时
hou dōu xiàng jiàn yí yàng zhí
候都像箭一样直！"

【原文】

líng yīn chá lǐ jiàn mào biàn sè
聆音察理 鉴貌辨色
yí jué jiā yóu miǎn qí zhī zhí
贻厥嘉猷① 勉其祗植②

【注释】

yí yí liú jué tā de yóu jì huà móu huà zhī
①贻：遗留。厥：他的。猷：计划、谋划。②祗：
gōng jìng zhí lì shēn yú bú bài zhī dì
恭敬。植：立身于不败之地。

【释义】

tīng bié ren shuō huà yào zǐ xì fēn xī shì fǒu hé hū qíng lǐ
听别人说话，要仔细分析是否合乎情理；
yǔ bié ren jiāo wǎng yào xiǎo xīn guān chá tā de liǎn sè yào gěi tā rén
与别人交往，要小心观察他的脸色。要给他人
liú xia zuì hǎo de zhōng gào hé jiàn yì miǎn lì bié ren jǐn shèn xiǎo xīn de
留下最好的忠告和建议，勉励别人谨慎小心地

chǔ shì lì shēn
处世立身。

【故事解读】

mò zǐ fǎn zhàn
墨子反战

zhàn guó shí chǔ huì wáng zhǔn bèi gōng dǎ sòng guó yóu yú sòng guó
战国时，楚惠王准备攻打宋国。由于宋国
chéng qiáng gāo hěn nán gōng dǎ biàn qǐng lǔ bān shè jì le yì zhǒng gōng chéng
城墙高，很难攻打，便请鲁班设计了一种攻城
yòng de yún tī mò zǐ dé zhī hòu gǎn dào chǔ guó lái jiàn chǔ wáng
用的云梯。墨子得知后，赶到楚国来见楚王。
mò zǐ shuō zhè ge yún tī lián wǒ dōu duì fu bù liǎo zěn me néng zhàn
墨子说：“这个云梯连我都对付不了，怎么能战
shèng sòng guó ne bú xìn wǒ jiù hé lǔ bān bǐ shi yí xià jié guǒ
胜宋国呢？不信我就和鲁班比试一下。”结果，
zài yǎn shì gōng chéng de guò chéng zhōng lǔ bān shǐ zhōng bù néng qǔ shèng
在演示攻城的过程中，鲁班始终不能取胜。
chǔ wáng xiǎng shā mò zǐ mò zǐ shuō wǒ de xué sheng yǐ jīng dài zhe
楚王想杀墨子，墨子说：“我的学生已经带着
wǒ shè jì de fáng yù gōng jù děng zài sòng guó le jiù zhè yàng chǔ wáng
我设计的防御工具等在宋国了。”就这样，楚王
zài yě bù gǎn tí gōng dǎ sòng guó de shì le
再也不敢提攻打宋国的事了。

【原文】

xǐng gōng jī jiè chǒng zēng kàng jí
省躬讥诫 宠增抗极

【释义】

听到别人的讥讽与告诫，要经常自我反省；备受恩宠时不要得意忘形，对抗权威。

【故事解读】

周处自新

周处是晋朝人，年轻时粗鲁强暴，争强斗狠，乡亲们都很惧怕他，还把他与河里的蛟龙、山中的猛虎并称为“三害”。后来，有人怂恿周处去杀蛟龙和猛虎，周处竟答应了。过了三天三夜，人们见周处没有回来，就都以为他已经死了，于是奔走相告，互相庆祝。不久，周处杀死蛟龙和猛虎，回到乡里。他见人们把自己当做祸害，心里十分难过，决心痛改前非。后来，周处成为当时有名的忠臣和孝子。

【原文】

dài rǔ jìn chǐ　lín gāo xìng jí
殆辱近耻　林皋幸即①

liǎng shū jiàn jī　jiě zǔ shéi bī
两疏见机②　解组谁逼③

suǒ jū xián chǔ　chén mò jì liáo
索居闲处　沉默寂寥

【注释】

gāo　shuǐ biān de gāo dì　liǎng shū　hàn dài yǐn shì shū guǎng　shū shòu shū zhí　jiě zǔ　cí qù guān zhí
①皋：水边的高地。②两疏：汉代隐士疏广、疏受叔侄。③解组：辞去官职。

【释义】

rú guǒ yì shí dào jiāng yào shòu rǔ huò fā shēng wēi xiǎn　zuì hǎo jí shí yǐn tuì shān lín shuǐ biān　hàn dài de shū guǎng　shū shòu yù jiàn dào wēi huàn de miáo tou　yú shì gào lǎo huán xiāng　nán dào shì yǒu shéi bī tā men jiě chú guān yìn　lí qún dú jū　yōu xián dù rì　qīng jìng wú wéi yě shì jiàn hǎo shì
如果意识到将要受辱或发生危险，最好及时隐退山林水边。汉代的疏广、疏受预见到危患的苗头，于是告老还乡，难道是有谁逼他们解除官印？离群独居，悠闲度日，清静无为也是件好事。

【故事解读】

liǎng shū sàn jīn
两疏散金

xī hàn shí shū guǎng shū shòu shū zhí èr rén céng jīng gěi tài zǐ dāng
西汉时，疏广、疏受叔侄二人曾经给太子当
lǎo shī wǔ nián hòu tā men tí chū cí guān huí jiā huáng dì hé tài zǐ
老师。五年后，他们提出辞官回家，皇帝和太子
sòng gěi tā men xǔ duō huáng jīn èr rén fǎn xiāng hòu měi tiān hé qīn yǒu
送给他们许多黄金。二人返乡后，每天和亲友
men yǐn jiǔ yú lè shū guǎng de zǐ sūn men hěn shēng qì jiù gēn shū guǎng
们饮酒娱乐。疏广的子孙们很生气，就跟疏广
shuō qián hěn kuài jiù huā guāng le wèi shén me bù gěi wǒ men zhì xiē chǎn
说："钱很快就花光了，为什么不给我们置些产
yè ne shū guǎng shuō nǐ men xiàn zài yǐ jīng yǒu tǔ dì hé fáng chǎn
业呢？"疏广说："你们现在已经有土地和房产，
rú guǒ wǒ zài tiān zhì jiā yè zhǐ huì ràng nǐ men gèng lǎn duò
如果我再添置家业，只会让你们更懒惰。"

【原文】

qiú gǔ xún lùn sàn lǜ xiāo yáo
求古寻论　散虑逍遥
xīn zòu lěi qiǎn qī xiè huān zhāo
欣奏累遣①　戚谢欢招②

【注释】

zòu　còu dào yì qǐ　qī　fán nǎo
①奏：凑到一起。②戚：烦恼。

【释义】

yán jiū gǔ dài shèng xián de lùn zhù　cóng zhōng xún qiú rén shēng de zhé
研究古代圣贤的论著，从中寻求人生的哲
lǐ　zhè yàng jiù kě yǐ xiāo sàn wǎng rì de yōu lǜ　huó de xiāo yáo shū
理，这样就可以消散往日的忧虑，活得逍遥舒
fu　qīng sōng de shì còu dào yì qǐ　fèi lì de shì diū zài yì biān
服。轻松的事凑到一起，费力的事丢在一边，
xiāo chú wú jìn de fán nǎo　jiù kě yǐ dé dào wú xiàn de huān lè
消除无尽的烦恼，就可以得到无限的欢乐。

【故事解读】

mí tú zhī fǎn
迷途知返

huáng fǔ mì shì wǒ guó gǔ dài de
皇甫谧是我国古代的
zhù míng wén xué jiā　xiǎo shí hou
著名文学家，小时候
hěn shòu jiā rén chǒng
很受家人宠
ài　yǎng chéng le tān
爱，养成了贪
wán er bú ài xué xí
玩儿不爱学习

de huài xí guàn yì tiān huáng fǔ mì gěi mǔ qīn sòng lai yì pán shuǐ
的坏习惯。一天，皇甫谧给母亲送来一盘水
guǒ mǔ qīn shuō nǐ zhè yàng bìng bú suàn jìn xiào zhǐ yǒu qín fèn shàng
果，母亲说："你这样并不算尽孝，只有勤奋上
jìn kè kǔ dú shū cái shì zhēn zhèng de xiào shùn mǔ qīn hái gěi
进，刻苦读书，才是真正的孝顺！"母亲还给
tā jiǎng le xǔ duō gǔ rén qín xué de gù shi huáng fǔ mì shēn shòu gǎn
他讲了许多古人勤学的故事，皇甫谧深受感
dòng cóng cǐ kāi shǐ fā fèn kǔ dú zuì zhōng chéng wéi yí gè xué wen
动。从此开始发愤苦读，最终成为一个学问
yuān bó de rén
渊博的人。

【原文】

qú hé dì lì　yuán mǎng chōu tiáo
渠荷的历①　园莽抽条
pí pá wǎn cuì　wú tóng zǎo diāo
枇杷晚翠　梧桐蚤凋②
chén gēn wěi yì　luò yè piāo yáo
陈根委翳③　落叶飘摇
yóu kūn dú yùn　líng mó jiàng xiāo
游鹍独运④　凌摩绛霄

【注释】

dì lì guāng cǎi làn zhuó de yàng zǐ zǎo tōng zǎo
①的历：光彩烂灼的样子。②蚤：通"早"。
zhǐ yuè chū huò zǎo chén yì zhē bì yǎn gài kūn kūn
指月初或早晨。③翳：遮蔽，掩盖。④鹍："鹍

jī gǔ shū shàng zhǐ xiàng hè de yì zhǒng niǎo
鸡”，古书上指像鹤的一种鸟。

【释义】

zhè duàn wén zì shēng dòng de miáo xiě le dà zì rán de jǐng sè
这段文字生动地描写了大自然的景色：
chí táng li de hé huā kāi de guāng rùn xiān yàn yuán zhōng de cǎo mù chōu
池塘里的荷花开得光润鲜艳，园中的草木抽
chu tiáo tiáo nèn zhī pí pá nài hán dào le dōng tiān réng jiù cāng cuì
出条条嫩枝。枇杷耐寒，到了冬天仍旧苍翠
yù dī ér dāng qiū fēng gāng gāng chuī qi shí wú tóng jiù guò zǎo de diāo
欲滴；而当秋风刚刚吹起时，梧桐就过早地凋
xiè le chén gēn lǎo shù kū wěi dǎo fú luò yè zài qiū fēng li sì
谢了。陈根老树枯萎倒伏，落叶在秋风里四
chù piāo dàng hán qiū zhī zhōng kūn péng dú zì áo xiáng tiān kōng zhí chōng
处飘荡。寒秋之中，鲲鹏独自翱翔天空，直冲
bù mǎn cǎi xiá de yún xiāo
布满彩霞的云霄。

【原文】

dān dú wán shì yù mù náng xiāng
耽读玩市 寓目囊箱①

【注释】

náng kǒu dài
①囊：口袋。

【释义】

dōng hàn xué zhě wángchōng cháng zài luò yáng shū shì dú shū zhuān xīn yán xí yǎn jing kàn dào de dōu shì shū hé shū xiāng
东汉学者王充，常在洛阳书市读书，专心研习，眼睛看到的都是书和书箱。

【故事解读】

shū shì dú shū
书市读书

dōng hàn shí qī de zhù míng sī xiǎng jiā wáng chōng zì yòu qín fèn shàng jìn kù ài dú shū yí cì jiā zhōng de cáng shū dōu bèi tā dú wán le tā biàn měi tiān dào shū shì shang qù dú shū shū shì zhōng rén lái
东汉时期的著名思想家王充，自幼勤奋上进，酷爱读书。一次，家中的藏书都被他读完了，他便每天到书市上去读书。书市中人来

rén wǎng cáo zá rè nao ér wáng chōng réng rán zhuān xīn zhì zhì de dú
人往，嘈杂热闹，而王充仍然专心致志地读
shū shèn zhì wàng jì le chī fàn mài shū de lǎo rén fēi cháng gǎn dòng
书，甚至忘记了吃饭。卖书的老人非常感动，
dāng tā dé zhī zhè ge hái zi jiù shì ài dú shū de wáng chōng shí gāo
当他得知这个孩子就是爱读书的王充时，高
xìng de shuō nǐ yǐ hòu jǐn guǎn lái zhè lǐ dú shū hǎo le bìng zhuān
兴地说：“你以后尽管来这里读书好了。”并专
mén wèi tā zhǔn bèi le yí gè dèng zi hòu lái wáng chōng zhōng yú xué
门为他准备了一个凳子。后来，王充终于学
yè yǒu chéng bìng xiě xia le sī xiǎng jù zhù lùn héng
业有成，并写下了思想巨著《论衡》。

【原文】

yì yóu yōu wèi zhǔ ěr yuán qiáng
易輶攸畏① 属耳垣墙②

【注释】

yóu yì zhǒng qīng biàn de chē zi yōu suǒ yuán ǎi
①輶：一种轻便的车子。攸：所。②垣：矮
qiáng yě fàn zhǐ qiáng
墙，也泛指墙。

【释义】

shuō huà zuì pà páng ruò wú rén kǒu ruò xuán hé yào liú xīn gé
说话最怕旁若无人，口若悬河。要留心隔
zhe qiáng bì kě néng yǒu rén zài tiē ěr tōu tīng
着墙壁可能有人在贴耳偷听。

【故事解读】

zhuāng zuì tuō xiǎn

装醉脱险

dōng jìn shí wáng dūn zì yǐ wéi shí lì qiáng dà mì mì zhǔn bèi
东晋时，王敦自以为实力强大，秘密准备
móu fǎn xiǎng yào duó qǔ zhèng quán yí cì wáng dūn jǔ xíng shèng dà de
谋反，想要夺取政权。一次，王敦举行盛大的
wǎn yàn tā de zhí zi wáng yǔn zhī yě cān jiā le wáng yǔn zhī hē le
晚宴，他的侄子王允之也参加了，王允之喝了
jǐ bēi jiǔ hòu biàn mí mí hū hū de shuì zài le wáng dūn de chuáng shang
几杯酒后便迷迷糊糊地睡在了王敦的床上。
bàn yè wáng dūn hé jǐ gè jiāng jūn shāng liang móu fǎn de shì qià qiǎo bèi
半夜，王敦和几个将军商量谋反的事，恰巧被
wáng yǔn zhī tīng jian wáng yǔn zhī jiǎ zhuāng zuì de bù xǐng rén shì tù de
王允之听见。王允之假装醉得不省人事，吐得
mǎn chuáng dōu shì zāng dōng xi wáng dūn yǐ wéi zhí zi zhēn de zuì le
满床都是脏东西。王敦以为侄子真的醉了，

biàn méi shā tā miè kǒu dì èr tiān wáng yǔn zhī xiàng fù qīn jiē lù le
便没杀他灭口。第二天，王允之向父亲揭露了
wáng dūn de yīn móu cháo tíng xùn sù cǎi qǔ cuò shī wáng dūn de yīn móu
王敦的阴谋，朝廷迅速采取措施，王敦的阴谋
chè dǐ shī bài le
彻底失败了。

【原文】

jù shàn cān fàn shì kǒu chōngcháng
具膳餐饭[1] 适口充肠
bǎo yù pēng zǎi jī yàn zāo kāng
饱饫烹宰 饥厌糟糠[2]
qīn qi gù jiù lǎo shào yì liáng
亲戚故旧 老少异粮

【注释】

jù píng shí zhǔn bèi yàn mǎn zú yú
①具：平时准备。②厌：满足于。

【释义】

yī rì sān cān de yǐn shí yào shì hé gè wèi de kǒu wèi néng
一日三餐的饮食，要适合各位的口味，能
chī bǎo jiù xíng le bǎo de shí hou mǎn zú yú dà yú dà ròu è de
吃饱就行了。饱的时候满足于大鱼大肉，饿的
shí hou cū chá dàn fàn yě néngchōng jī qīn qi péng you huì miàn yào shèng
时候粗茶淡饭也能充饥。亲戚朋友会面要盛

qíng kuǎn dài lǎo rén hái zi de shí wù yīng yǒu suǒ bù tóng
情款待，老人、孩子的食物应有所不同。

【故事解读】

jié jiǎn de jì wén zǐ
节俭的季文子

chūn qiū shí qī lǔ guó de sān cháo xiàng guó jì wén zǐ shēng huó shí
春秋时期鲁国的三朝相国季文子，生活十
fēn jié jiǎn cóng bú làng fèi yì diǎn dōng xi yí cì tā de shǔ xià
分节俭，从不浪费一点东西。一次，他的属下
quàn tā jiǎng jiang pái chǎng jì wén zǐ shuō wǒ shēn wéi xiàng guó zěn néng
劝他讲讲排场。季文子说：“我身为相国，怎能
zhǐ gù zì jǐ xiǎng lè ér bù guān xīn bǎi xìng men de shēng huó ne
只顾自己享乐，而不关心百姓们的生活呢？”
tā de shǔ xià cán kuì de shuō xiàn zài wǒ cái míng bai wèi shén me nín
他的属下惭愧地说：“现在我才明白，为什么您
néng zuò sān cháo de xiàng guó le
能做三朝的相国了！”

【原文】

qiè yù jì fǎng shì jīn wéi fáng
妾御绩纺① 侍巾帷房②
wán shàn yuán jié yín zhú wěi huáng
纨扇圆絜③ 银烛炜煌
zhòu mián xī mèi lán sǔn xiàng chuáng
昼眠夕寐 蓝笋象床

【注释】

①绩纺：泛指纺纱，绩麻诸事。即纺绩。②帷房：内房。③纨：很细的丝织品。絜："洁"之书面语。

【释义】

这段文字介绍了古代达官贵人浮华奢靡的生活：小妾婢女要管理好家务，恭敬地服侍好主人。绢制的团扇像满月一样又白又圆，银色的烛台上烛火辉煌。白天打盹，晚上睡觉，有青篾编成的竹席和象牙雕成的床榻。

【原文】

弦歌酒宴　接杯举觞①

矫手顿足　悦豫且康

【注释】

shāng jiǔ bēi
①觞：酒杯。

【释义】

zòu yuè chàng gē bǎi jiǔ shè yàn jiē guo jiǔ bēi kāi huái chàng
奏乐唱歌，摆酒设宴，接过酒杯，开怀畅
yǐn qíng bú zì jīn de shǒu wǔ zú dǎo zhēn shì kuài lè yòu ān kāng
饮。情不自禁地手舞足蹈，真是快乐又安康。

【故事解读】

jìn shàn jìn měi
尽善尽美

chūn qiū shí qī de kǒng zǐ hěn xǐ huan yīn yuè bìng yǒu xiāng dāng gāo
春秋时期的孔子很喜欢音乐，并有相当高
de jiàn shǎng néng lì yí cì kǒng zǐ lái dào qí guó zài nà lǐ xīn
的鉴赏能力。一次，孔子来到齐国，在那里欣
shǎng dào le shén wǎng yǐ jiǔ de sháo yuè kǒng zǐ xīn shǎng le sháo yuè hòu
赏到了神往已久的韶乐。孔子欣赏了韶乐后，
shí fēn mǎn yì guò le hěn cháng shí jiān xīn xù réng chén jìn zài měi miào
十分满意。过了很长时间，心绪仍沉浸在美妙
dòng rén de yīn yuè zhōng yǐ zhì yú yì lián sān gè yuè chī ròu dōu cháng bù
动人的音乐中，以至于一连三个月吃肉都尝不
chū wèi dào lái tā gǎn kǎi de shuō zhēn méi xiǎng dào yīn yuè de gǎn
出味道来。他感慨地说：“真没想到音乐的感
rén zhì shēn néng dá dào zhè yàng de chéng dù a
人至深能达到这样的程度啊！”

【原文】

dí hòu sì xù　jì sì zhēngcháng
嫡后嗣续[1]　祭祀烝尝[2]

qǐ sǎng zài bài　sǒng jù kǒnghuáng
稽颡再拜[3]　悚惧恐惶

【注释】

①嫡：奴隶社会、封建社会中的正妻。②烝尝：《礼记·王制》："天子诸侯宗庙之祭，春曰礿，夏曰禘，秋曰尝，冬曰烝。"《说文》郑注："此盖夏殷之祭名，周则春曰祠，夏曰礿。"此以"烝尝"代指四时祭祀。③稽颡：屈膝下拜，一种跪拜礼，以额触地，表示极度地虔诚和感谢。

【释义】

子孙继承了祖先的基业，一年四季的祭祀

dà lǐ bù néng shū hū wàng jì guì zhe kē tóu bài le yòu bài lǐ
大礼不能疏忽忘记。跪着磕头，拜了又拜，礼
yí yào zhōu quán gōng jìng xīn qíng yào bēi tòng qián chéng
仪要周全恭敬，心情要悲痛虔诚。

【故事解读】

jì sì
祭 祀

wǒ guó zì gǔ jiù yǒu jì bài zǔ xiān de chuán tǒng zhè yì chuán tǒng
我国自古就有祭拜祖先的传统，这一传统
cháng qī cún liú yú jiē jí shè huì zhōng tè bié shì zài fēng jiàn shè huì zōng
长期存留于阶级社会中，特别是在封建社会宗
fǎ zhì dù xià duì wéi xì jiā zú jí tuán gǒng gù fù quán tǒng zhì yǒu
法制度下，对维系家族集团，巩固父权统治有
hěn dà de zuò yòng gǔ shí hou duì yú zǔ xiān de jì sì zài sì jì
很大的作用。古时候，对于祖先的祭祀在四季
zhōng yǒu bù tóng de míngchēng bìng xíng chéng le zhì dù zài jīn tiān réng néng
中有不同的名称，并形成了制度，在今天仍能
jiàn dào hěn duō hén jì
见到很多痕迹。

【原文】

jiān dié jiǎn yào gù dá shěn xiáng
笺牒简要① 顾答审详
hái gòu xiǎng yù zhí rè yuàn liáng
骸垢想浴② 执热愿凉

【注释】

jiān wén shū shū xìn hái shēn tǐ
①笺：文书、书信。②骸：身体。

【释义】

xiě xìn yào jiǎn míng è yào huí dá wèn tí yào xiáng xì zhōu quán
写信要简明扼要，回答问题要详细周全。
shēnshang yǒu le wū gòu jiù yào xǐ zǎo hǎo bǐ shǒushang ná zhe tàng de dōng
身上有了污垢就要洗澡，好比手上拿着烫的东
xi jiù xī wàng yǒu fēng bǎ tā chuī liáng
西就希望有风把它吹凉。

【故事解读】

sān zhǐ wú lǘ
三纸无驴

gǔ shí hou yǒu
古时候，有
gè rén dú le jǐ nián
个人读了几年
shū hěn zì yǐ wéi shì
书，很自以为是，
zǒng xiǎng mài nòng yí xià
总想卖弄一下。
yí cì tā qù jí shì
一次，他去集市
shang mǎi lǘ àn zhào
上买驴。按照

dāng shí de xí guàn mǎi mai chéng jiāo hòu mài zhǔ yào gěi mǎi zhǔ liú zhāng
当时的习惯，买卖成交后，卖主要给买主留张
zì jù tā jué de zhè shì gè mài nòng xué wen de hǎo jī huì biàn dā
字据，他觉得这是个卖弄学问的好机会，便答
ying tì mài lǘ de lǎo hàn xiě zì jù bù yí huì er tā jiù xiě
应替卖驴的老汉写字据。不一会儿，他就写
mǎn le sān dà zhāng zhǐ kě tā xiě de quán shì fèi huà lián yí gè
满了三大张纸，可他写的全是废话，连一个
lǘ zì dōu méi tí dào dà jiā dōu xiào hua tā xiě dōng xi tài luō
“驴”字都没提到。大家都笑话他写东西太啰
suō yì diǎn dōu zhuā bú dào zhòng diǎn
嗦，一点都抓不到重点。

【原文】

lǘ luó dú tè hài yuè chāo xiāng
驴骡犊特① 骇跃超骧②
zhū zhǎn zéi dào bǔ huò pàn wáng
诛斩贼盗③ 捕获叛亡

【注释】

luó luó zi dú xiǎo niú
①骡：骡子。犊：小牛，
fàn zhǐ niú xiāng mǎ tái qǐ tóu kuài
泛指牛。②骧：马抬起头快
pǎo zhū shā sǐ chǎn chú
跑。③诛：杀死，铲除。

【释义】

家里有了灾祸，连牲畜都会受惊，它们会狂蹦乱跳，东奔西跑。对小偷和强盗要严厉惩罚，该抓的抓，该杀的杀。

【故事解读】

桥玄除奸

桥玄是东汉末年的执法官，他为人正直，嫉恶如仇。当时有个叫羊昌的家伙，胡作非为，民愤极大。可惜羊昌不在自己的管辖范围内，桥玄干着急，没有办法。不久，桥玄的上司允许他处理羊昌的案件，桥玄马上动手，很快就将羊昌抓获归案。为了搭救首领，羊昌的手下把桥玄的儿子抓起来做人质，桥玄坚决地向他们发起了攻击，终于将歹徒一网打尽。

【原文】

bù shè liáo wán　jī qín ruǎn xiào
布射僚丸①　嵇琴阮啸②

【注释】

bù lǚ bù lǚ bù yuán mén shè jǐ wèi liú bèi jì líng
①布：吕布。吕布辕门射戟，为刘备、纪灵
hé jiě liáo yí liáo shàn yú dàn wán jī jī kāng shàn
和解。僚：宜僚。善于弹丸。②嵇：嵇康。善
tán qín yǒng shī ruǎn ruǎn jí néng xiào
弹琴咏诗。阮：阮籍。能啸。

【释义】

lǚ bù jīng yú shè jiàn yí liáo qiǎo yú wán nòng dàn wán jī kāng
吕布精于射箭，宜僚巧于玩弄弹丸，嵇康
shàn yú tán qín ruǎn jí néng cuō kǒu cháng xiào
善于弹琴，阮籍能撮口长啸。

【故事解读】

yuán mén shè jǐ
辕门射戟

dōng hàn mò nián liú bèi tóu bèn lǚ bù zhù zhā zài xiǎo pèi
东汉末年，刘备投奔吕布，驻扎在小沛。

bù jiǔ yuán shù pài dà jiàng jì líng jìn gōng liú bèi liú bèi zhǐ hǎo xiàng
不久，袁术派大将纪灵进攻刘备，刘备只好向
lǚ bù qiú zhù lǚ bù bǎ jì líng qǐng dào yíng zhōng shuō liú bèi
吕布求助。吕布把纪灵请到营中，说：“刘备
rú tóng wǒ de xiōng di tā bèi nǐ wéi kùn wǒ bù néng bù guǎn dàn wǒ
如同我的兄弟，他被你围困，我不能不管，但我
xiàng lái fǎn duì zì jiā rén hù xiāng cán shā xī wàng nǐ men néng hé jiě
向来反对自家人互相残杀，希望你们能和解。”
shuō wán zài yuán mén shù qi yì zhī jǐ dà shēng shuō dào wǒ rú guǒ
说完，在辕门竖起一只戟，大声说道：“我如果
yí jiàn shè zhòng jǐ de xiǎo zhī nǐ men jiù hé jiě zhǐ jiàn lǚ bù yí
一箭射中戟的小支，你们就和解。”只见吕布一
jiàn shè chu zhèng zhòng xiǎo zhī chà nà jiān hǎn shēng léi dòng dà jiā dōu
箭射出，正 中小支，刹那间喊声雷动，大家都
duì lǚ bù pèi fú zhì jí lǚ bù yuán mén shè jǐ de gù shi zhì jīn
对吕布佩服至极。吕布辕门射戟的故事至今
réng zài mín jiān guǎng fàn liú chuán zhe
仍在民间广泛流传着。

【原文】

tián bǐ lún zhǐ jūn qiǎo rén diào
恬笔伦纸[①] 钧巧任钓[②]
shì fēn lì sú bìng jiē jiā miào
释纷利俗 并皆佳妙

【注释】

tián méng tián jù jìn cháo cuī bào gǔ jīn zhù shì méng tián
①恬：蒙恬。据晋朝崔豹《古今注》是蒙恬
kāi shǐ yòng tù háo zhú guǎn zuò bǐ lún cài lún hòu hàn shū jì
开始用兔毫竹管做笔。伦：蔡伦。《后汉书》记
tā kāi shǐ chuàng zào xìng de yòng shù pí má tóu pò bù děng lái zào zhǐ
他开始创造性地用树皮，麻头，破布等来造纸，
rén chēng cài hóu zhǐ jūn mǎ jūn sān guó shí rén qiǎo sī
人称“蔡侯纸”。②钧：马钧。三国时人，巧思，
céng zuò zhǐ nán zhēn hé lóng gǔ shuǐ chē rén rén gōng zǐ shì jiàn
曾作指南针和龙骨水车。任：任公子。事见
zhuāng zǐ wài wù
《庄子·外物》。

【释义】

méng tián gǎi liáng le máo bǐ cài lún fā míng le zào zhǐ shù
蒙恬改良了毛笔，蔡伦发明了造纸术，
mǎ jūn qiǎo zhì jī xiè rén gōng zǐ chuí diào dà yú tā men de jì
马钧巧制机械，任公子垂钓大鱼。他们的技

yì yǒu de néng jiě rén jiū fēn　yǒu de fāng biàn qún zhòng　dōu hěn gāo
艺有的能解人纠纷，有的方便群众，都很高
míng qiǎo miào
明巧妙。

【故事解读】

cài lún zào zhǐ
蔡伦造纸

dōng hàn shí qī de cài lún fā míng le zào zhǐ shù　dāng shí rén
　　东汉时期的蔡伦发明了造纸术。当时人
men dú de shū dà duō xiě zài zhú jiǎn shang　shǐ yòng hěn bù fāng biàn　cài
们读的书大多写在竹简上，使用很不方便。蔡
lún zǐ xì zǒng jié le mín jiān yòng má zhì xiān wéi zào zhǐ de jīng yàn
伦仔细总结了民间用麻质纤维造纸的经验，
jīng guò shēn rù guān chá hé yán jiū　duì zào zhǐ jì shù jìn xíng le gǎi
经过深入观察和研究，对造纸技术进行了改
zào　yòng shù pí　má tóu　pò bù　jiù yú wǎng wéi yuán liào zào zhǐ
造，用树皮、麻头、破布、旧渔网为原料造纸，
jì kuò dà le yuán liào fàn wéi　yòu tí gāo le zhǐ de zhì liàng　gōng
既扩大了原料范围，又提高了纸的质量。公
yuán　nián　cài lún zào chu dì yī pī zhǐ　rén men chēng zhī wéi　cài
元105年，蔡伦造出第一批纸，人们称之为“蔡
hóu zhǐ
侯纸”。

【原文】

máo shī shū zī　gōng pín yán xiào
毛施淑姿①　工颦妍笑②

【注释】

máo máo qiáng xī xī shī zhuāng zǐ qí wù lùn
①毛：毛嫱。西：西施。《庄子·齐物论》：
máo qiáng xī shī rén zhī suǒ měi yě gōng shàn pín zhòu
"毛嫱、西施，人之所美也。"②工：善。颦：皱
méi yán měi lì
眉。妍：美丽。

【释义】

máo qiáng xī shī nián qīng mào měi jí shǐ shì zhòu zhe méi tóu yě
毛嫱、西施年轻貌美，即使是皱着眉头，也
tóng yàng yàn lì dòng rén
同样艳丽动人。

【故事解读】

dōng shī xiào pín
东施效颦

chūn qiū shí qī yuè guó yǒu gè jué sè de měi nǚ míng jiào xī
春秋时期，越国有个绝色的美女，名叫西
shī xī shī yǒu gè xīn kǒu tòng de máo bìng fàn bìng de shí hou zǒng shì
施。西施有个心口痛的毛病，犯病的时候总是
yòng shǒu àn zhù xiōng kǒu zhòu jǐn méi tóu tā zhè fù bìng tài què xiǎn
用手按住胸口，皱紧眉头。她这副病态，却显
de gèng jiā wǔ mèi dòng rén xī shī yǒu gè míng jiào dōng shī de lín jū
得更加妩媚动人。西施有个名叫东施的邻居，
zhǎng de hěn chǒu jiàn xī shī de bìng tài hěn měi jiù zhào hú lu huà piáo
长得很丑，见西施的病态很美，就照葫芦画瓢

de mó fǎng qǐ lái rén men jiàn tā rú cǐ zhuāng mú zuò yàng fǎn ér jué
地模仿起来。人们见她如此装模作样，反而觉
de tā gèng chǒu gèng nán kàn le kě jiàn jī xiè de mó fǎng bié ren
得她更丑、更难看了。可见机械地模仿别人，
wǎng wǎng huì nòng qiǎo chéng zhuō yuè xué yuè zāo
往往会弄巧成拙，越学越糟。

【原文】

nián shǐ měi cuī xī huī lǎng yào
年矢每催① 曦晖朗曜②
xuán jī xuán wò huì pò huán zhào
璇玑悬斡③ 晦魄环照④
zhǐ xīn xiū hù yǒng suí jí shào
指薪修祜⑤ 永绥吉劭⑥

【注释】

shǐ jiàn yào rì guāng zhào yào xuán jī gǔ dài
①矢：箭。②曜：日光、照耀。③璇玑：古代
chēng běi dǒu xīng de dì yī xīng zhì dì sì xīng wò xuán zhuǎn huì
称北斗星的第一星至第四星。斡：旋转。④晦
pò yuè liang zhǐ xīn zhuāng zǐ yǎng shēng zhǔ zhǐ qióng yú
魄：月亮。⑤指薪：《庄子·养生主》：“指穷于
wèi xīn huǒ chuán yě bù zhī qí jìn yě yì sī shì yòng mù chái shāo
为薪，火传也，不知其尽也。”意思是用木柴烧
huǒ mù chái yǒu qióng jìn de shí hou ér huǒ wǎng xià chuán què bù huì
火，木柴有穷尽的时候，而火往下传，却不会
miè yù rén de ròu tǐ huì sǐ wáng ér rén lèi de shēng mìng shì yán xù
灭。喻人的肉体会死亡，而人类的生命是延续

wú qióng de hù fú dà fú suí píng ān ān fǔ shào
无穷的。祜：福；大福。⑥绥：平安，安抚。邵：
quàn miǎn měi hǎo duō zhǐ dào dé pǐn zhì
劝勉，美好（多指道德品质）。

【释义】

qīng chūn yì shì suì yuè cōng cōng cuī rén lǎo zhǐ yǒu tài yáng dōng
青春易逝，岁月匆匆催人老。只有太阳东
shēng xī luò guāng huī yǒng zhào rén jiān gāo xuán de běi dǒu suí zhe sì jì
升西落，光辉永照人间。高悬的北斗随着四季
biàn huàn zhuǎn dòng míng liàng de yuè guāng sǎ biàn rén jiān de měi gè jiǎo luò
变换转动，明亮的月光洒遍人间的每个角落。
rén de yì shēng zhǐ yǒu xíng shàn jī dé cái néng xiàng xīn jìn huǒ chuán nà
人的一生，只有行善积德，才能像薪尽火传那
yàng jīng shén yǒng cún
样精神永存。

【故事解读】

xī shí dú shū de dǒng yù
惜时读书的董遇

dǒng yù shì dōng hàn
董遇是东汉
shí rén tā xué xí kè
时人，他学习刻
kǔ qín fèn shàng jìn
苦，勤奋上进。
suī rán shēng huó shí fēn
虽然生活十分
jiān kǔ dàn dǒng yù
艰苦，但董遇

shǐ zhōng méi yǒu fàng sōng guo xué xí yì yǒu kòng xián jiù ná chu shū lái
始终没有放松过学习，一有空闲就拿出书来
dú hòu lái tā xiě le yí bù hěn yǒu míng de shū rén men fēn fēn qián
读。后来他写了一部很有名的书，人们纷纷前
lái xiàng tā qǐng jiào dú shū de mì jué dǒng yù gào su dà jiā yào
来向他请教读书的秘诀。董遇告诉大家："要
chōng fèn lì yòng yí qiè kě yǐ lì yòng de shí jiān cái néng zhǎng wò gèng
充分利用一切可以利用的时间，才能掌握更
duō de zhī shi rén men zhè cái míng bai dǒng yù de chéng gōng yuán yú
多的知识。"人们这才明白，董遇的成功源于
jiān chí bú xiè de nǔ lì
坚持不懈的努力。

【原文】

jǔ bù yǐn lǐng fǔ yǎng láng miào
矩步引领 俯仰廊庙
shù dài jīn zhuāng pái huái zhān tiào
束带矜庄① 徘徊瞻眺

【注释】

jīn zhuāng yán sù zhuāng jìng
①矜庄：严肃庄敬。

【释义】

xīn dì tǎn dàng cái kě yǐ áng tóu mài bù yìng fù cháo tíng wěi
心地坦荡，才可以昂头迈步，应付朝廷委

tuō de zhòng rèn rú cǐ cái kě yǐ wú kuì rén shēng jìn kě yǐ zhěng shù
托的重任。如此才可以无愧人生，尽可以整束

yī guān zhuāng zhòng cóng róng de dēng gāo yuǎn wàng
衣冠，庄重从容地登高远望。

【故事解读】

lǔ guó shǎo rú
鲁国少儒

chūn qiū mò
春秋末

nián zhuāng zǐ qù bài
年，庄子去拜

jiàn lǔ āi gōng āi
见鲁哀公。哀

gōng wèn dào wèi shén
公问道："为什

me lǔ guó hěn shǎo yǒu
么鲁国很少有

rén yán jiū nín de xué
人研究您的学

shuō ne zhuāng zǐ
说呢？"庄子

dá dào yīn wèi lǔ guó de rú shì tài shǎo le āi gōng fǎn bó
答道："因为鲁国的儒士太少了。"哀公反驳

shuō lǔ guó hěn duō rén chuān zhe rú shì de yī fu zěn me néng shuō
说："鲁国很多人穿着儒士的衣服，怎么能说

rú shì shǎo ne zhuāng zǐ shuō shēn zhuó rú zhuāng bú jiàn de zhǎng wò
儒士少呢？"庄子说："身着儒装不见得掌握

rú jiā xué wen bú xìn nǐ jiù fā bù yí dào mìng lìng bù dǒng rú
儒家学问。不信你就发布一道命令：不懂儒

jiā xué wen què chuān rú fú de rén yí lǜ chǔ sǐ lǔ āi gōng zhēn de
家学问却穿儒服的人一律处死。"鲁哀公真的

zhè yàng zuò le wǔ tiān hòu zhěng gè lǔ guó jìng méi yǒu rén gǎn chuān
这样做了。五天后，整个鲁国竟没有人敢穿
rú fú le
儒服了。

【原文】

gū lòu guǎ wén yú méng děng qiào
孤陋寡闻 愚蒙等诮①
wèi yǔ zhù zhě yān zāi hū yě
谓语助者 焉哉乎也②

【注释】

qiào jī xiào cháo fěng yān zāi hū yě wèi yǔ zhù
①诮：讥笑，嘲讽。②焉、哉、乎也：谓语助
cí
词。

【释义】

xué shí duǎn qiǎn jiàn wén bù guǎng de rén yǔ nà xiē yú mèi wú zhī
学识短浅，见闻不广的人与那些愚昧无知
de rén yí yàng huì ràng rén qǔ xiào chēng wéi yǔ yán zhù cí de jiù shì
的人一样会让人取笑。称为语言助词的就是
yān zāi hū yě
“焉、哉、乎、也”。

【故事解读】

《千字文》的故事

东晋时期，书法家王羲之曾经写过一篇《千字文》，但文理和音韵都不算好。到了梁武帝时，为了教育儿子们，他命大臣周兴嗣再次编纂。据说梁武帝命人从王羲之写的碑文中拓下一千个不重复的字，然后交给周兴嗣，让他编一篇韵律更好的文章。周兴嗣只用一个晚上就编好了，结果第二天头发都累白了。这就是我们现在看到的千古绝唱——《千字文》。

百家姓解读

序

《蒙学经典解读》是专门为青少年读者策划编辑的传统蒙学读本，通过对《三字经》《弟子规》《千字文》《百家姓》的注音释词、多角度解读，使青少年事半功倍地学习传统蒙书经典的精华，促进身心健康发展。《百家姓解读》就是其中的一种。

每个人都有姓名。姓，代表的是来自父母的亲族血缘关系（有随父姓，也有随母姓）；名，则是你个人的标志性识别符号。

姓可以别亲疏。春秋战国时就有“同姓不婚”的规定，说明古人已经懂得近亲结婚的危害。“一笔难写两个乂字”，“五百年前是一家”，拉近了许多陌生人之间的距离。

《百家姓》本来只是一本蒙学读物，是旧时教小孩子识字的课本。《百家姓解读》简述了姓氏的来历和发展演变的渊源，而各姓氏历史上的优秀人物的故事，会增加青少年朋友的自豪感，也为他们塑造了学习的榜样。

中华民族是一个大家庭，《百家姓》中的504个姓氏，都是这个大家庭中的一份子，正是各姓氏的优秀儿女，共同铸造了中华民族的辉煌历史。

《百家姓解读》以深入浅出的形式生动形象地介绍了《百家姓》中重要的姓氏、人物及其事迹，使青少年读者能够无障碍地了解有关姓氏的较为丰富的历史文化知识。

zhào

赵

【姓氏解读】

“赵”姓的来源主要有两个，一个是出自“嬴”姓，据说周穆王曾经将赵城（今山西洪洞县北）赐给了为他驾车的造父，从此以后，造父的后代便以封地赵为姓，世代相袭。另一个是一些少数民族改姓为赵。

【赵氏先贤】

赵武灵王：名雍，战国时赵国国君，实行“胡服骑射”，使赵国成为军事强国。

赵云：字子龙，三国时蜀国将领，常山真定人。历任翊军将军、中护军、征南将军，封永昌亭侯。

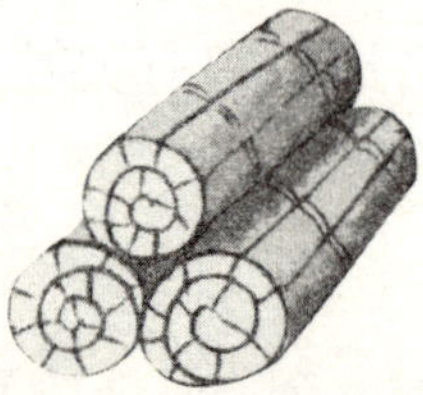

平原君赵胜：战国四大公子

zhī yī yǐ shí kè shù qiān rén ér zhù chēng
之一，以“食客数千人”而著称。

zhào kuāng yìn hé běi zhuō zhōu rén kāi chuàng sòng cháo bēi jiǔ shì
赵匡胤：河北涿州人，开创宋朝，杯酒释
bīng quán jiā qiáng zhōng yāng jí quán
兵权，加强中央集权。

zhào pǔ jì rén běi sòng chū qī de xián xiàng yǒu bàn bù lún
赵普：蓟人，北宋初期的贤相，有“半部《论
yǔ zhì tiān xià zhī měi yù
语》治天下”之美誉。

zhào mèng tiào hú zhōu rén yuán dài jié chū de shū huà míng jiā qí
赵孟頫：湖州人，元代杰出的书画名家，其
bǐ fǎ yuán zhuǎn qiú lì rén chēng zhào tǐ
笔法圆转遒丽，人称“赵体”。

zhào zhī qiān zhè jiāng kuài jī rén qīng mò sān dà huà jiā zhī yī
赵之谦：浙江会稽人，清末三大画家之一。

zhào dēng yǔ shān dōng hé zé rén guó mín dǎng èr shí jiǔ jūn shī
赵登禹：山东菏泽人，国民党二十九军师
cháng cháng chéng kàng zhàn shí xuè zhàn chì fēng kǒu lú gōu qiáo shì biàn hòu
长，长城抗战时血战赤峰口，芦沟桥事变后，
zài bǎo wèi běi píng de zhàn dǒu zhōng zhuàng liè juān qū shì kàng zhàn zhōng zuì zǎo
在保卫北平的战斗中壮烈捐躯，是抗战中最早
xī shēng de zhōng guó jūn duì gāo jí jiàng lǐng zhī yī
牺牲的中国军队高级将领之一。

zhào yuán rèn tiān jīn rén dāng dài yǔ yán xué jiā tōng xiǎo zhōng
赵元任：天津人，当代语言学家，通晓中、
yīng dé fǎ děng duō guó yǔ yán yǒu zhōng guó yǔ rù mén xiàn
英、德、法等多国语言，有《中国语入门》《现
dài wú yǔ de yán jiū yǔ yán wèn tí zhào yuán rèn gē qū xuǎn
代吴语的研究》《语言问题》《赵元任歌曲选》
děng
等。

【故事解读】

chén qiáo bīng biàn
陈桥兵变

huà shuō gōng yuán nián nián chū qì dān lián hé běi hàn fā bīng
话说公元960年年初，契丹联合北汉发兵
rù qīn hòu zhōu zhōu gōng dì pài dà jiàng zhào kuāng yìn lǐng bīng qián qù yìng
入侵后周，周恭帝派大将赵匡胤领兵前去应
zhàn jiù zài zhēng yuè chū sān zhè tiān zhào kuāng yìn shuài dà jūn zhù zhā zài
战。就在正月初三这天，赵匡胤率大军驻扎在
chén qiáo yì chī guo wǎn fàn hòu tā shǒu xià de jǐ yuán dà jiàng jù zài
陈桥驿。吃过晚饭后，他手下的几员大将聚在
yì qǐ shāng yì rú jīn jiān chén dāng dào huáng dì nián yòu wú zhī wǒ
一起商议："如今奸臣当道，皇帝年幼无知，我
men suī rán pīn sǐ xiào zhōng guó jiā kě shéi yòu zhī dào ne zán men de
们虽然拼死效忠国家，可谁又知道呢？咱们的
zhào jiāng jūn kuān hòu rén yì dài wǒ men jiù xiàng qīn shēng ér zi yí yàng
赵将军宽厚仁义，待我们就像亲生儿子一样，
bù rú lì tā wéi huáng dì yì qǐ jiàn lì yì fān jī yè qǐ bú kuài
不如立他为皇帝，一起建立一番基业，岂不快
zāi jiù zài dì èr tiān lí míng
哉！"就在第二天黎明，
zhòng jiàng shì jiāng zhèng zài shuì jiào
众将士将正在睡觉
de zhào kuāng yìn jiào xǐng
的赵匡胤叫醒，
bǎ huáng páo zhào zài
把黄袍罩在
tā de shēn shang
他的身上，
rán hòu guì
然后跪

dì xíng jūn chén zhī lǐ jiàn yǐ jīng wú fǎ tuī cí zhào kuāng yìn jiù
地行君臣之礼。见已经无法推辞，赵匡胤就
hé dà jiā yuē fǎ sān zhāng shuài jūn huí dào jīng chéng jiù zhè yàng zhào
和大家约法三章，率军回到京城。就这样，赵
kuāng yìn zuò le sòng cháo de dì yī gè huáng dì
匡胤做了宋朝的第一个皇帝。

qián

钱

【姓氏解读】

bǎi jiā xìng zhōng de qián xìng qǐ yuán bǐ jiào dān yī tā men
百家姓中的“钱”姓，起源比较单一。他们
xiān zǔ jiào lù zhōng lù zhōng yǒu gè hòu dài jiào péng fú zài xī zhōu shí
先祖叫陆终，陆终有个后代叫彭孚，在西周时
céng dān rèn qián fǔ shàng shì shì yí gè zhǎng guǎn qián cái de guān tā de
曾担任钱府上士（是一个掌管钱财的官），他的
hòu rén biàn yǐ guān wéi xìng shì dài xìng qián
后人便以官为姓，世代姓钱。

【钱氏先贤】

qián lè zhī nán cháo sòng tài shǐ lìng yuán jiā zhōng fèng zhào zhù zào
钱乐之：南朝宋太史令，元嘉中奉诏铸造
yuán wéi dōng hàn zhāng héng chuàng zhì de hún tiān yí hòu yòu zuò xiǎo hún tiān yí
原为东汉张衡创制的浑天仪，后又作小浑天仪。
qián qǐ zì zhòng wén táng dài dà shī rén wú xīng rén tiān
钱起：字仲文。唐代大诗人。吴兴人。天

宝年间考中进士，为大历十才子之一。有《钱考功集》。

钱谬：五代吴越国的创立人。在位期间，兴修水利，如修建钱塘江海塘等，有利于地方农业经济发展。

钱曾：清代藏书家、版本学家。字遵王，号也是翁，又号贯花道人、述古主人，虞山人。

钱大昭：清朝学者。字晦之，江苏嘉定人。著有《尔雅释文补》《广雅疏义》等。

【故事解读】

吴越王钱弘俶

中国历史上唯一的钱氏政权吴越建在五代时期。宋朝初年，吴越王钱弘俶，为了讨好宋朝，曾经两次到开封觐见宋朝皇帝。据说，杭州西湖边上的保俶塔，就是为保佑钱弘俶平安回来而建造的。

qián hóng chù dì yī cì rù sòng shí sòng cháo zhèng quán gāng gāng jiàn
钱弘俶第一次入宋时，宋朝政权刚刚建
lì zhèng jú hái bù wěn gù sòng tài zǔ zhào kuāng yìn wèi wěn gù rén xīn
立，政局还不稳固。宋太祖赵匡胤为稳固人心，
rè qíng de kuǎn dài le tā qián hóng chù de fū rén hái bèi fēng wéi wáng fēi
热情地款待了他，钱弘俶的夫人还被封为王妃。
děng dào qián hóng chù dì èr cì rù sòng shí tài zōng huáng dì yǐ jīng
等到钱弘俶第二次入宋时，太宗皇帝已经
jí wèi dà sòng yǐ píng dìng le dà bù fen de gē jù shì lì jiàn lì
即位，大宋已平定了大部分的割据势力，建立
le láo gù de zhōng yāng jí quán zhèng quán cǐ shí dà shì yǐ qù de qián
了牢固的中央集权政权。此时，大势已去的钱
hóng chù zhǐ hǎo xiàn chū le zì jǐ quán bù de tǔ dì hé jūn duì
弘俶，只好献出了自己全部的土地和军队。

sūn
孙

【姓氏解读】

sūn xìng yǒu lái yuán liù gè zhī duō yī shì chū yú mǐ
“孙”姓有来源六个之多：一是出于“芈”
xìng cǐ zhī wéi chǔ guó lìng yǐn sūn shū áo de hòu dài èr shì chū zì
姓，此支为楚国令尹孙叔敖的后代；二是出自
jī xìng wéi wèi guó guó jūn kāng shū de hòu dài sān shì chū zì
“姬”姓，为卫国国君康叔的后代；三是出自
guī xìng sì shì chū zì zǐ xìng wǔ shì yóu wài xìng gǎi wéi
“妫”姓；四是出自“子”姓；五是由外姓改为
sūn xìng liù shì lái zì tā zú gǎi xìng
“孙”姓；六是来自他族改姓。

【孙氏先贤】

sūn shū áo chūn qiū shí chǔ guó rén fǔ zuǒ chǔ zhuāng wáng chēng
孙叔敖：春秋时楚国人。辅佐楚庄王称
bà zhèng jì xiǎn zhù
霸，政绩显著。

sūn wǔ chūn qiū mò qī jūn shì jiā shān dōng zī bó rén biān
孙武：春秋末期军事家。山东淄博人。编
zhuàn sūn zǐ bīng fǎ
撰《孙子兵法》。

sūn bìn zhàn guó shí qī zhù míng de jūn shì jiā shān dōng yáng gǔ
孙膑：战国时期著名的军事家。山东阳谷
rén sūn wǔ de hòu yì zhù yǒu sūn bìn bīng fǎ
人。孙武的后裔。著有《孙膑兵法》。

sūn quán zì zhòng móu zhè jiāng fù yáng rén sān guó shí qī wú
孙权：字仲谋。浙江富阳人。三国时期吴
guó de jūn zhǔ yǒu xióng cái dà lüè hòu rén yǒu shēng zǐ dāng rú sūn zhòng
国的君主，有雄才大略，后人有“生子当如孙仲
móu zhī shuō
谋”之说。

sūn yán lè ān rén sān guó shí qī jīng xué jiā xùn gǔ xué
孙炎：乐安人。三国时期经学家、训诂学
jiā zhù yǒu ěr yǎ yīn yì
家。著有《尔雅音义》。

sūn sī miǎo táng dài zhù míng de yī xué jiā shǎn xī yào xiàn rén
孙思邈：唐代著名的医学家。陕西耀县人。
yǒu qiān jīn yào fāng qiān jīn yì fāng bèi hòu rén zūn chēng yào wáng
有《千金药方》《千金翼方》，被后人尊称“药王”。

sūn qí féng qīng chū rú xué míng shì hé běi shěng rén yǔ lǐ
孙奇逢：清初儒学名士。河北省人。与李
yóng huáng zōng xī qí míng bìng chēng qīng chū sān dà rú zhù yǒu lǐ
喁、黄宗羲齐名，并称“清初三大儒”。著有《理
xué zōng zhuàn xià fēng xiān shēng jí děng
学宗传》《夏峰先生集》等。

孙诒让：浙江省瑞安人。清代著名经学家、文学家。著有《墨子间诂》《契文举例》《周礼政要》《光绪瑞安县志》等书。

孙星衍：江苏阳湖人。清代著名经学家、金石学家、校勘学家。被袁枚称为“天下奇才”。

【故事解读】

孙膑智胜庞涓

战国时期，鬼谷子有两个学生：孙膑和庞涓。二人一起学习兵法。待学成后，庞涓到魏国做了将军，但是他十分妒忌孙膑的才华，便想方设法把他骗到魏国，并设奸计陷害他，将其处

以膑刑（古代一种刑罚：剜掉膝盖骨）。后来，饱受折磨的孙膑巧用智谋逃到了齐国，被齐王拜为军师。不久，魏国进攻韩国，孙膑奉齐王之命援助韩国，待齐军直逼魏都大梁时，庞涓只好撤军回救。之后，孙膑利用庞涓轻敌的心理，引诱其上当。果然，庞涓以为齐军胆小，只率少数骑兵追击。当他追到一个山谷中，忽然发现一棵树上写着“庞涓死于此树下”，方知已经中计，被齐军乱箭射死。

lǐ 李

【姓氏解读】

“李”姓来源有三个：一是出自“嬴”姓，此支为高阳氏的后裔；二是出自他族改姓，据载，三国时诸葛亮曾赐一些少数民族为“李”姓；三是他姓改姓李，如：唐代的许多功臣都被赐“李”姓，此为皇家给予的殊荣。

【李氏先贤】

李冰：战国时期水利专家。被秦昭王任为蜀郡守，他依势治水，修建了享誉中外的水利工程——都江堰，被后世奉为“川神”。

李牧：战国时期赵国人。战国末年著名军事家。

李斯：上蔡人。著名秦国政治家。

李广：西汉名将。多次参加反击匈奴的战争。在任右北平太守时，骁勇善战，匈奴数年不敢攻扰，人称“飞将军”。

李世民：唐太宗，开创了“从谏如流，道不拾遗、夜不闭户”的贞观盛世。

李白：唐代著名浪漫主义诗人，他在中国文学史上有着极其崇高的地位，人称“诗仙”。

李商隐：字义山，号玉溪生、樊南生。晚唐

shī rén xíng yáng rén hé dù mù hé chēng xiǎo lǐ dù yǔ wēn tíng
诗人。荥阳人。和杜牧合称“小李杜”，与温庭
yún hé chēng wéi wēn lǐ
筠合称为“温李”。

lǐ shí zhēn míng dài jié chū yī yào xué jiā zhù yǒu běn cǎo
李时珍：明代杰出医药学家。著有《本草
gāng mù wén míng yú shì
纲目》，闻名于世。

lǐ yú xì qū lǐ lùn jiā zuò jiā yuán míng xiān lǚ zì zhé
李渔：戏曲理论家、作家。原名仙侣，字谪
fán hào tiān tú zhōng nián gǎi míng lǐ yú zì lì hóng hào lì wēng
凡，号天徒，中年改名李渔，字笠鸿，号笠翁。
zhè jiāng lán xī rén
浙江兰溪人。

lǐ hóngzhāng zì zǐ fú jiàn fǔ hào shǎo quán yí sǒu hàn
李鸿章：字子黻、渐甫，号少荃、仪叟，汉
cháo hé féi rén zhù míng qīng cháo wǎn qī jūn zhèngzhòng chén qīng cháo huái jūn
朝合肥人。著名清朝晚期军政重臣、清朝淮军
de chuàng shǐ rén hé tǒng shuài yáng wù yùn dòng de zhǔ yào chàng dǎo zhě
的创始人和统帅、洋务运动的主要倡导者。

【故事解读】

lǎo zǐ de chuán shuō
老子的传说

lǎo zǐ shì xiān qín shí qī zuì zhù míng de zhé xué jiā zhī yī shì
老子是先秦时期最著名的哲学家之一，是
dào jiā de chuàng shǐ rén tā shì chǔ guó kǔ xiàn lì xiāng qū rén lǐ rén
道家的创始人。他是楚国苦县厉乡曲仁里人。
jù shuō tā shēng xià lái jiù xiǎn dé hěn lǎo suǒ yǐ rén men dōu jiào tā lǎo
据说他生下来就显得很老，所以人们都叫他“老
zǐ tā xìng lǐ míng ěr yì shuō míng jiào lǎo dān zuò guò zhōu cháo
子”。他姓李，名耳，一说名叫老聃，做过周朝

de shǒu cáng shì zhī shǐ kǒng zǐ céng jīng xiàng tā xué xí guò lǐ fǎ hòu
的守藏室之史，孔子曾经向他学习过礼法。后
lái tā qí qīng niú chū hán gǔ guān bèi shǒu guān de yǐn xǐ liú zhù xiě
来他骑青牛出函谷关，被守关的尹喜留住，写
xià le dào dé jīng wǔ qiān yán cǐ shū shì zhōng guó zhé xué shǐ shàng de
下了《道德经》五千言，此书是中国哲学史上的
zhòng yào zhù zuò jù shuō tā huó dào le yì bǎi liù shí suì
重要著作。据说他活到了一百六十岁。

dào jiào xīng qǐ yǐ hòu zūn lǎo zǐ wèi tài shàng lǎo jūn
道教兴起以后，尊老子为太上老君。

dào le táng dài lǐ xìng zhǎng wò le jiāng shān wèi le tí gāo zì
到了唐代，李姓掌握了江山，为了提高自
jǐ de wēi xìn jiù zūn lǎo zǐ wèi zǔ zōng chēng zì jǐ shì lǎo zǐ de
己的威信，就尊老子为祖宗，称自己是老子的
hòu yì táng gāo zōng qián fēng yuán nián nián zhuī fēng lǎo zǐ wéi
后裔。唐高宗乾封元年（666年），追封老子为
tài shàng xuán yuán huáng dì
太上玄元皇帝。

zhōu

周

【姓氏解读】

zhōu xìng de lái yuán yǒu sān gè yī shì huáng dì shí jiāng jūn
“周”姓的来源有三个：一是黄帝时，将军
zhōu chāng de hòu dài èr shì chū zì jī xìng shǐ zǔ wéi zhōu wén wáng
周昌的后代；二是出自“姬”姓，始祖为周文王，
jù zǎi zhōu cháo de xǔ duō wáng zú hòu lái dōu yǐ zhōu wéi xìng sān shì
据载，周朝的许多王族后来都以周为姓；三是

yóu tā xìng huò tā zú gǎi wéi "zhōu" xìng
由他姓或他族改为"周"姓。

【周氏先贤】

zhōu bó: jiāng sū shěng pèi xiàn rén. xī hàn shí kāi guó dà chén,
周勃：江苏省沛县人。西汉时开国大臣，
bèi fēng "jiàng hóu".
被封"绛侯"。

zhōu yà fū: jiāng sū shěng pèi xiàn rén. xī hàn míng jiàng. yǐ zhì
周亚夫：江苏省沛县人。西汉名将。以治
jūn yán zhěng wén míng yú shì.
军严整闻名于世。

zhōu yú: sān guó shí wú guó míng jiàng. ān huī shěng shū chéng rén.
周瑜：三国时吴国名将。安徽省舒城人。
zhǐ huī chì bì zhī zhàn, dà bài cáo jūn.
指挥赤壁之战，大败曹军。

zhōu rì fāng: jīng zhào rén. táng dài zhù míng de huà jiā. shàn cháng
周日方：京兆人。唐代著名的画家。擅长
yú xiào xiàng、fó xiàng huà.
于肖像、佛像画。

zhōu wén jǔ: jù róng rén. wǔ dài nán táng shí huà jiā. shàn cháng
周文矩：句容人。五代南唐时画家。擅长
yú rén wù huà, tí cái duō qǔ zì gōng tíng shēng huó.
于人物画，题材多取自宫廷生活。

zhōu dūn yí: běi sòng zhù míng zhé xué jiā. hú nán shěng dào xiàn
周敦颐：北宋著名哲学家。湖南省道县
rén. yǒu《tài jí tú shuō》, sòng cháo lǐ xué de kāi chuàng rén.
人。有《太极图说》，宋朝理学的开创人。

zhōu bāng yàn: běi sòng zhù míng cí rén. zhè jiāng shěng háng zhōu rén.
周邦彦：北宋著名词人。浙江省杭州人。
píng shēng chuàng zuò le xǔ duō xīn cí tiáo, duì hòu shì yǐng xiǎng hěn dà.
平生创作了许多新词调，对后世影响很大。

zhōu dé qīng: yuán dài zhù míng yīn yùn xué jiā. jiāng xī shěng gāo ān
周德清：元代著名音韵学家。江西省高安

人。著有《中原音韵》。

【故事解读】

火烧赤壁

曹操统一北方后，兵精粮足、矛锋盾坚。曹魏为了实现大一统的抱负，于公元208年率领二十万大军挥师南下，其矛头直指刘备驻守的荆州。大敌当前，刘备听从军师诸葛亮的安排，退驻夏口，与孙权联合，共同抗击曹军。

据记载，曹军将士多为北方人，不习惯水战，所以，有人建议将战船用铁索连在一起。见此情景，周瑜想出了用火攻的方法，利用部将黄盖的诈降之计，趁着夜色，将装有易燃物品的船只开向曹营。也许是天公作美，这天夜里，东南风呼呼地刮着，火借风势，迅速将曹军船只引燃。随后，孙、刘联军趁势大举进攻，将曹军杀得落花流水，曹操只得狼狈地逃回北

fāng cǐ hòu sān guó dǐng lì de jú miàn jī běn xíng chéng
方。此后，三国鼎立的局面基本形成。

wú
吴

【姓氏解读】

wú xìng de lái yuán yǒu liǎng zhǒng yī shì chū zì jī xìng jù zǎi shǐ zǔ wéi zhōu dài de tài bó céng zài jiāng sū wú xī yí dài jiàn lì wú guó èr shì chū zì yú xìng xiāng chuán zhōu wén wáng fēng zhòng yōng de hòu dài yú yú guó yú rén zhōng hòu lái yǒu yǐ wú wéi xìng de

“吴”姓的来源有两种：一是出自“姬”姓，据载，始祖为周代的泰伯，曾在江苏无锡一带建立吴国；二是出自“虞”姓，相传周文王封仲雍的后代于虞国，虞人中后来有以吴为姓的。

【吴氏先贤】

wú qǐ zhàn guó shí zhù míng jūn shì jiā wèi guó rén chū wéi lǔ jiàng jì wéi wèi jiàng hòu bēn chǔ guó rèn lìng yǐn zhǔ chí biàn fǎ hòu bèi shā

吴起：战国时著名军事家。卫国人。初为鲁将，继为魏将，后奔楚国，任令尹，主持变法，后被杀。

wú dào zǐ táng dài huà jiā bèi hòu rén fèng wéi huà shèng

吴道子：唐代画家。被后人奉为画圣。

wú chéng ēn míng cháo xiǎo shuō jiā zhù yǒu xī yóu jì

吴承恩：明朝小说家。著有《西游记》。

吴敬梓：清代小说家，有《儒林外史》。

吴沃尧：清代小说家，有《二十年目睹之怪现状》。

吴昌硕：清代篆刻家、书画家。工诗，善书法，尤精篆刻。

【故事解读】

大泽乡起义

秦朝末年，秦二世宠信宦官、不理朝政，官吏贪婪残暴，百姓民不聊生。

话说公元前209年7月，秦二世再次征发九百多名贫苦农民到渔阳守边。当队伍行进到大泽乡时，突遭暴雨，道路泥泞不堪，按时到达渔阳已不可能。然而，当时法律规定，耽误日期是要斩首的。眼下，横竖难逃一死，在这些农民中很有威望的陈胜和吴广便商量，与其送死，不如起来反抗。于是，杀了押送的将尉，

zài dà zé xiāng jǔ xíng qǐ yì bìng dé dào le bǎi xìng de rè liè yōng
在大泽乡举行起义，并得到了百姓的热烈拥
hù hěn kuài biàn yǒu shù wàn rén jiā rù qǐ yì duì wu hòu lái zhōng
护，很快，便有数万人加入起义队伍。后来，终
yīn guǎ bù dí zhòng qǐ yì shī bài le dàn dà zé xiāng qǐ yì chénzhòng
因寡不敌众，起义失败了。但大泽乡起义沉重
de dǎ jī le qín wáng cháo de fēng jiàn tǒng zhì jiā sù le tā de miè wáng
地打击了秦王朝的封建统治，加速了它的灭亡，
duì hòu shì yǐng xiǎng jí dà
对后世影响极大。

zhèng

郑

【姓氏解读】

zhèng xìng lái yuán xiāng duì bǐ jiào dān yī zhǔ yào chū zì jī
“郑”姓来源相对比较单一，主要出自“姬”
xìng qí yuǎn zǔ wéi zhèng huán gōng jù zǎi zhèng guó céng shì chūn qiū chū
姓，其远祖为郑桓公。据载，郑国曾是春秋初
qī de qiáng guó hòu bèi hán guó suǒ miè qí hòu rén qiān jū zhì chén
期的强国，后被韩国所灭。其后人迁居至陈、
sòng zhī jiān shì dài biàn yǐ guó wéi xìng
宋之间，世代便以国为姓。

【郑氏先贤】

zhèngxuán dōng hàn jīng xué jiā chuàng lì zhèng xué biān zhù qún jīng
郑玄：东汉经学家。创立郑学，编注群经，

yǒu sān lǐ zhù jí máo shī jiān cún shì
有《三礼注》及《毛诗笺》存世。

zhèng xī běi wèi zhòng chén
郑羲：北魏重臣。

zhèng tián zì tái wén xíng yáng jīn shǔ hé nán rén wǎn táng zǎi xiàng yǐ shū shēng yì qì pò huáng cháo qǐ yì jūn jīn cún shī shí liù shǒu duō qī yán jué jù
郑畋：字台文。荥阳（今属河南）人。晚唐宰相，以书生意气破黄巢起义军。今存诗十六首，多七言绝句。

zhèng qiáo nán sòng shǐ xué jiā zhù yǒu tōng zhì shì zú zhì děng yú bù shū zuò
郑樵：南宋史学家。著有《通志》《氏族志》等80余部书作。

zhèng guāng zǔ yuán dài qǔ zuò jiā
郑光祖：元代曲作家。

zhèng chéng gōng míng mò míng jiàng zhù míng de mín zú yīng xióng shōu fù tái wān
郑成功：明末名将，著名的民族英雄。收复台湾。

zhèng xiè hào bǎn qiáo qīng dài huà jiā
郑燮：号板桥。清代画家。

【故事解读】

zhèng chéng gōng shōu fù tái wān
郑成功收复台湾

míng cháo mò nián guó shì shuāi bài hé lán zhí mín zhǔ yì zhě chèn jī qīn rù wǒ guó bǎo dǎo tái wān bìng jiàn lì le tái wān chéng hé chì qiàn chéng duì dāng dì rén mín jìn xíng cán kù de bō xuē hé yā zhà yǐn qǐ
明朝末年，国势衰败，荷兰殖民主义者趁机侵入我国宝岛台湾，并建立了台湾城和赤嵌城，对当地人民进行残酷的剥削和压榨，引起

gè zú rén mín de chóu hèn jiù zài nián zhèng chéng gōng shuài lǐng
各族人民的仇恨。就在1661年，郑成功率领
dà jūn jīng péng hú xiàng tái wān jìn fā zài lù ěr mén dēng lù hòu
大军，经澎湖向台湾进发。在鹿耳门登陆后，
shòu dào le tái wān rén mín de rè liè huān yíng zài jīng guò jiǔ gè yuè
受到了台湾人民的热烈欢迎。在经过九个月
de jī liè zhàn dòu zhī hòu zhèng chéng gōng gōng xià chì qiàn chéng shōu fù
的激烈战斗之后，郑成功攻下赤嵌城，收复
le bèi hé lán bà zhàn jìn sì shí nián de bǎo dǎo tái wān
了被荷兰霸占近四十年的宝岛——台湾。

cǐ hòu wèi le tuī jìn tái wān dì qū de zhèng zhì jīng jì fā
此后，为了推进台湾地区的政治经济发
zhǎn zhèng chéng gōng zài tái wān shè zhì fǔ xiàn jiàn lì xíng zhèng jī gòu
展，郑成功在台湾设置府县，建立行政机构，
bìng zhāo mù dà lù jū mín dào tái wān kěn huāng tún tián pài qiǎn nóng jì shī
并招募大陆居民到台湾垦荒屯田，派遣农技师
dào gāo shān zú jù jū dì qū tuī guǎng xiān jìn de shēng chǎn jì shù tā
到高山族聚居地区推广先进的生产技术。他
zì jǐ yě chéng wéi rén men qiān gǔ chuán sòng de mín zú dà yīng xióng
自己也成为人们千古传颂的民族大英雄。

wáng

王

【姓氏解读】

wáng xìng qǐ yuán yú jǐ zhǒng wáng zú yī shì chū zì jī
“王”姓起源于几种王族：一是出自“姬”
xìng wéi zhōu wén wáng zhōu líng wáng zhōu píng wáng de hòu yì èr shì chū
姓，为周文王、周灵王、周平王的后裔；二是出

zì guī xìng wéi qí wáng tián hé de hòu dài sān shì chū zì zǐ
自“妫”姓，为齐王田和的后代；三是出自“子”
xìng jù xī wéi shāng cháo wáng zǐ bǐ gān de hòu dài
姓，据悉，为商朝王子比干的后代。

【王氏先贤】

wáng zhāo jūn hàn píng shǐ zhě zhōng guó lì shǐ shàng de sì dà měi
王昭君：汉平使者，中国历史上的四大美
nǚ zhī yī
女之一。

wáng chōng dōng hàn zhé xué jiā zhù yǒu lùn héng
王充：东汉哲学家。著有《论衡》。

wáng xī zhī shān dōng lín yí rén dōng jìn dà shū fǎ jiā shàn
王羲之：山东临沂人。东晋大书法家。善
xíng shū yǒu lán tíng jí xù
行书，有《兰亭集序》。

wáng bó táng dài shī rén táng chū sì jié zhī shǒu
王勃：唐代诗人，唐初四杰之首。

wáng zhī huàn táng dài shī rén dēng guàn què lóu jiǔ chuán bù shuāi
王之涣：唐代诗人。《登鹳雀楼》久传不衰。

wáng wéi táng dài shī rén huà jiā
王维：唐代诗人，画家。

wáng ān shí běi sòng zhèng zhì jiā sī xiǎng jiā wén xué jiā sòng
王安石：北宋政治家、思想家、文学家。宋
shén zōng zǎi xiàng
神宗宰相。

wáng shí fǔ yuán xì qǔ zuò jiā
王实甫：元戏曲作家。

wáng yáng míng míng shǒu rén zì bó ān míng cháo zhé xué jiā
王阳明：名守仁，字伯安。明朝哲学家、
jiào yù jiā
教育家。

wáng fū zhī míng mò qīng chū sī xiǎng jiā
王夫之：明末清初思想家。

【故事解读】

书圣王羲之

在中国书法史上有“书圣”之称的王羲之，是最杰出的书法家之一。据载，他很小就跟随父亲开始练字，七岁时，便写得一手好字了。

有一天，他在父亲的枕头下面发现了一本叫《笔读》的书，里面都是些写字的方法。小王羲之如获至宝，如饥似渴地读起来，而父亲认为这本书太难，不适合他读。小王羲之却认为，只要坚持下去不放弃，就没有什么克服不了的困难，随后，他一边读一边按照书中讲的方法去练习，书法果然取得了很大的进步。

从幼年开始，一直到去世前，五十多年里，王羲之从未间断过练字。据史书上记载，在浙江兰亭及江西庐山等地都有他练字时用过的墨池。

féng

冯

【姓氏解读】

“冯”姓有两个主要来源：一是出自“姬”姓，周文王的一支后裔曾被封在冯城，此后，便以封地为姓，世代姓冯；二是出自“归”姓，据传，春秋时郑国有个大夫叫冯简子，因封地在冯而得此姓。

【冯氏先贤】

冯梦龙：明末小说家。兼通经学、诗文。著有《喻世名言》《警世通言》《醒世恒言》，合称“三言”。

冯道：五代时历任四朝宰相。他在任期间，倡议国子监校印《九经》，世称“五代监本”。**冯子材**：清末爱国将领。他年近70岁时，在广西

zhèn nán guān dà bài fǎ guó jūn qǔ dé zhèn nán guān dà jié shǒu jiā wèi guó
镇南关大败法国军，取得镇南关大捷，守家卫国。

féng yù xiáng jìn dài ài guó jiàng lǐng céng dài lǐng suǒ bù duō cì
冯玉祥：近代爱国将领。曾带领所部多次
jī bài rì kòu shōu fù guó tǔ
击败日寇，收复国土。

【故事解读】

féng huān yào zhài
冯骥要债

zhàn guó shí qī mèng cháng jūn de jiā zhōng fèng yǎng le xǔ duō mén
战国时期，孟尝君的家中奉养了许多门
kè qí zhōng yǒu yí gè jiào féng huān de yì zhí mò mò wú wén méi shén
客，其中有一个叫冯骥的，一直默默无闻，没什
me chéng jì yǒu yí cì mèng cháng jūn pài féng huān dào xuē dì qù shōu
么成绩。有一次，孟尝君派冯骥到薛地去收
zū yào zhài lín xíng qián féng huān wèn shì fǒu xū yào dài xiē dōng xi huí
租要债，临行前，冯骥问是否需要带些东西回
lái mèng cháng jūn shuō nǐ kàn zhe bàn ba wǒ quē shǎo shén me nǐ jiù
来，孟尝君说："你看着办吧，我缺少什么你就
dài xiē shén me ba
带些什么吧！"

féng huān dào
冯骥到
le xuē dì zhī hòu
了薛地之后，
kàn dào bǎi xìng men
看到百姓们
zhèng zāo shòu zāi hài
正遭受灾害，
shēng huó kùn kǔ bù
生活困苦不

kān biàn fàng qì le tǎo zhài shōu zū bìng dāng zhe lǎo bǎi xìng de miàn jiāng
堪，便放弃了讨债收租，并当着老百姓的面将
zhàng běn qì yuē fù zhī yì jù kōng shǒu ér guī dāng mèng cháng jūn wèn
账本契约付之一炬，空手而归。当孟尝君问
féng xuān cǐ fān dài huí shén me shí féng huān dá dào wǒ zhǐ dài huí le
冯驩此番带回什么时，冯驩答道：“我只带回了
dé suī rán mèng cháng jūn yǒu diǎn bù gāo xìng dàn bìng méi shuō shén me
‘德’。”虽然孟尝君有点不高兴，但并没说什么。

yì nián hòu bèi miǎn qù xiàng guó zhí wù de mèng cháng jūn fǎn huí xuē
一年后，被免去相国职务的孟尝君返回薛
dì dāng dì de lǎo bǎi xìng tīng shuō hòu fú lǎo xié yòu jiā dào huān
地。当地的老百姓听说后，扶老携幼、夹道欢
yíng tā guī lái cǐ shí mèng cháng jūn zhè cái míng bai féng huān dài huí lái
迎他归来，此时，孟尝君这才明白冯驩带回来
de dé shì duō me de zhēn guì
的“德”是多么的珍贵。

chén

陈

【姓氏解读】

chén xìng yǒu sān gè lái yuán yī shì zhōu wǔ wáng miè shāng hòu
“陈”姓有三个来源：一是周武王灭商后，
zhǎo dào dì shùn de hòu dài hú gōng mǎn fēng hú yú chén guó qí hòu rén
找到帝舜的后代胡公满，封胡于陈国，其后人
yǐ guó míng wéi xìng èr shì nán běi cháo shí de hóu mò chén shì suí wèi
以国名为姓；二是南北朝时的侯莫陈氏，随魏
xiào wén dì qiān dū luò yáng gǎi xìng chén sān shì gǔ dài ān nán jīn yuè
孝文帝迁都洛阳，改姓陈；三是古代安南（今越

南）国有人姓陈。

【陈氏先贤】

陈平：西汉王朝开国功臣，中国最有影响力的宰相之一。阳武人。在楚汉相争时，曾多次出计策帮助刘邦获得政权。汉文帝时，曾任右丞相，后迁左丞相。“反间计”“离间计”，均出自其手。

陈琳：汉末文学家。广陵人。字孔璋。“建安七子”之一。诗、文、赋兼善。诗歌今存4首，代表作《饮马长城窟行》《为袁绍檄豫州文》《武军赋》《神武赋》等，明代张溥辑有《陈记室集》。

陈寿：西晋史学家。字承祚。蜀国巴西安汉人。他著有《三国志》《古国志》《益部耆旧传》，编有《蜀相诸葛亮集》等。后人推重他的史学和文笔，把《三国志》与《史记》《汉书》《后汉书》并列，称为“四史”。

陈子昂：唐代文学家。梓州射洪人。字伯

yù yīn céng rèn yòu shí yí hòu shì chēng chén shí yí yú shī biāo jǔ
玉。因曾任右拾遗，后世称陈拾遗，于诗标举
hàn wèi fēng gǔ shì táng shī gé xīn de qián qū zhě duì táng dài shī gē
汉魏风骨，是唐诗革新的前驱者，对唐代诗歌
yǐng xiǎng jù dà zhù yǒu chén bó yù jí
影响巨大。著有《陈伯玉集》。

chén tuán běi sòng chū dào shì zì tú nán hào fú yáo zǐ
陈抟：北宋初道士。字图南，号扶摇子。
bó zhōu zhēn yuán jīn ān huī bó zhōu rén yǐn jū wǔ dāng shān jiǔ shì
亳州真源（今安徽亳州）人。隐居武当山九室
yán yǒu wú jí tú xiān tiān tú jiǔ shì zhǐ xuán piān yì lóng
岩，有《无极图》《先天图》《九室指玄篇》《易龙
tú sān fēng yù yán gāo yáng jí diào tán jí chì sōng zǐ bā
图》《三峰寓言》《高阳集》《钓潭集》《赤松子八
jiè lù yīn zhēn jūn hái dān gē zhù rén lún fēng jiàn děng chuán shì
诫录》《阴真君还丹歌注》《人伦风鉴》等传世。

【故事解读】

pò jìng chóng yuán
破镜重圆

nán cháo hòu qī de lè chāng gōng zhǔ cái mào chū zhòng jià gěi le
南朝后期的乐昌公主，才貌出众，嫁给了
tài zǐ bīn kè xú dé yán wéi qī yǎn kàn chén cháo rì yì shuāi bài xú
太子宾客徐德言为妻。眼看陈朝日益衰败，徐
dé yán duì qī zi shuō guó jiā jiù yào miè wáng le wǒ xiàn zài yào yuǎn
德言对妻子说：“国家就要灭亡了，我现在要远
yóu nǐ wǒ ruò yǒu yuán dìng néng chóng féng dàn yào yǒu gè xìn wù
游。你我若有缘，定能重逢，但要有个信物。”
xú bǎ yí miàn tóng jìng pò wéi liǎng bàn gēn qī zi yì rén ná yí bàn shuō
徐把一面铜镜破为两半，跟妻子一人拿一半说：
měi nián zhēng yuè shí wǔ nà tiān nǐ zài jí shì shang mài zhè bàn miàn jìng
“每年正月十五那天，你在集市上卖这半面镜

zi ruò wǒ hái huó zhe huì zài nà tiān qù zhǎo nǐ
子，若我还活着，会在那天去找你。”

chén cháo wáng guó hòu xú dé yán lì jīng mó nàn huí dào jīng chéng
陈朝亡国后，徐德言历经磨难，回到京城。
zhēng yuè shí wǔ zhè tiān tā lái dào jí shì shang kàn dào yǒu rén zhèng zài
正月十五这天，他来到集市上，看到有人正在
mài bàn miàn jìng zi xú dé yán ná chū zì jǐ de bàn miàn jìng zi zhèng
卖半面镜子，徐德言拿出自己的半面镜子，正
hǎo gēn nà rén de hé zài le yì qǐ xú yú shì xiě le yì shǒu shī
好跟那人的合在了一起，徐于是写了一首诗：
jìng yǔ rén jù qù jìng guī rén wèi guī wú fù cháng é yǐng kōng liú
“镜与人俱去，镜归人未归！无复嫦娥影，空留
míng yuè huī zhōng yú fū qī èr rén yòu xié shǒu tóng xíng bái tóu xié
明月辉！”终于，夫妻二人又携手同行，白头偕
lǎo
老。

jiǎng

蒋

【姓氏解读】

jiǎng xìng qǐ yuán jiào wéi dān yī zhǔ yào chū zì jī xìng
“蒋”姓起源较为单一，主要出自“姬”姓。
xiāngchuán xī zhōu shí zhōu gōng dàn de ér zi bó líng fēng zài jiǎng dì jiàn
相传，西周时周公旦的儿子伯龄封在蒋地，建
lì le jiǎng guó hòu bèi chǔ guó suǒ miè cǐ hòu bó líng de zǐ sūn biàn
立了蒋国，后被楚国所灭，此后，伯龄的子孙便
yǐ yuán guó míng wéi xìng shì dài xìng jiǎng
以原国名为姓，世代姓蒋。

【蒋氏先贤】

jiǎng wǎn sān guó shí shǔ hàn zhù míng dà jiāng jūn wèi zhū gě liàng
蒋琬：三国时蜀汉著名大将军。为诸葛亮
suǒ zhòng rèn chéngxiàngzhǎng shǐ zhū gě liàngchēng tā wéi shè jì zhī qì
所重，任丞相长史。诸葛亮称他为“社稷之器”，
zhū gě liàng sǐ hòu tā céng dài zhū gě liàng zhí zhèng rèn dà jiāng jūn lù
诸葛亮死后，他曾代诸葛亮执政，任大将军、录
shàng shū shì děng zhí
尚书事等职。

jiǎng fáng yì xīng rén táng dài wén xué jiā hàn lín xué shì
蒋防：义兴人。唐代文学家、翰林学士。
yǒu chuán qí xiǎo shuō huò xiǎo yù zhuàn chuán shì
有传奇小说《霍小玉传》传世。

jiǎng shì xíng míng dài huà jiā zhè jiāngshěngcháng xīng xiàn rén shàn
蒋士行：明代画家。浙江省长兴县人。善
tú huì xīn huà de zhēn wǔ xiàng yóu wéi dú jué yǔ shàng ān tú xiàng
图绘，新画的真武像尤为独绝，与《上庵图像》
pù bù lóng kǒu shèngxiàng hé chēng sān jué
《瀑布龙口圣像》合称三绝。

jiǎng yī jiāng sū shěngcháng shú rén qīng dài shū huà jiā shī rén
蒋伊：江苏省常熟人。清代书画家、诗人。
xìng xiào yǒu kāng xī shí èr nián nián jìn shì jí dì yǒu shēn tián
性孝友康熙十二年（1673年）进士及第，有《莘田
shī wén jí chuán shì
诗文集》传世。

jiǎng rén míng tài zì jiē píng qīng dài zhuàn kè shū fǎ jiā
蒋仁：名泰，字阶平。清代篆刻、书法家。
qí zhuàn kè yǐ dīng jìng wéi zōng ér néng zì chū xīn yì bié jù qíng qù
其篆刻以丁敬为宗而能自出新意、别具情趣。
yīn xìng qíng gěng jiè bù qīng yì wèi rén zòu dāo liú chuán zuò pǐn bù duō
因性情耿介，不轻易为人奏刀，流传作品不多。
bèi yù wéi xī líng bā jiā zhī yī
被誉为“西泠八家”之一。

蒋士铨：字心余，一字苕生，号清容，又号藏园，晚号定甫，或自署离垢居士。铅山（今属江西省）人。清代诗人、文学家、戏曲作家。乾隆二十二年（1757年）进士，官翰林院编修。他与袁枚、袁翼并称“江右三大家”。有《忠雅堂集》等传世。

蒋廷锡：江苏省常熟人。清康熙文华殿大学士。进士出身。工诗善画，尤精画花卉，曾奉雍正皇帝命核定《古今图书集成》共一万卷。还撰有《青桐轩》《秋风》《片云》等。

蒋翊武：湖南省澧县人，近代民主革命者，参加讨袁战争，失败被杀。

【故事解读】

大度容下

三国时，蜀国著名的大将军蒋琬，谦恭厚道，品性高洁，为人所崇。据载，诸葛亮攻魏时，蒋琬成功地解决了兵源粮饷的供应，深得诸葛亮的器重。最难得的是，诸葛亮去世后，他虽然掌握了蜀汉军政大权，但一切行为和往常并没有两样，因此，深得君臣的信赖。他有一个部下叫杨戏，性格傲慢，就连蒋琬找他商量事情时，他也经常爱答不理。曾有人想陷害杨戏，便在蒋琬面前说他的坏话。而蒋琬却说：“人心的不同，如人的面孔不同一样，有人表面上服从，背地里却阳奉阴违。虽然杨戏对人爱答不理，但这正是他耿直的一面！”由此可见，蒋琬的气度不凡。

shěn 沈

【姓氏解读】

“沈”姓主要有三个来源：其一出自“姬”

xìng xiāngchuán zhōu wén wáng dì shí gè ér zi bèi fēng yú shěn guó chūn qiū
姓，相传，周文王第十个儿子被封于沈国，春秋
shí bèi cài guó miè diào qí zǐ sūn biàn yǐ guó wéi xìng qí èr chū zì
时被蔡国灭掉，其子孙便以国为姓；其二出自
mǐ xìng shì zhuān xū dì de hòu dài qí sān chū zì jīn tiān shì
“芈”姓，是颛顼帝的后代；其三出自金天氏，
shì shào hào shì de hòu dài
是少昊氏的后代。

【沈氏先贤】

shěn yuē nán běi cháo liáng wén xué jiā shǐ xué jiā shēng lǜ xué
沈约：南北朝梁文学家、史学家、声律学
jiā tā shì èr shí sì shǐ zhōng sòng shū de zuò zhě tā shǒu
家。他是《二十四史》中《宋书》的作者。他首
chuàng sì shēng zhī shuō bǎ měi gè zì fēn wéi píng shǎng qù rù
创“四声”之说（把每个字分为平、上、去、入），
jiǎng qiú shēng lǜ duì zhàng tuī dòng shī gē zǒu xiàng gé lǜ huà zài wén xué
讲求声律对仗，推动诗歌走向格律化，在文学
shǐ shàng shì yí gè zhòng yào de chuàng xīn lìng zhù yǒu jìn shū sì shēng
史上是一个重要的创新。另著有《晋书》《四声
pǔ děng shū
谱》等书。

shěn quán qī táng dài zhù míng shī rén yǔ sòng zhī wèn qí míng bìng
沈佺期：唐代著名诗人，与宋之问齐名，并
chēng shěn sòng guān zhì tài zǐ shǎo zhān shì xiū wén guǎn zhí xué shì
称“沈宋”。官至太子少詹事、修文馆直学士。
duì lǜ shī tǐ zhì de dìng xíng pō yǒu yǐng xiǎng
对律诗体制的定型颇有影响。

shěn jì jì táng dài wén xué jiā cháng yú shǐ xué yòu shàn zuò
沈既济：唐代文学家。长于史学，又善作
xiǎo shuō zhuàn yǒu jiàn zhōng shí lù juàn jí chuán qí xiǎo shuō zhěn zhōng
小说。撰有《建中实录》10卷及传奇小说《枕中
jì rén shì zhuàn děng
记》《任氏传》等。

shěn kuò běi sòng kē xué jiā zì cún zhōng qián táng rén zhù
沈括：北宋科学家，字存中，钱塘人。著

mèng xī bǐ tán sòng shǐ shěn kuò zhuàn chēng tā bó xué shàn
《梦溪笔谈》。《宋史·沈括传》称他“博学善

wén yú tiān wén fāng zhì lǜ lì yīn yuè yī yào bǔ suàn wú suǒ
文，于天文、方志、律历、音乐、医药、卜算无所

bù tōng jiē yǒu suǒ lùn zhù
不通，皆有所论著”。

shěn wàn sān yuán míng shěn fù yuán dài zhōng qī suí qí fù yóu hú
沈万三：原名沈富。元代中期随其父由湖

zhōu nán xún qiān zhì zhōuzhuāngdōng tuó yǐ gōng gēng qǐ jiā hòu lái píng jiè
州南浔迁至周庄东坨，以躬耕起家，后来凭借

zhōuzhuāng tè yǒu de dì lǐ yōu shì tōng fān jìn xíng hǎi wài mào yì huó
周庄特有的地理优势通番，进行海外贸易活

dòng zuì zhōngchéng wéi zī chǎn jù wàn tián chǎn biàn tiān xià de jiāng
动。最终成为“资产巨万、田产遍天下”的江

nán shǒu fù
南首富。

shěn dù míng shū fǎ jiā huá tíng rén zì mín zé hào zì
沈度：明书法家。华亭人。字民则，号自

lè guān zhì shì jiǎng xué shì yǔ qí dì càn míngzhòng yī shí hào dà
乐。官至侍讲学士。与其弟粲名重一时，号大

xiǎo xué shì
小学士。

shěn zhōu míng dài huà jiā zì qǐ nán hào shí tián wǎn hào bái
沈周：明代画家。字启南，号石田，晚号白

shí wēng chángzhōu rén wéi míng dài wú mén huà pài sì jiā zhī yī zhù
石翁，长洲人。为明代吴门画派四家之一，著

yǒu shí tián jí shí tián shī chāo děng
有《石田集》《石田诗钞》等。

shěn hé xì qǔ zuò jiā suǒ zuò zá jù shí rén chēng wéi mán zi
沈和：戏曲作家，所作杂剧时人称为“蛮子

guān hàn qīng
关汉卿”。

【故事解读】

沈括与《梦溪笔谈》

北宋时的著名科学家沈括自幼勤奋好学，酷爱读书。他读书很多，善于独立思考，并用自己的见闻来检验书本上的东西。有时候，为了弄懂一个问题，往往会花费几年、甚至几十年的时间。比如说，为了观测北极星的运行位置，一连三个月他都没有睡好觉，前前后后画了二百多幅图，终于计算出了北极星的正确位置。

为了给后人留下宝贵的科技财富，他对天文、历法、地理、物理、生物、医学、文学、音乐等众多领域都有广泛而深入的研究，并把自己许多学科的研究成果综合起来，这就是著名的《梦溪笔谈》。这部巨著成为北宋科学史的资料宝库，对中国乃至世界科技都产生了深远的影响。

hán

韩

【姓氏解读】

hán xìng zhǔ yào lái yuán yǒu liǎng gè yī shì chū zì jī
“韩”姓主要来源有两个：一是出自“姬”
xìng xiāng chuán chūn qiū shí jìn wǔ gōng fēng shū fù jī wàn yú hán
姓，相传春秋时，晋武公封叔父姬万于韩，
chēng hán wǔ zǐ wǔ zǐ de zēng sūn hán jué biàn yǐ fēng dì wéi xìng
称韩武子，武子的曾孙韩厥便以封地为姓；
èr shì tā zú gǎi xìng rú nán běi cháo shí běi wèi de dà hán shì
二是他族改姓，如南北朝时北魏的大汗氏，
hòu gǎi xìng hán
后改姓韩。

【韩氏先贤】

hán fēi zhàn guó mò qī sī xiǎng jiā fǎ jiā chuàng shǐ rén hán guó
韩非：战国末期思想家，法家创始人韩国
gōng zú yǔ lǐ sī tóng shī shì xún qīng zhōng guó gǔ dài zhù míng fǎ jiā
公族，与李斯同师事荀卿。中国古代著名法家
sī xiǎng de dài biǎo rén wù
思想的代表人物。

hán xìn xī hàn chū qī guān zhì dà jiāng jūn fēng wéi chǔ wáng hòu
韩信：西汉初期官至大将军，封为楚王，后
biǎn wéi huái yīn hóu zhù míng jūn shì jiā tā zhì yǒng shuāng quán fǔ zuǒ
贬为淮阴侯。著名军事家。他智勇双全，辅佐
liú bāng píng dìng tiān xià lǚ jiàn qí gōng yǔ zhāng liáng xiāo hé bìng chēng
刘邦平定天下，屡建奇功，与张良、萧何并称

xīng hàn sān jié zhù yǒu bīng fǎ sān piān
“兴汉三杰”。著有《兵法》三篇。

hán yù zì tuì zhī táng cháo wén xué jiā táng sòng bā dà jiā
韩愈：字退之，唐朝文学家，“唐宋八大家”
zhī shǒu shǒu kāi sòng míng lǐ xué zhī xiān hé tā hái shì gǔ wén yùn dòng
之首，首开宋明理学之先河。他还是古文运动
de chàng dǎo zhě bèi chēng wéi bǎi dài wén zōng
的倡导者，被称为“百代文宗”。

hán huǎng táng dài huà jiā zì tài chōng cháng ān rén dé zōng
韩滉：唐代画家。字太冲，长安人。德宗
cháo zǎi xiàng zhì jīn chuán shì de yǒu wǔ niú tú
朝宰相，至今传世的有《五牛图》。

hán wò táng dài shī rén zì zhì yáo yí zuò zhì guāng xiǎo
韩偓：唐代诗人，字致尧（一作致光），小
zì dōng láng zì hào yù shān qiáo rén jīng zhào wàn nián rén lóng jì yuán
字冬郎，自号玉山樵人，京兆万年人。龙纪元
nián nián jìn shì lì rèn zuǒ shí yí xíng bù yuán wài láng děng
年（889年）进士。历任左拾遗、刑部员外郎等
zhí yǒu yù shān qiáo rén jí děng
职。有《玉山樵人集》等。

hán qín hǔ dōng yuán rén zì zǐ tōng chū shēn jiàng mén fù wéi
韩擒虎：东垣人，字子通，出身将门，父为
běi zhōu dà jiāng jūn xí fēng xīn yì jùn gōng kāi huáng bā nián nián
北周大将军，袭封新义郡公。开皇八年（588年）
shí yī yuè shuài jīng bīng wǔ bǎi rén zì héng jiāng yè dù gōng xià jiàn kāng
十一月，率精兵五百人自横江夜渡，攻下建康
chéng bìng fú chén hòu zhǔ yú kū jǐng zhī zhōng
城，并俘陈后主于枯井之中。

hán shì zhōng nán sòng dà jiàng yǔ yuè fēi tóng shì nán sòng kàng jīn
韩世忠：南宋大将，与岳飞同是南宋抗金
mín zú yīng xióng xiān zài hé běi lǚ bài jīn bīng hòu zhù zhèn jiāng céng yǐ
民族英雄。先在河北屡败金兵，后驻镇江曾以
bā qiān bīng kùn jīn wù shù yú huáng tiān dàng jīn bīng dà bài ér guī
八千兵困金兀术于黄天荡，金兵大败而归。

【故事解读】

背水一战

楚汉战争时期，为了对付项羽，刘邦命令韩信率兵攻打项羽周围的赵国，形成前后夹击之势。此时，赵王屯兵井陉口，其军师建议按兵不动，坚守城池，但赵王却没有采纳，而是率兵出城，誓与韩信决一死战。

得知这一情况后，韩信率兵直奔井陉口，并选派两千骑兵埋伏于山谷之中，待两军交战时，迅速占领赵营。然后，又派一万精兵背水列阵。面对着滔滔江水，将士们明白已无退路，无不奋勇杀敌，拼命向前。结果，赵军大败，等其退回营寨时，却发现营中已插满汉旗，因此阵脚大乱。汉军趁机全线进攻，最终取得了战争的胜利。

yáng

杨

【姓氏解读】

yáng xìng zhǔ yào yǒu sì gè fēn zhī yī shì chū zì jī
“杨”姓主要有四个分支：一是出自“姬”
xìng de hòu dài èr shì chū zì cì xìng sān guó shí zhū gě liàng píng
姓的后代；二是出自赐姓。三国时，诸葛亮平
dìng āi láo yí hòu cì dāng dì shǎo shù mín zú zhào zhāng yáng lǐ děng
定哀牢夷后，赐当地少数民族赵、张、杨、李等
xìng sān shì chū zì tā xìng gǎi yáng xìng sì shì chū zì tā zú gǎi xìng
姓；三是出自他姓改杨姓；四是出自他族改姓。
rú běi wèi xiào wén dì qiān dū luò yáng hòu shí xíng hàn huà sān zì xìng
如北魏孝文帝迁都洛阳后，实行汉化，三字姓
mò hú lú shì gǎi wéi yáng shì
莫胡卢氏改为杨氏。

【杨氏先贤】

yáng jiǒng huá zhōu huá yīn rén chū táng sì jié pái míng dì èr
杨炯：华州华阴人。初唐四杰排名第二，
yǔ wáng bó lú zhào lín luò bīn wáng qí míng bìng chēng chū táng sì
与王勃、卢照邻、骆宾王齐名，并称“初唐四
jié qí shī yóu yǐ miáo xiě jūn shì tí cái de biān sāi shī yǐng xiǎng zuì
杰”。其诗尤以描写军事题材的边塞诗影响最
dà yǒu yáng jiǒng jí chuán shì
大，有《杨炯集》传世。

yáng yè sòng cháo tài yuán rén sòng dài zhōu cì shǐ jī gōng qiān
杨业：宋朝太原人。宋代州刺史，积功迁

云州观察使，与契丹人战，援兵不至，力竭被擒，不食三日死。后杨氏后代杨延昭、杨文广等一直为北宋王朝捍卫疆土，杨家将的忠勇事为后人传诵。

杨延昭：民间俗称“杨六郎”，杨业之子，久经沙场，智勇兼备，防守边关20余年，因操劳过度，57岁时死于军前。

杨深秀：清末维新变法人士。字漪村或仪村。山西闻喜人。光绪进士。精通中西数学。授刑部主事，累迁郎中，后授山东道监察御史。戊戌政变中遇害，为戊戌六君子之一。著有《杨漪村侍御奏稿》《虚声堂诗抄》《闻喜县新志》。

杨振宁：安徽合肥人。华裔美籍物理学家。西南联合大学毕业，美国芝加哥大学哲学博士。曾任芝加哥大学讲师、普林斯顿近代物理研究院研究员。1957年与李政道同获诺贝尔物理学奖。

【故事解读】

yáng zhèn jù huì
杨震拒贿

yáng zhèn shì dōng hàn shí qī de míng chén yǒu yì nián tā qù dōng
杨震是东汉时期的名臣。有一年，他去东
lái chū rèn tài shǒu tú jīng chāng yì jīn shān dōng shěng jù yě dōng nán
莱出任太守，途经昌邑（今山东省巨野东南）
shí yǐ qián jīng tā tí bá guo de chāng yì xiàn lìng wèi dá xiè yáng zhèn
时，以前经他提拔过的昌邑县令，为答谢杨震
yǐ qián duì zì jǐ de jǔ jiàn zhī ēn chèn yè shēn rén jìng huái chuāi shí dìng
以前对自己的举荐之恩，趁夜深人静怀揣十锭
huáng jīn dào yì guǎn bài
黄金到驿馆拜
jiàn yáng zhèn yáng zhèn
见杨震。杨震
duì tā de zhè zhǒng xíng
对他的这种行
wéi hěn shēng qì yì
为很生气，毅
rán jù jué le xiàn
然拒绝了。县
lìng sì xià chǒu le chǒu
令四下瞅了瞅
shuō yè hēi rén
说：“夜黑人

jìng shì bú huì yǒu rén zhī dào de yáng zhèn yì zhèng cí yán de shuō
静，是不会有人知道的。”杨震义正辞严地说：
tiān zhī dì zhī nǐ zhī wǒ zhī nǐ zěn me shuō méi yǒu rén zhī
“天知、地知、你知、我知，你怎么说没有人知
ne shuō wán tā shēng qì de jiāng huáng jīn rēng huán gěi le tā
呢？”说完他生气地将黄金扔还给了他。

yáng zhèn jié shēn zì hào wéi guān qīng lián shòu dào le suǒ yǒu rén
杨震洁身自好，为官清廉，受到了所有人
de jìng zhòng
的敬重。

zhū

朱

【姓氏解读】

zhū xìng de lái yuán zhǔ yào yǒu sān gè qí yī chū zì cáo
“朱”姓的来源主要有三个：其一出自“曹”
xìng jù zǎi zhōu wǔ wáng miè shāng hòu fēng cáo xié zài zhū guó zhàn guó shí
姓，据载，周武王灭商后封曹挟在邾国，战国时
wéi qí suǒ miè qí zǐ sūn biàn yǐ zhū wéi xìng qí èr chū zì shùn shí
为齐所灭，其子孙便以朱为姓；其二出自舜时
dà chén zhū hǔ de hòu dài qí sān zé wéi sòng guó kāi guó jūn zhǔ sòng wēi
大臣朱虎的后代；其三则为宋国开国君主宋微
zǐ de hòu dài
子的后代。

【朱氏先贤】

zhū shì xíng sān guó shí dì yī gè qù xī yù qiú fǎ de sēng
朱士行：三国时第一个去西域求法的僧
rén zhōng guó sēng rén jiǎng jīng wǎng wǎng cóng tā kāi shǐ
人，中国僧人讲经往往从他开始。

zhū wēn hòu liáng tài zǔ wǔ dài liáng wáng cháo jiàn lì zhě gōng
朱温：后梁太祖，五代梁王朝建立者。公

元907年代唐称帝，后为其子友珪所杀。

朱熹：南宋思想家。字元晦，号晦庵。徽州婺源人。绍兴十八年（1148年）中进士，历仕高宗、孝宗、光宗、宁宗四朝，庆元六年（1200年）卒。嘉定二年（1210年）诏赐遗表恩泽，谥曰文，寻赠中大夫，特赠宝谟阁直学士。理宗宝庆三年（1227年），赠太师，追封信国公，改徽国公。

朱元璋：明朝开国皇帝。元末农民起义，他参加了郭子兴领导的红巾军，后来统领了这支起义军。1368年，率军攻克大都（北京），推翻元朝，建立明朝，号称明太祖。其后共传12代17帝，立国277年。

朱棣：明成祖，明朝第三位皇帝。朱元璋第四子。命解缙等人编纂的《永乐大典》，实为对中华文化的一大贡献。曾派郑和率领船队七次出使西洋，所历三十余国，成为明初盛事（见《郑和下西洋》）。

朱柏庐：清初居乡教授学生，治学用程、朱

wéi běn tí chàng zhī xíng bìng jìn qí zhì xué gé yán shì chēng zhū
为本，提倡知行并进。其《治学格言》世称《朱
zǐ jiā xùn bèi hòu shì shì wéi zhōng guó chuán tǒng de qǐ méng jiào yù dú
子家训》，被后世视为中国传统的启蒙教育读
běn yǐng xiǎng shēn yuǎn
本，影响深远。

zhū zì qīng yuán míng zì huá hào qiū shí hòu gǎi míng zì qīng
朱自清：原名自华，号秋实，后改名自清，
zì pèi xián xiàn dài zhù míng zuò jiā sǎn wén jiā xué zhě mín zhǔ zhàn shì
字佩弦，现代著名作家、散文家、学者、民主战士。

【故事解读】

fù xīn kǔ dú
负薪苦读

zhū mǎi chén suī rán shì hàn cháo
朱买臣虽然是汉朝
shí qī de dà guān dàn tā xiǎo
时期的大官，但他小
shí hou jiā jìng shí fēn pín
时候家境十分贫
hán jí biàn rú cǐ
寒，即便如此，
tā yī rán xǐ huan
他依然喜欢
dú shū chéng jiā
读书。成家
hòu wèi le shēng
后，为了生
jì měi tiān dōu
计，每天都
yào shàng shān kǎn
要上山砍

chái dàn tā zǒng shì dài zhe shū běn kǎn wán chái hòu yì biān bēi zhe
柴，但他总是带着书本，砍完柴后，一边背着
chái yì biān dú shū qī zi cuī shì jué de zhàng fu zhè yàng dāi tóu dāi
柴，一边读书。妻子崔氏觉得丈夫这样呆头呆
nǎo de tài méi chū xi le zài jiā shàng rì zi nán áo biàn hé tā lí
脑的，太没出息了，再加上日子难熬，便和他离
hūn le
婚了。

gū shēn yì rén de zhū mǎi chén rì zi guò de gèng jiā qīng kǔ
孤身一人的朱买臣，日子过得更加清苦
le dàn měi tiān kǎn chái shí tā réng jiù bú wàng dú shū zài jiān chí
了，但每天砍柴时，他仍旧不忘读书。在坚持
bú xiè de nǔ lì zhī hòu tā de xué yè dà yǒu zhǎng jìn wǔ shí suì
不懈的努力之后，他的学业大有长进。五十岁
shí zhū mǎi chén bèi hàn wǔ dì bài wéi zhōng dà fū dāng tā róng guī
时，朱买臣被汉武帝拜为中大夫。当他荣归
gù lǐ shí qī zi yīn xiū kuì nán dāng ér zì shā zhū mǎi chén zhè zhǒng
故里时，妻子因羞愧难当而自杀。朱买臣这种
kè kǔ gōng dú jiān chí bú xiè de jīng shén shēn shòu hòu rén jìng yǎng bìng
刻苦攻读、坚持不懈的精神深受后人敬仰，并
yīn cǐ chéng wéi lì dài dú shū rén de kǎi mó
因此成为历代读书人的楷模。

qín

秦

【姓氏解读】

qín xìng yǒu sān gè zhǔ yào lái yuán yī shì chū zì yíng
“秦”姓有三个主要来源：一是出自“嬴”

姓，为颛顼帝的后裔，其后人建立了秦朝，秦亡后，其子孙便以国为姓；二是出自“姬”姓，为周文王的后裔；三是古代大秦（古罗马）人来到中国后，便以“秦”为姓。

【秦氏先贤】

秦冉：孔子弟子。姓秦，名冉，字开。春秋末年人。唐代开元年间封“彭衙伯”，宋封“新息侯”。

秦非：孔子弟子。姓秦，名非，字子之。春秋末年鲁国人。唐代开元年间封“汧阳伯”，宋封“华亭侯”。

秦商：孔子弟子。姓秦，名商，字子丕。春秋末人。唐代开元年间封“上洛伯”，宋封“冯翊侯”。

秦越人：即战国时名医扁鹊。渤海郡鄚州人，亦为燕人。他治病以诊脉为名，创立了望、闻、问、切“四诊法”，用“针”“石”“熨”等简单

de yī jù zhì liáo bìng tōng nèi fù ér wǔ guān gè kē
的医具治疗，并通内、妇、儿、五官各科。

qín mì guǎng hàn mián zhú rén sān guó shí shǔ hàn dà chén lěi
秦宓：广汉绵竹人。三国时蜀汉大臣。累
guān zhì dà sī nóng qí wén cí zǎo zhuàng měi xī zuò pǐn duō yì
官至大司农，其文词藻壮美，惜作品多佚。

qín shū bǎo táng shí míng jiàng yǐ xiāo yǒng shàn zhàn zhì jié wán
秦叔宝：唐时名将。以骁勇善战，志节完
zhěng ér wén míng hòu bèi mín jiān fèng wéi mén shén zhī yī
整而闻名。后被民间奉为“门神”之一。

qín guān zì shào yóu běi sòng cí rén yǔ huáng tíng jiān cháo
秦观：字少游。北宋词人。与黄庭坚、晁
cuò zhāng lěi bìng chēng sū mén sì xué shì yǒu huái hǎi jí huái
错、张耒并称“苏门四学士”。有《淮海集》《淮
hǎi jū shì cháng duǎn jù chuán shì
海居士长短句》传世。

qín jiǔ sháo nán sòng zhù míng shù xué jiā zhù yǒu shù xué jiǔ zhāng
秦九韶：南宋著名数学家，著有《数学九章》。

【故事解读】

míng yī biǎn què
名医扁鹊

zhàn guó shí qī zhù míng de yī shēng biǎn què běn míng qín yuè rén
战国时期，著名的医生扁鹊，本名秦越人，
nián qīng shí biàn xū xīn hào xué kè kǔ zuān yán yī shù bìng bǎ jī lěi
年轻时便虚心好学，刻苦钻研医术，并把积累
de yī liáo jīng yàn zào fú yú píng mín bǎi xìng tā hái zhōu yóu liè guó
的医疗经验，造福于平民百姓。他还周游列国，
dào gè dì xíng yī wèi mín jiě chú bìng tòng
到各地行医，为民解除病痛。

yǒu yí cì biǎn què lái dào cài guó cài huán gōng jiē dài le tā
有一次，扁鹊来到蔡国，蔡桓公接待了他。

yí jiàn cài huán gōng liǎn sè huī àn biǎn què biàn tí xǐng tā yǒu bìng yīng
一见蔡桓公脸色灰暗，扁鹊便提醒他有病，应
jí zǎo zhì liáo kě cài huán gōng bìng bù xiāng xìn cǐ hòu yòu jǐ cì
及早治疗，可蔡桓公并不相信。此后，又几次
jiàn dào cài huán gōng měi cì biǎn què dōu tí xǐng tā yīng jǐn kuài zhì liáo
见到蔡桓公，每次扁鹊都提醒他应尽快治疗，
dàn cài huán gōng yī jiù zhì ruò wǎng wén zuì hòu yí cì jiàn dào cài huán
但蔡桓公依旧置若罔闻。最后一次见到蔡桓
gōng shí biǎn què shén me yě méi shuō biàn zǒu le gǎn jué hěn qí guài de
公时，扁鹊什么也没说便走了。感觉很奇怪的
cài huán gōng wèn tā wèi shén me yào zhè yàng zuò biǎn què shuō nǐ yǐ
蔡桓公，问他为什么要这样做，扁鹊说：“你已
bìng rù gāo huāng wú fǎ jiù zhì le guǒ rán méi guò jǐ tiān cài
病入膏肓，无法救治了。”果然，没过几天，蔡
huán gōng biàn yīn bìng zhòng yī zhì wú xiào sǐ le
桓公便因病重，医治无效死了。

xǔ

许

【姓氏解读】

xǔ xìng lái yuán zhǔ yào yǒu liǎng gè qí yī chū zì jiāng
“许”姓来源主要有两个：其一出自“姜”
xìng jù zǎi xī zhōu fēn fēng shí yán dì de hòu dài wén shū fēng zài xǔ
姓，据载，西周分封时，炎帝的后代文叔封在许
guó chūn qiū shí wéi chǔ suǒ miè qí zǐ sūn biàn yǐ guó wéi xìng shì dài
国，春秋时为楚所灭，其子孙便以国为姓，世代
xiāng xí qí èr yuán zì yáo dì shí xǔ yóu de hòu dài
相袭；其二源自尧帝时许由的后代。

【许氏先贤】

xǔ héng nán sòng jié chū de zhèng zhì jiā jiào yù jiā sī xiǎng jiā
许衡：南宋杰出的政治家、教育家、思想家
hé tiān wén xué jiā zì zhòng píng xué zhě chēng zhī lǔ zhāi xiān shēng zǔ
和天文学家。字仲平，学者称之鲁斋先生。祖
jí huái zhōu hé nèi lǐ fēng rén
籍怀洲河内李封人。

xǔ shào sān guó wèi dà míng shì hào píng lùn rén wù měi yuè
许劭：三国魏大名士。好评论人物，每月
gēng huàn yì míng shí chēng rǔ nán yuè dàn píng céng píng cáo cāo wèi
更换一名，时称汝南“月旦评”。曾评曹操为
zhì shì zhī néng chén luàn shì zhī jiān xióng zhè jù huà jī hū bèi chēng
“治世之能臣，乱世之奸雄”，这句话几乎被称
wèi cáo cāo yì shēng de dìng lùn
为曹操一生的定论。

xǔ hún táng dài shī rén qí shī zuò zhōng de shān yǔ yù lái
许浑：唐代诗人。其诗作中的“山雨欲来
fēng mǎn lóu zhī jù wéi shì rén chuánchàng
风满楼”之句为世人传唱。

xǔ dào níng sòng dài huà jiā yǐ shàn xiě lín mù píng yuǎn yě
许道宁：宋代画家，以擅写林木、平远、野
shuǐ sān jǐng wén míng
水三景闻名。

【故事解读】

jiān chí dào yì
坚持道义

yuán dài yǒu yí gè zhù míng de wù lǐ xué jiā míng jiào xǔ héng
元代有一个著名的物理学家，名叫许衡，

虽然小时候家境贫寒，每天吃糠咽菜，但他一直坚持求学。最难能可贵的是，他从小就严格要求自己，时时处处以古代圣贤为榜样，从不放纵自己。

一年夏天，许衡和几个朋友路过河阳时，大家口渴难耐，见路边树上结满了梨子，便争相爬上去摘着吃。唯独许衡一人坐在树下，像没看见似的。为此，朋友们都讥笑他，许衡却说：“难道说梨树没有主人，我的心也没有吗？我要坚持道义，永不放弃。”

由此可以看出，许衡用圣贤之理，指导着自己的言行举止，无论说话做事，都会考虑是否合乎道义。也正是由于有这样的信义，才成就了他的一番大事业。

hé

何

【姓氏解读】

hé xìng zhǔ yào lái yuán yǒu sān zhǒng qí yī chū zì jī
“何”姓主要来源有三种：其一出自“姬”
xìng wéi zhōu wén wáng de hòu dài qí èr shì táng dài xī yù ā mǔ
姓，为周文王的后代；其二是唐代西域阿姆
hé xī ěr hé liú yù gè shì zú de tǒng chēng qí sān lái yuán yú cì
河、锡尔河流域各氏族的统称；其三来源于赐
xìng
姓。

【何氏先贤】

hé wǔ zì jūn gōng xī hàn shǔ jùn pí xiàn rén wéi rén rén
何武：字君公。西汉蜀郡郫县人。为人仁
hòu jiǎng chēng rén zhī shàn lì rèn yù shǐ dà fū dà sī kōng děng guān
厚，奖称人之善。历任御史大夫、大司空等官，
fēng sì xiāng hóu
封汜乡侯。

hé chǎng zì wén gāo dōng hàn fú fēng píng líng rén shuǐ lì xué
何敞：字文高。东汉扶风平陵人。水利学
jiā wéi rén xìng zhí chū wéi jì nán tài fù yǐ kuān hé wéi zhèng
家。为人性直，出为济南太傅，以宽和为政。
hòu rèn rǔ nán tài shǒu lǐng dǎo rén mín xiū zhì yú tóng yáng jiù qú mín
后任汝南太守，领导人民修治鱼同阳旧渠，民
dé qí lì gēng tián zēng jiā sān wàn yú qǐng
得其利，耕田增加三万余顷。

hé jìn dōng hàn dà jiāng jūn nán yáng wǎn rén hé huáng hòu de
何进：东汉大将军。南阳宛人。何皇后的
yì mǔ xiōng shí huáng jīn qǐ yì bài jìn wéi dà jiāng jūn shuài jūn wèi zhèn
异母兄。时黄巾起义，拜进为大将军，率军卫镇
jīng shī yǐ gōng fēng shèn hóu jí líng dì bēng huáng zǐ biàn jí wèi yǐ
京师，以功封慎侯，及灵帝崩，皇子辩即位，以
zhǔ yòu gōng tíng nèi wài bù ān jìn móu zhū huàn guān bú mì fǎn wéi suǒ hài
主幼宫廷内外不安，进谋诛宦官不密，反为所害。

hé xī zì mèng sūn dōng hàn chén jùn yáng xià rén shào yǒu dà
何熙：字孟孙。东汉陈郡阳夏人。少有大
zhì bù jū xiǎo jié tǐ mào kuí wú shàn wéi róng yí guān yù shǐ
志。不拘小节，体貌魁梧，善为容仪。官御史
zhōngchéng jìn dà sī nóng
中丞、晋大司农。

hé yàn sān guó shí xuán xué jiā wéi wèi jìn xuán xué de zhǔ yào
何晏：三国时玄学家，为魏晋玄学的主要
chuàng shǐ zhě zhī yī zì píng shū nán yáng wǎn rén hàn dài dà jiāng
创始者之一。字平叔。南阳宛人。汉代大将
jūn hé jìn zhī sūn yǒu lún yǔ jí jiě jǐng fú diàn fù dào
军何进之孙。有《论语集解》《景福殿赋》《道
lùn děng chuán shì
论》等传世。

hé xiū zì shào gōng wèi dǒng zhòng shū sì chuán dì zǐ dōng hàn
何休：字邵公。为董仲舒四传弟子。东汉
jié chū jīng xué jiā lì nián zhuànchéng chūn qiū gōng yáng jiě gǔ chéng
杰出经学家。历17年撰成《春秋公羊解诂》，成
wéi jīn wén jīng xué jiā yì zhèng de zhǔ yào yī jù qí tā zhù zuò yǒu
为今文经学家议政的主要依据。其他著作有
gōng yáng mò shǒu zuǒ shì gāo huāng gǔ liáng fèi jí děng
《公羊墨守》《左氏膏肓》《穀梁废疾》等。

hé chéng tiān nán cháo sòng tiān wén xué jiā dōng hǎi tán rén zòu
何承天：南朝宋天文学家。东海郯人。奏
qǐng gǎi lì chēng yuán jiā lì duì hòu shì lì fǎ yǐng xiǎng hěn dà jiān
请改历，称元嘉历，对后世历法影响很大。兼
tōng yīn lǜ fā míng yī zhǒng jiē jìn shí èr píng jūn lǜ de xīn lǜ néng
通音律，发明一种接近十二平均律的新律，能

tán zhēng fù shàn yì qí zhù zuò yǒu bào yīng wèn dá xìng lùn
弹筝，复擅弈棋，著作有《报应问》《达性论》，
xuān yáng wú shén lùn
宣扬无神论。

【故事解读】

guà hù yǐn zhōu
挂笏引舟

wǒ guó gǔ dài táng cháo shí qī zhù míng de qīng guān hé yì yú céng
我国古代唐朝时期著名的清官何易于，曾
zài sì chuān yì chāng zuò xiàn lìng tā yì shēng wéi guān qīng lián ài mín rú
在四川益昌做县令。他一生为官清廉，爱民如
zǐ shēn shòu dāng dì lǎo bǎi xìng de ài dài
子，深受当地老百姓的爱戴。

yǒu yí cì shàng si cuī pǔ dài zhe suí cóng chéng chuán lái yì chāng yóu
有一次，上司崔朴带着随从乘船来益昌游
wán yóu yú dāng dì hé dào wān qū jiāng shang de chuán dōu yào yóu qiàn
玩。由于当地河道弯曲，江上的船都要由纤
fū lā zhe cái néng xíng jìn yú shì cuī pǔ jiù qiáng lìng mín fū tì tā
夫拉着才能行进。于是，崔朴就强令民夫替他
lā chuán dé zhī zhè jiàn shì hòu xiàn lìng hé yì yú bǎ hù bǎn shàng
拉船。得知这件事后，县令何易于把笏板（上

cháo shí dài de xiá cháng bǎn zi guà zài yāo jiān juǎn qǐ kù tuǐ qīn zì
朝时带的狭长板子）挂在腰间，卷起裤腿亲自
lā qiàn shàng si cuī pǔ kàn jiàn hòu hěn jīng qí de wèn tā wèi shén me
拉纤。上司崔朴看见后，很惊奇地问他为什么
lái lā qiàn hé yì yú biàn shuō yǎn xià zhèng shì nóng máng shí jié lǎo
来拉纤。何易于便说："眼下正是农忙时节，老
bǎi xìng dōu hěn máng wǒ gāng hǎo méi shì suǒ yǐ lái dāng qiàn fū le
百姓都很忙，我刚好没事，所以来当纤夫了。"
cuī pǔ tīng hòu hěn shì xiū kuì lián máng xià lìng dǎ dào huí fǔ
崔朴听后，很是羞愧，连忙下令打道回府。

lǚ

吕

【姓氏解读】

lǚ xìng yǒu sān zhǒng zhǔ yào lái yuán qí yī chū zì jiāng
"吕"姓有三种主要来源：其一出自"姜"
xìng qí shǐ zǔ wéi bó yí de hòu dài bèi fēng zài lǚ guó qí zǐ sūn
姓，其始祖为伯夷的后代，被封在吕国，其子孙
biàn yǐ guó míng wéi xìng shì dài xiāng xí qí èr chū zì chūn qiū shí qī
便以国名为姓，世代相袭；其二出自春秋时期
jìn guó de wèi shì qí sān zé wéi shǎo shù mín zú gǎi xìng
晋国的魏氏；其三则为少数民族改姓。

【吕氏先贤】

lǚ bù wéi zhàn guó shí qín chéng xiàng bèi fēng wéi wén xìn hóu
吕不韦：战国时秦丞相，被封为文信侯。

mén xià céng yǒu bīn kè sān qiān bìng ràng tā men biān zhù lǚ shì chūn qiū
门下曾有宾客三千，并让他们编著《吕氏春秋》。

lǚ zhì shàn fù jīn shān dōng shěng shàn xiàn nán rén hàn gāo zǔ
吕雉：单父（今山东省单县南）人。汉高祖
huáng hòu rén chēng lǚ hòu céng fǔ zuǒ liú bāng píng dìng tiān xià liú bāng
皇后，人称吕后。曾辅佐刘邦平定天下，刘邦
sǐ hòu dài lǐ cháo zhèng zhuān zhèng dá shí liù nián zhī jiǔ wéi lì shǐ shàng
死后代理朝政，专政达十六年之久，为历史上
dì yī wèi yǒu jì zǎi de nǚ zhí zhèng zhě
第一位有记载的女执政者。

lǚ bù shān xī xīn zhōu rén dōng hàn mò nián míng jiàng shàn gōng
吕布：山西忻州人。东汉末年名将。善弓
mǎ lì dà wú qióng shí chēng fēi jiàng hào fèn wēi jiāng jūn fēng wēn
马，力大无穷，时称“飞将”，号奋威将军，封温
hóu gē jù xú zhōu wéi yī dài xiāo xióng
侯，割据徐州，为一代枭雄。

lǚ méng rǔ nán fù bēi rén sān guó shí dōng wú míng jiàng shì
吕蒙：汝南富陂人。三国时东吴名将，是
gè wén wǔ shuāng quán de rén wù xiān zài chì bì zhī zhàn zhōng yǔ zhōu yú
个文武双全的人物。先在赤壁之战中与周瑜
děng dà pò cáo jūn hòu dà bài guān yǔ duó huí jīng zhōu zài dōng wú kān
等大破曹军，后大败关羽，夺回荆州，在东吴堪
chēng zhàn gōng hè hè hòu bèi fēng nán jùn tài shǒu chán líng hóu
称战功赫赫。后被封南郡太守、孱陵侯。

lǚ chén jìn dài wén xué jiā zhù yǒu zì lín yì shū
吕忱：晋代文学家，著有《字林》一书。

lǚ jìng jìn dài yīn yùn xué jiā zhù yǒu yùn jí yì shū
吕静：晋代音韵学家，著有《韵集》一书。

lǚ cái bó zhōu qīng píng jīn shān dōng shěng lín qīng rén táng dài
吕才：博州清平（今山东省临清）人。唐代
zhé xué jiā yīn yuè jiā guān zhì tài cháng bó shì tài cháng chéng
哲学家、音乐家。官至太常博士、太常丞。

lǚ duān hé běi ān cì rén sòng tài zōng shí zǎi xiāng tài zōng
吕端：河北安次人。宋太宗时宰相。太宗
chēng qí wéi xiǎo shì hú tú dà shì bù hú tú
称其为：“小事糊涂，大事不糊涂。”

【故事解读】

qí huò kě jū
奇货可居

zhàn guó shí qī qín guó chéng xiàng lǚ bù wéi dì wèi xiǎn zhù ér
战国时期，秦国丞相吕不韦地位显著，而
tā yǐ qián zé shì wèi guó de yí gè dà shāng rén yí cì zài hán dān yóu
他以前则是卫国的一个大商人。一次，在邯郸游
wán shí lǚ bù wéi jiàn dào le zài zhào guó zuò rén zhì de qín guó gōng zǐ yì
玩时，吕不韦见到了在赵国做人质的秦国公子异
rén duì yú zhè ge dà shāng rén lái shuō zhè kě shì yí gè qiān zǎi nán féng
人，对于这个大商人来说，这可是一个千载难逢
de jī huì yú shì tā zhǎo dào yì rén shuō rú guǒ wǒ ràng nǐ huí
的机会。于是，他找到异人说：“如果我让你回
dào zǔ guó bìng chéng wéi tiān zǐ nǐ zěn me bào dá wǒ a gōng zǐ yì
到祖国并成为天子，你怎么报答我啊？”公子异
rén shuō rú ruò néng huí guó rì hòu tǎng néng dé dào róng huá fù guì biàn
人说：“如若能回国，日后倘能得到荣华富贵，便
nǐ wǒ gòng xiǎng
你我共享！”

yú shì lǚ bù wéi jiǎo jìn nǎo zhī fèi jìn xīn lì de wèi yì rén
于是，吕不韦绞尽脑汁、费尽心力地为异人
chū móu huà cè bìng jǐ yǔ tā fēng hòu de zī jīn xī wàng qí chéng wéi wáng
出谋划策，并给予他丰厚的资金，希望其成为王
wèi de jì chéng rén hòu lái àn zhào lǚ bù wéi de ān pái táo huí qín
位的继承人。后来，按照吕不韦的安排，逃回秦
guó de yì rén chéng gōng de jì chéng le wáng wèi bìng rèn mìng lǚ bù wéi wéi
国的异人，成功地继承了王位，并任命吕不韦为
chéng xiàng fēng hào wéi wén xìn jūn yí yè zhī jiān lǚ bù wéi yóu shāng rén
丞相，封号为文信君。一夜之间，吕不韦由商人
biàn chéng le yí gè shēng míng xiǎn hè de zhèng zhì rén wù
变成了一个声名显赫的政治人物。

shī

施

【姓氏解读】

“施”姓来源主要有三种：其一以封国为姓，据载，夏朝时有个施国，国亡后，其子孙便以国为姓；其二出自“姬”姓，此支为黄帝的后代；其三出自“子”姓，是商朝人的后裔，主要从事旗帜制造业，其后人便以祖先的职业为姓。

【施氏先贤】

施之常：春秋时鲁国人。孔门弟子。

施耐庵：元末明初著名小说家。名子安（一说名耳），又名肇瑞，字彦端，号耐庵。江苏兴化人。中国古典四大名著之一——《水浒传》的作者。

施琅：字尊侯，号琢公。清晋江人。初为

míng dài zhèng zhī lóng bù jiàng xiáng qīng hòu píng tái wān miè zhèng shì fēng
明代郑芝龙部将。降清后，平台湾，灭郑氏，封
jìng hǎi hóu zú shì xiāngzhuàng
靖海侯，卒谥襄壮。

【故事解读】

cái zǐ shī nài ān
才子施耐庵

yuán mò míng chū chū le yí wèi zhù míng de xiǎo shuō jiā míng jiào shī
元末明初出了一位著名的小说家，名叫施
nài ān tā zì yòu jiā jìng pín hán wú fǎ shàng xué dú shū dàn tā
耐庵。他自幼家境贫寒，无法上学读书，但他
cōng míng hào xué jīng cháng zhǎo rén jiè shū kàn yǒu shí hái dào xué táng qù
聪明好学，经常找人借书看，有时还到学堂去
páng tīng
旁听。

yí cì lín jū jiā de lǎo rén bìng gù qǐng sī shú de jì xiù
一次，邻居家的老人病故，请私塾的季秀
cai lái xiě jì wén rán ér zhè wèi jì xiù cai chí chí wèi dào shī nài
才来写祭文，然而，这位季秀才迟迟未到，施耐
ān biàn dài bǐ xiě le yì piān suí hòu gǎn lái de jì xiù cai jiàn qí
庵便代笔写了一篇。随后赶来的季秀才见其
cái huá héng yì biàn dài tā huí qù dú shū hòu lái tā gēn jù mín
才华横溢，便带他回去读书。后来，他根据民
jiān liú chuán de yì bǎi líng bā wèi hǎo hàn qǐ yì de gù shi xiě chéngcháng
间流传的一百零八位好汉起义的故事，写成长
piān xiǎo shuō shuǐ hǔ zhuàn miáo shù le běi sòng mò nián dāngzhèng zhě héngzhēng
篇小说《水浒传》，描述了北宋末年当政者横征
bào liǎn yǐ zhì guān bī mín fǎn de qíng xing jí zhòng duō yīng xióng hǎo hàn bèi
暴敛，以致官逼民反的情形及众多英雄好汉被
bī shàngliáng shān yǐ jí sòng jiāng qǐ yì hé shī bài de jīng guò
逼上梁山以及宋江起义和失败的经过。

zhāng

张

【姓氏解读】

zhāng xìng lái yuán yǒu liǎng gè yì zhī chū zì huáng dì zhī hòu
“张”姓来源有两个：一支出自黄帝之后，
zhāng huī wéi shǐ zǔ lìng yì zhī chū zì huáng dì de lìng yí gè hòu dài
张挥为始祖。另一支出自黄帝的另一个后代，
chūn qiū shí jìn guó yí gè jiào xiè zhāng de guì zú tā de zǐ sūn yǐ tā
春秋时晋国一个叫解张的贵族，他的子孙以他
de zì wéi xìng shì dài xìng zhāng
的字为姓，世代姓张。

【张氏先贤】

zhāng yí zhàn guó shí wèi rén xiàng qín huì wáng yǐ lián héng zhī
张仪：战国时魏人。相秦惠王，以连横之
cè yóu shuì liù guó shǐ liù guó bèi pàn zòng yuē yǐ shì qín huì wáng
策游说六国，使六国背叛纵约以事秦。惠王
zú liù guó fù hé zòng yǐ bèi qín qún chén chán zhī nǎi qù qín ér wéi
卒，六国复合纵以背秦，群臣谗之，乃去秦而为
wèi xiàng yì nián hòu zú
魏相，一年后卒。

zhāng liáng zì zǐ fáng hàn chū sān jié zhī yī běn shì hán guó
张良：字子房。汉初三杰之一。本是韩国
gōng zi qín miè hán nǎi shǐ rén jī shǐ huáng yú bó làng shā bú zhòng
公子，秦灭韩，乃使人击始皇于博浪沙，不中，
suì gēng xìng míng yǐn yú xià pī ér shòu tài gōng bīng fǎ yú yí shàng lǎo
遂更姓名，隐于下邳，而受太公兵法于圯上老

rén hòu wèi gāo zǔ cè huà dìng tiān xià fēng liú hóu wǎn hào huáng lǎo
人。后为高祖策划定天下，封留侯，晚好黄老，
xué bì gǔ zhī shù zú shì wén chéng
学辟谷之术。卒谥文成。

zhāng qiān zì zǐ wén xī hàn chéng gù rén wǔ dì shí yǐ jūn
张骞：字子文。西汉成固人。武帝时以军
gōng fēng bó wàng hóu xuán bài zhōng láng jiàng chū shǐ wū sūn fēn qiǎn fù shǐ
功封博望侯，旋拜中郎将，出使乌孙，分遣副使
zhì dà wǎn kāng jū dà xià děng zì cǐ xī běi zhū guó fāng yǔ hàn jiāo
至大宛、康居、大夏等，自此西北诸国方与汉交
tōng shǐ hàn cháo néng yǔ zhōng yà jiāo liú bìng dǎ tōng qián wǎng xī yù de
通，使汉朝能与中亚交流，并打通前往西域的
nán běi liǎng tiáo tōng lù yǐn jìn yōu liáng mǎ zhǒng pú táo jí mù xu děng
南北两条通路，引进优良马种、葡萄及苜蓿等。

zhāng dào líng dào jiào de zhēn zhèng chuàng jiào zhě běn míng líng dōng
张道陵：道教的真正创教者。本名陵。东
hàn pèi guó rén cóng xué zhě xū chū wǔ dǒu mǐ gù shì chēng wǔ dǒu
汉沛国人。从学者须出五斗米，故世称“五斗
mǐ dào yì chēng wéi zhāng tiān shī
米道”。亦称为张天师。

zhāng fēi zì yì dé yí zuò yì dé sān guó shǔ hàn zhuō jùn
张飞：字益德，一作翼德。三国蜀汉涿郡
rén shào yǔ guān yǔ jù shì liú bèi hào wàn rén dí guān zhì chē qí
人。少与关羽俱事刘备，号万人敌。官至车骑
jiāng jūn fēng xī xiāng hóu liú bèi fá wú fēi shuài bīng yǔ zhī huì hé
将军，封西乡侯。刘备伐吴，飞率兵与之会合，
chū bīng qián wèi bù xià suǒ shā shì huán
出兵前为部下所杀。谥桓。

zhāng xù zì bó gāo táng dài wú jīn jiāng sū sū zhōu rén
张旭：字伯高。唐代吴（今江苏苏州）人。
zhù míng shū fǎ jiā yǐ cǎo shū zuì wéi zhī míng yǒu cǎo shèng zhī chēng
著名书法家。以草书最为知名，有草圣之称。

zhāng zé duān zì zhèng dào yòu zì wén yǒu dōng wǔ rén běi
张择端：字正道，又字文友。东武人。北
sòng mò nián huà jiā yǒu qīng míng shàng hé tú jīn míng chí zhēng biāo
宋末年画家。有《清明上河图》《金明池争标

tú cún shì wéi wǒ guó gǔ dài de yì shù zhēn pǐn
图》存世，为我国古代的艺术珍品。

zhāng jū zhèng zì shū dà hào tài yuè míng jiāng líng rén mù
张居正：字叔大，号太岳，明江陵人。穆
zōng shí rù gé shén zōng shí wèi shǒu fǔ zōng hé míng shí xìn shǎng bì
宗时入阁，神宗时为首辅，综核名实，信赏必
fá zhěng chì jì gāng tuī xíng yì tiáo biān fǎ wéi xiàng shí nián hǎi nèi
罚，整饬纪纲，推行一条鞭法，为相十年，海内
chēng zhì zú shì wén zhōng yǒu tài yuè jí dì jiàn tú shuō děng
称治。卒谥文忠。有《太岳集》《帝鉴图说》等。

zhāng sān fēng sòng wǔ dāng dào shì suǒ chuàng tài jí quán shù wén
张三丰：宋武当道士，所创太极拳术，闻
míng dāng shí qí fǎ chuán yú hòu shì chēng nèi jiā quán yòu chēng wǔ dāng pài
名当时，其法传于后世，称内家拳，又称武当派。

【故事解读】

zhāng liáng bài shī
张良拜师

hàn gāo zǔ shí qī liú bāng de jūn shī zhāng liáng nián qīng shí
汉高祖时期，刘邦的军师张良，年轻时
biàn xiōng huái dà zhì dào chù qiú shī fǎng xián xué xí zhì guó ān bāng de dào
便胸怀大志，到处求师访贤学习治国安邦的道
lǐ yì tiān tā zhèng zài qiáo shang sàn bù yǒu yí wèi bái fà lǎo rén
理。一天，他正在桥上散步，有一位白发老人
zǒu dào tā gēn qián gù yì tuō xià yì zhī xié zi diū xià qiáo qù hái
走到他跟前，故意脱下一只鞋子，丢下桥去，还
duì zhāng liáng shuō bǎ xié zi gěi wǒ qǔ lái miàn duì zhe zhāng liáng jiǎn
对张良说："把鞋子给我取来。"面对着张良捡
lái de xié zi lǎo rén yòu ràng tā gěi chuān shàng zhāng liáng gōng jìng de
来的鞋子，老人又让他给穿上，张良恭敬地
gěi tā chuān shàng le jiàn cǐ qíng jǐng lǎo rén xiào zhe shuō wǔ tiān
给他穿上了。见此情景，老人笑着说："五天

hòu wǒ zài zhè er děng nǐ yǒu běn shū sòng gěi nǐ dì wǔ tiān tiān gāng
后我在这儿等你，有本书送给你。”第五天天刚
liàng zhāng liáng biàn lái dào qiáo shang rán ér lǎo rén què zǎo dào le lǎo
亮，张良便来到桥上，然而，老人却早到了，老
rén guài zhāng liáng méi lǐ mào ràng tā wǔ tiān hòu zài lái
人怪张良没礼貌，让他五天后再来。

wǔ tiān hòu zhāng liáng bàn yè jiù gǎn lái lǎo rén xiào zhe sòng gěi
五天后，张良半夜就赶来。老人笑着送给
tā yì běn tài gōng bīng fǎ suí hòu zhāng liáng rèn zhēn yán dú chéng
他一本《太公兵法》，随后，张良认真研读，成
wéi liú bāng yùn chóu wéi wò jué shèng qiān lǐ de dà jūn shī
为刘邦运筹帷幄，决胜千里的大军师。

cáo

曹

【姓氏解读】

cáo xìng zhǔ yào yǒu liǎng gè lái yuán yī shì chū zì huáng dì
“曹”姓主要有两个来源：一是出自黄帝
de hòu dài zhōu wǔ wáng de dì di zhèn duó bèi fēng yú cáo chéng wéi
的后代。周武王的弟弟振铎被封于曹，成为
cáo xìng de shǐ zǔ èr shì yóu zhū xìng gǎi wéi cáo xìng
曹姓的始祖；二是由“邾”姓改为曹姓。

【曹氏先贤】

cáo guì chūn qiū shí qī lǔ guó míng jiàng lǔ zhuānggōng de shí
曹刿：春秋时期鲁国名将。鲁庄公的时

hou qí gōng dǎ lǔ tā qiú jiàn zhuānggōng suí zhuānggōng zhàn yú chángsháo
候，齐攻打鲁，他求见庄公，随庄公战于长勺，
lì yòng qí jūn yì gǔ zuò qì zài ér shuāi sān ér jié de shí
利用齐军“一鼓作气，再而衰，三而竭”的时
jī jiào zhuānggōng míng gǔ jìn gōng jié guǒ huò dé le chángsháo zhī zhàn de
机，叫庄公鸣鼓进攻，结果获得了长勺之战的
dà shèng
大胜。

cáo cān xī hàn míng jiàng dà chén zì jìng bó jiāng sū shěng pèi
曹参：西汉名将大臣。字敬伯，江苏省沛
xiàn rén qín mò suí liú bāng qǐ yì hàn cháo jiàn lì hòu tā bèi fēng wéi
县人，秦末随刘邦起义，汉朝建立后，他被封为
píng yáng hóu céng rèn zǎi xiāng jiǔ nián xié zhù gāo zǔ píng dìng chén zhuān
平阳侯，曾任宰相九年。协助高祖平定陈颛、
yīng bù děng yì xìng zhū hóu wáng de pàn luàn
英布等异姓诸侯王的叛乱。

cáo cāo zì mèng dé ān huī bó zhōu rén sān guó shí de zhù
曹操：字孟德。安徽亳州人。三国时的著
míng zhèng zhì jiā jūn shì jiā shī rén jiàn ān yuán nián nián
名政治家、军事家、诗人。建安元年（196年），
tā tǒng yī le zhōng guó běi bù hòu xié tiān zǐ yǐ lìng zhū hóu qí zǐ
他统一了中国北部。后挟天子以令诸侯，其子
cáo pī chēng dì zhuī zūn tā wéi wǔ dì
曹丕称帝，追尊他为武帝。

cáo pī jí wèi wén dì sān guó shí cáo wèi zhèngquán de jiàn lì
曹丕：即魏文帝。三国时曹魏政权的建立
zhě cáo cāo zhī zǐ tā hái bèi zūn wéi dāng shí wén tán lǐng xiù jīng
者，曹操之子。他还被尊为当时文坛领袖，精
yú shī gē chuàng zuò qí dài biǎo zuò wéi yàn gē xíng lìng zhù yǒu diǎn
于诗歌创作，其代表作为《燕歌行》，另著有《典
lùn yì shū
论》一书。

cáo zhí zhù míng shī rén sān guó shí cáo cāo zhī zǐ cáo pī
曹植：著名诗人。三国时曹操之子，曹丕
zhī dì yǐ shī wén zhù chēng yú shì tā de qī bù shī shí zhì jīn
之弟，以诗文著称于世。他的《七步诗》时至今

rì réng guǎng wéi liú chuán
日仍广为流传。

cáo xuě qín qīng dài zhù míng xiǎo shuō jiā tā de míng zhù hóng
曹雪芹：清代著名小说家。他的名著《红
lóu mèng wèi zhōng huá mín zú liú xià le yí bù bǎo guì de yí chǎn
楼梦》为中华民族留下了一部宝贵的遗产。

【故事解读】

cáo chōng chēng xiàng
曹冲称象

sān guó shí wú guó de sūn quán céng sòng gěi cáo cāo yì zhī dà
三国时，吴国的孙权曾送给曹操一只大
xiàng cáo cāo shí fēn gāo xìng shuō qǐ zhè dà xiàng nà kě shì yòu gāo
象，曹操十分高兴。说起这大象，那可是又高
yòu dà guāng shuō tuǐ ba jiù yǒu dà diàn de zhù zi nà me cū rén
又大。光说腿吧，就有大殿的柱子那么粗，人
zǒu jìn qù bǐ yì bǐ hái gòu bú dào tā de dù zi suí hòu cáo
走近去比一比，还够不到它的肚子。随后，曹
cāo duì dà jiā shuō shéi yǒu bàn fǎ chēng yì chēng zhè zhī dà xiàng yǒu duō
操对大家说："谁有办法称一称这只大象有多

zhòng ne zhōu wéi de rén kāi shǐ yì lùn qǐ lái yǒu de jiàn yì zuò
重呢？”周围的人开始议论起来，有的建议做
yì gǎn dà chèng yǒu de zhǔ zhāng jiāng dà xiàng shā le fēn kāi chēng cáo cāo
一杆大秤，有的主张将大象杀了分开称，曹操
dōu hěn bù mán yì zhè shí tā de xiǎo ér zi cáo chōng shàng qián shuō
都很不满意。这时，他的小儿子曹冲上前说：
wǒ yǒu yí gè bàn fǎ kě yǐ chēng chū dà xiàng de zhòng liàng zài zhēng
“我有一个办法，可以称出大象的重量。”在征
dé fù qīn de tóng yì hòu cáo chōng ràng rén bǎ dà xiàng gǎn shàng chuán bìng
得父亲的同意后，曹冲让人把大象赶上船，并
zài chuán shang huà chū shuǐ miàn de kè dù rán hòu àn zhào kè dù de wèi
在船上画出水面的刻度，然后按照刻度的位
zhì zhuāng shí tou zhī hòu zài chēng zhè xiē shí tou de zhòng liàng zuì
置装石头，之后再称这些石头的重量，最
zhōng dé dào le dà xiàng de zhòng liàng cáo cāo jiàn hòu pāi shǒu chēng zàn
终得到了大象的重量。曹操见后，拍手称赞，
xiǎo cáo chōng yùn yòng zì jǐ de cōng míng cái zhì dé dào le dà jiā de rèn kě
小曹冲运用自己的聪明才智得到了大家的认可。

yán

严

【姓氏解读】

yán xìng yǒu sān gè zhǔ yào lái yuán yī shì gǔ yán guó de hòu
“严”姓有三个主要来源：一是古严国的后
yì èr shì chū zì zhuāng xìng jù zǎi hàn míng dì míng jiào liú zhuāng
裔；二是出自“庄”姓。据载，汉明帝名叫刘庄，
wèi le bì huì lìng zhuāng shì dōu gǎi xìng yán sān shì shǎo shù mín zú hàn
为了避讳，令庄氏都改姓严；三是少数民族汉

huà de jié guǒ rú xiàn dài de mǎn zú yí zú cháo xiǎn zú zhōng dōu yǒu
化的结果，如现代的满族、彝族、朝鲜族中都有
yán xìng
“严”姓。

【严氏先贤】

yán zūn shǔ jùn chéng dōu rén xī hàn zhé xué jiā hào lǎo
严遵：蜀郡成都人。西汉哲学家。好老
zhuāng jīng dà yì zūn cóng lǎo zǐ yǒu shēng yú wú de sī xiǎng
庄，精《大易》，遵从老子“有生于无”的思想，
rèn wéi xū wú shì shì jiè de běn yuán yǐn jū bú shì yǐ bǔ shì wéi
认为虚无是世界的本原，隐居不仕，以卜筮为
shēng zhù lǎo zǐ zhǐ guī
生。著《老子指归》。

yán yǔ shào wǔ rén sòng dài wén xué lǐ lùn jiā zhù yǒu
严羽：邵武人。宋代文学理论家。著有
cāng làng jí èr juàn xiàn chuán shì zuò pǐn yǒu cāng làng shī huà yī juàn
《沧浪集》二卷，现传世作品有《沧浪诗话》一卷。

yán chéng cháng shú jīn shǔ jiāng sū rén míng dài yīn yuè jiā
严澄：常熟（今属江苏）人。明代音乐家，
yú shān pài dài biǎo rén wù qí yǎn zòu fēng gé qīng wēi dàn yuǎn zhù
“虞山派”代表人物。其演奏风格清微淡远，著
sōng xián guǎn qín pǔ děng
《松弦馆琴谱》等。

yán kě jūn zhè jiāng wū chéng rén qīng dài wén zì xué jiā jiā
严可均：浙江乌程人。清代文字学家。嘉
qìng nián jiān jǔ rén qí duì wén zì yīn yùn yǒu shēn rù yán jiū zhuàn
庆年间举人。其对文字音韵有深入研究，撰
shuō wén shēng lèi tiě qiáo màn gǎo děng lìng jí yǒu quán shàng gǔ sān
《说文声类》《铁桥漫稿》等，另辑有《全上古三
dài qín hàn sān guó liù cháo wén yì shū
代秦汉三国六朝文》一书。

yán fù fú jiàn fú zhōu rén qīng dài qǐ méng sī xiǎng jiā fān
严复：福建福州人。清代启蒙思想家、翻

yì jiā céng rèn běi yáng hǎi jūn xué táng jiào shòu jīng shī dà xué xiào cháng
译家。曾任北洋海军学堂教授、京师大学校长
děng zhí yì tiān yǎn lùn zhōng guó jiào yù yì děng lìng zhù hóu
等职。译《天演论》《中国教育议》等，另著《侯
guān yán shì cóng kān yán yì míng zhù cóng kān děng qí zhōng bù fá yǒu
官严氏丛刊》《严译名著丛刊》等，其中不乏有
yì chéng bié guó wén zì liú chuán guó wài zhī zuò
译成别国文字、流传国外之作。

【故事解读】

yǐn shì yán guāng
隐士严光

hàn dài shí qī yǒu yí gè zhù míng cái zǐ míng jiào yán guāng
汉代时期，有一个著名才子，名叫严光。
zài luàn shì dāng zhōng tā jiàn zhèng le tǒng zhì jiē jí de fǔ bài qīn yǎn
在乱世当中，他见证了统治阶级的腐败，亲眼
mù dǔ le guān chǎng shang de hēi àn jiù jué dìng yǐn xìng mái míng yǒng bú
目睹了官场上的黑暗，就决定隐姓埋名，永不
zuò guān
做官。

hòu lái liú xiù zuò le huáng dì tā zhī dào yán guāng hěn yǒu cái
后来，刘秀做了皇帝，他知道严光很有才
néng biàn pài rén dào chù xún zhǎo zài sān qǐng qiú tā bāng zhù zì jǐ zhì
能，便派人到处寻找，再三请求他帮助自己治
lǐ guó jiā duì cǐ yán guāng bìng bù jiē shòu tā shuō měi gè
理国家。对此，严光并不接受。他说：“每个
rén dōu yǒu zì jǐ de zhì xiàng nǐ hé bì bī wǒ ne jiàn qí jiān
人都有自己的志向，你何必逼我呢？”见其坚
jué yào guò yǐn jū shēng huó liú xiù biàn tóng yì le tā de yāo qiú
决要过隐居生活，刘秀便同意了他的要求。

yì shēng dōu hěn kuài lè de yán guāng fàng qì le bú bì yào de bāo
一生都很快乐的严光，放弃了不必要的包

fu xún zhǎo dào le shǔ yú zì jǐ de dōng xi duì tā ér yán zì
袱，寻找到了属于自己的东西。对他而言，自
yóu hé kuài lè cái shì zuì zhòng yào de
由和快乐才是最重要的。

jīn
金

【姓氏解读】

jīn xìng zhǔ yào yǒu liǎng gè lái yuán qí yī yuán zì shào hào jīn
“金”姓主要有两个来源：其一源自少昊金
tiān shì jù zǎi shào hào wéi xī fāng dà dì zài wǔ xíng xué shuō zhōng
天氏。据载，少昊为西方大帝，在五行学说中
shǔ jīn gù qí zǐ sūn yǐ jīn wéi xìng qí èr zé shì xiōng nú xiū tú
属金，故其子孙以金为姓；其二则是匈奴休屠
wáng tài zǐ jīn mì dī de hòu dài
王太子金日磾的后代。

【金氏先贤】

jīn shèng tàn míng mò qīng chū wén xué píng lùn jiā wéi wén guài
金圣叹：明末清初文学评论家。为文怪
dàn xìng qíng kuáng ào bù qiú gōng míng yǐ zhù shù wéi wù píng tiān xià
诞，性情狂傲，不求功名，以著述为务，评天下
cái zǐ shū yǒu liù lí sāo zhuāng zǐ shǐ jì dù shī shuǐ
才子书有六：《离骚》《庄子》《史记》《杜诗》《水
hǔ zhuàn xī xiāng jì qí píng yǔ liú chuán shèn guǎng
浒传》《西厢记》，其评语流传甚广。

jīn nóng qīng dài shū huà jiā jiān shī rén shàn shī wén jīng yú
金农：清代书画家兼诗人。善诗文，精于
jiàn bié jīn shí shū huà gōng lì shū yóu yǐ kǎi shū zì chuàng yì
鉴别金石、书画。工隶书。尤以楷书自创一
gé hào chēng qī shū wéi yáng zhōu bā guài zhī yī
格，号称漆书。为扬州八怪之一。

jīn yòu zī míng cháo guān lì duō cì suí cóng míng chéng zǔ běi
金幼孜：明朝官吏。多次随从明成祖北
zhēng zhuàn yǒu běi zhēng qián lù běi zhēng hòu lù yòu yǔ hú guǎng
征。撰有《北征前录》《北征后录》，又与胡广、
yáng róng gòng zhuàn xìng lǐ dà quán xuān zōng shí mìng xiū liǎng cháo shí lù
杨荣共撰《性理大全》。宣宗时命修两朝实录，
chōng zǒng cái guān
充总裁官。

【故事解读】

guài cái jīn shèng tàn
怪才金圣叹

qīng dài wén tán jù zǐ jīn shèng tàn yí xiàng shì gōng míng rú fèn
清代文坛巨子金圣叹，一向视功名如粪
tǔ jù shuō tā nián qīng shí céng zài xiāng lín men de cuī cù xià qián qù
土。据说，他年轻时曾在乡邻们的催促下前去
cān jiā xiāng shì dàn bú xìng luò bǎng cǐ hòu duì qīng cháo xīng qǐ de
参加乡试，但不幸落榜。此后，对清朝兴起的
wén zì yù jīn shèng tàn jí wéi fèn kǎi bìng dài zhe tā de xué sheng qù
文字狱，金圣叹极为愤慨，并带着他的学生去
kǒng miào biǎo shì kàng yì yīn cǐ cháo tíng yǐ gǔ huò zuì pàn tā sǐ xíng
孔庙表示抗议，因此，朝廷以蛊惑罪判他死刑。
xíng xíng qián tā de ér zi qián wǎng jiān yù tàn wàng tā méi xiǎng dào běn
行刑前，他的儿子前往监狱探望他，没想到，本
gāi chóu chàng mǎn fù de tā bù jǐn tán xiào fēng shēng ér qiě hái kāi zhe
该惆怅满腹的他，不仅谈笑风生，而且还开着

wán xiào zhēn zhèng jiāng shēng sǐ zhì zhī yú dù wài biǎo xiàn le duì qīng cháo
玩笑，真正将生死置之于度外，表现了对清朝
tǒng zhì zhě de qīng miè jīn shèng tàn bèi shā hòu tā de ěr nèi céng tiào
统治者的轻蔑。金圣叹被杀后，他的耳内曾跳
chū liǎng gè zhǐ tuán fēn bié xiě zhe hǎo hé tòng zhèng shì zhè liǎng
出两个纸团，分别写着“好”和“痛”，正是这两
gè zì dài biǎo le tā duì rén mín shēn zhòng zāi nàn de hū hǎn yě shì
个字，代表了他对人民深重灾难的呼喊，也是
wèi zì jǐ bú xìng de āi tàn
为自己不幸的哀叹！

wèi

魏

【姓氏解读】

wèi xìng zhǔ yào lái zì jī xìng jù zǎi chūn qiū
“魏”姓主要来自“姬”姓。据载，春秋
shí bì wàn zài jìn guó miè huò gěng wèi sān guó de zhàn dòu zhōng lì
时，毕万在晋国灭霍、耿、魏三国的战斗中立
yǒu dà gōng jìn xiàn gōng jiāng wèi dì cì gěi tā qí zǐ sūn biàn yǐ
有大功，晋献公将魏地赐给他，其子孙便以
fēng dì wéi xìng
封地为姓。

【魏氏先贤】

wèi rǎn zhàn guó shí qī chǔ guó rén céng zài qín rèn jiāng jūn
魏冉：战国时期楚国人。曾在秦任将军，

hòu bèi bài xiàng fēng yú ráng hào ráng hóu
后被拜相，封于穰，号穰侯。

wèi xiāng jì yáng dìng táo rén xī hàn chéngxiàng xuān dì shí
魏相：济阳定陶人。西汉丞相。宣帝时
bèi fēng wéi gāo píng hóu lì rèn dà sī nóng yù shǐ dà fū děng zhí
被封为高平侯，历任大司农、御史大夫等职。
qí zhǔ zhāngzhěng dùn lì zhì kǎo hé shí xiào
其主张整顿吏治，考核实效。

wèi yán yì yáng rén sān guó shí shǔ hàn míng jiàng céng suí
魏延：义阳人。三国时蜀汉名将。曾随
liú bèi yú shǔ yǐ yǒng měng wén míng lěi qiān wéi zhēng xī dà jiāng jūn
刘备于蜀，以勇猛闻名，累迁为征西大将军，
hòu bèi fēng wéi nán zhèng hóu
后被封为南郑侯。

wèi shōu xià qū yáng rén běi qí shǐ xué jiā běi wèi shí
魏收：下曲阳人。北齐史学家。北魏时
céng rèn biān xiū guó shǐ běi qí shí rèn zhōng shū lìng jiān zhù zuò láng
曾任编修国史，北齐时任中书令兼著作郎，
yǐ cái xué wén míng yú shì céng biān zhuàn èr shí sì shǐ zhī yī de
以才学闻名于世。曾编撰二十四史之一的
wèi shū
《魏书》。

wèi zhēng guǎn táo rén táng dài míng chén zhèng zhì jiā xiàng tài
魏徵：馆陶人。唐代名臣，政治家。相太
zōng céng rèn jiàn yì dà fū gǎn yú fàn yán zhí jiàn wéi tài zōng suǒ qì
宗，曾任谏议大夫，敢于犯颜直谏为太宗所器
zhòng qí bó xué duō cái zhù yǒu qún shū zhì yào děng shū
重，其博学多才，著有《群书治要》等书。

wèi yuán yuán míng yuǎn dá zì mò shēn hú nán shào yáng jīn tán
魏源：原名远达，字默深。湖南邵阳金潭
rén dào guāng jìn shì guān nèi gé zhōng shū jìn dài zhù míng sī xiǎng
人。道光进士，官内阁中书。近代著名思想
jiā yǔ gōng zì zhēn qí míng shí chēnggōng wèi zhù yǒu gǔ wēi táng
家。与龚自珍齐名，时称龚魏。著有《古微堂
shī jí hé qīng yè zhāi shī gǎo
诗集》和《清夜斋诗稿》。

【故事解读】

腹内孕乾坤

魏源既是清代杰出的爱国主义思想家、文学家，也是最早倡导向西方学习的革新家之一。

他自幼勤奋上进，晚上读书常至深夜。母亲怕他把身子熬坏，总是替他把灯吹灭，要他休息。但等母亲睡下后，他又起来，用被子遮上灯光，继续读书。

在他九岁那年，参加了本县的童子试。当时，县令指着茶杯上画的太极图说：“杯中含太极。”而魏源应声答道：“腹内孕乾坤。”语罢，众人大为惊异，就连县令也很奇怪，便问：“何谓乾坤？”魏源说：“天地谓乾坤，我长大了就要考虑这天下大事。”听完，县令连连点头，称赞其幼有大志。

jiāng

姜

【姓氏解读】

jiāng xìng zhǔ yào lái yuán yú yuǎn gǔ de yán dì shén nóng shì
“姜”姓主要来源于远古的炎帝神农氏。
xiāng chuán shén nóng shì shēng yú shǎn xī qí shān xī nán fāng de jiāng shuǐ hé
相传，神农氏生于陕西岐山西南方的姜水河
pàn yú shì hòu rén biàn yǐ jiāng zuò wéi zì jǐ de xìng
畔，于是后人便以姜作为自己的姓。

【姜氏先贤】

jiāng shàng zì zǐ yá dōng hǎi rén yòu míng lǚ shàng zhōu chū
姜尚：字子牙。东海人。又名吕尚。周初
qí guó de shǐ zǔ wǔ wáng fá shāng shí wéi jūn shī lì le zhàn gōng
齐国的始祖。武王伐商时为军师，立了战功，
bèi fēng zài qí guó tā zūn zhòng dāng dì fēng sú xí guàn jiǎn huà zhèng zhì
被封在齐国。他尊重当地风俗习惯，简化政治
zhì dù fā zhǎn nóng yè hé yú yè shēng chǎn shǐ qí guó chéng wéi xī zhōu
制度，发展农业和渔业生产。使齐国成为西周
de zhòng yào fēng guó mín jiān chēng wéi jiāng tài gōng
的重要封国。民间称为姜太公。

jiāng wéi zì bó yuē sān guó shí tiān shuǐ jì xiàn rén bài zhēng
姜维：字伯约。三国时天水冀县人。拜征
xī jiāng jūn zhū gé liàng sǐ hòu jì zhì běi fá
西将军，诸葛亮死后，继志北伐。

jiāng kuí nán sòng cí rén yīn yuè jiā zì rǎo zhāng hào bái shí
姜夔：南宋词人、音乐家。字尧章，号白石

dào rén ráo zhōu rén gōng shī cí yóu yǒu míng jīng tōng yīn yuè
道人。饶州人。工诗，词尤有名，精通音乐。
dài biǎo zuò yáng zhōu màn gǎn shí shāng shì qíng tiáo jiào wéi dī chén
代表作《扬州慢》。感时伤事，情调较为低沉。
cí jí bái shí dào rén gē qǔ yǒu míng yì shēng wèi shì
词集《白石道人歌曲》有名。一生未仕。

jiāng péng jīn jiāng sū yáng zhōu rén qīng chū zhù míng shū huà jiā
姜彭：今江苏扬州人。清初著名书画家。
huà yǔ máo kān chēng tiān xià dì yī
画羽毛堪称天下第一。

【故事解读】

jiāng tài gōng diào yú
姜太公钓鱼

shāng cháo mò nián jiāng shàng jīng cháng zài wèi shuǐ biān diào yú
商朝末年，姜尚经常在渭水边钓鱼。
tā diào yú yòng de shì zhí gōu ér qiě bú fàng yú ěr yì tiān yǒu gè
他钓鱼用的是直钩，而且不放鱼饵。一天，有个
dǎ chái rén lái dào hé biān jiàn
打柴人来到河边，见
tài gōng yòng bú fàng
太公用不放
yú ěr de
鱼饵的

zhí gōu zài shuǐ miàn shang diào yú biàn duì tā shuō nǐ zhè yàng shì yǒng yuǎn
直钩在水面上钓鱼，便对他说：“你这样是永远
yě diào bú dào yú de tài gōng huí dá dào wǒ bú shì wèi le diào
也钓不到鱼的！”太公回答道：“我不是为了钓
dào yú ér diào yú ér shì wèi le diào dào wáng hóu tài gōng zhè zhǒng
到鱼而钓鱼，而是为了钓到王侯！”太公这种
qí tè de diào yú fāng fǎ zhōng yú chuán dào le wǔ wáng jī chāng nà lǐ
奇特的钓鱼方法，终于传到了武王姬昌那里。
jī chāng yì shí dào zhè ge diào zhě bì shì wèi xián cái yào qīn zì qù
姬昌意识到，这个钓者必是位贤才，要亲自去
qǐng tā cái duì yú shì tā dài zhe hòu lǐ qián qù pìn qǐng tài gōng
请他才对。于是，他带着厚礼，前去聘请太公。
tài gōng jiàn tā chéng xīn chéng yì lái pìn qǐng zì jǐ biàn dā ying wèi tā xiào
太公见他诚心诚意来聘请自己，便答应为他效
lì
力。

hòu lái jiāng shàng fǔ zuǒ wén wáng xīng bāng lì guó hái bāng zhù wén
后来，姜尚辅佐文王兴邦立国，还帮助文
wáng de ér zi jī fā miè diào le shāng cháo shí xiàn le zì jǐ jiàn gōng lì
王的儿子姬发灭掉了商朝，实现了自己建功立
yè de hóng wěi yuàn wàng
业的宏伟愿望。

xiè

谢

【姓氏解读】

xiè xìng zhǔ yào yǒu liǎng zhǒng lái yuán yī zé chū zì jiāng
“谢”姓主要有两种来源：一则出自“姜”

xìng shì yán dì hòu yì shēn bó de hòu dài jù chūn qiū shí jì zǎi
姓，是炎帝后裔申伯的后代。据春秋时记载，
shēn guó bèi chǔ guó miè diào qí zǐ sūn biàn yǐ xīn dū yì wéi xìng chēng
申国被楚国灭掉，其子孙便以新都邑为姓，称
xiè shì èr zé chū zì rén xìng wéi huáng dì de hòu yì
谢氏。二则出自"任"姓，为黄帝的后裔。

【谢氏先贤】

xiè ān dōng jìn rén zì ān shí chū shēn shì zú sì shí
谢安：东晋人。字安石。出身士族。四十
yú suì chū shì xiào wǔ dì shí wèi zhì zǎi xiāng zài féi shuǐ zhī zhàn zhōng
余岁出仕，孝武帝时位至宰相，在淝水之战中
dǎ bài fú jiān shǐ jìn cháo zhuǎn wēi wéi ān
打败苻坚，使晋朝转危为安。

xiè xuán dōng jìn míng jiàng zì yòu dù chén jùn yáng xià rén
谢玄：东晋名将。字幼度。陈郡阳夏人。
xiè ān wéi zǎi xiāng shí rèn tā wéi guǎng líng xiāng zǔ zhī běi fǔ bīng zài
谢安为宰相时任他为广陵相，组织北府兵。在
féi shuǐ zhī zhàn zhōng qǐ dào le hěn zhòng yào de zuò yòng
淝水之战中起到了很重要的作用。

xiè hè nán qí zhù míng huà jiā shàn yú zuò fēng sú huà rén wù
谢赫：南齐著名画家。善于作风俗画、人物
huà zhù yǒu gǔ huà pǐn lù shì wǒ guó zuì zǎo de huì huà lǐ lùn
画。著有《古画品录》，是我国最早的绘画理论
shū jí
书籍。

xiè tiào chén jùn xià yáng rén nán qí shī rén céng zài cháo tíng
谢朓：陈郡夏阳人。南齐诗人。曾在朝廷
rèn zhí qí shī duō miáo xiě zì rán jǐng sè wéi lǐ bái suǒ tuī xǔ
任职。其诗多描写自然景色，为李白所推许，
shì yǒng míng tǐ zuò jiā zhōng chéng jiù zuì gāo de shī rén
是永明体作家中成就最高的诗人。

xiè líng yùn chén jùn yáng xià rén nán cháo zhù míng huà jiā wén
谢灵运：陈郡阳夏人。南朝著名画家、文

学家，后移居会稽。谢玄子孙。曾任永嘉太守等职。博览群书，文学称“江左第一”。其诗歌创作开创了新风。开创了文学史上的山水诗派，许多佳句为后人所传诵。

【故事解读】

淝水之战

东晋初年，率九十万大军南下的前秦皇帝苻坚，想一举平定江南。得知前秦大军已经南下，晋元帝急忙派大将谢玄率精兵八万，前去抵抗。

由于秦军紧逼淝水布阵，晋军无法渡河，只能

gé àn duì zhì yú shì xiè xuán pài shǐ zhě qù jiàn fú jiān yòng jī
隔岸对峙。于是，谢玄派使者去见苻坚，用激
jiàng fǎ yòu tā hòu tuì cǐ shí de fú jiān dǎ suàn jiāng jì jiù jì zài
将法诱他后退，此时的苻坚打算将计就计，在
jìn jūn bàn shù dù hé shí zài yòng qí bīng chōng shā dǎ bài jìn jūn yú
晋军半数渡河时，再用骑兵冲杀，打败晋军，于
shì jiù dā ying le jìn jūn de yāo qiú bú liào qián qín shì bīng zhòng
是就答应了晋军的要求。不料，前秦士兵众
duō hòu miàn bù duì tīng dào hòu tuì de mìng lìng yǐ wéi qián fāng zhàn bài
多，后面部队听到后退的命令，以为前方战败
le biàn zhēng xiān kǒng hòu de táo pǎo dùn shí qián qín jūn duì zhèn jiǎo
了，便争先恐后地逃跑。顿时，前秦军队阵脚
dà luàn cóng ér yí tuì ér bù kě shōu shi jìn jūn chèn shì zhuī shā
大乱，从而一退而不可收拾。晋军趁势追杀，
qǔ dé le féi shuǐ zhī zhàn de shèng lì zhè jiù shì lì shǐ shang zhù míng
取得了淝水之战的胜利。这就是历史上著名
de yǐ shǎo shèng duō de zhàn lì zhī yī
的“以少胜多”的战例之一。

sū
苏

【姓氏解读】

sū xìng zhǔ yào chū zì jǐ xìng xiāng chuán zhōu wǔ wáng
“苏”姓主要出自“己”姓。相传，周武王
shí sī kòu fèn shēng shòu fēng yú sū guó chūn qiū shí sū guó bèi dí rén
时，司寇忿生受封于苏国。春秋时苏国被狄人
gōng miè sū guó de hòu yì biàn yǐ sū wéi xìng cǐ wài nán běi cháo
攻灭，苏国的后裔便以苏为姓。此外，南北朝

shí xiān bēi zú de yí bù fen rén yě gǎi xìng sū
时鲜卑族的一部分人也改姓苏。

【苏氏先贤】

sū xún běi sòng sàn wén jiā zì míng yǔn méi zhōu méi shān
苏洵：北宋散文家。字明允。眉州眉山
rén shēn dé ōu yáng xiū tuī yù yǐ wén zhāng wén míng yú shì céng
人。深得欧阳修推誉。以文章闻名于世。曾
rèn mì shū shěng jiào shū láng zhǔ zhāng kàng jī liáo de gōng lüè duì dà dì
任秘书省校书郎。主张抗击辽的攻掠，对大地
zhǔ de tǔ dì jiān bìng zhèng zhì tè quán hěn bù mǎn yóu yú wén xué shàng
主的土地兼并、政治特权很不满。由于文学上
de chéng jiù bèi liè wéi táng sòng bā dà jiā zhī yī
的成就被列为“唐宋八大家”之一。

sū shì běi sòng wén xué jiā méi zhōu méi shān rén zì zǐ
苏轼：北宋文学家。眉州眉山人。字子
zhān hào dōng pō jū shì sū xún de ér zǐ jiā yòu jìn shì céng
瞻，号东坡居士。苏洵的儿子。嘉佑进士。曾
yīn fǎn duì wáng ān shí biàn fǎ chū wéi háng zhōu tōng pàn yǔ fù xún dì
因反对王安石变法出为杭州通判。与父洵、弟
zhé chēng sān sū tā xiě de wén zhāng huī sǎ chàng dá yīn cǐ tā bèi
辙称“三苏”。他写的文章挥洒畅达，因此他被
chēng wéi táng sòng bā dà jiā zhī yī tā de shī xióng fàng qīng xīn
称为“唐宋八大家”之一。他的诗雄放清新，
yǔ huáng tíng jiān bìng chēng sū huáng tā de cí háo fàng yǔ xīn qì jí
与黄庭坚并称“苏黄”。他的词豪放，与辛弃疾
hé chēng sū xīn tā de shū fǎ wéi sòng sì jiā zhī yī zhù
合称“苏辛”。他的书法为“宋四家”之一。著
yǒu dōng pō qī jí dōng pō yuè fǔ dōng pō yì zhuàn dōng pō
有《东坡七集》《东坡乐府》《东坡易传》《东坡
shū zhuàn děng
书传》等。

sū zhé běi sòng sàn wén jiā méi zhōu méi shān rén zì zǐ
苏辙：北宋散文家。眉州眉山人。字子

yóu jiā yòu jìn shì yǔ fù xún xiōng shì chēng sān sū bèi chēng
由。嘉佑进士。与父洵兄轼称“三苏”。被称
wéi táng sòng bā dà jiā zhī yī
为“唐宋八大家”之一。

sū màn shū wén xué jiā yuán míng xuán yīng hòu wéi sēng hào
苏曼殊：文学家。原名玄瑛。后为僧，号
màn shū guǎng dōng xiāng shān rén liú xué rì běn màn yóu nán yáng gè
曼殊。广东香山人。留学日本，漫游南洋各
dì néng shī wén shàn yú zuò huà jīng tōng yīng fǎ rì fàn zhū
地。能诗文，善于作画，精通英、法、日、梵诸
wén céng rèn bào kān fān yì jí xué xiào jiào shī qí shī duō shāng gǎn qíng
文，曾任报刊翻译及学校教师。其诗多伤感情
tiáo xiǎo shuō yùn yòng qiǎn jìn wén yán miáo xiě ài qíng gù shì biǎo xiàn chū
调，小说运用浅近文言描写爱情故事，表现出
nóng yù de tuí fèi sè cǎi fān yì guò yǔ guǒ bài lún de zuò pǐn
浓郁的颓废色彩。翻译过雨果、拜伦的作品。
lìng yǒu fàn wén diǎn sū màn shū quán jí
另有《梵文典》《苏曼殊全集》。

【故事解读】

sū qín hé zòng
苏秦合纵

zhàn guó shí qī xǔ duō dú shū rén dōu kào yóu shuì gè guó jūn
战国时期，许多读书人都靠游说各国君
zhǔ yǐ qiú qǔ gōng míng fù guì sū qín jiù shì qí zhōng zuì zhù míng de
主，以求取功名富贵，苏秦就是其中最著名的。
sū qín zuì chū xué xí de shì guǐ gǔ zǐ de zòng héng shù tā zì yǐ wéi
苏秦最初学习的是鬼谷子的纵横术，他自以为
xué chéng le jiù pǎo dào qín guó qù tuī xiāo tā de tǒng yī zhōng guó de cè
学成了，就跑到秦国去推销他的统一中国的策
lüè dàn shì méi yǒu rén lǐ tā zuì hòu suǒ yǒu de jīn qián dōu yòng
略，但是，没有人理他。最后，所有的金钱都用

wán le zhǐ hǎo láng bèi dì huí jiā tā de qī zǐ zhèng zài zhī bù
完了，只好狼狈地回家。他的妻子正在织布，
kàn jiàn tā huí lái jì xù zhī bù bù lǐ tā tā qù xiàng sǎo sǎo yào
看见他回来，继续织布不理他，他去向嫂嫂要
shuǐ hē sǎo sao yě bù lǐ tā lián fù mǔ dōu bù dāng tā shì ér zǐ
水喝，嫂嫂也不理他，连父母都不当他是儿子。
sū qín shòu dào hěn dà cì jī xià jué xīn fā fèn dú shū tā bú dàn
苏秦受到很大刺激，下决心发愤读书。他不但
xué xí le jiāng tài gōng yīn fú děng yǒu shí yòng jià zhí de zhī shí yě
学习了姜太公《阴符》等有实用价值的知识，也
qián xīn yán jiū fēn xī tiān xià dà shì rán hòu tā qù yóu shuì yān zhāo
潜心研究分析天下大势。然后，他去游说燕昭
wáng shòu dào zhāo wáng de zhòng yòng cǐ hòu sū qín fēn bié huì jiàn qí
王，受到昭王的重用。此后，苏秦分别会见齐、
chǔ zhào hán wèi wǔ guó de guó jūn tí chū liù guó lián hé yǐ kàng
楚、赵、韩、魏五国的国君，提出六国联合以抗
qiáng qín de hé zòng shù shòu dào liù guó de zhòng yòng shēn pèi liù guó xiāng
强秦的合纵术，受到六国的重用，身佩六国相
yìn chéng wéi dāng shí zuì zhì shǒu kě rè de rén wù
印，成为当时最炙手可热的人物。

pān

潘

【姓氏解读】

pān xìng yǒu sān zhǒng zhǔ yào lái yuán qí yī lái yuán jī
“潘”姓有三种主要来源：其一来源“姬”
xìng shì zhōu wén wáng ér zi bì gōng gāo de hòu dài qí èr chū zì
姓，是周文王儿子毕公高的后代；其二出自

"芈"姓，始祖是春秋时楚国的潘崇；其三出自北方的鲜卑族。

【潘氏先贤】

潘岳：西晋文学家。字安仁。荥阳中牟人。以文学才华及"美姿容"而著名。在文学方面，长于诗赋，文辞华靡，与陆机齐名，世称"潘陆"，其《闲居赋》《悼亡诗》为世传颂，明人辑有《潘黄门集》。亦称为潘河陽、潘安。"貌比潘安"，用来形容姿容美好的男子。这位潘安，就是晋代的大才子潘岳。

潘尼：西晋文学家。字正叔。荥阳中牟人。官至太常卿。与叔父潘岳以文学齐名，世称"两潘"。明人辑有《潘太常集》。

潘大临：宋代诗人。字邠老。黄岗人。与弟大观皆以诗名。从苏轼、黄庭坚、张耒游，雅所推重，有《柯山集》。

潘平格：明、清之际思想家。字用微。浙

jiāng cí xī rén zhù yǒu qiú rén lù
江慈溪人。著有《求仁录》。

【故事解读】

pān yuè hé cuì bǎi de gù shi
潘岳和翠柏的故事

pān yuè shì xī jìn shí qī de wén xué jiā zì yòu cōng yǐng guò rén
潘岳是西晋时期的文学家，自幼聪颖过人，
bèi xiāng rén chēng wéi qí tóng hòu lái zài dān rèn hé yáng lìng qī jiān
被乡人称为“奇童”。后来，在担任河阳令期间，
pān yuè qīng zhèng lián míng guān xīn bǎi xìng chàng dǎo xiāng rén duō zhòng guǒ mù
潘岳清正廉明，关心百姓，倡导乡人多种果木。
lín mù cōng cōng de hé yáng xiàn bèi chēng wéi huā xiàn dāng dì dé gāo
林木葱葱的河阳县，被称为“花县”。当地德高
wàng zhòng de xiāng shēn wèi le gǎn xiè pān yuè tè xiàn shàng yì zhū cuì bǎi
望重的乡绅为了感谢潘岳，特献上一株翠柏。
qí hòu pān yuè diào dào jiāng sū rèn zhí huàn le jǐ rèn de hé yáng xiàn
其后，潘岳调到江苏任职，换了几任的河阳县

lìng gè gè dōu tān dé wú yàn jù shuō nà zhū cuì bǎi bèi qì de nù
令，个个都贪得无厌。据说，那株翠柏被气得怒
huǒ zhōng shāo kū huáng le zhī gàn wéi yǒu dōng nán yì zhī sī niàn zhe yuán
火中烧，枯黄了枝干，唯有东南一枝思念着原
xiān de zhǔ rén yī rán cuì lǜ zhè ge cuì bǎi niàn xián zhǔ de gù shi
先的主人，依然翠绿。这个翠柏念贤主的故事
yě jiù bèi bǎi xìng chuán kāi le bìng yì zhí liú chuán zhì jīn
也就被百姓传开了，并一直流传至今。

gě

葛

【姓氏解读】

gě xìng yǒu liǎng gè lái yuán yī shì chū zì yíng xìng yǐ
“葛”姓有两个来源：一是出自“嬴”姓。以
guó míng wéi xìng èr shì wéi xiān bēi zú fù xìng suǒ gǎi nán běi cháo
国名为姓；二是为鲜卑族复姓所改。南北朝
shí běi wèi hè gě shì suí wèi xiào wén dì nán qiān luò yáng hòu dìng jū
时，北魏贺葛氏随魏孝文帝南迁洛阳后，定居
zhōng yuán gǎi wéi gě xìng
中原，改为葛姓。

【葛氏先贤】

gě hóng zì zhì chuān hào bào pǔ zǐ rén chēng gě xiān wēng dān
葛洪：字稚川，号抱朴子，人称“葛仙翁”。丹
yáng jù róng xiàn rén yuē shēng yú jìn tài kāng sì nián nián zú yú dōng
阳句容县人。约生于晋太康四年(283年)，卒于东

jìn xīng níng yuán nián gōng yuán nián wǎn nián tā yǐn jū zài guǎngdōng
晋兴宁元年（公元363年）。晚年，他隐居在广东
luó fú shānzhōng jì liàn dān cǎi yào yòu cóng shì zhù shù zhí zhì qù shì
罗浮山中，既炼丹、采药，又从事著述，直至去世。

gě chánggēng zì rú huì hào hǎi qióng zǐ nán jīng qióng zhōu rén
葛长庚：字如晦，号海琼子。南京琼州人。
bó xué duō wén gōng shū shàn huà yóu jīng méi zhú kāi shè mìng guǎn tài
博学多闻，工书善画，尤精梅竹。开设命馆太
yī gōng fēng wéi zǐ qīng zhēn rén wèi dào jiào nán zōng wǔ zǔ zhī yī
一宫，封为紫清真人。为道教南宗五祖之一。
wǎn hào shén xiāo sǎn lì zhù yǒu qióng hǎi jí luó fú shān zhì
晚号神霄散吏。著有《琼海集》《罗浮山志》。

gě yún fēi zì péng qǐ zhè jiāng shān yīn rén dào guāng wǔ jìn
葛云飞：字鹏起。浙江山阴人。道光武进
shì dào guāng èr shí yī nián nián yīng jūn jìn fàn dìng hǎi tā
士。道光二十一年（1841年）英军进犯定海。他
yǐ dìng hǎi zhǔ jiāng shēn fèn shuài zhòng shǒu chéng yīng yǒng zhàn sǐ zhù yǒu zhì
以定海主将身份率众守城，英勇战死。著有《制
xiè zhì yào yào yán zhè hǎi xiǎn yào tú shuō míng jiàng lù děng
械制药要言》《浙海险要图说》《名将录》等。

【故事解读】

lì zhàn bù qū
力战不屈

qīng cháo dào guāng nián jiān de zhè jiāng shān yīn rén shì gě yún fēi
清朝道光年间的浙江山阴人士葛云飞，
shì yí wèi dǐng dǐng yǒu míng de rén wù dāng shí yā piàn zhàn zhēng dǎ
是一位鼎鼎有名的人物。当时，鸦片战争打
xiǎng le zài yīng guó qīn lüè zhě gōng dǎ dìng hǎi de shí hou dìng hǎi zǒng
响了，在英国侵略者攻打定海的时候，定海总
bīng gě yún fēi biǎo xiàn chū le dǐ yù wài wǔ de dà wú wèi jīng shén
兵葛云飞表现出了抵御外侮的大无畏精神。

jù shuō dāng shí lái fàn de yīng guó chuán yǒu sōu yīng guó bīng
据说，当时来犯的英国船有29艘，英国兵
yǒu wàn duō rén ér gě yún fēi de shǒu xià zhǐ yǒu yú rén kě
有2万多人，而葛云飞的手下只有200余人，可
shì tā men què qì shì rú hóng yòng dà dāo duì fu dí rén de yáng qiāng
是他们却气势如虹，用大刀对付敌人的洋枪
yáng pào jié guǒ quán bù zhuàng liè xī shēng gě yún fēi suī rán zhàn sǐ
洋炮，结果全部壮烈牺牲。葛云飞虽然战死，
dàn tā de dà wú wèi jīng shén què yǒng chuí bù xiǔ
但他的大无畏精神却永垂不朽。

fàn

范

【姓氏解读】

fàn xìng lái yuán yǒu liǎng zhǒng qí yī wéi dù shì de hòu yì
“范”姓来源有两种：其一为杜氏的后裔。
chūn qiū shí dù bó de hòu dài shì huì bèi jìn guó fēng zài fàn dì qí
春秋时，杜伯的后代士会被晋国封在范地，其
zǐ sūn biàn yǐ fēng yì wéi xìng shì dài xìng fàn qí èr chū zì wài zú
子孙便以封邑为姓，世代姓范；其二出自外族，
jìn cháo shí fàn wén de hòu dài chéng wéi fàn xìng de yì zhī
晋朝时，范文的后代成为范姓的一支。

【范氏先贤】

fàn lǐ zì shǎo bó yòu chēng fàn bó chī yí zǐ pí táo zhū
范蠡：字少伯，又称范伯、鸱夷子皮、陶朱

公。楚国宛三户人。著名春秋后期越国政治家、军事家、谋略家。精通韬略，足智多谋，拜为大夫，封上将军。

范增：安徽桐城人。著名秦末楚王重臣，政治家、谋略家。是秦朝末期农民战争中霸王项羽的主要谋士。封历阳侯，项羽尊称他为“亚父”。

范宁：南阳顺阳人。范汪之子。东晋著名经学家。曾任豫章太守。所撰《春秋穀梁传集解》十二卷，是今存世最早的《穀梁传》注解。

范晔：字蔚宗，南阳顺阳人，范泰之子。南朝宋著名史学家、散文家。所著《后汉书》为上起汉光武帝、下至汉献帝的近两百年历史的宏篇巨著。

范仲淹：字希文。苏州吴县人。北宋著名政治家、文学家、思想家和军事家。曾任参知政事。卒封楚国公，谥号“文正”。著有《范文正公集》。

范镇：字景仁。四川华阳人。北宋文学家、史学家。仁宗宝元元年(1038年)举进士第一，以直言敢谏闻名。后为翰林学士，与欧阳修、宋祁共修《新唐书》，卒谥“忠文”。

范文程：字宪斗，号辉岳。辽宁沈阳人。著名清朝开国宰辅、文臣领袖，杰出政治家、谋略家。有“清初第一文臣”之称。

【故事解读】

功夫不负有心人

北宋时期，著名的政治家、文学家范仲淹，自幼家境贫寒，但他读书却十分刻苦。二十一岁时，在长山的醴泉寺读书期间，经常可以看到他一个人伴灯苦读。后来，他辞别母亲，独自前往南京求学，在那里，不仅有名师教书，还有许多书籍可供阅览。对知识如饥似渴的范仲淹，不分昼夜地苦读，五年里居然未曾脱过

yī fu shuì jiào měi měi kùn dào jí diǎn shí jiù yòng liáng shuǐ xǐ liǎn lái
衣服睡觉，每每困到极点时，就用凉水洗脸来
qū chú juàn yì dāng rán gōng fu bú fù yǒu xīn rén jīng guò wǔ nián
驱除倦意。当然，功夫不负有心人，经过五年
hán chuāng fàn zhòng yān zhōng yú chéng wéi yí gè jīng tōng rú jiā jīng diǎn de bó
寒窗，范仲淹终于成为一个精通儒家经典的博
xué duō cái zhī rén suí hòu kǎo zhòng jìn shì hái zuò le cháo tíng de
学多才之人。随后，考中进士，还做了朝廷的
zǎi xiàng chéng wéi yí dài míng rén
宰相，成为一代名人。

péng

彭

【姓氏解读】

péng xìng zhǔ yào yǒu sān gè qǐ yuán yī shì zhuān xū dì yǒu gè
“彭”姓主要有三个起源：一是颛顼帝有个
xuán sūn jiào lù zhōng lù zhōng de ér zi shòu fēng yú péng dì jīn jiāng sū
玄孙叫陆终，陆终的儿子受封于彭地（今江苏
xú zhōu jiàn lì dà péng guó chēng péng zǔ qí zǐ sūn jiù yǐ guó wéi
徐州），建立大彭国，称彭祖，其子孙就以国为
xìng èr shì jù guó yǔ jì zǎi zhù róng zhī hòu yǒu bā xìng jǐ
姓；二是据《国语》记载：“祝融之后有八姓，己、
dǒng péng tū nǚ zhēn cáo qiān zhōu miè zhī zhè shì jiǎng péng
董、彭、秃、女、斟、曹、芊，周灭之。”这是讲彭
xìng wéi zhù róng zhī hòu wéi bā xìng zhī yī sān shì hàn cháo yǐ hòu yóu
姓为祝融之后，为八姓之一；三是汉朝以后，由
tā zú gǎi xìng ér lái
他族改姓而来。

【彭氏先贤】

péng méng zhàn guó shí qí guó de yǐn shì tián pián zhī shī sī
彭蒙：战国时齐国的隐士，田骈之师。思
xiǎng yǔ zhuāng zǐ de qí shì fēi shuō xiāng jìn
想与庄子的齐是非说相近。

péng yú sòng dài jìn shì yí chūn rén shào yǐn jí yún fēng
彭俞：宋代进士。宜春人。少隐集云峰，
xué suì yú yì guān zhì zhōng cháo sàn láng zhù yǒu jūn zǐ zhuàn xún
学邃于易，官至终朝散郎。著有《君子传》《循
lì guī jiàn děng chuán shì
吏龟鉴》等传世。

péng guī nián zì zǐ shòu hào zhǐ táng nán sòng qīng jiāng rén
彭龟年：字子寿，号止堂。南宋清江人。
sòng dài wén xué jiā zhù yǒu zhǐ táng jí chuán shì
宋代文学家。著有《止堂集》传世。

péng qǐ fēng zì hàn wén hào zhī tíng cháng zhōu jīn jiāng sū
彭启丰：字翰文，号芝庭。长洲（今江苏
shěng wú xiàn rén qīng dài shū huà jiā yōng zhèng wǔ nián nián
省吴县）人。清代书画家。雍正五年（1727年）
zhuàng yuán shòu hàn lín yuàn xiū zhuàn chōng nán shū fáng xíng zǒu cóng yōng
状元。授翰林院修撰。充南书房行走。从雍
zhèng qī nián nián qǐ lì rèn hé nán yún nán jiāng xī jí shùn
正七年（1729年）起，历任河南、云南、江西及顺
tiān děng xiāng shì kǎo guān lěi qiān zhì yòu zhōng yǔn guān zhì bīng bù shàng shū
天等乡试考官。累迁至右中允，官至兵部尚书。

péng shào shēng jiāng sū shěng cháng zhōu rén qīng dài zhù míng xué zhě jū
彭绍升：江苏省长洲人。清代著名学者、居
shì zì yǔn chū hào chǐ mù yòu hào zhī guī zǐ jí èr lín jū shì
士。字允初，号尺木，又号知归子及二林居士，
jì qīng shì tā shòu pú sà jiè de fǎ míng qián lóng sān shí sì nián
际清是他受菩萨戒的法名。乾隆三十四年（1770
nián jìn shì jí dì shòu xiàn guān cí bú jiù yǒu èr lín jū jí
年）进士及第，授县官，辞不就。有《二林居集》。

【故事解读】

chuán shuō zhōng de lǎo shòu xing
传说中的老寿星

péng zǔ shì shàng gǔ dì wáng zhuān xū de sūn zi dì yáo de shí hou tā yīn wèi jìn xiàn zhì gēng yáo biàn bǎ péng chéng fēng gěi tā suǒ yǐ hòu rén chēng tā wéi péng zǔ

彭祖是上古帝王颛顼的孙子。帝尧的时候，他因为进献雉羹，尧便把彭城封给他，所以后人称他为彭祖。

chuán shuō péng zǔ huó le bā bǎi duō suì jǐn guǎn huó zhè me dà nián jì kě tā réng bù xiǎn shuāi lǎo tā zì yòu xǐ hào tián jìng bù zhuī qiú míng yù bú kè yì dǎ ban zì jǐ zhōng rì yǐ yǎng shēng xiū shēn

传说彭祖活了八百多岁，尽管活这么大年纪，可他仍不显衰老。他自幼喜好恬静，不追求名誉，不刻意打扮自己，终日以养生修身

wéi lè
为乐。

péng zǔ zài rì cháng shēng huó zhōng zhù zhòng shēn tǐ duàn liàn tā yě cóng
彭祖在日常生活中注重身体锻炼，他也从
bú jì jiào míng lì dé shī bù zhuī qiú wù zhì xiǎng shòu bǎo chí liáng hǎo
不计较名利得失，不追求物质享受，保持良好
de jīng shén zhuàng tài zhè huò xǔ jiù shì tā cháng shòu de mì jué ba
的精神状态，这或许就是他长寿的秘诀吧。

lǔ

鲁

【姓氏解读】

lǔ xìng zhǔ yào lái zì jī xìng shì zhōu gōng dàn de hòu dài
“鲁”姓主要来自“姬”姓，是周公旦的后代。
jù zǎi xī zhōu wǔ wáng fēn fēng shí zhōu gōng bèi fēng zài dōng fāng de lǔ guó
据载，西周武王分封时，周公被封在东方的鲁国，
yóu yú yào liú zài dū chéng fǔ zuǒ zhōu wáng yú shì jiù pài ér zi bó qín
由于要留在都城辅佐周王，于是，就派儿子伯禽
qù le lǔ guó zhàn guó shí lǔ guó bèi chǔ guó miè diào qí zǐ sūn jiù
去了鲁国。战国时，鲁国被楚国灭掉，其子孙就
yǐ guó míng wéi xìng shì dài xiāng chuán
以国名为姓，世代相传。

【鲁氏先贤】

lǔ zhòng lián qí guó rén zhàn guó mò qī xué zhě bú rèn guān
鲁仲连：齐国人。战国末期学者。不任官

职，好持高节，坚持儒家道德观点，反对尊秦为帝，以义不帝秦而被传诵千古。其肯定事物的两重性，反对攻其一点不及其余的片面性。

鲁肃：字子敬。临淮东城人，三国东吴名将。

鲁胜：代郡人。西晋学者、逻辑学家。著有《墨辩注序》。

鲁贞：元浙江省开化人。字起元，号桐山老农。元统举人。隐居不仕，其邃于理学，胸怀夷旷，著有《桐山老农文集》《春秋按断》《中庸解》《易注》等。

鲁宗贵：钱塘人。南宋画家。工花竹、禽鸟、窠石，用笔意趣有余，描染佳妙，尤长于写生，鸡雏乳鸭，颇有生意。传世作品有《春韵鸣喜图》。

鲁得之：钱塘人。明代书画家。善书，工写竹，发竿爽劲，扫叶清利，纵笔自如，备见潇洒。著有《墨君题语》《竹史》《细香居集》。

【故事解读】

qiǎo jiàng lǔ bān

巧匠鲁班

lǔ bān shì wǒ guó gǔ dài de yōu xiù gōng jiàng hé jié chū fā míng jiā
鲁班是我国古代的优秀工匠和杰出发明家。
yǒu yì nián tā jiē shòu le jiàn zhù yí zuò gōng diàn de rèn wu yóu yú
有一年，他接受了建筑一座宫殿的任务。由于
jiàn zào gōng diàn xū yào dà liàng mù liào tú dì men suī rán qǐ zǎo tān hēi de
建造宫殿需要大量木料，徒弟们虽然起早贪黑地
qù kǎn shù réng rán bù néng mǎn zú gōng chéng de xū yào yǎn kàn zhe gōng
去砍树，仍然不能满足工程的需要。眼看着工
qī jiù yào dào le zhè xià kě jí huài le lǔ bān wèi cǐ tā jué dìng qīn
期就要到了，这下可急坏了鲁班，为此他决定亲
zì shàngshān kàn kan kǎn shù de qíng kuàng jiù zài tā shàngshān de tú zhōng wú yì
自上山看看砍树的情况。就在他上山的途中，无意
zhōng zhuā le yí xià yě cǎo méi xiǎng dào shǒu jìng bèi huá pò le zǐ xì
中抓了一下野草，没想到，手竟被划破了。仔细
yí kàn lǔ bān fā xiàn xiǎo cǎo de yè zi shang yǒu xǔ duō xì xì de xiǎo
一看，鲁班发现小草的叶子上有许多细细的小

chǐ tā shēn shòu qǐ fā huí qù hòu biàn ràng rén zuò chéng yǒu jù chǐ de tiě
齿，他深受启发，回去后便让人做成有锯齿的铁
piàn yòng tā jù shù yòu kuài yòu shěng lì zhōng yú tā men rú qī wán gōng
片，用它锯树又快又省力。终于，他们如期完工。
xiàn dài mù gōng shǐ yòng de jù jiù zhè yàng fā míng chū lái le
现代木工使用的锯就这样发明出来了。

mǎ
马

【姓氏解读】

mǎ xìng zhǔ yào lái zì yíng xìng xíng chéng yú zhàn guó shí
“马”姓主要来自“嬴”姓，形成于战国时
qī jù shǐ shū zǎi zhào huì wén wáng shí zhào shē fèng mìng kàng jī
期。据史书载，赵惠文王时，赵奢奉命抗击
qín jūn huò shèng hòu bèi fēng zài mǎ fú chēng mǎ fú jūn zuì chū
秦军，获胜后被封在马服，称马服君。最初，
tā de zǐ sūn yǐ mǎ fú wéi xìng hòu gǎi xìng mǎ
他的子孙以“马服”为姓，后改姓马。

【马氏先贤】

mǎ róng dōng hàn yòu fú fēng mào líng rén zhù míng zhé xué jiā
马融：东汉右扶风茂陵人。著名哲学家，
jīng xué jiā wén xué jiā duì gǔ dài jīng diǎn yán jiū fēi cháng zhī shēn
经学家、文学家。对古代经典研究非常之深，
xué shēng yǒu qiān yú rén tā jiǎng kè shí zuò zài gāo táng yǒu nǚ zǐ zòu
学生有千余人。他讲课时坐在高堂，有女子奏

lè hěn yǒu qì pài yì shēng zhù qún jīng wài jiān zhù lǎo zǐ
乐，很有气派。一生注群《经》外，兼注《老子》
huái nán zǐ
《淮南子》。

mǎ chāo zì mèng qǐ yòu fú fēng mào líng rén zhū gě liàng chēng
马超：字孟起。右扶风茂陵人。诸葛亮称
tā wén wǔ quán cái yǒng měng guò rén guān zhì piào qí jiāng jūn lǐng liáng
他文武全才，勇猛过人。官至骠骑将军，领凉
zhōu mù
州牧。

mǎ zhōu bó zhōu chí píng rén táng dài dà chén bèi táng tài zōng
马周：博州茌平人。唐代大臣。被唐太宗
shǎng shí rèn jiān chá yù shǐ zhǔ zhāng shǎo xīng yáo fù fǎn duì shí xíng
赏识，任监察御史。主张少兴徭赋，反对实行
shì fēng zhì chéng wéi dāng shí yǒu míng de zhèng zhì jiā
世封制，成为当时有名的政治家。

mǎ ruì lín jīn jiāng xī shěng lè píng rén sòng yuán zhī jì zhù
马瑞临：今江西省乐平人。宋、元之际著
míng shǐ xué jiā yì shēng bó lǎn qún shū lì èr shí nián zhù chéng wén
名史学家。一生博览群书，历二十年著成《文
xiàn tōng kǎo wéi jì shù lì dài diǎn zhāng zhì dù de zhòng yào zhù zuò
献通考》，为记述历代典章制度的重要著作。

mǎ zhì yuǎn yuán dài zhù míng de zá jù hé sǎn qǔ zuò jiā wéi
马致远：元代著名的杂剧和散曲作家，为
yuán qǔ sì dà jiā zhī yī tā yǔ guān hàn qīng bái pǔ zhèng guāng
"元曲四大家"之一。他与关汉卿、白朴、郑光
zǔ bèi yù wéi yuán qǔ sì dà jiā qí zuò pǐn dà dōu qīng lì gāo
祖被誉为"元曲四大家"，其作品大都清丽高
yǎ yì jìng gāo yuǎn yì shēng xiě xià le dà liàng de sǎn qǔ hé zá jù
雅，意境高远。一生写下了大量的散曲和杂剧，
yǐ miáo xiě wáng zhāo jūn de hàn gōng qiū wéi qí dài biǎo zuò
以描写王昭君的《汉宫秋》为其代表作。

mǎ jiàn zhōng zhè jiāng shěng dān tú rén qīng mò yǔ yán xué jiā
马建忠：浙江省丹徒人。清末语言学家。
céng fù guó wài liú xué jīng tōng duō guó yǔ yán zhù yǒu mǎ shì wén
曾赴国外留学，精通多国语言，著有《马氏文

tōng wéi zhōng guó dì yī bù jiào quán miàn xì tǒng de yǔ fǎ zhù zuò
通》，为中国第一部较全面系统的语法著作。

【故事解读】

mǎ gé guǒ shī
马革裹尸

dōng hàn shí míng jiàng mǎ yuán zhì xiàng yuǎn dà yīng yǒng shàn zhàn
东汉时，名将马援志向远大，英勇善战，
céng bèi guāng wǔ dì liú xiù fēng wéi fú bō jiāng jūn zài tā liù shí èr
曾被光武帝刘秀封为伏波将军。在他六十二
suì shí biān jìng fā shēng le zhàn shì mǎ yuán xiàng huáng dì qǐng zhàn huáng
岁时，边境发生了战事，马援向皇帝请战。皇
dì rèn wéi tā nián shì yǐ gāo méi yǒu dā ying kě shì mǎ yuán què
帝认为他年事已高，没有答应。可是，马援却
bù fú lǎo jiān jué yāo qiú chū zhēng ér qiě kāng kǎi jī áng de shuō dào
不服老，坚决要求出征，而且慷慨激昂地说道：
wèi le bǎo wèi zǔ guó biān jiāng nán zǐ hàn dà zhàng fu jiù yīng dāng zhàn
“为了保卫祖国边疆，男子汉大丈夫就应当战

sǐ shā chǎng yòng mǎ pí bāo guǒ zhe shī tǐ yùn huí gù tǔ qǐ néng dāi
死沙场，用马皮包裹着尸体运回故土，岂能待
zài jiā li lǎo sǐ zài qī ér shēn biān ne huáng dì bèi tā de jīng
在家里，老死在妻儿身边呢？”皇帝被他的精
shén suǒ gǎn dòng zhǐ hǎo mìng tā wéi shuài lǐng bīng chū zhēng hòu lái mǎ
神所感动，只好命他为帅，领兵出征。后来，马
yuán bú xìng bìng sǐ zài jūn zhōng dàn tā yòng zì jǐ de shí jì xíng dòng wèi
援不幸病死在军中，但他用自己的实际行动为
wǒ men pǔ xiě le yì qǔ dòng rén de ài guó piān zhāng
我们谱写了一曲动人的爱国篇章。

fāng

方

【姓氏解读】

fāng xìng yǒu sān zhǒng zhǔ yào lái yuán qí yī chū zì jī
“方”姓有三种主要来源：其一出自“姬”
xìng zhōu xuān wáng shí fēng shū fāng yú luò tā de zǐ sūn biàn yǐ tā de
姓。周宣王时封叔方于洛，他的子孙便以他的
zì wéi xìng qí èr chū zì léi shì jí fāng xiàng shì de hòu yì qí sān
字为姓；其二出自雷氏及方相氏的后裔；其三
chū zì jī xìng wéi xī zhōu zhāo wáng de zǐ sūn
出自“姬”姓，为西周昭王的子孙。

【方氏先贤】

fāng jùn fú jiàn pú tián rén sòng dài zhù míng de cáng shū jiā
方峻：福建莆田人。宋代著名的藏书家。

tā de bái dù wàn juàn lóu zǒng jì cáng shū yuē zài wǔ wàn juàn yǐ
他的“白杜万卷楼”，总计藏书约在五万卷以
shàng wéi sòng dài quán guó zuì dà de cáng shū lóu
上，为宋代全国最大的藏书楼。

fāng sōng qīng fú jiàn pú tián rén wén xué jiā cáng shū jiā
方崧卿：福建莆田人。文学家，藏书家。
jù shū sì wàn juàn shǒu zì chóu jiào céng jiào zhèng hán chāng lí wén jí
聚书四万卷，手自雠校。曾校正《韩昌黎文集》，
zuò hán shī biān nián hán wén jǔ zhèng hán jí jǔ zhèng shì sòng
作《韩诗编年》《韩文举正》。《韩集举正》是宋
dài hán yù jí wén běn yán jiū de jí dà chéng zhě yě shì hòu dài hán jí
代韩愈集文本研究的集大成者，也是后代韩集
wén běn zhěng lǐ de jī chǔ
文本整理的基础。

fāng huí ān huī huī zhōu rén sòng lǐ zōng jǐng dìng sān nián
方回：安徽徽州人。宋理宗景定三年（1262
nián tíng shì yuán wéi jiǎ kē dì yī zhù míng shī rén wén xué jiā shī wén
年）廷试原为甲科第一。著名诗人、文学家。诗文
pǔ shí fǎn yìng mín zhòng jí kǔ zhù xū gǔ jí tóng jiāng jí tóng
朴实，反映民众疾苦。著《虚谷集》《桐江集》《桐
jiāng xù jí bì liú jí xù gǔ jīn zhì yán bào xiè shī píng děng
江续集》《碧流集》《续古今志》《颜鲍谢诗评》等。

fāng fèng zhè jiāng pǔ jiāng rén sòng mò yuán chū ài guó shī rén
方凤：浙江浦江人。宋末元初爱国诗人，
nán sòng yí mín shī rén de lǐng xiù rén wù yǒu zhōng guó dì yī shī shè zhī
南宋遗民诗人的领袖人物，有中国第一诗社之
chēng de yuè quán yín shè de chuàng lì zhě zhī yī shī wén duō shū xiě
称的“月泉吟社”的创立者之一。诗文多抒写
wáng guó zhī tòng zhù yǒu cún yǎ táng yí gǎo
亡国之痛。著有《存雅堂遗稿》。

fāng bāo ān huī tóng chéng rén gǔ wén dà shī qīng dài tóng chéng
方苞：安徽桐城人。古文大师。清代桐城
pài de chuàng shǐ rén tóng chéng pài zài qīng wén tán yǐng xiǎng jí dà zhù yǒu
派的创始人，桐城派在清文坛影响极大。著有
wàng xī xiān shēng wén jí jí wài wén jí wài wén bǔ yí
《望溪先生文集》《集外文》《集外文补遗》。

fāng dōng shù　ān huī tóng chéng rén　zì zhí zhī　wéi qīng dài zhōng
方东树：安徽桐城人。字植之。为清代中
qī de wén xué jiā jí sī xiǎng jiā　shī cóng tóng chéng pài gǔ wén míng jiā
期的文学家及思想家。师从桐城派古文名家
yáo nài　wéi tóng chéng pài de zhòng yào dài biǎo rén wù zhī yī　qí zhù zuò
姚鼐，为桐城派的重要代表人物之一。其著作
yǒu　hàn xué shāng duì　zhāo mèi zhān yán　shū lín yáng zhì　yí wèi
有《汉学商兑》《昭昧詹言》《书林扬觯》《仪卫
xuān wén jí　děng
轩文集》等。

【故事解读】

fāng là qǐ yì
方腊起义

běi sòng huī zōng shí qī　tǒng zhì zhě shē mǐ wú dù　héng zhēng bào
北宋徽宗时期，统治者奢靡无度，横征暴
liǎn　zài jiā shàng duì liáo　xià suì bì de gòng shū yǐ jí　huā shí gāng
敛，再加上对辽、夏岁币的贡输以及“花石纲”
de sāo rǎo　jiāng zhè dì qū de láo dòng rén mín kùn kǔ bù kān　yú shì
的骚扰，江浙地区的劳动人民困苦不堪。于是，
qīng xī rén fāng là lì yòng mì mì liú xíng yú dāng dì de mó ní jiào　zǔ
青溪人方腊利用秘密流行于当地的摩尼教，组
zhī le yì zhī shù wàn rén de duì wu　zài gōng qǔ xiàn chéng hòu　yòu jiē
织了一支数万人的队伍，在攻取县城后，又接
lián gōng xià liù zhōu liù shí yú xiàn　duì wu xùn sù fā zhǎn dào jìn bǎi wàn
连攻下六州六十余县，队伍迅速发展到近百万
rén　duì cǐ　sòng cháo yì fāng miàn xià lìng chè xiāo yìng fèng jú　huā shí
人。对此，宋朝一方面下令撤销应奉局、花石
gāng　bà chù zhū miǎn děng rén　yì fāng miàn pài tóng guàn shuài shí wǔ wàn dà
纲，罢黜朱勔等人；一方面派童贯率十五万大
jūn dù jiāng zhèn yā　jīng guò jī liè de zhàn dòu　qī wàn qǐ yì jūn zhuàng
军渡江镇压。经过激烈的战斗，七万起义军壮

liè xī shēng fāng là yě bèi fú lǔ hòu bèi yā dào kāi fēng yīng yǒng jiù
烈牺牲，方腊也被俘虏，后被押到开封英勇就
yì suí hòu qí tā gè lù qǐ yì jūn yě xiāng jì shī lì
义。随后，其他各路起义军也相继失利。

rén
任

【姓氏解读】

rén xìng zhǔ yào yǒu sān zhǒng lái yuán yī shì chū zì jī
“任”姓主要有三种来源：一是出自“姬”
xìng wéi huáng dì shào zǐ yǔ yáng de hòu dài yǐ guó míng wéi xìng èr
姓，为黄帝少子禹阳的后代，以国名为姓；二
shì chū zì fēng xìng wéi tài hào shì zhī hòu yǐ guó míng wéi xìng
是出自“风”姓，为太昊氏之后，以国名为姓。
tài hào jiù shì shàng gǔ de fú xī shì rén guó zài zhàn guó shí miè wáng
太昊就是上古的伏羲氏。任国在战国时灭亡，
qí hòu dài zǐ sūn jiù yǐ guó míng wéi xìng sān shì chū zì qí tā gǎi xìng
其后代子孙就以国名为姓；三是出自其他改姓
ér lái
而来。

【任氏先贤】

rén bù qí zì zǐ xuǎn kǒng zǐ qī shí qī xián dì zǐ zhī
任不齐：字子选。孔子七十七贤弟子之
yī chūn qiū zhàn guó shí chǔ guó rén chǔ pìn shàng qīng bú jiù shēng
一。春秋战国时楚国人，“楚聘上卿不就”。生

yú zhōu líng wáng èr shí qī nián qián nián sān yuè mò yú zhōu yuán
于周灵王二十七年(前545年)三月,殁于周元
wáng bā nián qián nián jiǔ yuè zàng táo xiāng mù zài jì níng chéng
王八年(前468年)九月。葬桃乡,墓在济宁城
běi fáng gé pū táng cháo huáng dì zhuī fēng qí wèi rèn chéng bó sòng cháo tiān
北房葛铺。唐朝皇帝追封其为任城伯,宋朝天
zǐ yòu jiā fēng qí wéi dāng yáng hóu
子又加封其为当阳侯。

rén guāng zì bó qīng nán yáng wǎn rén dōng hàn yún tái èr shí
任光:字伯卿,南阳宛人。东汉云台二十
bā jiàng zhī yī yǐ gōng fēng ē líng hóu shí yì wàn hù
八将之一。以功封阿陵侯,食邑万户。

rén fǎng nán cháo liáng zhù míng wén xué jiā zì yàn shēng lè ān
任昉:南朝梁著名文学家。字彦升。乐安
bó chāng rén shì sòng qí liáng sān cháo míng dài zhāng pǔ jí yǒu rén
博昌人。仕宋、齐、梁三朝。明代张溥辑有《任
yàn shēng jí shōu rù hàn wèi liù cháo bǎi sān jiā jí yòu wén
彦升集》,收入《汉魏六朝百三家集》。又《文
zhāng yuán qǐ jí shù yì jì èr shū jiù jūn tí wéi rén fǎng zuò
章缘起》及《述异记》二书,旧均题为任昉作。

rén dà chūn qīng jīng xué jiā zì yòu zhí zǐ tián jiāng sū
任大椿:清经学家。字幼植、子田。江苏
xīng huà rén qián lóng jìn shì lěi guān shǎn xī dào jiān chá yù shǐ gōng
兴化人。乾隆进士,累官陕西道监察御史。工
wén cí céng chōng sì kù quán shū zuǎn xiū guān bó sōu cái liào zōng
文辞。曾充《四库全书》纂修官。博搜材料,综
hé jīng kǎo kǎo shì gǔ dài míng wù zhù biàn fú shì lì shēn yī
合精考,考释古代名物,著《弁服释例》《深衣
shì lì shì zēng xiǎo xué gōu chén zì lín kǎo yì děng
释例》《释缯》《小学钩沉》《字林考逸》等。

rén xióng qīng dài huà jiā zì wèi cháng hào xiāng pǔ zhè jiāng xiāo
任熊:清代画家。字渭长,号湘浦,浙江萧
shān chéng xiāng zhèn rén tā shàn huà rén wù gōng huà huā niǎo shān shuǐ shī
山城厢镇人。他擅画人物,工画花鸟、山水,师
fǎ chén hóng shòu bǐ fǎ yuán jìn xíng xiàng kuā zhāng huà yǒu rén wèi
法陈洪绶。笔法圆劲,形象夸张。画有《任渭

长四种》，为晚清木刻画之精品，《大梅山房诗意图册》120幅，是其代表作。

【故事解读】

为官清廉

任昉是南北朝时期著名的文学家。任昉从小就聪明过人，他八岁就能写文章，他的叔叔任暠曾很得意地夸赞他：“这是我们家的千里马呀。”成年后的任昉更加展露出他的才华。当时的才子王融，自以为当代无人可比，可是见到任昉的文章后也自愧不如。任昉写文章才思敏捷，从来不用修改，他的文章情真意切，透辟凌厉。

任昉做官时为官清廉，为老百姓办了很多好事。他从义兴调往新安时，连一件像样的衣服也没有。临终前，他给孩子们留下遗言，不许拿新安的任何东西回乡，用普通的棺材，给自己

chuān jiù yī rù liàn jí kě tā sǐ hòu xīn ān de lǎo bǎi xìng wú bù
穿旧衣入殓即可。他死后，新安的老百姓无不
bēi tòng wàn fēn zài chéng nán wèi tā jiàn lì le cí táng yǒng shì huái niàn
悲痛万分，在城南为他建立了祠堂，永世怀念。

yuán

袁

【姓氏解读】

yuán xìng lái yuán xiāng duì bǐ jiào dān chún zhǔ yào chū zì guī
“袁”姓来源相对比较单纯，主要出自“妫”
xìng shì shùn dì de hòu dài shǐ shū shang jì zǎi zhōu wǔ wáng fēn fēng
姓，是舜帝的后代。史书上记载，周武王分封
shí chén hú mǎn bèi fēng wéi chén hóu tā de hòu dài zhōng yǒu gè jiào chén bó
时，陈胡满被封为陈侯，他的后代中有个叫陈伯
yuán de tā de sūn zi tāo tú biàn yǐ zǔ fù de zì wéi xìng chēng yuán shì
爰的，他的孙子涛涂便以祖父的字为姓，称袁氏。

【袁氏先贤】

yuán shào zì běn chū rǔ nán rǔ yáng rén chū shēn yú guān liáo
袁绍：字本初。汝南汝阳人。出身于官僚
shì jiā jiàn ān wǔ nián nián yǔ cáo cāo jué zhàn yú guān dù
世家。建安五年（200年），与曹操决战于官渡，
zhǔ lì bèi cáo cāo xiāo miè táo huí yè chéng yú jiàn ān qī nián
主力被曹操消灭，逃回邺城，于建安七年（202
nián yōu yù bìng zú
年）忧郁病卒。

yuán hóng dōng jìn wén xué jiā shǐ xué jiā zì yàn bó xiǎo zì
袁宏：东晋文学家、史学家。字彦伯，小字

虎。陈郡阳夏人。其著今存《后汉纪》30卷。逯钦立《先秦汉魏晋南北朝诗》及严可均《全上古三代秦汉三国六朝文》录其诗、赋、序、赞、碑、铭、疏、表等20余篇。

袁郊：字之仪。袁滋之子。陈郡汝南朗山人。唐朝文学家。咸通时，为祠部郎中。昭宗朝，为翰林学士。作有传奇小说《甘泽谣》一卷。

袁枢：字机仲。建安人。南宋史学家。著《通鉴纪事本末》42卷，为中国第一部纪事本末体史学著作，创造“纪事本末”这一新的写史体例，兼有纪传、编年二者优点，明、清两代多有仿作。

袁枚：字子才，号简斋，别号随园老人。钱塘人。清朝文学家。乾隆四年进士，其诗文不拘形式，自成一格，著有《小仓山房集》《随园诗话》《随园随笔》等书，为“江右三大家”之一。

袁崇焕：字元素。明代广东省东莞人。万历进士。因获宁远大捷，官至辽东巡抚。后因兵败被崇祯帝处死。

【故事解读】

wèi dòu fu zhé yāo
为豆腐折腰

yuán méi shì qīng dài zhù míng de wén xué jiā yǔ jì xiǎo lán qí míng
袁枚是清代著名的文学家，与纪晓岚齐名，
yǒu nán yuán běi jì de míng hào yuán méi bù jǐn cái huá héng yì ér
有“南袁北纪”的名号。袁枚不仅才华横溢，而
qiě hái xǐ huan měi shí shì yí wèi pēng rèn zhuān jiā dāng shí yuán méi tí
且还喜欢美食，是一位烹饪专家。当时，袁枚提
chàng chī dòu fu tā shuō dòu fu kě yǐ yǒu duō zhǒng chī fǎ rèn hé měi
倡吃豆腐，他说豆腐可以有多种吃法，任何美
shí dōu kě yǐ rù dào dòu fu li yǒu yì tiān háng zhōu yǒu yí gè míng
食都可以入到豆腐里。有一天，杭州有一个名
shì qǐng tā chī dòu fu yuán méi jiàn pán zhōng de dòu fu jié bái rú xuě ér
士请他吃豆腐，袁枚见盘中的豆腐洁白如雪，而
qiě chī qǐ lái qīng nèn xiān měi biàn xū xīn xiàng zhǔ rén qǐng jiào dòu fu de
且吃起来清嫩鲜美，便虚心向主人请教豆腐的
zuò fǎ zhǔ rén xiào zhe shuō gǔ rén shuō bú wèi wǔ
做法。主人笑着说：“古人说不为五

dǒu mǐ zhé yāo rú guǒ nǐ kěn wèi dòu fu zhé yāo nà wǒ jiù gào su
斗米折腰，如果你肯为豆腐折腰，那我就告诉
nǐ huà yīn gāng luò yuán méi gōng shēn shī lǐ zhǔ rén xiào zhe gào su
你。”话音刚落，袁枚躬身施礼，主人笑着告诉
le tā dòu fu de zuò fǎ cǐ shì yì shí jiān bèi chuán wéi měi tán
了他豆腐的做法，此事一时间被传为美谈。

liǔ

柳

【姓氏解读】

liǔ xìng yǒu liǎng zhǒng zhǔ yào lái yuán qí yī shì yóu zhǎn xìng
“柳”姓有两种主要来源：其一是由“展”姓
fā zhǎn ér lái xiāng chuán chūn qiū shí lǔ guó yǒu gè zhǔ guǎn xíng yù de rén
发展而来，相传春秋时鲁国有个主管刑狱的人
jiào zhǎn qín shòu fēng yú liǔ xià rén chēng liǔ xià huì qí zǐ sūn biàn yǐ
叫展禽，受封于柳下，人称柳下惠，其子孙便以
fēng dì wéi xìng qí èr zé shì chǔ huái wáng de sūn zi qín mò shí bèi xiàng
封地为姓；其二则是楚怀王的孙子，秦末时被项
yǔ tuī jǔ wéi shǒu lǐng zài liǔ chéng jiàn dū qí zǐ sūn yě yǐ liǔ wéi xìng
羽推举为首领，在柳城建都，其子孙也以柳为姓。

【柳氏先贤】

liǔ zōng yuán zì zǐ hòu táng cháo hé dōng rén táng sòng bā dà
柳宗元：字子厚。唐朝河东人。唐宋八大
jiā zhī yī yě chēng liǔ hé dōng shì zhōng táng shí qī zhù míng de wén xué
家之一，也称柳河东。是中唐时期著名的文学

家和哲学家，与韩愈齐名，并称“韩柳”。诗文皆工，尤擅长散文。有《柳河东集》，也称《唐柳先生集》。

柳公权：字诚悬。唐朝京兆华原人。著名书法家。擅长楷书，结体劲媚，法度谨严。世称“颜筋柳骨”。所书碑刻，传世者有《送梨帖跋》《玄秘塔》《金刚经》《神策军碑》。

柳亚子：原名慰高，又名人权、弃疾，字安如，一字亚庐。江苏吴江人。同盟会会员，主编《复报》第一期至第十一期。有《磨剑室诗集、词集、文集》《柳亚子诗词选》，辑有《苏曼殊全集》《孙竹丹烈士遗集》等。

【故事解读】

柳公权拜师

柳公权是唐代著名书法家。在他小时候，有一天和几个小伙伴比写字，见他太过骄傲，一

gè mài dòu fu de lǎo rén biàn shuō zhè zì xiě de bìng bù hǎo hǎo xiàng
个卖豆腐的老人便说："这字写得并不好，好像
wǒ de dòu fu yí yàng méi yǒu jīn gǔ liǔ gōng quán yì tīng jiù bù gāo
我的豆腐一样，没有筋骨。"柳公权一听就不高
xìng le fēi ràng lǎo rén xiě jǐ gè zì gěi tā kàn kan lǎo rén biàn shuō
兴了，非让老人写几个字给他看看。老人便说：
wǒ bú huì xiě zì kě shì jīng chéng li yǒu gè rén yòng jiǎo dōu bǐ nǐ xiě
"我不会写字，可是京城里有个人用脚都比你写
de hǎo ne dì èr tiān liǔ gōng quán lái dào jīng chéng zài yì kē shù
得好呢！"第二天，柳公权来到京城，在一棵树
xià jiàn dào le nà ge méi yǒu shuāng bì de lǎo rén zhèng yòng yòu jiǎo jiā bǐ
下见到了那个没有双臂的老人，正用右脚夹笔，
huī sǎ zì rú de xiě duì lián jiàn bà liǔ gōng quán dāng jí guì dǎo
挥洒自如地写对联。见罢，柳公权当即跪倒，
yào bài tā wéi shī kě shì lǎo rén bìng méi yǒu dā ying zhǐ shì gào su
要拜他为师。可是，老人并没有答应，只是告诉
tā zhǐ yǒu qín xué kǔ liàn cái néng xiě de yì shǒu hǎo zì cóng cǐ
他，只有勤学苦练，才能写得一手好字。从此，
liǔ gōng quán fā fèn liàn zì zhōng yú chéng wéi yí dài shū fǎ dà jiā
柳公权发愤练字，终于成为一代书法大家。

shǐ

史

【姓氏解读】

shǐ xìng lái yuán bǐ jiào fù zá yī shì chū zì huáng dì shí chuàng
"史"姓来源比较复杂，一是出自黄帝时创
zào wén zì de shǐ guān cāng jié qí hòu dài zhōng biàn yǒu yǐ guān wéi xìng de
造文字的史官仓颉，其后代中便有以官为姓的；

èr shì chū zì xī zhōu tài shǐ yì de hòu dài sān shì yuán yú suí táng shí
二是出自西周太史佚的后代；三是源于隋唐时
xī yù de shǐ guó sì shì wéi tū jué zú ē shǐ shì gǎi xìng ér lái
西域的史国；四是为突厥族阿史氏改姓而来。

【史氏先贤】

shǐ gāo yào líng hóu chē qí dà jiāng jūn fǔ zuǒ hàn yuán dì yǒu gōng
史高：乐陵侯、车骑大将军、辅佐汉元帝有功。

shǐ hào nán sòng zǎi xiāng wéi yuè fēi píng fǎn zhāo xuě
史浩：南宋宰相。为岳飞平反昭雪。

shǐ kě fǎ kàng qīng míng jiàng míng cháo wén yuān gé dà xué shì
史可法：抗清名将。明朝文渊阁大学士，
bīng bù shàng shū zài bīng kùn yáng zhōu shí tā jù jiàng gù shǒu fèn zhàn dào
兵部尚书，在兵困扬州时，他拒降固守，奋战到
dǐ bù xìng yīng yǒng jiù yì
底，不幸英勇就义。

shǐ mèng lín míng cháo lǐ xué jiā tā zhǔ zhāng yǐ lǐ xué wéi
史孟麟：明朝理学家。他主张以理学为
guó běn yǐ míng jié xiāng dǐ lì tóng shí cān yǔ dōng lín shū yuàn jiǎng xué
“国本”，以名节相砥砺，同时参与东林书院讲学。

shǐ kuí qīng zhān shì fǔ dà táng kāng xī de lǎo shī kāng xī
史夔：清瞻事府大堂，康熙的老师。《康熙
zì diǎn zhǔ bǐ
字典》主笔。

【故事解读】

yīng xióng shǐ kě fǎ
英雄史可法

míng cháo miè wáng hòu fú wáng zhū yóu sōng zài nán jīng jiàn lì le nán
明朝灭亡后，福王朱由崧在南京建立了南

míng zhèng quán bīng bù shàng shū shǐ kě fǎ zhǔ dòng yāo qiú shuài jūn duì qù
明政权，兵部尚书史可法主动要求率军队去
dǐ kàng qīng jūn bìng jiāng bù duì zhù zhā zài yáng zhōu chéng hòu lái qīng
抵抗清军，并将部队驻扎在扬州城。后来，清
jūn gōng dào yáng zhōu chéng xià qīng jiàng duō duó xiān pài rén dào chéng li xiàng
军攻到扬州城下，清将多铎先派人到城里向
shǐ kě fǎ quàn xiáng yì lián pài le wǔ gè rén dōu bèi shǐ kě fǎ jù
史可法劝降，一连派了五个人，都被史可法拒
jué le nǎo xiū chéng nù de duō duó xià lìng jiāng yáng zhōu chéng bāo wéi de
绝了。恼羞成怒的多铎，下令将扬州城包围得
shuǐ xiè bù tōng jiàn cǐ qíng jǐng shǐ kě fǎ zhào jí quán chéng guān bīng
水泄不通。见此情景，史可法召集全城官兵，
miǎn lì tā men tóng xīn kàng dí zuì hòu jiǔ gōng bú xià de duō duó yòng
勉励他们同心抗敌。最后，久攻不下的多铎用
dà pào zhà kāi le chéng qiáng gōng rù chéng nèi shǐ kě fǎ jiàn wú lì huí
大炮炸开了城墙，攻入城内。史可法见无力回
tiān zhǔn bèi bá jiàn zì shā shí bèi jiàng shì men quàn zhù kě shì zài
天，准备拔剑自杀时，被将士们劝住。可是，在
chè tuì shí hái shi bèi qīng jūn fā xiàn le wèi le bù lián lěi bié ren
撤退时，还是被清军发现了。为了不连累别人，
shǐ kě fǎ tǐng shēn ér chū jié guǒ bèi qīng jūn shā hài
史可法挺身而出，结果被清军杀害。

táng

唐

【姓氏解读】

táng xìng lái yuán zhǔ yào yǒu sān zhǒng qí yī chū zì qí
“唐”姓来源主要有三种：其一出自“祁”

xìng shì huáng dì de hòu dài qí èr chū zì jī xìng zhōu chéng wáng
姓，是黄帝的后代；其二出自“姬”姓，周成王
jiāng shū yú fēng zài táng dì shū yú de zǐ sūn biàn yǐ guó wéi xìng qí
将叔虞封在唐地，叔虞的子孙便以国为姓；其
sān wéi dōng hàn shí tā zú jiā rù táng xìng
三为东汉时他族加入唐姓。

【唐氏先贤】

táng dì yuán dài huà jiā zì zǐ huá wú xīng rén xiù
唐棣：元代画家。字子华。吴兴人。秀
cái chū shēn rèn wú jiāng jīn shǔ jiāng sū lìng gōng huà shān shuǐ
才出身，任吴江（今属江苏）令。工画山水，
céng jīng zhào mèng fǔ zhǐ jiào qí shī fǎ guō xī shàn yú bù zhì chǎng
曾经赵孟頫指教，其师法郭熙。擅于布置厂
diàn jǐng wù dé qīng sēn huá rùn zhī zhì xiàn cún shì zuò pǐn yǒu shuāng
殿景物，得清森华润之致。现存世作品有《霜
pǔ guī yú qiū shān xíng lǚ cūn rén jù yǐn děng tú
浦归渔》《秋山行旅》《村人聚饮》等图。

táng yín míng cháo wén xué jiā shū huà jiā zì bó hǔ hào
唐寅：明朝文学家、书画家。字伯虎，号
liù rú jū shì zì fàng míng shān dà chuān zhù táo huā wù yǐ jū
六如居士。自放名山大川，筑桃花坞以居。
bì shēng zhì lì yú huì huà qiě néng shī wén yǔ zhù yǔn xú zhēn
毕生致力于绘画，且能诗文。与祝允、徐祯
qīng wén zhēng míng bìng chēng wú zhōng sì cái zǐ yǔ shěn zhōu qiú yīng
卿、文征明并称吴中四才子，与沈周、仇英、
wén zhēng míng hé chēng míng sì jiā yǒu liù rú jū shì quán jí huà
文征明合称明四家。有《六如居士全集》《画
pǔ děng
谱》等。

táng shùn zhī míng wén xué jiā zì yīng dé yì xiū rén chēng
唐顺之：明文学家。字应德、义修，人称
jīng chuān xiān shēng wǔ jìn jiāng sū cháng zhōu rén xué shù jīng shēn
荆川先生。武进（江苏常州）人。学术精深，

zhī xiǎo tiān wén dì lǐ bīng fǎ yīn yuè shù xué děng chóngshàng
知晓天文、地理、兵法、音乐、数学等。崇尚
táng sòng sǎn wén bèi chēng wéi táng sòng pài zhǔ zhāng shī wén yào yǒu
唐宋散文，被称为“唐宋派”，主张诗文要有
jì chéng hé fā zhǎn zhí shū sī xiǎng bú luò sú tào yǒu jīng
继承和发展，直抒思想，不落俗套。有《荆
chuān jí
川集》。

táng zhēn qīng sī xiǎng jiā zì zhù wàn hào pǔ tíng chū míng dà
唐甄：清思想家。字铸万，号圃亭，初名大
táo sì chuān dá zhōu rén shùn zhì jǔ rén zhù yǒu qián shū děng
陶。四川达州人。顺治举人。著有《潜书》等。

【故事解读】

jīn guó yīng xióng
巾帼英雄

míng cháo yǒng lè nián jiān shān dōng pú tái xiàn chū le yí wèi jiào
明朝永乐年间，山东蒲台县出了一位叫
táng sài ér de nǚ yīng xióng tā wéi rén zhèng zhí fú ruò jì pín zài dāng
唐赛儿的女英雄，她为人正直，扶弱济贫，在当
dì rén zhōng hěn yǒu wēi xìn yì tiān yǒu rén tái zhe tā zhàng fu lín sān
地人中很有威信。一天，有人抬着她丈夫林三
de shī tǐ jìn dào yuàn li yuán lái zhàng fu zài xiàn chéng yīn kàng jiǎo fù
的尸体进到院里。原来，丈夫在县城因抗缴赋
shuì bèi guān fǔ huó shēngshēng de dǎ sǐ le tū rú qí lái de è hào
税被官府活生生地打死了。突如其来的噩耗，
bìng méi yǒu jiāng táng sài ér yā dǎo tā zhào jí qún zhòng tái zhe zhàng fu
并没有将唐赛儿压倒，她召集群众，抬着丈夫
de shī tǐ dào guān fǔ mén qián kòng sù tā men de zuì xíng bìng hào zhào
的尸体，到官府门前控诉他们的罪行，并号召
dà jiā fǎn kàng míng cháo de tǒng zhì zài tā de shuài lǐng xià shù qiān lǎo
大家反抗明朝的统治。在她的率领下，数千老

bǎi xìng dǎo huǐ xiàn yá kāi cāng jì mín ér qiě duō cì dǎ bài qián lái
百姓捣毁县衙，开仓济民，而且多次打败前来

wéi jiǎo de guān bīng jīng guò liǎng gè duō yuè de fèn zhàn zhōng yīn guǎ bù
围剿的官兵。经过两个多月的奋战，终因寡不

dí zhòng qǐ yì shī bài dàn táng sài ér zhè zhǒng jiān zhēn bù qū de jīng
敌众，起义失败。但唐赛儿这种坚贞不屈的精

shén yǒng yuǎn jī lì zhe hòu rén
神，永远激励着后人。

xuē

薛

【姓氏解读】

xuē xìng yǒu sān zhǒng zhǔ yào lái yuán qí yī chū zì huáng dì
“薛”姓有三种主要来源：其一出自黄帝

shí de rén xìng wéi yú zhòng de hòu dài qí èr chū zì guī
时的“任”姓，为虞仲的后代；其二出自“妫”

xìng wéi zhàn guó shí qī mèng cháng jūn de hòu yì qí sān yóu tā xìng
姓，为战国时期孟尝君的后裔；其三由他姓

huò tā zú gǎi xìng xuē
或他族改姓薛。

【薛氏先贤】

xuē dào héng hé dōng fén yīn rén suí dài zhù míng shī rén lěi
薛道衡：河东汾阴人。隋代著名诗人。累

guān zhì sī lì dà fū qí shī cí zǎo huá yàn biān sài shī jiào wéi xióng
官至司隶大夫。其诗词藻华艳，边塞诗较为雄

jiàn míng rén jí yǒu xuē sī lì jí
健。明人辑有《薛司隶集》。

xuē jì pú zhōu fén yīn rén táng cháo dà chén shū huà jiā
薛稷：蒲州汾阴人。唐朝大臣、书画家。

céng guān zhì tài zǐ tài bǎo lǐ bù shàng shū shàn huà rén wù niǎo shòu
曾官至太子太保、礼部尚书。善画人物、鸟兽，

huà hè yóu wéi shēng dòng shí chēng yì jué tā de shū fǎ yǔ ōu yáng
画鹤尤为生动，时称一绝。他的书法与欧阳

xún yú shì nán chǔ suì liáng bìng chēng táng chū sì dà jiā
询、虞世南、褚遂良并称“唐初四大家”。

xuē rén guì jiàng zhōu lóng mén rén táng cháo míng jiàng xiāo yǒng shàn
薛仁贵：绛州龙门人。唐朝名将。骁勇善

zhàn shàn yú qí shè tā dōng zhēng bái yī chí dí zhèn dà bài gāo
战，善于骑射。他东征“白衣驰敌阵”，大败高

lì xī zhēng sān jiàn dìng tiān shān zhèn zhù tū jué duì gǒng gù táng
丽；西征“三箭定天山”，镇住突厥。对巩固唐

wáng cháo de biān jiāng yǒu hěn dà gòng xiàn
王朝的边疆有很大贡献。

xuē jū zhèng běi sòng shǐ xué jiā zì zǐ píng jùn yí jīn
薛居正：北宋史学家。字子平。浚仪（今

hé nán shěng kāi fēng rén wǔ dài hòu táng jìn shì hòu zhōu shí guān zhì
河南省开封）人。五代后唐进士，后周时官至

bīng bù shì láng rù sòng wèi zhì sī kōng céng jiān xiū guó shǐ kāi bǎo
兵部侍郎，入宋位至司空。曾监修国史。开宝

liù nián nián yǔ lú duō xùn hù méng děng zhuàn xiū wǔ dài shǐ
六年（973年）与卢多逊、扈蒙等撰修《五代史》。

zhù yǒu wén huì jí děng
著有《文惠集》等。

xuē wáng xuān shān xī shěng hé jīn rén míng dài zhù míng xué zhě
薛王宣：山西省河津人。明代著名学者、

lǐ xué jiā guān bài lǐ bù yòu shì láng jiān hàn lín yuàn xué shì rù
理学家。官拜礼部右侍郎，兼翰林院学士，入

gé cān yù jī yào zhù yǒu dú shū lù cóng zhèng míng yán xuē
阁参豫机要。著有《读书录》《从政名言》《薛

wén qīng jí děng
文清集》等。

【故事解读】

sān jiàn dìng tiān shān

三箭定天山

xuē rén guì shì zhōng guó lì shǐ shang hè hè yǒu míng de dà jiàng tā
薛仁贵是中国历史上赫赫有名的大将，他
bù jǐn hěn yǒu dǎn lüè ér qiě yīng yǒng shàn zhàn zài suí táng tài zōng
不仅很有胆略，而且英勇善战。在随唐太宗
yuǎn zhēng gāo lì shí yí lù suǒ xiàng wú dí bèi fēng wéi yóu jī jiāng jūn
远征高丽时，一路所向无敌，被封为游击将军。
hòu lái běi fāng de shǎo shù mín zú tū jué jīng cháng rù qīn zhōng yuán dì
后来，北方的少数民族突厥经常入侵中原地
qū yán zhòng wēi xié le táng cháo biān jìng
区，严重威胁了唐朝边境
de ān quán gōng yuán nián
的安全。公元661年，
xuē rén guì shuài jūn zhēng fá
薛仁贵率军征伐
tū jué dé zhī xiāo xi
突厥，得知消息
de tū jué zú pài chū shí
的突厥族派出十
jǐ wàn dà jūn yíng zhàn
几万大军迎战，
bìng xuǎn le jǐ shí gè xiāo
并选了几十个骁
yǒng de jiàng shì xiàng táng jūn
勇的将士向唐军
tiǎo zhàn xuē rén guì shēn
挑战。薛仁贵身
xiān shì zú yì mǎ dāng
先士卒，一马当

xiān sān jiàn biàn jiāng sān gè tiǎo zhàn zhě shè luò mǎ xià qí yú de tū
先，三箭便将三个挑战者射落马下，其余的突
jué bīng xià de xià mǎ tóu xiáng xuē rén guì chèn shì shuài jūn jī bài le tū
厥兵吓得下马投降，薛仁贵趁势率军击败了突
jué dà jūn tā de wēi míng yě suí zhī chuán yáng sì hǎi
厥大军，他的威名也随之传扬四海。

hè
贺

【姓氏解读】

hè xìng zhǔ yào lái yuán yú jiāng xìng duō shì wèi bì huì
“贺”姓主要来源于“姜”姓，多是为避讳
dì wáng míng huì suǒ gǎi de xìng shì xiāng chuán chūn qiū shí qí huán gōng
帝王名讳所改的姓氏。相传春秋时，齐桓公
de zēng sūn qìng fēng yīn nèi luàn táo dào wú guó dào dōng hàn shí wèi bì
的曾孙庆封因内乱逃到吴国。到东汉时，为避
huì hàn ān dì fù qīn liú qìng de míng huì biàn jiāng qìng gǎi wéi tóng yì
讳汉安帝父亲刘庆的名讳，便将“庆”改为同义
de hè zì
的“贺”字。

【贺氏先贤】

hè zhī zhāng zì jì zhēn yuè zhōu yǒng xīng rén táng dài zhù míng
贺知章：字季真。越州永兴人。唐代著名
shī rén wǔ zé tiān zhèng shèng yuán nián nián jìn shì lì rèn guó
诗人。武则天证圣元年（695年）进士，历任国

子四门博士、太常博士、礼部侍郎兼集贤院学士、太子宾客兼秘书监。与李白、张旭等关系密切，时称“醉中八仙”。能诗，又工书法，尤善草隶，其诗今存20首，其《回乡偶书》传诵颇广。

贺岳：海盐人。明代著名医学家。著有《明医会要》《医经大旨》《药性准绳》等。

贺长龄：湖南善化人。清道光时历任江苏、福建、直隶等省布政使、贵州巡抚、云贵总督等职，主张查禁私种罂粟和吸食鸦片，重视经世致用之学，惠政颇多。

【故事解读】

金龟换酒

唐朝时，有个著名的诗人叫贺知章，他性格直爽，豁达健谈，达官贤士都很仰慕他。尽管贺知章名气很大，但爱才若渴，常常提携诗坛后辈，并给予鼓励。当他在京城身居要职

shí shī xiān lǐ bái hái shi yí gè chū
时，诗仙李白还是一个初
lù tóu jiǎo de shī rén zài dú le lǐ
露头角的诗人。在读了李
bái de shǔ dào nán yì shī hòu hè
白的《蜀道难》一诗后，贺
zhī zhāng lián lián zàn tàn yí cì liǎng
知章连连赞叹。一次，两
rén ǒu rán xiāng yù nián líng suī xiāng chà
人偶然相遇，年龄虽相差
le sì shí duō suì dàn yí jiàn rú gù
了四十多岁，但一见如故。
kāi huái chàng yǐn yì fān hòu liǎng rén biàn
开怀畅饮一番后，两人便
chéng wéi wàng nián de péng you yǒu yì
成为忘年的朋友。有一
tiān zhèng hǎo gǎn shàng hè zhī zhāng méi yǒu dài qián tā jìng háo bù yóu yù
天，正好赶上贺知章没有带钱，他竟毫不犹豫
de jiāng xiǎn shì guān pǐn jí bié de jīn guī zhāi xià lái huàn qǔ jiǔ cài
地将显示官品级别的金龟摘下，来换取酒菜。
hòu lái zài tā de yǐn jiàn xià lǐ bái míng zhèn tiān xià xiǎng chè gǔ jīn
后来，在他的引荐下，李白名震天下，响彻古今。

bì

毕

【姓氏解读】

bì xìng yǒu liǎng zhǒng zhǔ yào lái yuán qí yī chū zì jī
“毕”姓有两种主要来源：其一出自“姬”

xìng jù zǎi zhōu wǔ wáng fēn fēng shí jiāng gē ge bì gōng gāo fēng zài bì
姓，据载，周武王分封时，将哥哥毕公高封在毕
guó hòu lái bì guó miè wáng bì gōng gāo de hòu rén biàn yǐ guó míng wéi
国，后来毕国灭亡，毕公高的后人便以国名为
xìng qí èr shì shǎo shù mín zú gǎi xìng
姓；其二是少数民族改姓。

【毕氏先贤】

bì hóng táng cháo cháo jīng guāng rén yù jū yú shǔ shàn huà shān
毕宏：唐朝朝京光人。寓居于蜀。善画山
shuǐ gǔ sōng qí shí wén míng dāng shì dù fǔ xì wéi yǎn wéi shuāng
水，古松奇石，闻名当世。杜甫《戏韦偃为双
sōng tú gē zhōng yǒu tiān xià jǐ rén huà gǔ sōng bì hóng yǐ huì wéi yǎn
松图歌》中有“天下几人画古松，毕宏已会韦偃
shǎo de shī jù
少”的诗句。

bì shēng běi sòng rén huó zì yìn shuā shù de fā míng zhě tā
毕昇：北宋人。活字印刷术的发明者。他
hái yán jiū guò mù huó zì bǎn huó zì kě yǐ duō cì shǐ yòng wéi shì
还研究过木活字版，活字可以多次使用。为世
jiè zuì zǎo de huó zì yìn shuā shù
界最早的活字印刷术。

bì yuán zì shào dàng hào qiū fān qīng cháo jiāng nán zhèn yáng rén
毕沅：字绍荡，号秋帆。清朝江南镇洋人。
liú xīn jīng shǐ wén xué páng jí yú dì jīn shí zhī xiǎng cháng wèi jīng
留心经史文学，旁及舆地金石之享。尝谓“经
yì dāng zōng hàn rú shuō wén dāng zōng xǔ shèn biān nián shǐ jiàn shuǐ xiān shēng
义当宗汉儒，说文当宗许慎，编年史谏水先生
zuì cháng yǐ hǎo shì zhī míng xué rén rú qián dà xīn shào jìn hán
最长”。以好士知名，学人如钱大昕、邵晋涵、
zhāng xué chéng hóng liàng jí huáng zhòng zé děng xiān hòu zài mù zhōng suǒ zhù
章学诚、洪亮吉、黄仲则等先后在幕中。所著
xù zī zhì tōng jiàn juàn jí qián shào zhāng děng zhū rén zhī lì
《续资治通鉴》220卷，集钱、邵、章等诸人之力

ér chéng shī wén yǒu líng yán shān rén shī jí
而成。诗文有《灵岩山人诗集》。

【故事解读】

chēng sǎn jiè jiàn
撑伞借箭

nán sòng shí jiāng jūn bì zài yù bèi jīn bīng bāo wéi zài mǎ ān
南宋时，将军毕再遇被金兵包围在马鞍
shān bìng tiān tiān zāo dào jīn bīng gōng chéng yǎn kàn zhe chéng li de jiàn yòng
山，并天天遭到金兵攻城。眼看着城里的箭用
wán le bì zài yù kǔ kǔ sī suǒ duì cè tū rán tā kàn jiàn zhèng
完了，毕再遇苦苦思索对策。突然，他看见正
zài wēi wēi yí dòng de sǎn gài yú shì tā líng jī yí dòng xiǎng chū le
在微微移动的伞盖，于是，他灵机一动，想出了
yí gè ràng jīn bīng sòng jiàn de hǎo bàn fǎ suí hòu bì zài yù jiào
一个让金兵“送”箭的好办法。随后，毕再遇叫
lái wǔ shí míng yǒng shì ràng tā men chēng qǐ dà sǎn zài chéng tóu shang lái huí
来五十名勇士，让他们撑起大伞在城头上来回
zǒu dòng chéng wài de jīn bīng bù zhī dào zěn me huí shì jiàn chéng tóu shang
走动。城外的金兵不知道怎么回事，见城头上
chū xiàn le qīng sǎn gài biàn yǐ wéi shì bì zài yù chū lái xún shì dōu
出现了青伞盖，便以为是毕再遇出来巡视，都
xiǎng yào shè sǐ tā lì gè tóu gōng yú shì zhēng xiān kǒng hòu de xiàng
想要射死他，立个头功，于是，争先恐后地向
chéng shang shè jiàn jiù zhè yàng cóngzhōng wǔ dào bàng wǎn bì zài yù cóng
城上射箭。就这样，从中午到傍晚，毕再遇从
jīn bīng nà lǐ shùn lì de jiè le èr shí wàn zhī jiàn ér jīn bīng men
金兵那里顺利地“借”了二十万枝箭，而金兵们
què hái dōu méng zài gǔ li ne
却还都蒙在鼓里呢！

yú

于

【姓氏解读】

“于”姓有三种主要来源：其一出自“姬”姓，为周武王姬发的后代；其二为东海（今山东东南、江苏苏北地区）于公的后代；其三唐朝淳于氏为避讳皇帝李纯的名，而改姓于。

【于氏先贤】

于禁：字文则。泰山钜平人。三国时魏国名将。因征战有功，封益寿亭侯，后被水淹七军，为关羽所掳。释放后，羞愧而死。

于谦：字廷益。浙江省钱塘人。明朝大臣，成祖年间进士，曾历任监察御史、巡抚、兵部右侍郎。著有《于忠肃集》。

于慎行：明山东东阿人。字可远，又字无垢。隆庆进士。万历初历翰林院修撰，日讲官。有《读史漫录》《谷城山馆诗文集》等。

于振：清代江苏金坛人。字鹤泉，号秋田。清雍正元年（1723年）状元。

于成龙：字北溟，号于山。山西省永宁人。清代廉吏。其为官清廉，爱民如子，重视教育，兴修学校，康熙赞其“天下廉吏第一”。官至两江总督。

于敏中：字叔子，号耐圃。清江苏金坛人。清雍正癸卯年状元。于振之弟。有《素余堂集》《日下旧闻考》159卷。

【故事解读】

神童于谦

明代著名的政治家、军事家于谦，自幼聪明好学，尤其擅长对对子。有一次，私塾老师外出访友，学生们便嬉闹起来，当然，于谦也

zài qí zhōng tū rán lǎo shī huí lái le biàn yào chéng fá tā men
在其中。突然，老师回来了，便要惩罚他们。
jiàn cǐ qíng jǐng yú qiān shàng qián shuō dào qǐng xiān sheng bú yào zé bèi
见此情景，于谦上前说道：“请先生不要责备，
wǒ men de gōng kè dōu yǐ jīng zuò hǎo le bú xìn nín kǎo kao wǒ yú
我们的功课都已经做好了，不信您考考我。”于
shì lǎo shī biàn chū le yí gè duì zi shǒu pān wū zhù tuán tuán zhuàn
是，老师便出了一个对子：“手攀屋柱团团转。”
yào tā duì xià jù yú qiān máng shuō jiǎo tà lóu tī bù bù gāo
要他对下句，于谦忙说：“脚踏楼梯步步高。”
lǎo shī yòu chū yí duì sān tiào tiào luò dì yú qiān dá dào yì
老师又出一对：“三跳跳落地。”于谦答道：“一
fēi fēi shàng tiān lǎo shī jiàn yú qiān duì dá rú liú hěn shì xīn xǐ
飞飞上天。”老师见于谦对答如流，很是欣喜。
yīn cǐ yú qiān bèi rén men chēng wéi shén tóng
因此，于谦被人们称为“神童”。

kāng

康

【姓氏解读】

kāng xìng yǒu sān zhǒng zhǔ yào lái yuán qí yī chū zì jī
“康”姓有三种主要来源：其一出自“姬”
xìng wéi zhōu chéng wáng dì di kāng shū de hòu dài qí èr chū zì xī yù
姓，为周成王弟弟康叔的后代；其二出自西域
kāng jū guó wáng zǐ de hòu yì qí sān zé yóu tā zú de jiā rù huò yīn
康居国王子的后裔；其三则由他族的加入或因
bì huì ér gǎi xìng kāng de
避讳而改姓康的。

【康氏先贤】

kāng tài sān guó shí dōng wú rén céng hé zhū yìng chū shǐ fú nán
康泰：三国时东吴人。曾和朱应出使扶南
děng guó jīng lì yì bǎi duō gè guó jiā wéi zhōng guó zǎo qī yuǎn xíng hǎi
等国，经历一百多个国家，为中国早期远行海
wài de lǚ xíng jiā zhī yī zhù yǒu wú shí wài guó zhuàn
外的旅行家之一。著有《吴时外国传》。

kāng zǐ yuán táng dài jīng xué dà shī kuài jī rén guān zhì zōng
康子元：唐代经学大师。会稽人。官至宗
zhèng shǎo qīng jǔ xián néng zhì yì jīng lǎo zhuāng zhī xué xíng chéng
正少卿。举贤能治《易经》《老庄》之学。形成
dì wáng shòu mìng bù yú tiān yú qí rén shì wèi gōng shì fēi wèi
帝王“受命不于天，于其人”，“是为公是，非为
gōng fēi dǎo dào bì shǎng wéi shàn bì fá zhǔ zhāng gǎi gé bì zhèng
公非，蹈道必赏，违善必罚”，主张改革弊政，
chuàng lì xīn zhì zhī gǎi gé sī xiǎng chéng wéi lì shǐ shàng gǎi gé jiā ér
创立新制之改革思想。成为历史上改革家而
míng chuí shǐ cè
名垂史册。

kāng yǔ zhī zì bó kě yí zì shū wén hào tuì xuān huá zhōu
康与之：字伯可，一字叔闻，号退轩。滑州
rén nán sòng zhù míng xué zhě céng shàng shū zhōng xīng shí cè biǎo xiàn
人。南宋著名学者。曾上书《中兴十策》，表现
chū qí kě wàng gōng píng hé lǐ de wū tuō bāng sī xiǎng zhù yǒu zuó
出其渴望公平合理的“乌托邦”思想。著有《昨
mèng lù děng
梦录》等。

kāng hǎi shǎn xī wǔ gōng xiàn rén míng dài wén xué jiā zuò pǐn
康海：陕西武功县人。明代文学家。作品
duō zá jù sǎn qǔ shī wén děng céng rèn hàn lín yuàn xiū zhuàn liè
多杂剧、散曲、诗文等。曾任翰林院修撰，列
qián qī zǐ zhī yī
“前七子”之一。

kāng yǒu wéi guǎngdōngshěng nán hǎi rén jìn dài zī chǎn jiē jí gǎi
康有为：广东省南海人。近代资产阶级改
liáng pài dài biǎo rén wù zhī yī nián lián hé huì shì jǔ rén shàng shū
良派代表人物之一。1895年联合会试举人上书
cháo tíng gōng chē shàng shū yāo qiú biàn fǎ hòu yī kào guāng xù dì
朝廷，“公车上书”，要求变法。后依靠光绪帝
fā dòng wù xū biàn fǎ zāo cí xǐ zhèn yā táo wáng rì běn zhù
发动“戊戌变法”，遭慈禧镇压。逃亡日本。著
zuò yǒu xīn xué wěi jīng kǎo kǒng zǐ gǎi zhì kǎo mèng zǐ wēi chūn
作有《新学伪经考》《孔子改制考》《孟子微》《春
qiū bǐ xiū dà yì wēi yán kǎo dà tóng shū zhōngyōng zhù děng pō
秋笔修大义微言考》《大同书》《中庸注》等，颇
shòu jìn dài xué shù jiè de zhòng shì
受近代学术界的重视。

【故事解读】

kāng yǒu wéi biàn fǎ

康有为变法

kāng yǒu wéi shì qīng mò wù xū wéi xīn yùn dòng de lǐng dǎo rén zhī
康有为是清末戊戌维新运动的领导人之
yī jiǎ wǔ zhàn zhēng hòu kāng yǒu wéi jí hé zài jīng jǔ rén lián míng
一。甲午战争后，康有为集合在京举人联名
shàng shū guāng xù huáng dì yāo qiú biàn fǎ guāng xù dì yīn bù mǎn cí xǐ
上书光绪皇帝，要求变法。光绪帝因不满慈禧
tài hòu gān yù cháo zhèng yě xiǎng biàn fǎ yú shì biàn zhào jiàn le kāng yǒu
太后干预朝政，也想变法，于是便召见了康有
wéi dà táng zhī shàng kāng yǒu wéi tòng chén biàn fǎ de zhòng yào xìng guāng
为。大堂之上，康有为痛陈变法的重要性。光
xù huáng dì shēn shòu gǎn dòng suì zhèng shì xuān bù biàn fǎ dàn yóu yú cí
绪皇帝深受感动，遂正式宣布变法。但由于慈
xǐ tài hòu hé bǎo shǒu guān liáo de zǔ náo cǐ cì biàn fǎ zhǐ wéi chí le
禧太后和保守官僚的阻挠，此次变法只维持了

bǎi yú tiān biàn shī bài le chóng xīn chuí lián tīng zhèng de cí xǐ tài hòu
百余天便失败了。重新垂帘听政的慈禧太后，
bǎ guāng xù dì ruǎn jìn qǐ lái bìng xià lìng dài bǔ suǒ yǒu cān yù xīn zhèng
把光绪帝软禁起来，并下令逮捕所有参与新政
de rén dé cǐ xiāo xi hòu kāng yǒu wéi lián yè táo chū běi jīng táo
的人。得此消息后，康有为连夜逃出北京，逃
wǎng rì běn yǐ hòu yòu liú zhuǎn nán yáng bìng yóu biàn ōu měi gè guó
往日本，以后又流转南洋，并游遍欧美各国。

gù

顾

【姓氏解读】

gù xìng yǒu liǎng zhǒng zhǔ yào lái yuán qí yī chū zì kūn wú
“顾”姓有两种主要来源：其一出自昆吾
shì jù chuán xià dài kūn wú shì de zǐ sūn bèi fēng zài gù guó xià
氏。据传，夏代昆吾氏的子孙被封在顾国，夏
mò shí bèi shāng tāng gōng miè sàn jū gè dì de gù bó zǐ sūn biàn yǐ guó
末时被商汤攻灭，散居各地的顾伯子孙便以国
wéi xìng qí èr chū zì yuè wáng gōu jiàn de hòu yì
为姓；其二出自越王勾践的后裔。

【顾氏先贤】

gù kǎi zhī dōng jìn huà jiā duō cái yì gōng shī fù shū
顾恺之：东晋画家。多才艺，工诗赋、书
fǎ yóu jīng huì huà duō zuò rén wù xiào xiàng jí shén xiān fó xiàng qín
法，尤精绘画。多作人物肖像及神仙、佛像、禽

兽、山水等。画人注重点睛。笔迹周密，紧劲连绵如春蚕吐丝。他对中国画的发展有很大的影响。

顾况：唐朝诗人。善画山水。其诗同情人民，针砭时弊。后隐居茅山，号“华阳真逸”。

顾野王：南朝梁陈时，训诂学家、史学家。著龟占侯，虫篆奇字，无所不通。有《玉篇》三十卷。

顾炎武：大思想家、学者。学识渊博，于国家典制、郡邑掌故、天文仪象、河漕、兵农、以及经史百家、音韵训诂等，都有研究。晚年治经侧重考证，开清代朴学风气，对后来考据学中的吴派、皖派都有影响。为我国历史上最受尊敬的学者之一。著有《日知录》《天下郡国利病书》《肇域志》《音学五书》等。

顾祖禹：清代历史地理学家。他所著的《读史方舆纪要》一书，记叙了历朝疆域、政区的演变，是研究历史、地理的重要名著。

【故事解读】

sī xiǎng jiā gù yán wǔ
思想家顾炎武

gù yán wǔ shì míng mò qīng chū de ài guó zhǔ yì sī xiǎng jiā hé
顾炎武是明末清初的爱国主义思想家和
jié chū de xué zhě gù yán wǔ zì yòu kù ài dú shū xǔ duō rú jiā
杰出的学者。顾炎武自幼酷爱读书，许多儒家
jīng diǎn hé zhòng yào de lì shǐ zhù zuò tā dōu néng bèi sòng sì shí wǔ
经典和重要的历史著作，他都能背诵。四十五
suì yǐ hòu gù yán wǔ xiān hòu dào guo shān dōng hé běi liáo níng shān
岁以后，顾炎武先后到过山东、河北、辽宁、山
xī shǎn xī děng shěng yì biān dú shū yì biān bài fǎng qián cháo yí lǎo
西、陕西等省，一边读书，一边拜访前朝遗老，
zhuó zhòng kǎo chá dāng dì de dì lǐ xíng
着重考察当地的地理形
shì hé jīng jì zī yuán zhōng yú
势和经济资源。终于，
zài tā xíng chéng liǎng sān wàn lǐ dú
在他行程两三万里、读
shū yí wàn duō juàn zhī hòu
书一万多卷之后，
xiě chū le yí bù juàn zhì
写出了一部卷帙
hào fán de zhào yù
浩繁的《肇域
zhì cǐ shū zhuān
志》，此书专
lùn shān chuān yào dào
论山川要道、
biān fáng zhàn zhēng zhī
边防战争之

shì　cǐ wài　tā hái zhù yǒu　rì zhī lù　tiān xià jùn guó lì bìng
事。此外，他还著有《日知录》《天下郡国利病

shū　děng míng zhù　kě wèi shì wǒ guó lì shǐ shang yí wèi chéng qián qǐ hòu
书》等名著，可谓是我国历史上一位承前启后

de dà xué zhě
的大学者。

mèng

孟

【姓氏解读】

mèng　xìng lái yuán zhǔ yào yǒu liǎng zhǒng　qí yī yuán zì chūn qiū
“孟”姓来源主要有两种：其一源自春秋

shí de lǔ guó gōng zú　shì zhōu wén wáng de　jī　xìng zǐ sūn　shǐ zǔ
时的鲁国公族，是周文王的“姬”姓子孙，始祖

wéi lǔ huán gōng de ér zi qìng fù gòng zhòng　qí èr yuán zì chūn qiū shí de
为鲁桓公的儿子庆父共仲；其二源自春秋时的

wèi guó　shǐ zǔ wéi wèi líng gōng zhī xiōng mèng zhí
卫国，始祖为卫灵公之兄孟絷。

【孟氏先贤】

mèng zǐ　míng kē　zì zǐ yú　zōu guó rén　zhàn guó shí dài
孟子：名轲，字子舆。邹国人。战国时代

de sī xiǎng jiā　rú jiā dài biǎo rén wù
的思想家，儒家代表人物。

mèng hào rán　zì hào rán　hào lù mén chù shì　táng dài xiāng zhōu
孟浩然：字浩然，号鹿门处士。唐代襄州

xiāng yáng rén shèng táng zhù míng shī rén mèng hào rán de shī yǔ wáng wéi
襄阳人。盛唐著名诗人。孟浩然的诗与王维
qí míng bìng chēng wáng mèng yǐ xiě tián yuán shān shuǐ shī wéi zhǔ yīn
齐名，并称“王孟”。以写田园山水诗为主。因
tā wèi céng rù shì yòu chēng zhī wéi mèng shān rén xiāng yáng nán mén wài bèi
他未曾入仕，又称之为孟山人。襄阳南门外背
shān lín jiāng zhī jiàn nán yuán yǒu tā de gù jū céng yǐn jū lù mén shān
山临江之涧南园有他的故居。曾隐居鹿门山。

mèng zhī xiáng wǔ dài shí guó shí qī hòu shǔ de jiàn lì zhě yú
孟知祥：五代十国时期后蜀的建立者。于
yīng shùn yuán nián nián zài chéng dū zhèng shì chēng dì jiàn guó hào shǔ
应顺元年（934年）在成都正式称帝。建国号蜀，
shǐ chēng hòu shǔ
史称后蜀。

【故事解读】

duàn jī jiào zǐ
断机教子

mèng zǐ míng kē shì zhàn guó shí zhù míng de sī xiǎng jiā rú jiā
孟子名轲，是战国时著名的思想家，儒家
xué pài de dài biǎo rén wù zhī yī tā xiǎo de shí hou yǒu yì tiān xué
学派的代表人物之一。他小的时候，有一天学
xí yàn juàn le jiù pǎo dào wài miàn qù wán mǔ qīn jiàn tā tān wán
习厌倦了，就跑到外面去玩。母亲见他贪玩，
bú rèn zhēn xué xí fèn nù de bǎ zhī bù yòng de suō zi zhé duàn dāng
不认真学习，愤怒地把织布用的梭子折断。当
shí de xiǎo mèng kē bìng bù míng bai mǔ qīn wèi shén me fā zhè me dà de
时的小孟轲并不明白母亲为什么发这么大的
huǒ hòu lái mǔ qīn gào jiè tā shuō yí gè rén rú guǒ bù kěn hǎo
火。后来，母亲告诫他说：“一个人如果不肯好
hǎo er yán jiū xué wen jiù gēn zhé duàn de suō zi yí yàng zài yě wú fǎ
好儿研究学问，就跟折断的梭子一样再也无法

zhī bù le rú jīn nǐ shàng le xué què bù kěn hǎo hāo er dú shū
织布了。如今，你上了学，却不肯好好儿读书，
shàng xué hái yǒu shén me yòng ne tīng le mǔ qīn de jiào huì xiǎo mèng
上学还有什么用呢？”听了母亲的教诲，小孟
kē shí fēn cán kuì cóng cǐ biàn kāi shǐ nǔ lì dú shū xué wen yě bú
轲十分惭愧，从此便开始努力读书，学问也不
duàn de zhǎng jìn zuì zhōngchéng wéi wǒ guó gǔ dài zhù míng de sī xiǎng dà jiā
断地长进，最终成为我国古代著名的思想大家。

huáng

黄

【姓氏解读】

huáng xìng zhǔ yào lái yuán yú yíng xìng shì yuǎn gǔ shì zú shǒu
“黄”姓主要来源于“嬴”姓，是远古氏族首
lǐng lù zhōng de hòu dài xiāng chuán qí hòu dài jiàn lì huáng guó suí hòu
领陆终的后代。相传，其后代建立黄国，随后
yòu bèi chǔ guó miè diào qí zǐ sūn biàn yǐ guó wéi xìng lìng wài nán
又被楚国灭掉，其子孙便以国为姓。另外，南
fāng gǔ dài shǎo shù mín zú zhōng yě yǒu xìng huáng de
方古代少数民族中也有姓黄的。

【黄氏先贤】

huáng xiē yóu xué bó wén chǔ kǎo liè wáng yǐ zhī wéi xiàng fēng
黄歇：游学博闻，楚考烈王以之为相，封
wéi chūn shēn jūn xiàng chǔ èr shí yú nián shí kè sān qiān duō rén qǔ
为春申君。相楚二十余年，食客三千多人。娶

lǐ yuán zhī mèi zhī qí yǒu yùn nà yú kǎo liè wáng shēng yōu wáng
李园之妹。知其有孕，纳于考烈王，生幽王。
hòu lǐ yuán yòng shì jì chūn shēn jūn suì fú shì yú jí mén cì shā zhī
后李园用事，忌春申君，遂伏士于棘门刺杀之。

huáng bà xī hàn huái yáng yáng xià rén zì cì gōng shào xué lù
黄霸：西汉淮阳阳夏人。字次公。少学律
lìng hàn wǔ dì mò bǔ shì láng yè zhě lì hé nán tài shǒu chéng shí
令，汉武帝末，补侍郎谒者，历河南太守丞，时
lì shàng yán kù ér bà wéi zhèng kuān hé cháng cóng jīng xué jiā xià gēng shèng
吏尚严酷，而霸为政宽和。尝从经学家夏庚胜
zhì shàng shū guān zhì chéng xiàng fēng jiàn chéng hóu zú shì dìng
治尚书。官至丞相，封建成侯，卒谥定。

huáng tíng jiān zì lǔ zhí hào shān gǔ dào rén yòu hào fú wēng
黄庭坚：字鲁直，号山谷道人，又号涪翁。
sòng fēn níng rén yǔ zhāng lěi cháo bǔ zhī qín guān hé chēng sū mén sì
宋分宁人。与张耒、晁补之、秦观合称苏门四
xué shì gōng shī wéi jiāng xī shī pài de kāi chuàng rén bìng shàn xíng
学士。工诗，为江西诗派的开创人，并擅行、
cǎo shū zhù yǒu shān gǔ jí juàn
草书。著有《山谷集》70卷。

【故事解读】

kǔ ròu jì
苦肉计

sān guó shí qī cáo cāo yǔ sūn liú lián jūn zài chì bì zhǎn kāi dà
三国时期，曹操与孙刘联军在赤壁展开大
zhàn yì kāi shǐ zhǔn bèi chōng zú de cáo jūn shì bù kě dǎng zhōu yú biàn
战。一开始，准备充足的曹军势不可挡，周瑜便
pài páng tǒng jiǎ zhuāng tóu kào cáo cāo xiàn shàng lián huán jì guǒ rán cáo cāo
派庞统假装投靠曹操，献上连环计，果然，曹操
jiāng zhàn chuán lián zài le yì qǐ lián huán jì suī rán qǐ le zuò yòng dàn
将战船连在了一起。连环计虽然起了作用，但

yóu yú méi yǒu nèi yìng sūn liú lián jūn yī rán wú fǎ jiē jìn cáo cāo de
由于没有内应，孙刘联军依然无法接近曹操的

chuán zhī fàng huǒ zhè shí lǎo jiàng huáng gài xiàn shàng le kǔ ròu jì dì
船只放火。这时，老将黄盖献上了苦肉计。第

èr tiān shàng cháo shí huáng gài lì quàn zhōu yú tóu xiáng liǎng rén wèi cǐ zhēng
二天上朝时，黄盖力劝周瑜投降，两人为此争

chǎo qǐ lái yí qì zhī xià zhōu yú jiāng huáng gài dǎ le wǔ shí jūn gùn
吵起来。一气之下，周瑜将黄盖打了五十军棍。

yè lǐ huáng gài pài rén sòng xìn gěi cáo cāo shuō zì jǐ zhǔn bèi tóu xiáng
夜里，黄盖派人送信给曹操，说自己准备投降，

cáo cāo shí fēn gāo xìng jiù zài dōng zhì nà tiān guā qǐ le dōng nán fēng
曹操十分高兴。就在冬至那天，刮起了东南风，

huáng gài de xiáng chuán zhuāng mǎn yǐn huǒ zhī wù chōng xiàng cáo yíng diǎn rán le
黄盖的降船装满引火之物冲向曹营，点燃了

cáo cāo lián zài yì qǐ de chuán duì sūn liú dà jūn chèn shì chū jī qǔ
曹操连在一起的船队，孙、刘大军趁势出击，取

dé le chì bì zhī zhàn de shèng lì
得了赤壁之战的胜利。

yáo
姚

【姓氏解读】

yáo xìng zhǔ yào yǒu sān zhǒng lái yuán yī shì chū zì guī
“姚”姓主要有三种来源：一是出自“妫”

xìng xiāng chuán shùn chū shēng zài yáo xū tā de zǐ sūn biàn yǐ yáo wéi
姓。相传舜出生在姚墟，他的子孙便以姚为

xìng èr shì chū zì zǐ xìng chūn qiū shí yǒu yáo guó rén men jiù
姓。二是出自“子”姓。春秋时有姚国，人们就

yǐ guó míng wéi xìng sān shì tā zú gǎi xìng
以国名为姓。三是他族改姓。

【姚氏先贤】

yáo sī lián táng chū shǐ xué jiā jiāng sū wú xīng rén hòu qiān
姚思廉：唐初史学家。江苏吴兴人，后迁
rù guānzhōng biān zuǎn yǒu liáng shū juàn chén shū juàn
入关中。编纂有《梁书》50卷、《陈书》30卷。

yáo chóng táng chū zhù míngzhèng zhì jiā tā běn rén jí qí jiā zú
姚崇：唐初著名政治家。他本人及其家族
zài zhèng zhì fāng miàn hěn yǒu chéng jiù yáo chóngcéng rèn wǔ zé tiān táng xuán
在政治方面很有成就。姚崇曾任武则天、唐玄
zōng cháo zǎi xiāng wéi zhèng qīng lián shēn dé zhòngwàng
宗朝宰相。为政清廉，深得众望。

yáo guǎng xiào míng dài sū zhōucháng zhōu rén chū wéi yān wáng xīn
姚广孝：明代苏州长州人。初为燕王心
fù zhū dì duó qǔ dì wèi hòu bài tài zǐ shào shī céng cān yǔ xiū zuǎn
腹，朱棣夺取帝位后拜太子少师。曾参与修纂
tài zǔ shí lù yǒng lè dà diǎn děng hóng dà gōng zuò
《太祖实录》《永乐大典》等宏大工作。

yáo fàn tóngchéng rén qīng dài zhù míng wén xué jiā qián lóng jìn
姚范：桐城人。清代著名文学家。乾隆进
shì rèn sān lǐ guǎn zuǎn xiū qí xué shēn jiū yí jīng zōng kuò jīng cuì
士，任三礼馆纂修，其学深究遗经，综括精粹。

yáo nài yáo fàn de zhí zǐ yǔ fāng bāo liú dà kuí chuàng lì
姚鼐：姚范的侄子，与方苞、刘大櫆创立
le qīng dài sǎn wén zhòng yào liú pài tóngchéng pài céng cān jiā guò qīng
了清代散文重要流派——桐城派，曾参加过清
dài sì kù quán shū de biān zuǎn qí zhì xué yǐ jīng wéi zhǔ jiān jí
代《四库全书》的编纂。其治学以经为主，兼及
zǐ shǐ shī wén dàn tā de zhǔ yào chéng jiù zài sǎn wén shàng
子、史、诗文，但他的主要成就在散文上。

yáo wén tián qīng xué zhě zì qiū nóng zhè jiāng guī ān rén
姚文田：清学者。字秋农。浙江归安人。

jiā qìng jìn shì guān lǐ bù shàng shū zhì xué zōng sòng rú yì qǔ hàn
嘉庆进士，官礼部尚书。治学宗宋儒，亦取汉
xué zhī cháng
学之长。

【故事解读】

yáo chóng zhì huáng
姚崇治蝗

táng xuán zōng kāi yuán nián jiān xiáo shān yǐ dōng dì qū fā shēng le yán
唐玄宗开元年间，崤山以东地区发生了严
zhòng de huáng zāi pū tiān gài dì de huángchóng bǎ zhuāng jia chī le gè jīng
重的蝗灾。铺天盖地的蝗虫把庄稼吃了个精
guāng jiù lián shù yè hé yě cǎo yě dōu bèi chī guāng le lǎo bǎi xìng mí
光，就连树叶和野草也都被吃光了。老百姓迷
xìn yǐ wéi shì shàng tiān lái chéng fá zì jǐ de yǎn zhēng zhēng de kàn zhe
信，以为是上天来惩罚自己的，眼睁睁地看着
huáng chóng zuò suì ér bù gǎn bǔ zhuō chéng xiàng yáo chóng jiàn yì yīng gāi cǎi
蝗虫作祟而不敢捕捉。丞相姚崇建议应该采
qǔ jī jí de cuò shī lái xiāo miè huáng chóng xuán zōng huáng dì tóng yì tā
取积极的措施来消灭蝗虫。玄宗皇帝同意他
de yì jiàn pài rén qù dì fāng shang dū cù bǔ shā huáng chóng dàn yǒu
的意见，派人去地方上督促捕杀蝗虫。但有
xiē guān yuán pà shàng tiān jiàng zuì bù gǎn tīng cóng cháo tíng de ān pái táng
些官员怕上天降罪，不敢听从朝廷的安排，唐
xuán zōng yě fàn le dí gu yáo chóng shuō huáng chóng bù chú bǎi xìng
玄宗也犯了嘀咕。姚崇说："蝗虫不除，百姓
méi yǒu shōu cheng jiù huì bèi jǐng lí xiāng shí jiān yì cháng jiù huì chū dà
没有收成，就会背井离乡，时间一长就会出大
luàn zi táng xuán zōng rèn wéi yáo chóng shuō de yǒu dào lǐ àn zhào yáo
乱子。"唐玄宗认为姚崇说得有道理，按照姚
chóng de bù zhì zuì zhōng xiāo chú le huáng zāi
崇的布置，最终消除了蝗灾。

máo

毛

【姓氏解读】

máo xìng zhǔ yào yuán zì jī xìng xī zhōu shí zhōu wǔ
“毛”姓主要源自“姬”姓。西周时，周武
wáng jiāng máo guó fēng gěi le zì jǐ de dì di shū zhèng shū zhèng de zǐ sūn
王将毛国封给了自己的弟弟叔郑，叔郑的子孙
jiù xìng máo le cǐ wài zhōu wén wáng de ér zi bó zhèng bèi fēng zài máo
就姓毛了。此外，周文王的儿子伯郑被封在毛
yì bó zhèng de zǐ sūn yě jiù yǐ fēng dì wéi xìng shì dài xìng máo
邑，伯郑的子孙也就以封地为姓，世代姓毛。

【毛氏先贤】

máo suì zhàn guó shí zhào guó rén píng yuán jūn mén xià shí kè lì
毛遂：战国时赵国人，平原君门下食客，历
lái bú shòu qì zhòng zhào xiào chéng wáng jiǔ nián nián qín wéi hán
来不受器重。赵孝成王九年（257年），秦围邯
dān píng yuán jūn dào chǔ qiú jiù tā zì jiàn tóng wǎng píng yuán jūn hé
郸。平原君到楚求救，他自荐同往。平原君和
chǔ wáng tán pàn bù dé yào lǐng guān jiàn shí kè máo suì àn jiàn ér
楚王谈判，不得要领。关键时刻，毛遂按剑而
shàng zhí shuō lì hài shuì fú chǔ wáng tóng yì zhào chǔ hé zòng
上，直说厉害，说服楚王同意赵楚合纵。

máo jìn zì zǐ jìn hào qián zài yuán míng fèng bāo zì zǐ
毛晋：字子晋，号潜在，原名凤苞，字子
jiǔ jiāng sū cháng shú rén míng dài cáng shū jiā cáng shū dá bā wàn
久。江苏常熟人。明代藏书家。藏书达八万

四千余册。著有《隐湖题跋》，并编有《毛诗陆疏广要》。

毛先舒：清初文学家。字稚黄，字驰黄。浙江钱塘（今杭州）人。明诸生，明亡之后不求仕进。曾从事音韵学研究，也能诗文，与毛奇龄、毛际可齐名，时称“浙中三毛，文中三豪”。有《潠书》《思古堂集》《诗辨坻》《韵学通指》《南曲正韵》等。

毛奇龄：清经学家，文学家。字大可，号初晴，又以郡望称西河。浙江萧山人。康熙时，任翰林院检讨，明史馆撰修官等职。治经史及音韵学，能散文、诗词，并从事诗词的理论批评，著有《西河诗话》《西河词话》《竟山乐录》等，著作编为《西河合集》。

毛宗岗：清初小说评点家。字序始。长洲（今江苏吴县）人。曾评刻《三国演义》，将罗贯中原本加以修订，整顿回目，成为今日流行的120回本。

【故事解读】

máo suì zì jiàn
毛遂自荐

zhàn guó hòu qī qín guó gōng dǎ zhào guó zhào wáng pài píng yuán jūn
战国后期，秦国攻打赵国，赵王派平原君
qù chǔ guó bān jiù bīng píng yuán jūn jiē dào mìng lìng hòu dǎ suàn cóng shǒu
去楚国搬救兵。平原君接到命令后，打算从手
xià tiāo xuǎn èr shí míng mén kè yì tóng qián wǎng zhè shí yí gè jiào máo
下挑选二十名门客一同前往。这时，一个叫毛
suì de mén kè zì gào fèn yǒng de zhàn le chū lái yāo qiú yì tóng qù
遂的门客自告奋勇地站了出来，要求一同去。
píng yuán jūn shuō nǐ zài wǒ zhè lǐ sān nián le yě méi tīng shuō guo
平原君说："你在我这里三年了，也没听说过
nǐ yǒu shén me běn shi hái shi bié qù le ba máo suì shuō nà
你有什么本事，还是别去了吧！"毛遂说："那
shì nǐ méi yǒu yòng wǒ rú guǒ ràng wǒ qù yí dìng bú huì ràng nǐ shī
是你没有用我，如果让我去，一定不会让你失
wàng píng yuán jūn jiàn tā xìn xīn shí zú dā ying ràng tā yì tóng qù
望。"平原君见他信心十足，答应让他一同去。
dào le chǔ guó chǔ wáng yīn hài pà qín guó bào fù ér bú yuàn yì chū bīng
到了楚国，楚王因害怕秦国报复而不愿意出兵
xiāng jiù zhè shí máo suì yǒng gǎn de zhàn le chū lái
相救。这时，毛遂勇敢地站了出来，
duì chǔ wáng jiǎng qīng qín guó de wēi hài shuì fú tā
对楚王讲清秦国的危害，说服他
chū bīng jiù zhào bìng hé zhào wáng dìng lì le kàng
出兵救赵，并和赵王订立了抗
qín méng yuē cóng ér jiě chú le zhào guó de
秦盟约，从而解除了赵国的
wēi jī
危机。

dài

戴

【姓氏解读】

“戴”姓主要有三种来源：一是出自“子”姓，是商朝微子启的后代；二是出自“姬”姓，春秋时有一个戴国，后被宋国所灭，他的后人便以戴为姓；三是由“殷”姓改为戴姓。

【戴氏先贤】

戴逵：东晋学者、画家、雕塑家。谯郡铚县人。著有《释疑论》。所画人物、山水也别具一格。

戴嵩：唐朝画家。擅画田家、山原之景，写山泽、水牛尤为著名，与韩画马齐名，世称“韩马戴牛”。

戴进：明代著名画家。钱塘（今杭州）人。善画山水，境界深远妙处，多出己意。兼工人

wù fó xiàng yùn bǐ dùn cuò yǒu lì shè sè chún shú yǒu shén cǎi rén
物、佛像，运笔顿挫有力，设色纯熟有神采，人
tuī míng dài yuàn tǐ zhōng dì yī shǒu yǒu zhè pài zhī chēng
推明代院体中第一手，有“浙派”之称。

dài zhèn ān huī shěng xiū níng rén sī xiǎng jiā qīng dài xué zhě
戴震：安徽省休宁人。思想家，清代学者。
jīng tōng gǔ yīn wéi yí dài kǎo jù dà shī hòu rén biān yǒu dài shì
精通古音，为一代考据大师。后人编有《戴氏
yí shū
遗书》。

dài wàng shū zhè jiāng háng xiàn rén xiàn dài shī rén xiàn dài
戴望舒：浙江杭县人。现代诗人。“现代
pài shī gē de zhòng yào dài biǎo rén wù shī jí yǒu wàng shū cǎo
派”诗歌的重要代表人物。诗集有《望舒草》
wàng shū shī gǎo zāi nàn de suì yuè děng
《望舒诗稿》《灾难的岁月》等。

【故事解读】

qióng gēn jiū dǐ
穷根究底

dài zhèn shì qīng dài zhù
戴震是清代著
míng de xué zhě tā
名的学者。他
cóng xiǎo jiù kè kǔ
从小就刻苦
dú shū měi tiān
读书，每天
dōu yào jiān chí shú
都要坚持熟
dú jǐ qiān zì de
读几千字的

wén zhāng wú lùn dú shén me shū yí dìng yào nòng qīng chu shū li měi yí
文章，无论读什么书，一定要弄清楚书里每一
gè zì de yì si jiǎng kè shí lǎo shī yì bān zhǐ cū lüè de jìn xíng
个字的意思。讲课时，老师一般只粗略地进行
jiǎng jiě wǎng wǎng bú zài zuò jìn yí bù de jiě shì kàn dào dài zhèn zhè
讲解，往往不再做进一步的解释。看到戴震这
me xǐ huan páo gēn wèn dǐ lǎo shī gān cuì qǔ chū xǔ shèn de shuō wén
么喜欢刨根问底，老师干脆取出许慎的《说文
jiě zì jiāo gěi tā ràng tā zì jǐ qù chá yuè zhè yàng guò le sān
解字》交给他，让他自己去查阅。这样过了三
nián dài zhèn wán quán zhǎng wò le qí zhōng de nèi róng jiē zhe tā yòu ná
年，戴震完全掌握了其中的内容。接着他又拿
chū hàn dài jīng xué jiā de gè zhǒng zhù zuò xiāng hù cān zhào kǎo zhèng bǎ
出汉代经学家的各种著作，相互参照、考证，把
shí sān jīng quán dōu nòng tōng le qīng qián lóng nián jiān xiū biān sì kù
《十三经》全都弄通了。清乾隆年间修编《四库
quán shū shí tè bié rèn mìng tā wéi zuǎn xiū guān
全书》时，特别任命他为纂修官。

sòng

宋

【姓氏解读】

sòng xìng zhǔ yào chū zì zǐ xìng shì shāng cháo wáng zú wēi
“宋”姓主要出自“子”姓，是商朝王族微
zǐ qǐ de hòu yì zhōu miè shāng hòu zhōu wǔ wáng jiāng wēi zǐ qǐ fēng zài
子启的后裔。周灭商后，周武王将微子启封在
shāng qiū jiàn lì sòng guó zhàn guó hòu qī sòng bèi qí guó suǒ miè
商丘，建立宋国。战国后期，宋被齐国所灭，

sòng guó zǐ sūn biàn yǐ guó míng wéi xìng
宋国子孙便以国名为姓。

【宋氏先贤】

sòng yù zhàn guó shí chǔ guó rén wén xué jiā qū yuán de dì zǐ gōng yú cí fù shàn cháng yīn lǜ jiǔ biàn zhāo hún wéi qí dài biǎo zuò kāi chuàng le hòu dài shī rén bēi qiū de zhǔ tí

宋玉：战国时楚国人。文学家。屈原的弟子。工于辞赋，擅长音律，《九辩》《招魂》为其代表作，开创了后代诗人悲秋的主题。

sòng yì qín mò rén zhàn guó shí yān rén sòng wú jì zhī hòu wéi chǔ huái wáng shàng jiāng jūn fēng wǔ xìn hóu

宋义：秦末人。战国时燕人宋无忌之后。为楚怀王上将军，封武信侯。

sòng zhī wèn fén zhōu jīn shān xī shěng fén yáng rén táng dài shī rén yǐ shàn wǔ yán shī yǔ shěn quán qī qí míng bìng chēng shěn sòng qí shī duì táng dài lǜ shī de xíng chéng hé fā zhǎn pō yǒu yǐng xiǎng míng rén jí yǒu sòng zhī wèn jí

宋之问：汾州（今山西省汾阳）人，唐代诗人，以善五言诗与沈佺期齐名，并称“沈宋”。其诗对唐代律诗的形成和发展颇有影响，明人辑有《宋之问集》。

sòng lián zhè jiāng yì wū rén míng dài wén xué jiā céng zhǔ xiū yuán shǐ quán shū èr bǎi yī shí juàn zhù shù shèn fēng

宋濂：浙江义乌人。明代文学家。曾主修《元史》，全书二百一十卷，著述甚丰。

sòng yīng xīng jiāng xī fèng xīn xiàn rén míng dài kē xué jiā suǒ zhù tiān gōng kāi wù gòng sān juàn shí bā piān shì yí bù wǒ guó gǔ dài shǒu gōng yè hé nóng yè shēng chǎn jì shù zōng hé xìng de kē xué jù zhù zài guó jì shàng yě yǐng xiǎng shèn jù

宋应星：江西奉新县人。明代科学家。所著《天工开物》共三卷十八篇，是一部我国古代手工业和农业生产技术综合性的科学巨著，在国际上也影响甚巨。

sòng jiào rén　hú nán táo yuán rén　jìn dài mín zhǔ gé mìng jiā
宋教仁：湖南桃源人。近代民主革命家。
céng bāng zhù sūn zhōng shān gǎi tóng méng huì wéi guó mín dǎng　hòu bèi yuán shì kǎi
曾帮助孙中山改同盟会为国民党，后被袁世凯
àn shā yú shàng hǎi　nián jǐn　suì
暗杀于上海，年仅31岁。

【故事解读】

míng xiàng sòng jǐng
名相宋璟

sòng jǐng shì táng dài zhù míng de zhèng zhì jiā　tā wéi rén zhèng zhí
宋璟是唐代著名的政治家。他为人正直，
gǎn shuō gǎn zuò　táng xuán zōng duì sòng jǐng hěn xīn shǎng　yǒu yì nián zhōng
敢说敢做。唐玄宗对宋璟很欣赏。有一年中
qiū jié　táng xuán zōng zài gōng zhōng bǎi jiǔ yàn kuǎn dài dà chén　kāi yàn
秋节，唐玄宗在宫中摆酒宴款待大臣。开宴
shí　tā bǎ zì jǐ yòng de yì shuāng jīn kuài zi sòng gěi le sòng jǐng　sòng
时，他把自己用的一双金筷子送给了宋璟。宋
jǐng yì shí cāi bú tòu huáng dì de xīn yì　bǎi guān yě hěn qí guài　táng
璟一时猜不透皇帝的心意，百官也很奇怪。唐
xuán zōng jiàn dà jiā yí huò bù jiě　xiào zhe jiě shì shuō　wǒ shǎng cì
玄宗见大家疑惑不解，笑着解释说："我赏赐
de dōng xi bú shì huáng jīn　ér shì kuài zi　yòng lái biǎo zhāng sòng ài qīng
的东西不是黄金，而是筷子，用来表彰宋爱卿
de zhōng zhí
的忠直。"

yóu yú jūn zhǔ kāi míng　qún chén xián néng　zài tā men de gòng tóng
由于君主开明，群臣贤能，在他们的共同
zhì lǐ xià　zhè yì shí qī　táng cháo chū xiàn le fán róng de jú miàn
治理下，这一时期，唐朝出现了繁荣的局面。
lì shǐ shang chēng wéi　kāi yuán shèng shì
历史上称为"开元盛世"。

xiàng

项

【姓氏解读】

xiàng xìng zhǔ yào yǒu liǎng gè fēn zhī yī shì chū zì mǐ
“项”姓主要有两个分支：一是出自“芈”
xìng shì chǔ guó wáng zú de hòu yì chūn qiū shí chǔ guó gōng zǐ yān zài
姓，是楚国王族的后裔。春秋时，楚国公子燕在
xiàng chéng jiàn lì le xiàng guó tā de zǐ sūn hòu lái jiù yǐ xiàng wéi xìng
项城建立了项国，他的子孙后来就以项为姓；
èr shì chū zì jī xìng yuán zì zhōu dài de xiàng guó
二是出自“姬”姓，源自周代的项国。

【项氏先贤】

xiàng yǔ qín mò nóng mín qǐ yì lǐng xiù míng jí zì yǔ pò
项羽：秦末农民起义领袖。名籍，字羽。破
fǔ chén zhōu yú jù lù jī bài qín jūn zhǔ lì kēng shā qín xiáng zú èr shí
釜沉舟，于钜鹿击败秦军主力，坑杀秦降卒二十
yú wàn rù guān hòu zì lì wéi xī chǔ bà wáng jì ér yǔ liú bāng zhēng
余万。入关后，自立为西楚霸王。继而与刘邦争
tiān xià bèi liú bāng kùn yú gāi xià hòu tū wéi zhì wū jiāng zì wěn ér sǐ
天下，被刘邦困于垓下。后突围至乌江，自刎而死。

xiàng xīn yuán cháo rén wéi rén qín fèn hào xué xǐ cí zhāng
项昕：元朝人。为人勤奋好学，喜词章，
gōng huì huà yīn mǔ bìng wéi yōng yī wù tóu yào ér sǐ shí fēn bēi
工绘画。因母病为庸医误投药而死，十分悲
tòng nǎi lì zhì xué yī yǐ yī míng shì
痛，乃立志学医，以医名世。

xiàng jiǒng yuán cháo shī rén duān xíng jī xué tōng qún jīng dà yì
项炯：元朝诗人。端行积学，通群经大义，
wéi dāng shí míng rú huì jì bú shì
为当时名儒，晦迹不仕。

xiàng yuán qí míng dài wén xué jiā shū fǎ jiā gōng shī gǔ
项元淇：明代文学家、书法家。工诗、古
wén cí xiǎo kǎi yán zhěng yóu shàn cǎo shū
文辞。小楷严整，尤善草书。

【故事解读】

pò fǔ chén zhōu
破釜沉舟

qín cháo mò nián qǐ yì fēng huǒ rán biàn quán guó qín jiàng zhāng
秦朝末年，起义烽火燃遍全国。秦将章
hán shuài lǐng dà jūn bǎ zhào xiē de qǐ yì jūn wéi kùn zài jù lù chéng zhào
邯率领大军把赵歇的起义军围困在巨鹿城。赵
xiē wú fǎ tū wéi zhǐ hǎo pài rén xiàng chǔ guó qiú jiù chǔ huái wáng rèn
歇无法突围，只好派人向楚国求救，楚怀王任
mìng sòng yì wéi shàng jiàng xiàng yǔ wéi cì jiàng shuài lǐng èr shí wàn dà jūn
命宋义为上将，项羽为次将，率领二十万大军
jiù yuán xiàng yǔ shuài lǐng quán jūn dù guò huáng hé hòu fēn fù jiàng shì zhǐ
救援。项羽率领全军渡过黄河后，吩咐将士只
dài sān tiān de gān liang bìng bǎ zuò fàn de guō dōu zá suì bǎ chuán dōu
带三天的干粮，并把做饭的锅都砸碎，把船都
záo chén yíng fáng zhàng peng yě dōu shāo le biǎo shì yǔ qín jūn jué yī sǐ
凿沉，营房帐篷也都烧了，表示与秦军决一死
zhàn de jué xīn zhàn dòu kāi shǐ hòu xiàng yǔ chōng fēng zài qián jiàng shì
战的决心。战斗开始后，项羽冲锋在前。将士
men shòu dào gǔ wǔ wú bù fèn yǒng shā dí jīng guò jiǔ cì jī zhàn
们受到鼓舞，无不奋勇杀敌。经过九次激战，
xiàng yǔ dà bài qín jūn huó zhuō le qín jiàng zhāng hán
项羽大败秦军，活捉了秦将章邯。

dǒng

董

【姓氏解读】

“董”姓主要源自三个方面：一是出自黄帝轩辕氏的后裔；二是出自颛顼帝的后裔；三是出自“姬”姓。周朝时，大夫辛有的儿子在晋国任太史，董督（考察并收藏）晋国史册，其子孙便以官名为姓。

【董氏先贤】

董仲舒：西汉哲学家，今文经学大师。汉武帝举贤良文学之士，他对以天人三策，提出罢黜百家、独尊儒术的建议，为汉武帝采纳，著有《春秋繁露》。

董允：字休昭。董和之子。三国蜀名臣，秉承了董和的高风亮节，是时人所称的蜀中四英之一（诸葛亮、董允、蒋琬、费祎）。

dǒng jiè yuán jīn cháo shí xì qǔ jiā tā gēn jù táng rén yuán zhěn
董解元：金朝时戏曲家。他根据唐人元稹
de yīng yīng zhuàn chuàng zuò le xī xiāng jì zhū gōng diào wèi hòu lái yuán
的《莺莺传》创作了《西厢记诸宫调》，为后来元
qǔ zuò jiā wáng shí fǔ chuàng zuò xī xiāng jì zhǔn bèi le tiáo jiàn
曲作家王实甫创作《西厢记》准备了条件。

dǒng qí chāng zì sī bái hào xuán zǎi sōng jiāng huá tíng rén
董其昌：字思白，号玄宰。松江华亭人。
míng dài zhù míng huà jiā yǐ tā wéi dài biǎo de huá tíng pài zài shān
明代著名画家。以他为代表的“华亭派”在山
shuǐ huà fāng miàn yǐng xiǎng yóu dà tā shì shū huà de chuàng zuò shōu cáng
水画方面影响尤大。他是书画的创作、收藏、
jiàn shǎng fāng miàn de dà jiā yǒu guān shū huà lǐ lùn zhù zuò yě hěn duō
鉴赏方面的大家。有关书画理论著作也很多。
tā de huà fǎ zì chéng fēng gé róu zhōng yǒu gǔ lì zhuǎn zhé líng biàn céng
他的画法自成风格：柔中有骨力，转折灵变，层
cì fēn míng yùn xù fēng hòu zhuō zhōng dài xiù qīng juàn yǎ yì yǐ píng
次分明，蕴蓄丰厚，拙中带秀，清隽雅逸，以平
dàn tiān zhēn qǔ shèng tā de zhuàn kè shū fǎ yě chēng wéi yì jué
淡、天真取胜。他的篆刻、书法也称为一绝。

【故事解读】

sān nián bù kuī yuán
三年不窥园

xī hàn shí dà xué wen jiā dǒng zhòng shū wèi le zhuān xīn yán jiū
西汉时，大学问家董仲舒为了专心研究
xué wen zhěng tiān dāi zài shū fáng li shén me shì qing yě bú guò wèn
学问，整天待在书房里，什么事情也不过问。
zài tā jiā páng biān yǒu yí gè cài yuán lǐ miàn zhòng zhe gè zhǒng guā guǒ shū
在他家旁边有一个菜园，里面种着各种瓜果蔬
cài dàn tā yán jiū xué wen tài rù mí le sān nián duō de shí jiān li
菜。但他研究学问太入迷了，三年多的时间里

jìng méi yǒu tà jìn guo nà ge cài yuán yí bù yīn cǐ hòu lái yǒu rén chēng
竟没有踏进过那个菜园一步，因此后来有人称
tā sān nián bù kuī yuán zhōng cài gōng fu bú fù yǒu xīn rén jīng
他“三年不窥园中菜”。功夫不负有心人，经
guò kè kǔ xué xí dǒng zhòng shū chéng le wǒ guó gǔ dài zhù míng de sī xiǎng
过刻苦学习，董仲舒成了我国古代著名的思想
jiā tā tí chū de rú jiā xué shuō yǐng xiǎng le hòu shì qiān qiān wàn wàn
家。他提出的儒家学说，影响了后世千千万万
de dú shū rén zhí dào jīn tiān dǒng zhòng shū zhè zhǒng zhuān xīn xué xí
的读书人。直到今天，董仲舒这种专心学习、
bù wéi zá shì suǒ lěi de jīng shén réng shì zhí dé wǒ men xué xí de
不为杂事所累的精神，仍是值得我们学习的。

liáng

梁

【姓氏解读】

liáng xìng lái yuán bǐ jiào fù zá yī shì chū zì yíng xìng
“梁”姓来源比较复杂，一是出自“嬴”姓，
wéi bó yì de hòu yì èr shì chū zì jī xìng sān shì yǐ fēng dì
为伯益的后裔；二是出自“姬”姓；三是以封地
lái zuò xìng shì sì wéi zhàn guó chū nián wèi guó dà liáng rén de hòu dài
来做姓氏；四为战国初年魏国大梁人的后代；
wǔ wéi běi wèi shí shǎo shù mín zú gǎi xìng liáng de
五为北魏时少数民族改姓梁的。

【梁氏先贤】

liáng sù ān dìng rén táng dài wén xué jiā guān zhì yòu bǔ
梁肃：安定人。唐代文学家。官至右补

què tài zǐ shì dú hàn lín xué shì děng zhí
阙、太子侍读、翰林学士等职。

liáng hào yùn zhōu xū chéng rén běi sòng guān zhì yòu sī jiàn
梁颢：郓州须成人。北宋官至右司谏。

liáng kǎi dōng píng rén nán sòng huà jiā shàn huà rén wù shān
梁楷：东平人。南宋画家。擅画人物、山
shuǐ dào shì hé huā niǎo
水、道释和花鸟。

liáng qǐ chāo guǎng dōng shěng xīn huì rén zhù míng de zī chǎn jiē jí
梁启超：广东省新会人。著名的资产阶级
gǎi liáng zhǔ yì zhě xué zhě yǔ kāng yǒu wéi yì qǐ gōng chē shàng shū
改良主义者、学者。与康有为一起"公车上书"，
chàng dǎo wéi xīn biàn fǎ qí xué shí yuān bó suǒ zhù bèi jí wéi yǐn
倡导维新变法。其学识渊博，所著被辑为《饮
bīng shì hé jí
冰室合集》。

liáng shí qiū běi jīng shì rén xiàn dài wén xué jiā zhù yǒu
梁实秋：北京市人。现代文学家。著有
yǎ shě xiǎo pǐn yǎ shě zá wén yǎ shě tán chī děng zuò pǐn
《雅舍小品》《雅舍杂文》《雅舍谈吃》等作品。

【故事解读】

jǔ àn qí méi
举案齐眉

dōng hàn shí yǒu yí wèi jiào liáng hóng de rén tā bù jǐn yǒu xué wen
东汉时有一位叫梁鸿的人，他不仅有学问，
ér qiě zhǎng de yì biǎo rén cái fù jìn de wèi hūn nǚ zǐ dōu xiǎng jià gěi
而且长得一表人才。附近的未婚女子都想嫁给
tā dàn tā dōu kàn bú shàng hòu lái tā qǔ le yí wèi jiào mèng guāng
他，但他都看不上。后来，他娶了一位叫孟光
de nǚ zǐ wéi qī mèng guāng suī rán bú shì měi nǚ dàn què fēi cháng yǒu
的女子为妻。孟光虽然不是美女，但却非常有

xiū yǎng yǒu yì nián liáng hóng xiě wén zhāng dé zuì le guān fǔ bèi guān
修养。有一年，梁鸿写文章得罪了官府，被官
fǔ zhuī bǔ táo dào le shān dōng wèi le shēng huó xià qù liáng hóng zhǐ
府追捕，逃到了山东。为了生活下去，梁鸿只
hǎo gěi dà hù rén jiā zuò gōng zhèng qián tā měi tiān gàn wán huó huí jiā
好给大户人家做工挣钱。他每天干完活回家
hòu mèng guāng dōu wèi tā zuò hǎo fàn bìng bǎ tuō pán jǔ dào méi mao chù
后，孟光都为他做好饭，并把托盘举到眉毛处，
sòng gěi tā chī liáng hóng mèng guāng fū qī zài shēng huó zhōng hù xiāng guān xīn
送给他吃。梁鸿、孟光夫妻在生活中互相关心、
xiāng jìng rú bīn tā men chéng wéi qiān bǎi nián lái fū qī hé xié de diǎn fàn
相敬如宾，他们成为千百年来夫妻和谐的典范。

dù
杜

【姓氏解读】

xī zhōu shí zhōu chéng wáng miè diào táng guó hòu jiāng táng guó guó dū
西周时，周成王灭掉唐国后，将唐国国都
qiān dào dù chéng chēng wéi dù bó dù guó miè wáng hòu dù bó de zǐ sūn
迁到杜城，称为杜伯。杜国灭亡后，杜伯的子孙
dà duō tóu bèn qí tā zhū hóu ér liú zài dù chéng de jiù yǐ dù wéi xìng le
大多投奔其他诸侯，而留在杜城的就以杜为姓了。

【杜氏先贤】

dù yù zì yuán kǎi jīng zhào dù líng rén xī jìn shí qī zhù míng
杜预：字元凯。京兆杜陵人。西晋时期著名

de zhèng zhì jiā jūn shì jiā hé xué zhě miè wú tǒng yī zhànzhēng de tǒng shuài
的政治家、军事家和学者，灭吴统一战争的统帅
zhī yī lì guān cáo wèi shàng shū láng hé nán yǐn dù zhī shàng shū zhèn nán
之一。历官曹魏尚书郎、河南尹、度支尚书、镇南
dà jiāng jūn dāng yáng xiàn hóu guān zhì sī lì xiào wèi gōngchéng zhī hòu
大将军、当阳县侯，官至司隶校尉。功成之后，
dān sī jīng jí bó xué duō tōng duō yǒu jiàn shù bèi yù wéi dù wǔ
耽思经籍，博学多通，多有建树，被誉为“杜武
kù zhù yǒu chūn qiū zuǒ shì jīng zhuàn jí jiě jí chūn qiū shì lì děng
库”。著有《春秋左氏经传集解》及《春秋释例》等。

dù yòu táng zhōng yè zǎi xiàng shǐ xué jiā zì jūn qīng jīng zhào
杜佑：唐中叶宰相，史学家。字君卿。京兆
wàn nián rén shēng yú shì huàn zhī jiā zuì dà gòng xiàn wéi biān xiū tōng diǎn
万年人。生于世宦之家。最大贡献为编修《通典》。

dù fǔ zì zǐ měi hào shǎo líng yě lǎo yí hào dù líng yě
杜甫：字子美，号少陵野老，一号杜陵野
lǎo dù líng bù yī táng cháo xiàn shí zhǔ yì shī rén qí zhù zuò
老、杜陵布衣。唐朝现实主义诗人。其著作
yǐ shè huì xiě shí zhù chēng shēng yú zhōng guó hé nán gǒng xiàn jīn hé
以社会写实著称。生于中国河南巩县（今河
nán shěng gǒng yì shì zǔ jí hú běi xiāng yáng yīn qí céng rèn zuǒ
南省巩义市）。祖籍湖北襄阳。因其曾任左
shí yí jiǎn jiào gōng bù yuán wài láng yīn cǐ hòu shì chēng qí dù shí yí
拾遗、检校工部员外郎，因此后世称其杜拾遗、
dù gōng bù
杜工部。

【故事解读】

shī shèng dù fǔ
“诗圣”杜甫

dù fǔ shì táng dài zhù míng de dà shī rén tā cóng xiǎo jiù cōng
杜甫是唐代著名的大诗人。他从小就聪

míng hào xué zhǎng dà hòu yòu yóu biàn le zǔ guó de dà hǎo hé shān
明好学，长大后又游遍了祖国的大好河山。
hòu lái tā cān jiā le táng cháo de kē jǔ kǎo shì dù fǔ méi yǒu
后来，他参加了唐朝的科举考试。杜甫没有
rén qíng guān xì yòu méi yǒu qián cái lái sòng lǐ suǒ yǐ zài dāng shí
人情关系，又没有钱财来送礼，所以在当时
méi yǒu bèi lù qǔ dù fǔ luò bǎng hòu jué de hái shi zì yóu sǎn
没有被录取。杜甫落榜后，觉得还是自由散
màn de shēng huó kě yǐ suí xīn suǒ yù hòu lái tā yù dào le zhù
漫的生活可以随心所欲。后来，他遇到了著
míng shī rén lǐ bái èr rén yí jiàn rú gù chéng le fēi cháng hǎo de
名诗人李白，二人一见如故，成了非常好的
péng you
朋友。

dù fǔ yì shēng xīn huái bào guó de zhì xiàng guān xīn xià céng lǎo bǎi
杜甫一生心怀报国的志向，关心下层老百
xìng de jí kǔ xiě xià le bù shǎo xiàn shí zhǔ yì shī zuò chéng wéi jié
姓的疾苦，写下了不少现实主义诗作，成为杰
chū de dà shī rén
出的大诗人。

jiǎ

贾

【姓氏解读】

jiǎ xìng zhǔ yào yǒu liǎng zhǒng lái yuán yī shì chū zì jī
“贾”姓主要有两种来源：一是出自“姬”
xìng zhōu kāng wáng bǎ jiǎ zhè ge dì fang shǎng cì gěi dì di gōng míng gōng
姓。周康王把贾这个地方赏赐给弟弟公明，公

míng de hòu dài biàn yǐ jiǎ wéi xìng èr shì chū zì hú yǎn de hòu dài
明的后代便以贾为姓；二是出自狐偃的后代。
jìn wén gōng miè le jiǎ guó hòu jiāng jiǎ dì shǎng gěi hú yǎn de ér zi
晋文公灭了贾国后，将贾地赏给狐偃的儿子，
tā de zǐ sūn biàn yǐ jiǎ wéi xìng le
他的子孙便以贾为姓了。

【贾氏先贤】

jiǎ yì luò yáng rén xī hàn zhèng lùn jiā wén xué jiā suǒ
贾谊：洛阳人。西汉政论家、文学家。所
zhù zhèng lùn yǒu chén zhèng shì shū guò qín lùn děng
著政论有《陈政事疏》《过秦论》等。

jiǎ sī xié jīn shān dōng yì dū rén běi wèi nóng xué jiā céng
贾思勰：今山东益都人。北魏农学家。曾
rèn běi wèi gāo yáng jùn tài shǒu tā céng yǐ wén xiàn zhōng sōu jí dào de
任北魏高阳郡太守。他曾以文献中搜集到的
zī liào hé fǎng wèn lǎo nóng jí zì jǐ guān chá shí yàn de xīn dé xiě
资料和访问老农及自己观察、实验的心得，写
chéng qí mín yào shù yì shū
成《齐民要术》一书。

jiǎ kuí dōng hàn chū nián fú fēng píng líng rén xué zhě tā bù
贾逵：东汉初年扶风平陵人，学者。他不
jǐn jīng tōng jīng xué ér qiě shēn jiū tiān wén xué zài tiān wén fāng miàn
仅精通经学，而且深究天文学。在天文方面，
tí chū le zài lì fǎ jì suàn zhōng yīng gāi àn huáng dào lái jì liàng rì yuè
提出了在历法计算中应该按黄道来计量日、月
de yùn dòng bìng chǎn fā yuè qiú de yùn dòng shì bù děng sù de
的运动，并阐发月球的运动是不等速的。

jiǎ dǎo fàn yáng rén táng dài kǔ yín
贾岛：范阳人。唐代苦吟
shī rén céng rèn cháng jiāng zhǔ bù rén chēng jiǎ
诗人。曾任长江主簿，人称贾
cháng jiāng zhù yǒu cháng jiāng jí
长江。著有《长江集》。

【故事解读】

kǔ yín shī rén
苦吟诗人

jiǎ dǎo shì táng dài zhù míng shī rén xiě shī shí fēn rèn zhēn bèi
贾岛是唐代著名诗人，写诗十分认真，被
rén men chēng wéi kǔ yín shī rén yí cì tā xiě xià le niǎo sù
人们称为“苦吟诗人”。一次，他写下了“鸟宿
chí biān shù sēng qiāo yuè xià mén liǎng jù shī kě shì xiǎng le xiǎng tā
池边树，僧敲月下门”两句诗，可是想了想，他
yòu bǎ sēng qiāo yuè xià mén zhōng de qiāo zì gǎi chéng le tuī zì
又把“僧敲月下门”中的“敲”字改成了“推”字，
kě yí huì er yòu jué de hái shi qiāo zì hǎo yì xiē yú shì jiù liǎng
可一会儿又觉得还是“敲”字好一些，于是就两
shǒu zuò zhe tuī yǔ qiāo de dòng zuò biān zǒu biān zuó mo yí bù liú shén
手做着推与敲的动作，边走边琢磨，一不留神
zhuàng dào le dà wén xué jiā hán yù de jiào zi hán yù wèn míng le
撞到了大文学家韩愈的轿子。韩愈问明了
qíng yóu hòu bú dàn méi yǒu zé guài tā hái hé tā yì qǐ fēn xī
情由后，不但没有责怪他，还和他一起分析。
zhí dào xiàn zài rén men hái bǎ tuī qiāo èr zì zuò wéi xué xí rèn
直到现在，人们还把“推敲”二字，作为学习认
zhēn de dài míng cí ne
真的代名词呢。

国学名著典藏大系

蜀学

经典解读（下）

李诚/主编

四川出版集团
巴蜀书社

图书在版编目(CIP)数据

蒙学经典解读/李诚主编．—成都:巴蜀书社,
2013.9
ISBN 978-7-5531-0343-3

Ⅰ．①蒙… Ⅱ．①李… Ⅲ．①古汉语—启蒙读物
Ⅳ．①H194.1

中国版本图书馆 CIP 数据核字(2013)第 224043 号

蒙学经典解读 李诚主编

策划组稿	施　维
责任编辑	张照华
出　　版	四川出版集团巴蜀书社
	成都市槐树街2号　邮编 610031
	总编室电话:(028)86259397
网　　址	www.bsbook.com
发　　行	巴蜀书社
	发行科电话:(028)86259422　86259423
经　　销	新华书店
内文排版	四川泽雨文化有限公司
印　　刷	成都翔川印务有限公司
版　　次	2013年10月第1版
印　　次	2013年10月第1次印刷
印　　数	1—5000册
成品尺寸	170mm×240mm
印　　张	40(全3册)
字　　数	650千
书　　号	ISBN 978-7-5531-0343-3
定　　价	40.00元(全3册)

jiāng

江

【姓氏解读】

jiāng xìng zhǔ yào lái zì yíng xìng shùn dì shí bó yì yīn
“江”姓主要来自“嬴”姓，舜帝时，伯益因
fǔ zuǒ dà yǔ zhì shuǐ yǒu gōng bèi cì wéi yíng xìng xī zhōu shí
辅佐大禹治水有功，被赐为“嬴”姓。西周时，
bó yì de hòu yì jiàn lì jiāng guó chūn qiū shí jiāng guó bèi chǔ guó miè
伯益的后裔建立江国。春秋时，江国被楚国灭
diào qí zǐ sūn biàn yǐ guó míng wéi xìng
掉，其子孙便以国名为姓。

【江氏先贤】

jiāng yān liáng shí wén xué jiā céng lì shì sòng qí liáng sān
江淹：梁时文学家。曾历仕宋、齐、梁三
dài yǐ wén zhāng chēng yú shì shì chēng jiāng láng wǎn nián shī wén wú jiā
代。以文章称于世，世称江郎。晚年诗文无佳
jù shí rén wèi zhī cái jìn suì yǒu jiāng láng cái jìn zhī diǎn gù
句，时人谓之才尽，遂有“江郎才尽”之典故。

jiāng cān nán sòng huà jiā shàn cháng shān shuǐ huà bǐ mò xì rùn
江参：南宋画家。擅长山水画，笔墨细润。
cún shì zuò pǐn yǒu qiān lǐ jiāng shān tú
存世作品有《千里江山图》。

jiāng yǒng qīng dài zhù míng jīng xué jiā yīn yùn xué jiā tā cháng
江永：清代著名经学家、音韵学家。他长
yú bǐ kān shēn jiū sān lǐ tōng zhōng xī lì suàn suǒ zhù gǔ
于比勘，深究“三礼”，通中西历算。所著《古

yùn biāo zhǔn yì shū duì yán jiū zhōng guó gǔ yùn yǒu zhòng yào chuàng jiàn
韵标准》一书，对研究中国古韵有重要创见。
qí xué yǐ kǎo jù jiàn cháng kāi wǎn pài jīng xué yán jiū de fēng qì
其学以考据见长，开皖派经学研究的风气。

jiāng fān qīng cháo jīng xué jiā yǐ zhù guó cháo hàn xué shī chéng
江藩：清朝经学家。以著《国朝汉学师承
jì chēng zhù bó lǎn qún jīng jīng yú xùn gǔ páng jí zhū zǐ fó
记》称著。博览群经，精于训诂，旁及诸子佛
lǎo zhù shù pō fēng
老，著述颇丰。

jiāng shēng qīng cháo xué zhě zài jīng xué wén zì xué děng fāng miàn
江声：清朝学者。在经学、文字学等方面
jūn yǒu jiàn shù qiě jīng yú xùn gǔ zhù yǒu shàng shū jí zhù yīn shū
均有建树，且精于训诂，著有《尚书集注音疏》。

【故事解读】

jiāng mì yè dú
江泌夜读

jiāng mì shì nán běi cháo shí yǒu míng de xué zhě tā xiǎo shí hou
江泌是南北朝时有名的学者。他小时候
jiā li hěn qióng jiù měi tiān tì rén xiāo zhì mù xié dǐ bāng zhù jiā li
家里很穷，就每天替人削制木鞋底，帮助家里
zhèng qián dù rì dàn jiāng mì kù ài dú shū tā bǎ xié tān bǎi zài xué
挣钱度日。但江泌酷爱读书，他把鞋摊摆在学

táng fù jìn měi tiān yì biān xiāo mù xié dǐ yì biān liú
堂附近，每天一边削木鞋底，一边留
shén tīng xiān sheng jiǎng kè kě dào le wǎn shang yóu yú
神听先生讲课。可到了晚上，由于
méi qián mǎi dēng yóu biàn wú fǎ dú shū le yì nián zhōng
没钱买灯油，便无法读书了。一年中
qiū jié yuè guāng bǎ dà dì zhào de yòu bái yòu liàng jiāng
秋节，月光把大地照得又白又亮。江

mì líng jī yí dòng xīn xiǎng míng liàng de yuè guāng bù yě kě yǐ zhào míng
泌灵机一动，心想：明亮的月光不也可以照明

ma cóng cǐ tā měi wǎn dōu pá shàng wū dǐng yíng zhe yuè guāng dú shū
吗？从此，他每晚都爬上屋顶，迎着月光读书。

yǒu shí hou bái tiān gàn huó lèi le tā zài wū dǐng shang dǎ qǐ dǔn lái
有时候白天干活累了，他在屋顶上打起盹来，

bù xiǎo xīn diào xià lái dàn tā pāi pai pì gu yòu pá shàng wū dǐng jì
不小心掉下来，但他拍拍屁股，又爬上屋顶继

xù dú shū jīng guò zhè yàng de kè kǔ gōng dú jiāng mì zhōng yú chéng wéi
续读书。经过这样的刻苦攻读，江泌终于成为

yí gè zhī shi yuān bó de xué zhě
一个知识渊博的学者。

guō

郭

【姓氏解读】

guō xìng yǒu sān zhǒng zhǔ yào lái yuán qí yī chū zì xià shāng
“郭”姓有三种主要来源：其一出自夏、商

shí dài guō zhī yǔ guō chóng de hòu dài qí èr yǐ jū zhù de dì fang wéi
时代郭支与郭崇的后代；其二以居住的地方为

xìng qí sān zé chū zì jī xìng wéi huáng dì de hòu yì jù zǎi
姓；其三则出自“姬”姓，为黄帝的后裔，据载，

xī zhōu shí bèi fēng yú guó yīn guó yǔ guō tóng yīn gù qí hòu
西周时被封于虢，因“虢”与“郭”同音，故其后

rén zhōng biàn yǒu le guō xìng
人中便有了“郭”姓。

【郭氏先贤】

郭泰：东汉时儒林领袖，在郭姓中与郭子仪齐名。

郭玉：东汉时广汉人。与华佗齐名的神医。

郭嘉：三国时，魏曹之谋士。多谋善战，屡建谋功，尤以官渡之战显名。死时年仅38岁。

郭璞：东晋训诂学家。博学多才，好古文奇字，注释《尔雅》《穆天子传》《山海经》《楚辞》等为后世注疏家所推重。

郭子仪：唐朝名将，在中唐平息安史之乱，德宗时被尊为尚父，亦称郭令公。

郭守敬：元代科学家。元代杰出的天文学家、水利学家和数学家。他主持编制了《授时历》，施行达360年，是我国历史上施行最久的历法。

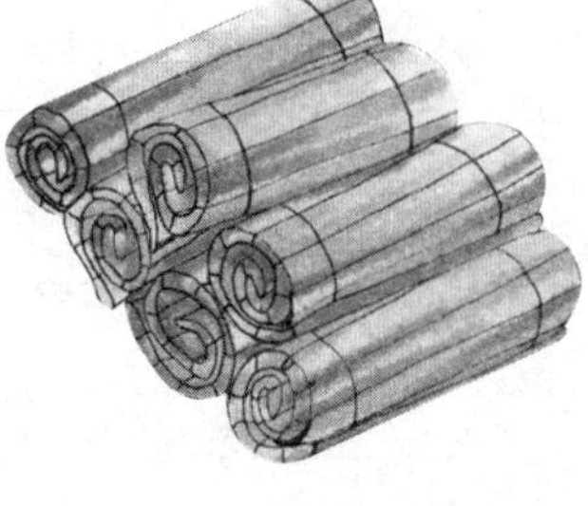

【故事解读】

科学家郭守敬

元代出了一个杰出的天文学家、水利学家和数学家，此人便是郭守敬。在他的一生中，设计制造了“简仪”（赤道仪）等二十多种天文仪器，并对天象进行了精密观测，编制成当时最先进和最详备的星表。由他主持编写的《授时历》是我国历史上施行最久的历法，沿用了三百多年。经他之手的许多农田水利和河道工程，对恢复元初北方农业经济起到了积极的作用。与此同时，郭守敬在数学方面也有其独特的贡献，使其在东西方都享有崇高的声誉。最大的殊荣便是1970年国际天文学会将月球背面的一座环形山命名为“郭守敬山”。

méi

梅

【姓氏解读】

méi xìng zhǔ yào yǒu sān zhǒng lái yuán qí yī chū zì zǐ xìng
梅姓主要有三种来源：其一出自“子”姓，
xiāng chuán shāng wáng tài dīng fēng dì di yú méi dì shì chēng méi bó shāng
相传，商王太丁封弟弟于梅地，世称梅伯。商
zhòu wáng shí méi bó yīn pī píng zhòu wáng bèi shā zhōu wǔ wáng fēng qí hòu
纣王时，梅伯因批评纣王被杀，周武王封其后
yì yú huáng méi qí zǐ sūn biàn yǐ fēng dì wéi xìng qí èr shì nán fāng
裔于黄梅，其子孙便以封地为姓；其二是南方
shǎo shù mín zú de xìng shì qí sān zé wéi mǎn zhōu bā qí zhōng gǎi xìng zhě
少数民族的姓氏；其三则为满洲八旗中改姓者。

【梅氏先贤】

méi yáo chén xuān zhōu xuān chéng rén xuān chéng gǔ chēng wǎn líng shì
梅尧臣：宣州宣城人。宣城古称宛陵，世
chēng wǎn líng xiān shēng běi sòng wén xué jiā cì jìn shì chū shēn wéi guó
称宛陵先生。北宋文学家。赐进士出身，为国
zǐ jiān zhí jiǎng lěi qiān shàng shū dū yuán wài láng shì chēng méi dū guān
子监直讲，累迁尚书都员外郎，世称梅都官。
qí shī píng dàn pǔ sù hán xù shēn kè duō fǎn yìng xiàn shí shēng huó hé
其诗平淡朴素，含蓄深刻，多反映现实生活和
mín shēng jí kǔ yǐ jiǎo sòng chū kōng dòng mǐ lì zhī shī fēng yīn yǔ sū
民生疾苦，以矫宋初空洞靡丽之诗风。因与苏
shùn qīn qí míng rén chēng sū méi zhù yǒu wǎn líng xiān shēng wén jí
舜钦齐名，人称“苏梅”。著有《宛陵先生文集》。

梅鼎祚：安徽宣城人。明代著名曲作家。以古学自任，诗文博雅，王世贞称其诗文为当时之冠。拒绝仕途，著述颇丰。有《才鬼记》《青泥莲花记》《历代文纪》《古乐苑》《宛雅》等。

梅朗中：梅鼎祚孙。清代诗书画家。善书画、兼善诗文，世称三绝。著有《书带园集》。

梅庚：清代画家、诗人。康熙年间举人，官泰顺知县。书善八分，画善山水、花卉，脱略风格，不宗一家，旷逸有雅韵。与梅清、石涛均为黄山派名画家。工诗，著有《天逸阁集》。

梅文鼎：宣城人。清朝天文数学家。他曾系统考察古今中外历法，又介绍欧洲数学，综合研究中西历算，对后世颇有影响。一生著作八十余种，富于科学价值。著有《梅氏历算全书》《古今历法通考》等，后人汇编为《梅氏丛书》。其两位弟弟也长于天文数学。

梅曾亮：江苏省上元人。清代大臣、古文学家。道光进士，官户部郎中。专力古文，有

shèngmíng shī yì qīng xiù zhù yǒu bǎi jiàn shān fáng wén jí
盛名。诗亦清秀。著有《柏枧山房文集》。

【故事解读】

bù dài shī rén
布袋诗人

běi sòng shí yǔ sū shì sū shùn qīn qí míng de hái yǒu zhù míng
北宋时，与苏轼、苏舜钦齐名的还有著名
shī rén méi yáo chén shuō qǐ zhè ge méi yáo chén tā kě yǒu gè qí guài
诗人梅尧臣，说起这个梅尧臣，他可有个奇怪
de xí guàn měi cì wài chū shí zǒng ài dài gè bù dài zi yí cì
的习惯，每次外出时总爱带个布袋子。一次，
méi yáo chén hé péng you men qù dēng lǔ shān zhèngdāng dà jiā zài yí zuò xiǎo
梅尧臣和朋友们去登鲁山，正当大家在一座小
tíng xiū xi shí tā què tōu tōu pǎo jìn xiǎo shù lín jiàn cǐ qíng jǐng
亭休息时，他却偷偷跑进小树林。见此情景，
dà jiā shí fēn bù jiě biàn qiāo qiāo gēn zài tā hòu miàn fā xiàn tā zhèng
大家十分不解，便悄悄跟在他后面，发现他正
zài yí kuài shí tou shang xiě shī ne qí zhōng yí gè péng you qiǎng guò bù dài
在一块石头上写诗呢！其中一个朋友抢过布袋
yí kàn fā xiàn lǐ miàn zhuāng le xǔ duō zhǐ tiáo shàng miàn dōu shì tā xiě
一看，发现里面装了许多纸条，上面都是他写
de shī yuán lái zhè ge bù dài shì yòng lái zhuāng suí shí xiě xià lái de
的诗。原来，这个布袋是用来装随时写下来的
shī wén jiù zhè yàng méi yáo chén suí shí suí dì qù sōu jí bǔ zhuō
诗文。就这样，梅尧臣随时随地去搜集、捕捉
shēng huó zhōng de xíng xiàng hé gǎn shòu bìng jiāng qí jì lù xià lái zuò wéi
生活中的形象和感受，并将其记录下来，作为
xiě shī de cái liào suǒ yǐ cái yǒu hòu rén ěr shú néng xiáng de zhù míng
写诗的材料，所以，才有后人耳熟能详的著名
shī piān
诗篇。

lín

林

【姓氏解读】

lín xìng yǒu sān zhǒng zhǔ yào lái yuán qí yī chū zì zǐ xìng
“林”姓有三种主要来源：其一出自“子”姓，
xiāng chuán shì shāng cháo mò nián míng chén bǐ gàn de hòu yì qí èr yuán zì jī
相传是商朝末年名臣比干的后裔；其二源自“姬”
xìng dōng zhōu píng wáng de ér zi jī kāi zì lín qí zǐ sūn yǐ tā de zì
姓，东周平王的儿子姬开，字林，其子孙以他的字
wéi xìng qí sān shì yóu shǎo shù mín zú gǎi xìng
为姓；其三是由少数民族改姓。

【林氏先贤】

lín zé xú fú jiàn shěng hóu guān zì yuán fǔ yòu zì shǎo mù
林则徐：福建省侯官。字元抚，又字少穆、
shí lín wǎn hào sì cūn lǎo rén píng quán jū shì děng děng shì zhōng guó
石麟，晚号俟村老人、瓶泉居士等等。是中国
qīng cháo hòu qī zhèng zhì jiā sī xiǎng jiā hé shī rén guān zhì yī pǐn
清朝后期政治家、思想家和诗人。官至一品。
céng rèn hú guǎng zǒng dū shǎn gān zǒng dū hé yún guì zǒng dū liǎng cì shòu
曾任湖广总督、陕甘总督和云贵总督，两次受
mìng wéi qīn chāi dà chén yì shēng qīng zhèng lián jié yōu guó yōu mín yǐ
命为钦差大臣。一生清正廉洁，忧国忧民，以
jìn duàn yā piàn de ài guó zhī jǔ ér liú míng qīng shǐ tóng shí yě zhǔ zhāng
禁断鸦片的爱国之举而留名清史，同时也主张
nǔ lì xué xí xī fāng de xiān jìn jì shù shì jìn dài zhōng guó zhēng yǎn kàn
努力学习西方的先进技术，是近代中国睁眼看

shì jiè de dì yī rén
世界的第一人。

lín sēn zǎo nián cān jiā tóng méng huì zhōng huá gé mìng dǎng
林森：早年参加同盟会，中华革命党，1919
nián rèn nán jīng lín shí cān yì yuàn yì zhǎng nián zhì nián jiān
年任南京临时参议院议长，1931年至1943年间
dān rèn zhōng huá mín guó guó mín zhèng fǔ zhǔ xí zài zhàn huò héng shēng xiāo
担任中华民国国民政府主席。在战祸横生，枭
xióng sì qǐ de nián dài tā jiān shǒu mín zhǔ xìn niàn wéi hù gòng hé
雄四起的年代，他坚守民主信念，维护共和，
ài guó ài mín qīng zhèng lián jié bèi shì rén suǒ zàn yù
爱国爱民，清正廉洁，被世人所赞誉。

lín jué mín jìn dài mín zhǔ gé mìng liè shì fú jiàn mǐn hóu
林觉民：近代民主革命烈士。福建闽侯
rén nián chūn cān jiā guǎng zhōu qǐ yì qí jué bǐ shū biǎo dá
人。1911年春参加广州起义。其《绝笔书》表达
le yuàn wèi guāng fù shén zhōu chóng xīng zǔ guó ér xiàn shēn de jué xīn
了愿为“光复神州，重兴祖国”而献身的决心。
suí huáng xīng gōng liǎng guǎng zǒng dū shǔ shòu shāng bèi fú cóng róng jiù yì
随黄兴攻两广总督署，受伤被俘，从容就义。
yì zhù yǒu liù guó bǐ jiào xiàn fǎ lùn bó kāng yǒu wéi wù zhì jiù
译著有《六国比较宪法论》《驳康有为物质救
guó lùn děng
国论》等。

【故事解读】

hǔ mén xiāo yān
虎门销烟

qīng cháo dào guāng nián jiān yīng guó xiàng zhōng guó shū rù dà liàng yā
清朝道光年间，英国向中国输入大量鸦
piàn yán zhòng yǐng xiǎng le wǒ guó rén mín de jiàn kāng hé jīng jì de fā
片，严重影响了我国人民的健康和经济的发

展。禁烟派主将林则徐上书道光帝，痛陈鸦片的危害，主张要严厉禁止鸦片在中国境内的流通。1838年12月，被任命为钦差大臣的林则徐，前往广州主持禁烟工作。在广州，他与两广总督邓廷桢一起筹划如何加强海防，强令外国鸦片贩子上缴走私鸦片，迫使英美商贩交出鸦片二百余万斤，并在虎门海滩上当众销毁。此次虎门销烟的壮举，不仅表现了中华民族清除烟毒的坚强决心，而且还表现出了中国人民反抗外国侵略的伟大精神。

xú

徐

【姓氏解读】

xú xìng de lái yuán jiào wéi dān yī zhǔ yào yuán zì yíng
“徐”姓的来源较为单一，主要源自“嬴”
xìng shǐ zǔ shì bó yì de ér zi ruò mù jù shǐ shū jì zǎi xià
姓，始祖是伯益的儿子若木。据史书记载，夏
yǔ shí ruò mù bèi fēng yú xú jiàn lì le xú guó chūn qiū shí xú
禹时，若木被封于徐，建立了徐国。春秋时，徐
bèi wú guó suǒ miè qí zǐ sūn biàn yǐ yuán guó míng wéi xìng
被吴国所灭，其子孙便以原国名为姓。

【徐氏先贤】

xú gān zì wěi cháng běi hǎi rén shàn cí fù néng shī jiàn
徐干：字伟长。北海人。善辞赋，能诗，建
ān qī zǐ zhī yī hòu rén jí yǒu xú wěi cháng jí
安七子之一。后人辑有《徐伟长集》。

xú shù yǐng chuān rén sān guó shí míng chén céng zǒu mǎ jiàn zhū
徐庶：颍川人。三国时名臣。曾走马荐诸
gě yīn qí mǔ wèi cáo cāo suǒ xié zhì rù cáo yíng hòu yì yán bù fā
葛，因其母为曹操所挟制，入曹营后，一言不发。

xú líng dōng hǎi tán rén nán cháo wén xué jiā qí shī gē pián
徐陵：东海郯人。南朝文学家。其诗歌骈
wén qīng mǐ qǐ yàn yǔ yǔ xìn qí míng yǒu yù tái xīn yǒng děng
文，轻靡绮艳，与庾信齐名，有《玉台新咏》等，
hòu rén jí yǒu xú xiào mù jí
后人辑有《徐孝穆集》。

xú dá háo zhōu rén míng dài míng jiàng yǒng měng yǒu móu lüè
徐达：濠州人。明代名将。勇猛有谋略，
wèi zhū míng wáng cháo de jiàn lì lì xià qí gōng
为朱明王朝的建立立下奇功。

xú xiá kè nán zhí lì jiāng yīn rén míng dài jié chū de lǚ xíng
徐霞客：南直隶江阴人。明代杰出的旅行
jiā hé yóu jì wén zuò jiā hòu rén jù qí rì jì zhěng lǐ chéng fù yǒu
家和游记文作家。后人据其日记整理成富有
dì lǐ xué jià zhí hé wén xué jià zhí de xú xiá kè yóu jì
地理学价值和文学价值的《徐霞客游记》。

xú guāng qǐ shàng hǎi xiàn xú jiā huì rén míng dài kē xué jiā
徐光启：上海县徐家汇人。明代科学家。
guān zhì lǐ bù shàng shū jiān dōng gé dà xué shì wén yuān gé dà xué shì
官至礼部尚书兼东阁大学士、文渊阁大学士，
yóu yǐ nóng xué tiān wén xué zuì jiàn cháng biān zhù yǒu nóng zhèng quán
尤以农学、天文学最见长。编著有《农政全
shū děng
书》等。

xú bēi hóng jiāng sū yí xīng rén xiàn dài zhù míng huà jiā měi
徐悲鸿：江苏宜兴人。现代著名画家、美
shù jiào yù jiā yóu shàn huà mǎ
术教育家。尤擅画马。

【故事解读】

jǐng zhōng qǔ wù
井中取物

míng dài shí qī yǒu yí gè zhù míng de wén xué jiā shū fǎ jiā
明代时期，有一个著名的文学家、书法家
jiān huà jiā cǐ rén biàn shì xú wèi tā zì yòu cōng míng guò rén yǒu
兼画家，此人便是徐渭，他自幼聪明过人。有
yì tiān xú wèi de bó fù bǎ hái zi men jiào dào zhú qiáo biān shuō
一天，徐渭的伯父把孩子们叫到竹桥边，说：

shéi néng bǎ zhè liǎng tǒng shuǐ tí guò qiáo biàn sòng tā yí gè lǐ wù
“谁能把这两桶水提过桥，便送他一个礼物。”
yóu yú qiáo shēn ruǎn yǒu tán xìng rén yì zǒu shàng qù qiáo jiù huì wān de
由于桥身软，有弹性，人一走上去，桥就会弯得
pèng dào shuǐ miàn yīn cǐ gèng bié shuō tí shuǐ guò hé le zhèngdāng dà jiā
碰到水面，因此更别说提水过河了。正当大家
fàn nán zhī jì xú wèi yòng liǎng gēn shéng zi jì zhe shuǐ tǒng rán hòu fàng
犯难之际，徐渭用两根绳子系着水桶，然后放
zài shuǐ zhōng hěn róng yì de guò le xiǎo qiáo tā gāng yào qǔ lǐ wù
在水中，很容易地过了小桥。他刚要取礼物，
bó fù què bǎ lǐ wù diào zài yì gēn cháng zhú gān shang shuō bù néng bǎ zhú
伯父却把礼物吊在一根长竹竿上，说不能把竹
gān héng tǎng yě bù néng zhàn zài dèng zi shang qù ná xú wèi yǎn zhū yí
竿横躺，也不能站在凳子上去拿。徐渭眼珠一
zhuàn zǒu dào jǐng biān bǎ zhú gān màn màn fàng dào jǐng li zhè yàng lǐ
转，走到井边，把竹竿慢慢放到井里，这样，礼
wù biàn qīng yì de qǔ xià lái le dà huǒ yì qǐ huān hū chēng zàn xú
物便轻易地取下来了。大伙一起欢呼，称赞徐
wèi jī zhì cōng míng
渭机智聪明。

cài

蔡

【姓氏解读】

cài xìng zhǔ yào yǒu liǎng gè lái yuán yī shì chū zì jí
“蔡”姓主要有两个来源：一是出自“姞”
xìng wéi huáng dì de hòu yì èr shì chū zì jī xìng zhōu wǔ wáng
姓，为黄帝的后裔；二是出自“姬”姓。周武王

miè le shāng cháo hòu bǎ yí gè jiào cài de dì fang shǎng cì gěi le shū
灭了商朝后，把一个叫蔡的地方赏赐给了叔
dù shū dù jiù chéng le cài xìng de shǐ zǔ tā de hòu rén yě dōu yǐ
度，叔度就成了蔡姓的始祖，他的后人也都以
cài wéi xìng le
蔡为姓了。

【蔡氏先贤】

cài yōng chén liú yǔ rén dōng hàn shí zhù míng wén xué jiā shū
蔡邕：陈留圉人。东汉时著名文学家、书
fǎ jiā tā bó xué duō cái tōng jīng shǐ yīn lǜ tiān wén shàn sǎn
法家。他博学多才，通经史、音律、天文，善散
wén cí fù yòu gōng lì shū céng chuàng fēi bái shū qiě shàn huà shì
文词赋，又工隶书，曾创“飞白”书，且善画，是
dōng hàn sì dà huà jiā zhī yī
东汉四大画家之一。

cài yuán dìng fú jiàn shěng jiàn yáng rén nán sòng zhù míng lǐ xué
蔡元定：福建省建阳人。南宋著名理学
jiā zì yòu xué xí kǒng mèng hé èr chéng lǐ xué bó xué ér cōng
家。自幼学习孔孟和“二程”理学，博学而聪
wù zài lǐ xué yì xué yǔ yīn lǜ yán jiū děng fāng miàn jūn yǒu chéng jiù
悟，在理学、易学与音律研究等方面均有成就，
yǒu dà yǎn xiáng shuō huáng jí jīng shì bā tú zhèn chuán shì
有《大衍详说》《皇极经世》《八图阵》传世。

cài è hú nán shěng shào yáng rén zì yòu cōng míng hào xué lì
蔡锷：湖南省邵阳人。自幼聪明好学，立
zhì xiàn shēn wǒ guó mín zú shì yè zǎo nián jī jí cān jiā mín zhǔ gé
志献身我国民族事业。早年积极参加民主革
mìng yùn dòng zǔ zhī hù guó jūn fǎn yuán wèi wǒ guó de gòng hé shì yè
命运动，组织护国军反袁，为我国的共和事业
fèng xiàn le zhōng shēng
奉献了终生。

cài yuán péi zhè jiāng shěng shào xīng rén zǎo nián cān jiā mín zhǔ gé
蔡元培：浙江省绍兴人。早年参加民主革

mìng yùn dòng jī jí chàng dǎo kē jiào yù rén shí xíng xiān jìn bàn xué fāng
命运动，积极倡导科教育人，实行先进办学方

zhēn tí chàng mín zhǔ kē xué céng xiān hòu chū rèn běi jīng dà xué xiào
针，提倡民主、科学。曾先后出任北京大学校

zhǎng zhōng yāng yán jiū yuàn yuàn zhǎng sī fǎ bù zhǎng děng zhí
长、中央研究院院长、司法部长等职。

cài tíng kǎi guǎng dōng shěng luó dìng xiàn lóng yán xiāng rén zhù míng de
蔡廷锴：广东省罗定县龙岩乡人。著名的

ài guó jiàng lǐng zǎo nián cóng jūn jī jí tóu rù gé mìng dòu zhēng shì yè
爱国将领。早年从军，积极投入革命斗争事业，

céng zài zhèn jīng zhōng wài de yī èr bā shì biàn zhōng fèn yǒng kàng jī
曾在震惊中外的“一二·八”事变中奋勇抗击

rì jūn jìn gōng jǐ yú qí chén zhòng dǎ jī zài zhōng guó rén mín kàng zhàn
日军进攻，给予其沉重打击，在中国人民抗战

shǐ shàng xiě xià guāng huī piān zhāng
史上写下光辉篇章。

【故事解读】

xī píng shí jīng
熹平石经

cài yōng shì dōng hàn mò nián zhù míng de wén xué jiā yīn yuè jiā
蔡邕是东汉末年著名的文学家、音乐家、

shū fǎ jiā yīn wèi céng guān bài zuǒ zhōng láng jiàng shì chēng cài zhōng láng
书法家，因为曾官拜左中郎将，世称“蔡中郎”。

tā suàn dé shàng shì dōng hàn zuì bó xué duō cái de rén le tā de shī
他算得上是东汉最博学多才的人了。他的诗

wén jù jiā shàn dàn qín chuī dí bìng shàn zuò qū shū fǎ shuǐ píng yě jí
文俱佳，善弹琴吹笛，并善作曲，书法水平也极

gāo tā jīng zhuàn lì yòu zài hóng dū mén wài kàn jiàn gōng jiàng yòng sào
高。他精篆、隶，又在鸿都门外看见工匠用扫

zhou zhān shí huī xiě zì dà shòu qǐ fā fā míng le fēi bái shū
帚沾石灰写字，大受启发，发明了“飞白”书。

dōng hàn shí qī yǐ rú jiā jīng diǎn liù jīng zuò wéi guān xué de
东汉时期，以儒家经典《六经》作为官学的
jiào cái dàn zhè xiē jīng wén quán píng gè jiā suǒ jiàn méi yǒu yí gè tǒng
教材，但这些经文全凭各家所见，没有一个统
yī de dìng běn dōng hàn líng dì xī píng sì nián nián jīng chéng
一的定本。东汉灵帝熹平四年（175年），京城
luò yáng chū le yí jiàn dà shì zài tài xué mén kǒu lì le yì tōng shí
洛阳出了一件大事。在太学门口，立了一通石
bēi nèi róng shì guān fāng qīn dìng de liù jīng zuò wéi tiān xià dú shū
碑，内容是官方钦定的《六经》，作为天下读书
rén jiào dìng wén zì de fàn běn zhè jiù shì zhù míng de xī píng shí jīng
人校订文字的范本，这就是著名的《熹平石经》。
yì shí zhī jiān tài xué rè nào fēi fán měi tiān lái cǐ guān lǎn mó xiě
一时之间，太学热闹非凡，每天来此观览摹写
de rén hěn duō chē yǒu shàng qiān liàng dào lù wéi zhī zǔ sè xī píng
的人很多，车有上千辆，道路为之阻塞。《熹平
shí jīng de shū xiě zhě jiù shì dà shū fǎ jiā cài yōng
石经》的书写者，就是大书法家蔡邕。

tián

田

【姓氏解读】

tián xìng zhǔ yào yǒu liǎng zhǒng lái yuán yī shì chū zì guī
“田”姓主要有两种来源：一是出自“妫”
xìng shì chén guó de hòu yì tā men de fēng dì jiào tián hòu lái biàn yǐ
姓，是陈国的后裔，他们的封地叫田，后来便以
fēng dì wéi xìng èr shì chū zì huáng xìng gǎi wéi tián xìng wéi míng
封地为姓；二是出自“黄”姓改为“田”姓，为明

cháo huáng zǐ chéng de hòu dài
朝黄子澄的后代。

【田氏先贤】

tián dān lín zī rén zhàn guó míng jiàng yuè yì fá qí qí
田单：临淄人。战国名将。乐毅伐齐，齐
guó jí jí kě wēi zhǐ cún èr chéng tián dān yòng huǒ niú zhèn dà bài yuè
国岌岌可危，只存二城，田单用火牛阵大败乐
yì ér fù guó
毅而复国。

tián pián zhàn guó shí sī xiǎng jiā qí guó rén tā zhì xué huáng
田骈：战国时思想家。齐国人。他治学黄
lǎo jiè dào míng fǎ jiǎng xué jì xià shàn yú xióng biàn yǔ shèn dào qí míng
老，借道明法，讲学稷下，善于雄辩，与慎到齐名。

tián héng dí xiàn rén shì qí wáng tián róng de dì di qín mò
田横：狄县人。是齐王田荣的弟弟。秦末
cóng xiōng qǐ bīng chóng jiàn qí guó chǔ hàn zhàn zhēng zhōng zì lì wéi qí
从兄起兵，重建齐国。楚汉战争中，自立为齐
wáng bīng bài bēn péng yuè hàn jiàn lì shuài tú wǔ bǎi rén táo wáng hǎi
王，兵败奔彭越。汉建立，率徒五百人逃亡海
dǎo yīn bú yuàn chēng chén yú hàn quán bù zì shā
岛，因不愿称臣于汉，全部自杀。

tián hé lín zī rén xī hàn zhù míng xué zhě jīn wén yì xué
田何：临淄人。西汉著名学者、今文易学
de kāi chuàng zhě hào dù tián shēng zhuān zhì zhōu yì
的开创者。号杜田生。专治《周易》。

tián xī tián xiāng chéng rén qīng dài shū fǎ jiā hào shōu cáng jīn
田锡田：襄城人。清代书法家。好收藏金
shí wén zì zhù yǒu shū xué ǒu lù
石文字，著有《书学偶录》。

tián hàn hú nán cháng shā rén zhù míng xì
田汉：湖南长沙人。著名戏
jù jiā
剧家。

【故事解读】

huǒ niú zhì shèng
火牛制胜

zhàn guó shí qī yān guó pài dà jiàng yuè yì shuài lǐng jūn duì yǔ
战国时期，燕国派大将乐毅率领军队，与
hán zhào wèi qín chǔ wǔ guó lián hé gōng dǎ qí guó yì lián gōng
韩、赵、魏、秦、楚五国联合攻打齐国，一连攻
xià qī shí duō zuò chéng chí qí guó tuì shǒu zài jǔ jí mò liǎng zuò gū
下七十多座城池，齐国退守在莒、即墨两座孤
chéng kǔ kǔ zhī chēng wēi jí shí kè qí guó dà jiàng tián dān tǐng shēn
城，苦苦支撑。危急时刻，齐国大将田单挺身
ér chū tā xiān yòng fǎn jiàn jì chú diào le yuè yì hòu yòu duō fāng má
而出，他先用反间计除掉了乐毅，后又多方麻
bì wéi chéng de yān jūn jiàn dào shí jī chéng shú tián dān zhēng jí le yì
痹围城的燕军。见到时机成熟，田单征集了一
qiān duō tóu niú gěi tā men pī shàng wǔ cǎi de chóu zi niú jiǎo bǎng shàng
千多头牛，给它们披上五彩的绸子，牛角绑上
lì rèn wěi ba bǎng shàng pō le yóu de gān cǎo yè lǐ tián dān xià
利刃，尾巴绑上泼了油的干草。夜里，田单下
lìng huǒ shāo niú wěi niú shòu dào jīng xià fēng kuáng de chōng rù yān jūn yíng
令火烧牛尾，牛受到惊吓，疯狂地冲入燕军营
zhōng wǔ qiān jīng bīng yě suí hòu shā chū jiāng yān jūn shā de dà bài
中，五千精兵也随后杀出，将燕军杀得大败。
qí guó chéng shèng zhuī jī yì jǔ shōu fù le chéng chí
齐国乘胜追击，一举收复了城池。

hú

胡

【姓氏解读】

hú xìng zhǔ yào yǒu sān zhǒng lái yuán yī shì chū zì guī
“胡”姓主要有三种来源：一是出自“妫”
xìng èr shì chū zì xī zhōu de liǎng gè hú guó chūn qiū shí bèi chǔ guó
姓；二是出自西周的两个胡国，春秋时被楚国
suǒ miè qí zǐ sūn biàn yǐ guó wéi xìng sān shì bié de xìng shì gǎi xìng
所灭，其子孙便以国为姓；三是别的姓氏改姓
hú xìng
“胡”姓。

【胡氏先贤】

hú guī hòu táng zhù míng huà jiā hé běi shěng zhuō xiàn rén
胡瓌：后唐著名画家。河北省涿县人。
yóu gōng huà mǎ yòng bǐ qīng jìn xì mì ér gǔ gé tǐ zhuàng dōu shēng
尤工画马，用笔清劲细密，而骨骼体状都生
dòng yǒu shén
动有神。

hú yuàn běi sòng zhù míng xué zhě jiào yù
胡瑗：北宋著名学者、教育
jiā jiāng sū shěng tài xiàn rén guān zhì tài cháng
家。江苏省泰县人。官至太常
bó shì tí chàng míng tǐ dá yòng zhī xué
博士。提倡“明体达用”之学，
kāi sòng dài lǐ xué de xiān shēng
开宋代理学的先声。

hú ān guó zì kāng hóu jiàn níng chóng ān rén sòng jīng xué
胡安国：字康侯。建宁崇安人。宋经学
jiā guān zhì zhōng shū shě rén jiān shì jiǎng wáng ān shí fèi qì chūn
家。官至中书舍人兼侍讲。王安石废弃《春
qiū ān guó yǐ wèi qí nǎi xiān shèng chuán xīn zhī yào diǎn gù réng qián xīn
秋》，安国以为其乃先圣传心之要典，故仍潜心
yán jiū èr shí nián shì wén dìng zhù yǒu chūn qiū zhuàn zī
研究二十年。谥“文定”。著有《春秋传》《资
zhì tōng jiàn jǔ yào bǔ yí děng
治通鉴举要补遗》等。

hú lín yì zì rùn zhī hào kuàng shēng hú nán yì yáng rén
胡林翼：字润芝，号贶生。湖南益阳人。
qīng dào guāng jiān jìn shì lěi guān zhì hú běi xún fǔ yǒu dú shǐ bīng
清道光间进士。累官至湖北巡抚。有《读史兵
lüè zòu shū wén jí jí hú wén zhōng gōng dào jí
略》《奏疏文集》及《胡文忠公道集》。

hú shì zì shì zhī ān huī jì xī rén zhōng guó xiàn dài xué
胡适：字适之。安徽绩溪人。中国现代学
zhě sī xiǎng jiā jí xīn wén huà yùn dòng de zhù míng rén wù měi guó gē
者、思想家及新文化运动的著名人物。美国哥
lún bǐ yà dà xué zhé xué bó shì céng huò yīng měi gè dà xué zhì zèng míng
伦比亚大学哲学博士，曾获英美各大学致赠名
yù bó shì xué wèi sān shí wǔ zhǒng rèn běi jīng dà xué jiào shòu shí fā
誉博士学位三十五种。任北京大学教授时，发
biǎo wén xué gǎi liáng chú yì tí chàng wén xué gǎi gé céng rèn zhōng guó gōng
表文学改良刍议，提倡文学改革。曾任中国公
xué xiào zhǎng běi jīng dà xué wén xué yuàn yuàn zhǎng jí xiào zhǎng zhù měi dà
学校长、北京大学文学院院长及校长、驻美大
shǐ guó dà dài biǎo zhōng yāng yán jiū yuàn yuàn zhǎng zhù yǒu zhōng guó gǔ
使、国大代表、中央研究院院长。著有《中国古
dài zhé xué shǐ zhāng shí zhāi nián pǔ xiān qín míng xué shǐ dài dōng
代哲学史》《章实斋年谱》《先秦名学史》《戴东
yuán de zhé xué bái huà wén xué shǐ dīng wén jiāng de zhuàn jì děng
原的哲学》《白话文学史》《丁文江的传记》等
shù shí zhǒng lìng jí chéng hú shì wén cún
数十种，另辑成《胡适文存》。

【故事解读】

hóng dǐng shāng rén

红顶商人

hú xuě yán shì qīng dài zhù míng shāng rén nián qīng shí zài yì jiā qián
胡雪岩是清代著名商人，年轻时在一家钱
zhuāng dāng pǎo jiē yì tiān tā yù dào pín kùn liáo dǎo de wáng yǒu líng
庄当跑街。一天，他遇到贫困潦倒的王有龄，
liǎng gè rén yí jiàn rú gù chéng le hǎo péng you wáng yǒu líng xiǎng dào jīng chéng
两个人一见如故，成了好朋友。王有龄想到京城
zhǎo chāi shi zuò hú xuě yán ná chū zì jǐ de jī xù gěi tā zuò lù fèi
找差使做，胡雪岩拿出自己的积蓄给他做路费。
wáng yǒu líng jìn jīng hòu zhōng yú zuò le guān dāngshàng le zhè jiāng liáng tái zǒng
王有龄进京后，终于做了官，当上了浙江粮台总
bàn wáng yǒu líng yí shàng rèn biàn qù zhǎo hú xuě yán ràng tā cí qù gōng
办。王有龄一上任便去找胡雪岩，让他辞去工
zuò zhī chí tā zì bàn qiánzhuāng hú xuě yán hěn yǒu jīng shāng cái néng qián
作，支持他自办钱庄。胡雪岩很有经商才能，钱
zhuāng bàn de hóng hóng huǒ huǒ tóng shí tā yòu cóng shì duì wài mào yì bìng
庄办得红红火火。同时，他又从事对外贸易并
jīng yíng yào cái chéng wéi yào yè shì chǎng de jù tóu hòu lái yóu yú hú xuě
经营药材，成为药业市场的巨头。后来由于胡雪
yán wèi cháo tíng zuò chū le gòng xiàn huáng dì shǎng
岩为朝廷做出了贡献，皇帝赏
gěi tā guān zhí hé huáng mǎ guà
给他官职和黄马褂，
tā chéng wéi yǒu míng de
他成为有名的
hóng dǐng shāng
“红顶商
rén
人”。

wàn

万

【姓氏解读】

wàn xìng zhǔ yào yǒu sān zhǒng lái yuán yī shì chū zì jī
"万"姓主要有三种来源：一是出自"姬"
xìng chūn qiū shí ruì guó de ruì bó wàn dāng le zhōu wáng cháo de sī tú
姓，春秋时，芮国的芮伯万当了周王朝的司徒，
tā de hòu dài biàn yǐ zǔ fù de zì wéi xìng èr shì chūn qiū shí jìn guó
他的后代便以祖父的字为姓；二是春秋时晋国
bì wàn de hòu dài sān shì chū zì tā zú gǎi xìng
毕万的后代；三是出自他族改姓。

【万氏先贤】

wàn xiū mào líng rén dōng hàn míng jiàng guāng wǔ dì shí lì rèn
万脩：茂陵人。东汉名将。光武帝时历任
xìn dū lìng piān jiāng jūn děng zhí fēng huái lǐ hóu wéi yún tái èr shí bā
信都令、偏将军等职，封槐里侯，为云台二十八
jiàng zhī yī
将之一。

wàn biǎo dìng yuǎn rén míng zhèng dé nián jiān wǔ jìn shì tōng jīng
万表：定远人。明正德年间武进士。通经
shù shú zhī xiān cháo diǎn gù wèi míng dài wǔ chén tōng rú zhī jiǎo jiǎo zhě
术，熟知先朝典故，为明代武臣通儒之佼佼者，
zhù shù shèn fēng yǒu hǎi kòu yì wàn shì jiā chāo jì shì liáng fāng
著述甚丰，有《海寇议》《万氏家钞济世良方》
zhuó ài jí děng
《灼艾集》等。

wàn tài míng mò zhè jiāng shěng yín xiàn rén chóng zhēn nián jiān jǔ
万泰：明末浙江省鄞县人。崇祯年间举
rén míng wáng hòu yǐn jū bù chū gōng wén xué shū fǎ yóu shàn shī
人。明亡后，隐居不出。工文学书法，尤善诗，
zhù yǒu hán sōng zhāi gǎo
著有《寒松斋稿》。

wàn sī dà qīng cháo jīng xué jiā tā yì shēng jīng yú jīng xué
万斯大：清朝经学家。他一生精于经学，
duì chūn qiū sān lǐ yóu yǒu yán jiū wéi wàn sī tóng zhī xiōng
对《春秋》《三礼》尤有研究。为万斯同之兄。

wàn sī tóng qīng dài zhù míng shǐ xué jiā bó tōng zhū shǐ yóu
万斯同：清代著名史学家。博通诸史，尤
jīng míng shǐ tā jiǎng qiú zhì jié jiān jué bù yuàn zài qīng cháo wéi guān
精明史。他讲求志节，坚决不愿在清朝为官。
kāng xī jiān yìng yāo yǐ bù yī cān xiū míng shǐ wǔ bǎi juàn jiē qí
康熙间，应邀以布衣参修《明史》五百卷，皆其
shǒu dìng zhù yǒu lì dài nián biǎo
手定。著有《历代年表》。

wàn jiā bǎo bǐ míng cáo yú zǔ jí hú běi qián jiāng shēng yú
万家宝：笔名曹禺。祖籍湖北潜江。生于
tiān jīn xiàn dài shǐ shàng jié chū de wén yì jiā xì jù zuò jiā zuò
天津。现代史上杰出的文艺家、戏剧作家。作
pǐn yǒu léi yǔ rì chū yuán yě běi jīng rén děng
品有《雷雨》《日出》《原野》《北京人》等。

【故事解读】

bù yī xiū shǐ
布衣修史

míng mò qīng chū shí níng bō yǒu gè jiào wàn tài yǒu de xué zhě
明末清初时，宁波有个叫万泰有的学者，
tā yǒu bā gè ér zi gè gè cái huá chū zhòng qí zhōng xiǎo ér zi wàn
他有八个儿子，个个才华出众。其中，小儿子万

sī tóng zuì chū sè wàn sī tóng duì míng
斯同最出色。万斯同对明
shǐ jí yǒu yán jiū dàn tā yì kāi shǐ
史极有研究，但他一开始
bìng bù xiǎng wèi qīng cháo chū lì hòu lái
并不想为清朝出力。后来，
dà xué shì xú yuán wén zhēng jí tiān xià míng
大学士徐元文征集天下名
shì biān zuǎn míng shǐ qǐng wàn sī tóng
士编纂《明史》，请万斯同
chū shān wàn sī tóng zài zhēng dé lǎo shī
出山。万斯同在征得老师
huáng zōng xī de yì jiàn hòu jué dìng cān jiā xiū shǐ dàn tā bù xiǎng jiē
黄宗羲的意见后，决定参加修史，但他不想接
shòu guān zhí yě bú yào fèng lù tā zài jīng chéng zhōng yì dāi jiù shì èr
受官职，也不要俸禄。他在京城中一待就是二
shí sān nián quán lì tóu rù dào biān xiū míng shǐ de gōng zuò zhōng wàn
十三年，全力投入到编修《明史》的工作中。万
sī tóng zhè zhǒng zhǐ zhòng xué wen bù tān tú míng lì de gāo shàng pǐn gé shòu
斯同这种只重学问、不贪图名利的高尚品格，受
dào le suǒ yǒu rén de jìng zhòng
到了所有人的敬重。

zōng

宗

【姓氏解读】

zōng xìng yuán yú guān zhí zhōu cháo shí yǒu yì zhǒng guān zhí jiào tài
“宗”姓源于官职，周朝时有一种官职叫太

宗，专门负责宫廷的典礼，在朝廷中的地位很重要。后来太宗的后代就以先辈的官职为姓。

【宗氏先贤】

宗资：字叔都。南阳安众人。家代为汉将相名臣。

宗泽：字汝霖。北宋、南宋之交在抗金斗争中涌现出来的杰出政治家、军事家。用岳飞为将，屡败金军。临终时，还三呼“渡河”。

宗炳：字少文。南朝宋杰出的书画家。南阳郡涅阳人。长于琴、书，尤喜书画，精于言理。著有《明佛论》和《画山水序》。

【故事解读】

渡河遗恨

宗泽是宋代著名爱国将领。南宋建立后，皇帝赵构不思进取，只想保住半壁江山。而

zōng zé děng kàng jīn jiàng
宗泽等抗金将
lǐng què jī jí zǔ zhī jūn
领却积极组织军
duì dǐ kàng jīn bīng de
队，抵抗金兵的
rù qīn dāng shí zōng zé
入侵。当时宗泽
bú gù qī shí suì gāo
不顾七十岁高
líng qīn fù zhàn zhēng yí
龄，亲赴战争一
xiàn zhǐ huī shì bīng zuò zhàn bìng duō cì dǎ bài jīn bīng zhèng dāng nán
线，指挥士兵作战，并多次打败金兵。正当南
sòng jūn duì shì qì gāo zhǎng shí zhào gòu què hài pà zōng zé zào fǎn pài
宋军队士气高涨时，赵构却害怕宗泽造反，派
rén jiān shì zōng zé zōng zé shí fēn hán xīn zài jiā shàng láo lèi zhōng
人监视宗泽。宗泽十分寒心，再加上劳累，终
yú bìng sǐ le ér nán sòng zhèng fǔ bìng méi yǒu bǎo zhù tā de bàn bì
于病死了。而南宋政府并没有保住它的半壁
jiāng shān gōng yuán nián nán sòng miè wáng le
江山，公元1279年，南宋灭亡了。

dīng

丁

【姓氏解读】

dīng xìng lái yuán bǐ jiào fù zá yī shì chū zì shāng dài zhū hóu
“丁”姓来源比较复杂：一是出自商代诸侯

丁侯的后代；二是出自姜太公的后裔；三为“孙”姓所改，是周文王的后裔；四是出自春秋时宋国大夫丁公的后代。

【丁氏先贤】

丁度：祥符人。北宋文字训诂学家。官至端明殿学士。曾与李淑等刊修《韵略》，又刊修《广韵》成《集韵》。

丁敬：浙江省钱塘人。清代篆刻家。喜好金石文字，善鉴别，工于诗、书、画，尤精刻印，开创了“浙派”，被誉为“西泠八家”之首。

丁丙：浙江省钱塘人。清末藏书家。撰有《善本室藏书志》，著录其藏书中珍贵部分。

丁谦：浙江省仁和人。近代地理学家。著有《蓬莱轩地理学丛书》六十九卷。

丁宝桢：贵州平远人。清末山东巡抚，后任四川总督。山东机器局、四川机器局为其所筹建，今存其《丁文诚公奏稿》。

丁汝昌：安徽省庐江人。清末北洋水师提督。甲午战争爆发后，在与日军的威海卫一役中，拒降而自杀身亡。

【故事解读】

血洒刘公岛

中日甲午海战之后，清政府不敢同日军开战，下令北洋水师龟缩在威海军港，不准出海迎敌。日军顺势制订了全歼北洋水师的计划。1895年2月，日军舰队向北洋水师发动袭击。为了掠夺北洋舰队船只，日军派人给丁汝昌送信，要他率舰投降。丁汝昌识破了日军的阴谋，下令各舰血战到底，决不让日军得到一块甲板。由于港口被封锁，北洋舰队损失惨重。丁汝昌率军退到刘公岛，他誓死不肯投降，拔剑自刎。北洋水师全军覆没，清政府从此失去了制海权。

dèng

邓

【姓氏解读】

dèng xìng qǐ yuán zhǔ yào yǒu liǎng zhī yì zhī shì chū zì shāng
“邓”姓起源主要有两支：一支是出自商
cháo guì zú de hòu dài shāng wáng wǔ dīng fēng zì jǐ de shū fù yú dèng
朝贵族的后代。商王武丁封自己的叔父于邓，
jiàn lì dèng guó guó rén jiù yòng guó míng zuò wéi zì jǐ de xìng shì gǎi
建立邓国，国人就用国名作为自己的姓氏，改
xìng wéi dèng lìng yì zhī dèng xìng yuán yú lǐ xìng shì nán táng wáng
姓为邓；另一支“邓”姓缘于“李”姓，是南唐王
shì de hòu dài nán táng hòu zhǔ lǐ yù fēng zì jǐ de dì bā gè ér
室的后代。南唐后主李煜封自己的第八个儿
zi wéi dèng wáng nán táng wáng guó hòu dèng wáng wèi bì nàn yú shì jiù
子为邓王。南唐亡国后，邓王为避难，于是就
gǎi xìng wéi dèng
改姓为邓。

【邓氏先贤】

dèng xī chūn qiū zhàn guó shí zhèng guó dà fū dāng shí zhù míng de
邓析：春秋战国时郑国大夫。当时著名的
jiào yù jiā sī xiǎng jiā xíng míng jiā fǎ jiā xiān qū tā chuàng bàn
教育家、思想家、刑名家、法家先驱。他创办
sī xué yǐ suǒ zuò zhú xíng jiāo rén xuān chuán fǎ zhì bìng qiě shì
私学，以所作《竹刑》教人，宣传法治。并且是
míng biàn xué de chàng shǐ zhě
“名辩学”的倡始者。

dèng yǔ dōng hàn dà chén míng dì jí wèi rèn tài fù wéi yún
邓禹：东汉大臣。明帝即位任太傅，为云
tái èr shí bā jiàng zhī shǒu
台二十八将之首。

dèng zhī shǔ hàn guān bài dà jiāng jūn yú nián céng yú liú bèi
邓芝：蜀汉官拜大将军20余年，曾于刘备
sǐ hòu fèng shǐ rù wú shuì fú wú shǔ jié hǎo gòng kàng cáo wèi
死后奉使入吴，说服吴蜀结好共抗曹魏。

dèng mù yuán dài sī xiǎng jiā zì chēng sān jiào wài rén biǎo
邓牧：元代思想家。自称“三教外人”，表
shì bú liè rù rú dào fó sān jiào zhèng zōng zhù yǒu bó yá qín
示不列入儒、道、佛三教正宗。著有《伯牙琴》
yì shū huàn xiǎng huī fù yáo shùn shí dài jūn mín xiāng ān wú shì de
一书，幻想恢复尧舜时代“君民相安无事”的
shè huì
社会。

dèng shì chāng hǎi jūn míng jiàng nián zhōng rì jiǎ wǔ zhàn zhēng
邓世昌：海军名将。1894年中日甲午战争
bào fā hòu zài huáng hǎi hǎi zhàn zhōng suī dàn jìn jiàn shāng réng xià lìng jiā
爆发后，在黄海海战中，虽弹尽舰伤，仍下令加
kuài sù dù měng zhuàng dí jiàn jí yě bú xìng bèi yú léi jī zhòng yǔ quán
快速度猛撞敌舰吉野，不幸被鱼雷击中，与全
jiàn guān bīng rén zhuàng liè xī shēng
舰官兵250人壮烈牺牲。

【故事解读】

jiǎ wǔ yīng xióng
甲午英雄

dèng shì chāng shì qīng cháo mò nián zhù míng de jiàng lǐng hé mín zú yīng
邓世昌是清朝末年著名的将领和民族英
xióng tā shì qīng cháo běi yáng jiàn duì zhōng zhì yuǎn hào de jiàn zhǎng
雄，他是清朝北洋舰队中“致远”号的舰长。

nián zhōng guó hé rì běn zhī jiān bào fā le huáng hǎi dà zhàn zhàn
1894年，中国和日本之间爆发了黄海大战。战
dòu zhōng zhōng guó de qí jiàn bèi jī shāng dà qí bèi jī luò dèng shì chāng
斗中，中国的旗舰被击伤，大旗被击落，邓世昌
lì jí xià lìng zài zì jǐ de jiàn shang shēng qǐ qí zhì xī yǐn zhù dí
立即下令在自己的舰上升起旗帜，吸引住敌
jiàn rì jiàn bāo wéi guò lái zhì yuǎn hào shòu le zhòng chuàng kāi shǐ
舰。日舰包围过来，“致远”号受了重创，开始
qīng xié dèng shì chāng gǎn dào zuì hòu shí kè dào le duì bù xià shuō
倾斜。邓世昌感到最后时刻到了，对部下说：
wǒ men jiù shì sǐ yě yào zhuàng chū zhōng guó hǎi jūn de wēi fēng bào guó
“我们就是死，也要撞出中国海军的威风，报国
de shí kè dào le tā xià lìng kāi zú mǎ lì xiàng rì jiàn jí yě
的时刻到了！”他下令开足马力向日舰“吉野”
hào chōng guò qù yào hé tā tóng guī yú jìn bú xìng de shì zhì
号冲过去，要和它同归于尽。不幸的是，“致
yuǎn hào bèi yú léi jī zhòng chén rù hǎi dǐ dèng shì chāng tóng bù xià
远”号被鱼雷击中，沉入海底。邓世昌同部下
yì qǐ chén rù dà hǎi xiàn chū le bǎo guì de shēng mìng
一起沉入大海，献出了宝贵的生命。

hóng

洪

【姓氏解读】

hóng xìng zhǔ yào yǒu liǎng zhǒng lái yuán yī shì shàng gǔ yán dì zhī
“洪”姓主要有两种来源：一是上古炎帝之
hòu gòng gōng de hòu dài èr shì yǐ guó wéi xìng xī zhōu shí yǒu gè gòng
后共工的后代；二是以国为姓，西周时有个共

国，共国国君的后代便以国名为姓，后来改为“洪”姓。

【洪氏先贤】

洪迈：南宋饶州鄱阳人。字景卢，号容斋。南宋著名文学家。学识渊博，著书极多，文集《野处类稿》、志怪笔记小说《夷坚志》，编纂的《万首唐人绝句》、笔记《容斋随笔》等等，都是流传至今的名作。

洪升：清代戏曲作家、诗人。字昉思，号稗畦，又号稗村、南屏樵者。钱塘（今浙江杭州市）人。生于世宦之家，康熙七年（1668年）北京国子监肄业，二十年均科举不第，白衣终身。代表作《长生殿》历经十年，三易其稿，于康熙二十七年（1688年）问世后引起社会轰动。

洪亮吉：清代经学家、文学家。初名莲，又名礼吉，字君直，一字稚存，号北江，晚号更生居士。阳湖人。乾隆五十五年（1790年）科举榜

yǎn shòu biān xiū zhù yǒu chūn qiū zuǒ zhuàn gǔ běi jiāng shī huà
眼，授编修。著有《春秋左传诂》《北江诗话》
juǎn shī gé shī wén jiǎ yǐ jí qián lóng fǔ tīng zhōu xiàn tú zhì děng
《卷葹阁诗文甲乙集》《乾隆府厅州县图志》等，
hòu zǒng jí wèi hóng běi jiāng quán jí
后总集为《洪北江全集》。

【故事解读】

jīn tián qǐ yì
金田起义

qīng cháo mò nián qīng zhèng fǔ de yā pò hé wài dí de rù qīn shǐ
清朝末年，清政府的压迫和外敌的入侵使
lǎo bǎi xìng yuè lái yuè bù mǎn nián hóng xiù quán féng yún shān chuàng
老百姓越来越不满。1843年，洪秀全、冯云山创
lì le bài shàng dì huì mì mì fā zhǎn huì zhòng dài lǐng lǎo bǎi xìng yǔ fēng
立了拜上帝会，秘密发展会众，带领老百姓与封
jiàn shì lì zuò dòu zhēng nián qián hòu guǎng xī bào fā le dà jī
建势力作斗争。1849年前后，广西爆发了大饥
huang lǎo bǎi xìng zǒu tóu wú lù fēn fēn qǐ lái zào fǎn hóng xiù quán
荒，老百姓走投无路，纷纷起来造反。洪秀全
jiàn shí jī chéng shú nián yuè mìng gè dì huì zhòng dào guì píng jīn tián
见时机成熟，1850年7月命各地会众到桂平金田
cūn jí zhōng zhǔn bèi qǐ yì hěn kuài jiù jí zhōng le yí wàn duō rén hóng
村集中，准备起义，很快就集中了一万多人。洪
xiù quán àn jūn shì biān zhì jiāng huì zhòng zǔ zhī qǐ lái jiā yǐ xùn liàn zǔ
秀全按军事编制将会众组织起来，加以训练，组
chéng tài píng jūn bìng yú nián yuè zài jīn tián xuān bù qǐ yì jiàn
成太平军，并于1851年1月在金田宣布起义，建
lì tài píng tiān guó cǐ hòu de shí jǐ nián jiān tài píng tiān guó qǐ yì
立太平天国。此后的十几年间，太平天国起义
jūn chén zhòng de dǎ jī le qīng cháo de tǒng zhì
军沉重地打击了清朝的统治。

shí

石

【姓氏解读】

shí xìng zhǔ yào yǒu sān zhǒng lái yuán yī shì chū zì jī xìng wéi chūn qiū shí wèi guó xián chén shí què de hòu dài èr shì chū zì jī xìng hé zǐ xìng wéi zhèng guó dà fū shí guǐ hé sòng guó dà fū gōng zǐ duàn de hòu dài sān shì chū zì tā xìng gǎi xìng shí

“石”姓主要有三种来源：一是出自“姬”姓，为春秋时卫国贤臣石碏的后代；二是出自“姬”姓和“子”姓，为郑国大夫石癸和宋国大夫公子段的后代；三是出自他姓改姓石。

【石氏先贤】

shí tài sòng dào shì hào xìng lín yù zhāng bó duān dé shòu jīn dān zhī dào cháng yǐ yī yào jì rén bú shòu qí xiè wéi yuàn bìng zhě zhí yí xìng shù jiǔ suì chéng lín rén chēng zhī wéi shí xìng lín

石泰：宋道士。号杏林。遇张伯端，得授金丹之道。常以医药济人，不受其谢，惟愿病者植一杏树，久遂成林，人称之为石杏林。

shí tāo qīng dài zhù míng de huà jiā fán shān shuǐ rén wù huā guǒ lán zhú méi huā wú bù jīng miào qiě néng róng zhù qiān gǔ dú chū shǒu yǎn qí huà fēng zǎo tuō qián rén kē jiù wéi qīng chū huà tán gé xīn pài de dài biǎo rén wù

石涛：清代著名的画家。凡山水、人物、花果、兰竹、梅花，无不精妙。且能熔铸千古，独出手眼。其画风早脱前人窠臼，为清初画坛革新派的代表人物。

石达开：清末太平天国杰出的军事将领。天京事变后，回京辅佐天王，因不被信任，负气出走，转战数省。1863年5月兵败大渡河，自投清军，6月在成都被杀。

【故事解读】

大义灭亲

春秋时，卫国的州吁和石厚杀害了卫桓公，结果引起百姓的不满，要求惩处这两个杀人凶手。石厚找到父亲石碏，想让他帮自己逃跑。石碏是卫国德高望重的大臣，他非常痛恨儿子的罪行。现在儿子找上门来，于是他心生一计，叫他俩去陈国找陈桓公寻求帮助。然后，他派人给陈国送信，说这两个人是杀害卫国国君的凶手，让陈国帮忙抓起来。州吁和石厚刚到陈国，就被抓了起来。卫国派人杀了州吁，石碏也派家人杀了石厚。老百姓提起这件

shì dōu chēng zàn shí què shì dà yì miè qīn
事，都称赞石碏是“大义灭亲”。

cuī
崔

【姓氏解读】

cuī xìng zhǔ yào chū zì xī zhōu shí qī de qí guó qí guó
“崔”姓主要出自西周时期的齐国。齐国
kāi guó guó jūn jiāng shàng de sūn zi jiào jì zǐ běn yīng gāi jì chéng jūn
开国国君姜尚的孙子叫季子，本应该继承君
wèi què ràng gěi le dì di zì jǐ zé dào fēng dì cuī yì qù le tā
位，却让给了弟弟，自己则到封地崔邑去了，他
de hòu dài biàn yǐ fēng dì wéi xìng
的后代便以封地为姓。

【崔氏先贤】

cuī hóng jīn shān dōng píng yuán rén zhù míng shǐ xué jiā chū shì
崔鸿：今山东平原人。著名史学家。初仕
wèi zhōng sǎn dà fū yì zhí hòu qiān huáng mén shì láng jiā sàn qí cháng shì
魏中散大夫一职，后迁黄门侍郎，加散骑常侍、
qí zhōu dà zhōng zhèng zhuàn shí liù guó chūn qiū yì shū
齐州大中正。撰《十六国春秋》一书。

cuī hào biàn zhōu rén táng dài dà shī rén guān zhì sī xūn yuán
崔颢：汴州人。唐代大诗人。官至司勋员
wài láng zǎo qī duō guī qíng shī shī fēng fú yàn wǎn qī shī fēng kāng
外郎。早期多闺情诗，诗风浮艳，晚期诗风慷

慨豪迈，后人辑其诗成《崔颢集》。

崔护：博陵安平人。唐代诗人。官至岭南节度使。其诗《题都城南庄》中“人面桃花相映红”句被千古传诵。

崔子忠：北海人。明代著名画家。擅画人物、仕女，兼工肖像画。与陈洪绶并称“南陈北崔”。

崔述：大名人。清代历史学家，考据学者。字承武，号东壁，河北大名人。乾隆举人。曾任福建罗源、上杭知县。任职期间，兴利除弊，为人称道。著书《考信录》，包括《三代考信录》《丰镐考信录》《洙泗考信录》等，近人汇印为《崔东壁遗书》。

【故事解读】

人面桃花

崔护是唐朝著名的诗人，写有一首《题都

chéng nán zhuāng de shī jù shuō yǒu yì nián qīng míng jié cuī hù dào cháng
城南庄》的诗。据说有一年清明节，崔护到长

ān chéng nán qù tà qīng zǒu dào yí zuò kāi mǎn táo huā de nóng jiā yuàn
安城南去踏青。走到一座开满桃花的农家院

qián jué de kǒu kě jiù xiàng yuàn zi de zhǔ rén tǎo yì wǎn shuǐ hē
前，觉得口渴，就向院子的主人讨一碗水喝。

lǐ miàn yí wèi měi lì de gū niang wèi tā duān lái yì wǎn xiāng chá rè qíng
里面一位美丽的姑娘为他端来一碗香茶，热情

de zhāo dài le tā dì èr nián qīng míng jié cuī hù yòu dú zì lái dào
地招待了他。第二年清明节，崔护又独自来到

nán jiāo què fā xiàn yuàn mén jǐn bì gū niang bù zhī dào le hé chù zhǐ
南郊，却发现院门紧闭，姑娘不知到了何处，只

yǒu táo huā yī jiù shèng kāi yú shì xiě xià le zhè shǒu shī
有桃花依旧盛开，于是写下了这首诗：

qù nián jīn rì cǐ mén zhōng rén miàn táo huā xiāng yìng hóng
去年今日此门中，人面桃花相映红。

rén miàn bù zhī hé chù qù táo huā yī jiù xiào chūn fēng
人面不知何处去，桃花依旧笑春风。

chéng

程

【姓氏解读】

chéng xìng zhǔ yào yǒu sì zhǒng lái yuán yī shì chū zì yuǎn gǔ de
“程”姓主要有四种来源：一是出自远古的

fēng xìng èr shì chū zì shāng zhōu zhī jì de bó fú de hòu dài sān
“风”姓；二是出自商周之际的伯符的后代；三

shì yǐ fēng dì wéi xìng sì shì chū zì jī xìng
是以封地为姓；四是出自“姬”姓。

【程氏先贤】

chéng yīng chūn qiū shí jìn guó rén zhù míng de zhōng yì zhī shì
程婴：春秋时晋国人。著名的忠义之士。
yǔ gōng sūn chǔ jiù shè jì yíng jiù zhào shì gū ér bào chóu xuě hèn hòu zì
与公孙杵臼设计营救赵氏孤儿，报仇雪恨后自
shā xùn yǒu
杀殉友。

chéng pǔ sān guó shí wú guó dàng kòu jiāng jūn chū cóng sūn jiān
程普：三国时吴国荡寇将军。初从孙坚，
hòu zhù sūn quán jīng yíng jiāng nán fǔ zhù sūn quán píng dìng jiāng dōng lì xià
后助孙权经营江南。辅助孙权平定江东，立下
le hàn mǎ gōng láo gōng yuán nián yǔ zhōu yú dà pò cáo cāo yú
了汗马功劳。公元208年，与周瑜大破曹操于
chì bì yòu céng bèi fēng wéi jiāng xià tài shǒu
赤壁。又曾被封为江夏太守。

chéng yù sān guó shí qī dōng jùn dōng ē rén cáo cāo de zhǔ yào
程昱：三国时期东郡东阿人。曹操的主要
móu shì zhì yǒng jiān bèi yǒu dǎn yǒu shí cáo cāo chēng qí chéng yù
谋士。智勇兼备，有胆有识，曹操称其："程昱
zhī dǎn guò yú bì yù
之胆，过于贲、育。"

chéng céng dōng hàn yù zhāng nán chāng rén xí yán shì chūn qiū
程曾：东汉豫章南昌人。习《严氏春秋》，
jiào shòu shù bǎi rén zhù shū bǎi yú piān zuò mèng zǐ zhāng jù
教授数百人。著书百余篇，作《孟子章句》。

chéng yì jīng zhào cháng ān rén táng xiàn zōng shí rèn zǎi xiàng lǐ
程异：京兆长安人。唐宪宗时任宰相。理
cái jiā ān shǐ zhī luàn hòu zhù táng wáng cháo chóu cuò dà liàng zī jīn
财家。"安史之乱"后助唐王朝筹措大量资金，
yòng yǐ píng huái xī jūn fá wú yuán jì zhī luàn
用以平淮西军阀吴元济之乱。

chéng yí chéng hào běi sòng shí qī sòng míng lǐ xué de diàn jī rén
程颐、程颢：北宋时期宋明理学的奠基人，

shì yǒu èr chéng zhī chēng yòu yīn tā men dōu shì hé nán luò yáng rén
世有“二程”之称。又因他们都是河南洛阳人，
qí xué pài bèi chēng wéi luò xué qí xué shuō hòu wèi dà lǐ xué jiā
其学派被称为“洛学”。其学说后为大理学家
zhū xī jì chéng hé fā zhǎn chuàng lì le chéng zhū lǐ xué tǐ xì shì chēng
朱熹继承和发展，创立了程朱理学体系，世称
chéng zhū lǐ xué
“程朱理学”。

【故事解读】

shě shēn jiù gū
舍身救孤

chūn qiū shí jìn guó jiān chén tú àn gǔ gǔ dòng jìn jǐng gōng shā hài
春秋时，晋国奸臣屠岸贾鼓动晋景公杀害
le zhào shuò quán jiā zhào shuò de qī zi zhuāng jī shēn huái yǒu yùn yīn duǒ
了赵朔全家。赵朔的妻子庄姬身怀有孕，因躲
jìn gōng zhōng cái xìng miǎn yú nàn hòu lái zhuāng jī shēng xià yí gè nán
进宫中才幸免于难。后来，庄姬生下一个男
hái zhào jiā de mén kè chéng yīng hé gōng sūn chǔ jiù jué xīn bǎo hù zhè ge
孩，赵家的门客程婴和公孙杵臼决心保护这个
hái zi chéng yīng mào zhe shēng mìng wēi xiǎn jiāng hái zi tōu zhe dài chū gōng
孩子。程婴冒着生命危险将孩子偷着带出宫，
bǎ zì jǐ gāng chū shēng de hái zi jiāo gěi gōng sūn chǔ jiù rán hòu dào tú
把自己刚出生的孩子交给公孙杵臼，然后到屠
àn gǔ nà lǐ jǔ bào gōng sūn chǔ jiù cáng nì zhào shì gū ér tú àn
岸贾那里举报公孙杵臼藏匿赵氏孤儿。屠岸
gǔ pài bīng shā sǐ le gōng sūn chǔ jiù hé yīng ér guó rén dōu mà chéng
贾派兵杀死了公孙杵臼和婴儿。国人都骂程
yīng shì dà è rén chéng yīng rěn zhe guó rén de màn mà jiāng zhào shì gū
婴是大恶人。程婴忍着国人的谩骂，将赵氏孤
ér fǔ yǎng chéng rén zuì zhōng shā sǐ tú àn gǔ bào le dà chóu
儿抚养成人，最终杀死屠岸贾，报了大仇。

xíng

邢

【姓氏解读】

xíng xìng lái yuán yǒu sān gè yī shì chū zì zhì lǐ zuò yuè de
“邢”姓来源有三个：一是出自制礼作乐的
zhōu gōng jī dàn de hòu yì èr shì chū zì chūn qiū shí de jìn guó sān
周公姬旦的后裔；二是出自春秋时的晋国；三
shì shǎo shù mín zú yǒu de gǎi wéi xíng xìng běi wèi dī zú rén qīng
是少数民族有的改为“邢”姓：北魏氐族人、清
cháo mǎn zhōu rén mǎn zhōu bā qí xìng jiā shì lí zú lā hǎi shì měng gǔ
朝满洲人、满洲八旗性佳氏、黎族拉海氏、蒙古
zú děng mín zú zhōng jūn yǒu gǎi xìng xíng de
族等民族中均有改姓邢的。

【邢氏先贤】

xíng yóng hé jiān mào rén zì zǐ áng qí xìng qíng gāo jié
邢颙：河间鄚人。字子昂。其性情高洁，
shí lùn chēng dé xíng táng táng xíng zǐ áng zhēn yǎ shì lì guān shì
时论称“德行堂堂邢子昂”“真雅士”，历官侍
zhōng shàng shū pú yè sī lì xiào wèi xǐ tài cháng děng bìng bèi cáo shì
中、尚书仆射、司隶校尉、徙太常等，并被曹氏
fù zǐ cì fēng wéi guān nèi hóu
父子赐封为“关内侯”。

xíng bǐng zì shū míng sòng dài jì yīn jùn rén tài zōng shí zhuó
邢昺：字叔明。宋代济阴郡人。太宗时擢
jiǔ jīng jí dì lěi guān jīn bù láng zhōng zhì lǐ bù shàng shū zhēn zōng
九经及第，累官金部郎中，至礼部尚书。真宗

初，设翰林侍讲学士，昺任此职，帝命昺坐讲《春秋》于殿上，并参与校定三《礼》、三《传》等。

邢澍：甘肃省阶州人。清代官吏、史学家。乾隆五十五年（1790年）进士。官至江西南安知府。好古博闻，精考碑版，工行楷。与孙星衍同撰《寰宇访碑录》，另有《关右经籍考》《两汉希姓录》《金石文字辨异》等。

邢居实：郑州阳武人。北宋诗人。幼以奇童称。八岁作《明妃引》，知名于世。年十六七又以文章驰名。有《呻吟集》。

邢增捷：绍兴府新昌人。明代医药学家。屡试不第，弃儒学医，处方多灵验。著有《医案新法》《本草辑要》《伤寒指掌详解》《脉诀删补》。

【故事解读】

邢进士遇盗

邢进士身材矮小，但是他生性滑稽幽默。

yǒu yí cì tā zài pó yáng xiàn yù dào le qiáng dào qiáng dào sōu
有一次，他在鄱阳县遇到了强盗。强盗搜
qù le tā shēn shang de qián cái pà tā bào fù yú shì jué dìng shā sǐ
去了他身上的钱财，怕他报复，于是决定杀死
tā yǐ chú hòu huàn qiáng dào gāng jǔ qǐ dāo xíng jìn shì yì běn zhèng jīng
他以除后患。强盗刚举起刀，邢进士一本正经
de duì qiáng dào shuō rén men dōu yǐ jīng xián wǒ zhǎng de tài ǎi ér chēng
地对强盗说：“人们都已经嫌我长得太矮，而称
wǒ xíng ǎi zi le nǐ rú guǒ zài kǎn qù wǒ de tóu wǒ bú jiù gèng
我邢矮子了，你如果再砍去我的头，我不就更
ǎi le ma
矮了吗？”

qiáng dào tīng le bú zì jué de dà xiào qǐ lái yú shì bǎ dāo
强盗听了，不自觉地大笑起来，于是把刀
pāo dào le yì biān ráo le tā yí mìng
抛到了一边，饶了他一命。

lù

陆

【姓氏解读】

lù xìng zhǔ yào yǒu sān zhǒng lái yuán yī shì chuán shuō zhōngzhuān
“陆”姓主要有三种来源：一是传说中颛
xū dì de hòu dài èr shì yǐ fēng dì wéi xìng sān shì chū zì chūn qiū
顼帝的后代；二是以封地为姓；三是出自春秋
shí qī de lù hún guó lù hún guó bèi jìn guó miè diào hòu bǎi xìng biàn
时期的陆浑国，陆浑国被晋国灭掉后，百姓便
yǐ guó míng wéi xìng
以国名为姓。

【陆氏先贤】

陆贾：西汉著名政治家、辞赋家。他自从汉高祖定天下以后，常作为说客出使诸侯。力主提倡儒学，“行仁义，法先胜”，并辅以黄老的“无为而治”的思想，作为地主阶级的统治工具，对汉初政治曾起过较大影响。

陆逊：三国吴国名将。善谋略，出谋击败关羽，后水攻大败刘备，因战功显赫而官至丞相。

陆德明：名元朗，以字显。唐苏州吴人。善言玄理，通晓经学。历仕陈、隋，为国子助教。入唐，为秦王府文学馆学士，拜国子博士。撰成《经典释文》，开唐人义疏先河。

陆羽：复州竟陵人，唐代著名的茶道专家，著有《茶经》，人称“茶神”。

陆游：南宋诗人、词人。字务观，号放翁。山阴人。南宋时著名的诗人。曾在朝廷任官，在政治上坚决抗金，主张充实军备。一生中创作了很多诗歌，现存的有9000多首，《关山月》《书愤》《农家叹》《示儿》均为传世名作。

陆心源：浙江吴兴人。清代藏书家。他收藏了两百本宋朝的珍善本书，因藏书扬名于天下。著有《潜园总集》。

【故事解读】

火攻连营

三国时，关羽由于骄傲轻敌，丢了荆州，败走麦城，被孙权活捉斩首。消息传到成都，刘备悲痛万分，他不顾诸葛亮等人的劝阻，亲自率领七十多万大军讨伐东吴。蜀军一路连战连胜，东吴朝野震惊。危难之际，孙权力排众议，大胆起用陆逊为都督，率军迎战蜀军。陆逊深入分析了各方面情况，决定暂避蜀军锐气，坚守不战，等待时机。同时，他发现蜀军依山傍林驻扎军队，决定采用火攻。一天夜里，陆

xùn chèn zhe dōng nán fēng mìng rén fàng huǒ shǔ jūn dùn shí dà luàn xiāng hù jiàn
逊趁着东南风命人放火，蜀军顿时大乱，相互践
tà sǐ shāng wú shù liú bèi cāng huáng bài zǒu bìng sǐ zài bái dì chéng
踏，死伤无数。刘备仓皇败走，病死在白帝城。

duàn

段

【姓氏解读】

duàn xìng zhǔ yào yǒu sān zhǒng lái yuán yī shì chū zì jī xìng
“段”姓主要有三种来源：一是出自“姬”姓；
chūn qiū shí gōng shū duàn de sūn zi wèi le bì nàn biàn yǐ zǔ fù de zì
春秋时，共叔段的孙子为了避难，便以祖父的字
wéi xìng èr shì chū zì fù xìng duàn gàn sān shì chū zì liáo xī xiān bēi zú
为姓；二是出自复姓“段干”；三是出自辽西鲜卑族。

【段氏先贤】

duàn ān jié táng qí zhōu lín zī rén chéng shì zǐ zì yòu xǐ
段安节：唐齐州临淄人。成式子。自幼喜
huān yīn yuè néng chàng gē duì yīn lǜ yě pō yǒu yán jiū zhù yǒu yuè
欢音乐，能唱歌，对音律也颇有研究。著有《乐
fǔ zá lù jì zǎi kāi yuán yǐ hòu de yuè bù yuè qì jié mù
府杂录》，记载开元以后的乐部、乐器、节目、
yǎn yuán děng
演员等。

duàn wén chāng lín zī rén táng mù zōng shí wéi xiāng zhì shàng kuān
段文昌：临淄人。唐穆宗时为相，治尚宽

静。文宗时拜御史大夫，封邹平郡公。

段成式：字柯古。临淄邹平人。唐代文学家。，官至太常少卿。其人博闻强记，藏书甚丰，撰有《酉阳杂俎》，清人辑其诗文成《段成式诗》。

段思平：五代时南方大理第一世王。他出自白蛮大姓。原通海节度使，世为南昭贵族。公元937年，建立大理国。

段玉裁：字若膺，号懋堂，晚年又号砚北居士，长塘湖居士，侨吴老人。江苏省金坛人。清代著名文学训诂家、经学家。有《经韵楼集》十二卷、《诗经小学》《古文尚书撰异》《周礼汉读考》《仪礼汉读考》《汲古阁说文订》《说文解字注》及《经韵楼集》等书。

【故事解读】

老而好学

段玉裁是清代著名的文字学家和经学家。

tā rè ài xué xí huó dào lǎo xué dào lǎo zhī shi fēi cháng yuān bó
他热爱学习，活到老学到老，知识非常渊博，
zhù zuò yě hěn duō dàn duàn yù cái zǒng jué de zì jǐ xué wen tài shǎo
著作也很多。但段玉裁总觉得自己学问太少，
méi qǔ dé shén me chéng jiù bā shí suì nà nián tā xiě le yì piān
没取得什么成就。八十岁那年，他写了一篇
zì xù tàn xī guāng yīn xiàng liú shuǐ yí yàng yí qù bú fù fǎn bìng jué
自序，叹息光阴像流水一样一去不复返，并决
xīn cóng cǐ yǐ hòu yào gèng jiā zhēn xī shí guāng duō dú shū tā gào
心从此以后要更加珍惜时光，多读书。他告
jiè zǐ sūn shuō yí gè rén bú yào xū dù nián huá yào xī shí rú
诫子孙说："一个人不要虚度年华，要惜时如
jīn zhǐ yào bù xū dù nián huá shēng mìng wú lùn cháng duǎn dōu shì
金。只要不虚度年华，生命无论长短，都是
yǒu yì yì de
有意义的。"

wǔ
武

【姓氏解读】

wǔ xìng lái yuán bǐ jiào fù zá yī shì chū zì zhōu píng wáng de
"武"姓来源比较复杂：一是出自周平王的
hòu dài èr shì chū zì xià dài de wǔ luó guó sān shì chū zì shāng wáng
后代；二是出自夏代的武罗国；三是出自商王
wǔ dīng de hòu dài sì shì hàn cháo wǔ qiáng wáng de hòu dài
武丁的后代；四是汉朝武强王的后代。

【武氏先贤】

wǔ yuán héng hé nán gōu shì rén táng dài jiàn zhōng jìn shì guān
武元衡：河南缑氏人。唐代建中进士。官
zhì zǎi xiāng dì píng zhī yuē shì zhēn zǎi xiāng qì yīn gāng zhí bù
至宰相，帝评之曰："是真宰相器。"因刚直不
ē chù fàn quán guì bèi cì kè àn shā
阿，触犯权贵，被刺客暗杀。

wǔ zhāng wén shuǐ rén wǔ dài hòu shǔ zhù míng jiàng lǐng zhí shān
武漳：文水人。五代后蜀著名将领。职山
nán jié dù shǐ zhòng shì nóng yè duì dāng dì nóng tián shuǐ lì jiàn shè yǒu
南节度使。重视农业，对当地农田水利建设有
suǒ gòng xiàn
所贡献。

wǔ zōng yuán hé nán shěng bái bō rén běi sòng zhù míng huà jiā
武宗元：河南省白波人。北宋著名画家。
xué wú dào zǐ xíng bǐ liú chàng shàn fó dào guǐ shén céng wèi sì guān zuò
学吴道子，行笔流畅，擅佛道鬼神，曾为寺观作
bì huà rén jiē chēng zhī
壁画，人皆称之。

wǔ yì qīng dài zhù míng xué zhě qián lóng jìn shì chuàng bàn fàn
武亿：清代著名学者，乾隆进士。创办范
quán shū yuàn qīn zì jiǎng xué zhì jīng shǐ jīng yú kǎo dìng jīn shí wén
泉书院，亲自讲学。治经史，精于考订金石文
zì zhù yǒu jīng dú kǎo yì qún jīng yì zhèng yǎn shī jīn shí
字。著有《经读考异》《群经义证》《偃师金石
jì shòu táng shī chāo děng
记》《授堂诗抄》等。

wǔ qí yuán dài tài gǔ rén lì rèn zhōng shū cān yì hù bù
武祺：元代太谷人。历任中书参议、户部
shàng shū gān sù xíng shěng cān zhèng děng zhí céng cān yù gēng gǎi chāo fǎ
尚书、甘肃行省参政等职。曾参与更改钞法，
zhù bǎo qián rán shí bú zhù qí wù jià téng yǒng chāo fǎ suì huài zhù
铸宝钱，然时不助祺，物价腾踊，钞法遂坏。著

yǒu bǎo chāo tōng kǎo děng
有《宝钞通考》等。

wǔ yì hé nán yǎn shī rén qīng dài zhù míng xué zhě guān rèn bó shān zhī xiàn céng chuàng bàn fàn quán shū yuàn jīng yú jīn shí wén zì kǎo dìng zhù yǒu jīng dú kǎo yì yǎn shī jīn shí jì děng
武亿：河南偃师人。清代著名学者。官任博山知县。曾创办范泉书院，精于金石文字考订。著有《经读考异》《偃师金石记》等。

wǔ yǔ xiāng hé běi rén qīng dài wǔ shì tài jí quán chuàng shǐ rén qí róng guàn zhòng pài zì chéng yì tǐ chēng wǔ shì xiǎo jià
武禹襄：河北人。清代武式太极拳创始人。其融贯众派，自成一体，称“武式小架”。

【故事解读】

wǔ sōng dǎ hǔ
武松打虎

shuǐ hǔ zhuàn li yǒu gè hǎo hàn jiào wǔ sōng yí cì tā huí lǎo jiā kàn wàng gē ge lù guò jǐng yáng gāng shí zhèng shì zhōng wǔ tā zǒu jìn yì jiā jiǔ diàn yào le xiē jiǔ cài chī hē qǐ lái bù chéng xiǎng hē zuì
《水浒传》里有个好汉叫武松。一次，他回老家看望哥哥。路过景阳冈时，正是中午。他走进一家酒店，要了些酒菜吃喝起来，不成想喝醉

le wǔ sōng diē diē zhuàng zhuàng de zǒu chū jiǔ diàn diàn xiǎo èr jí máng
了。武松跌跌撞撞地走出酒店，店小二急忙
zhuī chū qù gào su tā qián miàn jǐng yáng gāng shang yǒu měng hǔ zuì hǎo gēn
追出去告诉他，前面景阳冈上有猛虎，最好跟
bié rén jié bàn yì qǐ zǒu wǔ sōng què bù tīng quàn zǔ jì xù mǎn bú
别人结伴一起走。武松却不听劝阻，继续满不
zài hu de xiàng qián zǒu qù zǒu le yí huì er wǔ sōng dǎ qǐ le kē
在乎地向前走去。走了一会儿，武松打起了瞌
shuì jiù tǎng zài lù biān de shí bǎn shang shuì zháo le yí huì er guǒ
睡，就躺在路边的石板上睡着了。一会儿，果
rán lái le yì zhī měng hǔ wǔ sōng háo bú wèi jù yǔ lǎo hǔ zhǎn kāi
然来了一只猛虎。武松毫不畏惧，与老虎展开
shū sǐ bó dòu zuì zhōng jiāng lǎo hǔ dǎ sǐ cóng cǐ wǔ sōng chéng le
殊死搏斗，最终将老虎打死。从此，武松成了
jiā yù hù xiǎo de dǎ hǔ yīng xióng
家喻户晓的打虎英雄。

liú
刘

【姓氏解读】

liú xìng zhǔ yào yǒu liǎng zhǒng lái yuán yī shì chū zì qí
“刘”姓主要有两种来源：一是出自“祁”
xìng xiāng chuán qí xìng shì huáng dì hòu yì de xìng shì zhī yī hòu lái qí
姓。相传祁姓是黄帝后裔的姓氏之一，后来祁
shì bèi fēng yú liú guó qí zǐ sūn jiù yǐ liú wéi xìng èr shì chū zì
氏被封于刘国，其子孙就以刘为姓；二是出自
jī xìng wéi xī zhōu wáng jì zhī zǐ liú yì de hòu dài
“姬”姓，为西周王季之子刘邑的后代。

【刘氏先贤】

liú bāng jí hàn gāo zǔ jiāng sū pèi xiàn rén yú gōng yuán qián
刘邦：即汉高祖。江苏沛县人。于公元前
nián jiàn guó chēng dì guó hào hàn dìng dū luò yáng hòu qiān dū cháng
211年建国称帝，国号汉，定都洛阳，后迁都长
ān shǐ chēng xī hàn
安，史称西汉。

liú xiàng jiāng sū pèi xiàn rén xī hàn jīng xué jiā mù lù xué
刘向：江苏沛县人。西汉经学家、目录学
jiā wén xué jiā shì wǒ guó mù lù xué zhī zǔ
家、文学家。是我国目录学之祖。

liú xiù nán yáng cài yáng rén dōng hàn kāi guó jūn zhǔ shǐ chēng
刘秀：南阳蔡阳人。东汉开国君主，史称
guāng wǔ dì jiàn wǔ yuán nián nián chēng dì dìng dū luò yáng hòu
光武帝，建武元年（25年）称帝，定都洛阳。后
xiāo miè le gè dì gē jù shì lì tǒng yī le quán guó
消灭了各地割据势力统一了全国。

liú bèi jí shǔ hàn zhāo liè dì sān guó shí shǔ hàn de jiàn lì
刘备：即蜀汉昭烈帝。三国时蜀汉的建立
zhě céng tóu kào cáo cāo yuán shào liú biǎo děng rén hòu dé zhū gě
者。曾投靠曹操、袁绍、刘表等人。后得诸葛
liàng fǔ zuǒ cǎi yòng lián wú kàng cáo cè lüè yú jiàn ān shí sān nián
亮辅佐，采用联吴抗曹策略。于建安十三年
nián dà bài cáo cāo yú chì bì gōng yuán nián zhèng shì chēng
（208年）大败曹操于赤壁。公元221年正式称
dì jiàn dū chéng dū guó hào hàn
帝，建都成都，国号汉。

liú yǔ xī táng dài zhù míng wén xué jiā zhé xué jiā suǒ zhù
刘禹锡：唐代著名文学家、哲学家。所著
tiān lùn sān piān wéi gǔ dài pǔ sù wéi wù zhǔ yì jí biàn zhèng fǎ zhé
《天论》三篇，为古代朴素唯物主义及辩证法哲
xué zhù zuò
学著作。

刘过：字改之，号龙洲道人。南宋文学家。吉州太和人。与陆游、陈亮、辛弃疾等交游。后布衣终身，去世于昆山，今其墓尚在。著有《龙洲集》《龙洲词》。

【故事解读】

刘恕苦读

刘恕是北宋著名的史学家，他自小就勤奋好学。由于家境贫寒，买不起书，他只能去别人家借书来读。一次，他得知学者宋次道家藏书丰富，就专门跑去借阅。宋次道见他这么好学，就摆出酒宴招待他。刘恕却说："我不是来享受美酒佳肴的，这样只会耽误正事，请把酒菜撤走吧！"然后，他一头钻进书房，边读边抄，这样废寝忘食地坚持了十多天，直到把所需要的书全部读完、抄完。由于学习刻苦，成年后的刘恕学问非常渊博，后来还辅佐司马光编著了《资治通鉴》呢。

zhān

詹

【姓氏解读】

zhān xìng zhǔ yào yǒu sān zhǒng lái yuán yī shì chū zì jī
“詹”姓主要有三种来源：一是出自“姬”
xìng zhōu xuān wáng ér zi de fēng guó jiào zhān tā de hòu rén jiù yǐ zhān
姓，周宣王儿子的封国叫詹，他的后人就以詹
wéi xìng èr shì huáng dì hòu dài zhōng dé gāo wàng zhòng de zhān shì de hòu
为姓；二是黄帝后代中德高望重的詹氏的后
dài sān shì yǐ guān zhí wéi xìng gǔ dài fù zé zhān bǔ de guān jiào zhān
代；三是以官职为姓，古代负责占卜的官叫詹
yǐn qí hòu rén biàn yǐ guān zhí wéi xìng
尹，其后人便以官职为姓。

【詹氏先贤】

zhān xiān yě jiàn zhōu chóng ān rén běi sòng shí míng shì qí bó
詹先野：建州崇安人。北宋时名士。其博
jiàn jīng shǐ bǎi jiā rén zōng tiān shèng sì nián nián lǐng xiāng jiàn
鉴经史百家。仁宗天圣四年（1023年）领乡荐，
jì yīng xián liáng kē hòu yǐn jū wǔ yí yín yǒng shān shuǐ jiān zhōng rì
继应贤良科。后隐居武夷，吟咏山水间，终日
wàng guī rén wèi qí yǒu xiān fēng dào gǔ
忘归，人谓其有仙风道骨。

zhān tǐ rén jiàn níng pǔ chéng rén sòng dài dà chén míng shì
詹体仁：建宁浦城人。宋代大臣、名士。
shào cóng zhū xī xué hòu jìn shì jí dì chū rèn tài cháng shào qīng děng
少从朱熹学，后进士及第。初任太常少卿等

职，后因参与策立宁宗，升太府卿，不久出知福州。后又改任静江知府，任内减免赋税，赈粮救灾。官终司农卿。其博极群书，疏荐为当世名士。有《詹元善先生遗集》。

詹师文：建宁崇安人。南宋词人。进士出身。任婺源尉时，捕盗有功，因调江西宪司检法官，治狱无冤。后归家，以词赋名于时。著有《慢亭遗稿》《通典编要》。

詹凤翔：江西乐安人。元末明初理学家、文学家。洪武初被荐于京，以病免，归任本府儒学训导。自少至老书不释手，著有《大学中庸章句》《家礼括要》《律吕新书括要》《理学类编》及《奎光堂文集》等。

詹方桂：清安徽省休宁人。字天木。工书画，精医理，通术数，能预测天气。顺治二年（1645年），避居松罗山。著有《四家小品》。

詹天佑：字眷诚。广东省南海人。近代铁路工程学家。是我国近代科学与工程技术史上

de xiān qū yě shì wǒ guó jìn dài shǐ shàng jié chū de ài guó zhī shí fèn
的先驱，也是我国近代史上杰出的爱国知识分
zǐ shí èr suì fù měi liú xué hòu rù yē lǔ dà xué xué tǔ mù gōng
子。十二岁赴美留学。后入耶鲁大学，学土木工
chéng jí tiě lù zhuān kē nián chuàng jiàn jīng zhāng tiě lù quán xiàn tōng chē
程及铁路专科。1905年创建京张铁路，全线通车
hòu jǔ shì jiē jīng tā shì wǒ guó zì xíng shè jì xiū jiàn tiě lù zhī dì
后，举世皆惊。他是我国自行设计修建铁路之第
yī rén zhù yǒu tiě lù míng cí biǎo jīng suí tiě lù gōng chéng jì lüè děng
一人，著有《铁路名词表》《京绥铁路工程纪略》等。

【故事解读】

tiě lù xiān fēng
铁路先锋

qīng cháo mò nián qīng zhèng fǔ xuǎn sòng le yì pī shào nián chū guó liú
清朝末年，清政府选送了一批少年出国留
xué zhān tiān yòu biàn shì qí zhōng yí wèi tā qǔ dé tǔ mù gōng chéng xì
学，詹天佑便是其中一位。他取得土木工程系
de xué wèi yǐ hòu huí guó chéng
的学位以后回国，成
wéi zhōng guó dì yī wèi tiě lù
为中国第一位铁路
gōng chéng shī dāng shí zhōng
工程师。当时，中
guó de kē jì shuǐ píng bǐ jiào
国的科技水平比较
luò hòu gōng sī li de
落后，公司里的
wài guó rén kàn bu
外国人看不
qǐ zhōng guó gōng chéng
起中国工程

shī zhān tiān yòu hěn bù fú qì jué xīn yòng zhōng guó de jì shù lì liàng

师。詹天佑很不服气，决心用中国的技术力量

xiū jiàn tiě lù nián zhān tiān yòu zhǔ chí xiū jiàn běi jīng dào zhāng

修建铁路。1905年，詹天佑主持修建北京到张

jiā kǒu de tiě lù tā zài hěn duō jì shù huán jié dōu zuò le gǎi jìn hé

家口的铁路，他在很多技术环节都做了改进和

gé xīn shǐ jīng zhāng tiě lù tí qián liǎng nián wán gōng jīng zhāng tiě lù yě

革新，使京张铁路提前两年完工。京张铁路也

shì zhōng guó rén zì zhǔ shè jì xiū jiàn de dì yī tiáo tiě lù

是中国人自主设计修建的第一条铁路。

yè

叶

【姓氏解读】

yè xìng zhǔ yào yǒu liǎng zhǒng lái yuán yī shì chū zì mǐ

“叶”姓主要有两种来源：一是出自“芈”

xìng chūn qiū shí chǔ zhāo wáng bǎ yè dì shǎng cì gěi shěn zhū liáng rén men

姓，春秋时，楚昭王把叶地赏赐给沈诸梁，人们

chēng tā wéi yè gōng tā de hòu rén biàn yǐ fēng dì wéi xìng èr shì wǒ

称他为叶公，他的后人便以封地为姓；二是我

guó gǔ dài shǎo shù mín zú zhōng yě yǒu xìng yè de

国古代少数民族中也有姓叶的。

【叶氏先贤】

yè shì wēn zhōu yǒng jiā rén sòng dài wéi wù zhǔ yì zhé xué

叶适：温州永嘉人。宋代唯物主义哲学

jiā sī xiǎng jiā yǒng jiā xué pài de jí dà chéng zhě guān zhì lǐ bù
家、思想家，永嘉学派的集大成者。官至礼部
shì láng zhù yǒu xí xué jì yán shuǐ xīn xiān shēng wén jí děng
侍郎，著有《习学记言》《水心先生文集》等。

yè mèng dé sòng dài wú xiàn rén zhù míng wén xué jiā guān zhì
叶梦得：宋代吴县人。著名文学家。官至
hù bù shàng shū zhù yǒu shí lín chūn qiū zhuàn shí lín jū shì jiàn kāng
户部尚书。著有《石林春秋传》《石林居士建康
jí shí lín cí shí lín shī huà děng shū
集》《石林词》《石林诗话》等书。

yè zǐ qí lóng quán rén míng dài xué zhě zhù yǒu cǎo mù
叶子奇：龙泉人。明代学者。著有《草木
zǐ sì juǎn
子》四卷。

yè shào yuán wú jiāng rén míng dài wén xué jiā zhù zuò yǒu
叶绍袁：吴江人。明代文学家。著作有
yè tiān liào sì zhǒng děng
《叶天廖四种》等。

yè xiè wú jiāng rén qīng dài wén xué jiā cháng yú shī lùn
叶燮：吴江人。清代文学家。长于诗论。
zhù yǒu yuán shī děng shū
著有《原诗》等书。

【故事解读】

liáng yī yè guì
良医叶桂

qīng dài míng yī yè guì wéi rén qiān xū qín fèn hào xué yí
清代名医叶桂为人谦虚，勤奋好学。一
cì yè guì gěi yí gè rén kàn bìng zhěn le mài zhī hòu tā gào su
次，叶桂给一个人看病。诊了脉之后，他告诉
nà rén bù chū yì bǎi tiān jiù huì sǐ hòu lái nà rén yòu dào yí
那人，不出一百天就会死。后来，那人又到一

gè lǎo hé shang nà lǐ qù kàn bìng jīng guò lǎo hé shang de jīng xīn zhì
个老和尚那里去看病。经过老和尚的精心治
liáo yì bǎi tiān hòu nà ge rén de bìng jìng rán qí jì bān de hǎo le
疗，一百天后，那个人的病竟然奇迹般地好了。
yè guì zhī dào zhè jiàn shì hòu jiù yǐn xìng mái míng qù bài fǎng lǎo hé shang
叶桂知道这件事后，就隐姓埋名去拜访老和尚，
gēn zhe lǎo hé shang xué yī hòu lái lǎo hé shang zhī dào le shì qing de
跟着老和尚学医。后来，老和尚知道了事情的
zhēn xiàng bèi yè guì hào xué de jīng shén gǎn dòng le yú shì jiù bǎ zì
真相，被叶桂好学的精神感动了，于是就把自
jǐ de yī shù quán bù chuán shòu gěi le tā yè guì jīng guò rèn zhēn zuān
己的医术全部传授给了他。叶桂经过认真钻
yán zhōng yú chéng le qīng dài zhù míng de yī xué jiā
研，终于成了清代著名的医学家。

bái

白

【姓氏解读】

bái xìng lái yuán bǐ jiào fù zá yī shì chū zì jī xìng
“白”姓来源比较复杂：一是出自“姬”姓，
wéi zhàn guó qín jiàng bái yǐ bǐng de hòu yì èr yuán yú shàng gǔ wéi yán
为战国秦将白乙丙的后裔；二源于上古，为炎
dì dà chén bái fù de hòu dài sān shì chū zì mǐ xìng wéi chǔ guó
帝大臣白阜的后代；三是出自“芈”姓，为楚国
bái gōng shèng de hòu dài sì shì yǐ dì míng wéi xìng
白公胜的后代；四是以地名为姓。

【白氏先贤】

白起：陕西眉县人。战国时秦国大将，被封武安君。善用兵，屡战屡胜，长平一役，坑杀赵军四十多万，后遭妒自杀。

白居易：唐代杰出的诗人。贞元进士。历任秘书省校书郎、左拾遗及左赞善大夫。在文学上他积极倡导现实主义和朴素文风。所著《与元九书》诗论，为我国文学批评史上的重要文献。诗文朴实无华，广为流传。

白行简：白居易弟。当时有名的文学家。他长于辞赋，但未有流传下来。现存传奇小说《李娃传》是他的代表作。《三梦记》近于杂录。

白玉蟾：闽清人。宋代名士。诏封紫清真人。博览群书，善书，工画。著有《海琼集》等。

白朴：元代著名的戏曲家。所作杂剧今知有16种，现存《墙头马上》《梧桐雨》《东墙记》3种，都是描写爱情的作品，其中前2种最

yǒu míng
有名。

bái yīng míng dài jié chū de shuǐ lì zhuān jiā céng wèi dāng shí lǐ
白英：明代杰出的水利专家。曾为当时礼
bù shàng shū shū tōng hé dào chū móu xiàn cè tè bié wèi dà yùn hé chàng tōng
部尚书疏通河道出谋献策，特别为大运河畅通
zuò chū le gòng xiàn
做出了贡献。

【故事解读】

bái jū yì zuò shī
白居易作诗

bái jū yì shì táng cháo yǒu míng de dà shī rén tā xiǎo shí hou
白居易是唐朝有名的大诗人。他小时候
jiù hěn cōng míng wǔ liù suì shí biàn néng xiě shī dú shū xué xí dōu hěn
就很聪明，五六岁时便能写诗，读书学习都很
qín fèn chéng nián yǐ hòu bái jū yì lái dào cháng ān dé dào zhù míng
勤奋。成年以后，白居易来到长安，得到著名
shī rén gù kuàng de shǎng shí zài tā de bāng zhù xià shēng míng dà zhèn
诗人顾况的赏识，在他的帮助下，声名大振。
bái jū yì xiě shī yǒu gè xí guàn tā zuò hǎo shī hòu bú dàn zì jǐ
白居易写诗有个习惯，他作好诗后，不但自己
gǎi hái guǎng fàn tīng qǔ bié ren de yì jiàn jù shuō bái jū yì měi xiě
改，还广泛听取别人的意见。据说白居易每写
chéng yì shǒu shī dōu xiān dú gěi jiē biān de lǎo ā pó tīng rú guǒ lǎo
成一首诗，都先读给街边的老阿婆听。如果老
ā pó tīng bù dǒng tā jiù huì lì jí jìn xíng xiū gǎi huò zhě chóng xiě
阿婆听不懂，他就会立即进行修改，或者重写。
zhè yàng bái jū yì de shī zǒng shì tōng sú yì dǒng shēn shòu lǎo bǎi
这样，白居易的诗总是通俗易懂，深受老百
xìng de xǐ ài
姓的喜爱。

zhái

翟

【姓氏解读】

zhái xìng zhǔ yào yǒu liǎng gè lái yuán yī shì yǐ guó míng wéi xìng
“翟”姓主要有两个来源：一是以国名为姓。
chūn qiū shí chì dí rén huó dòng yú jìn wèi qí lǔ sòng děng guó zhī
春秋时，赤狄人活动于晋、卫、齐、鲁、宋等国之
jiān yǐ zhái wéi xìng èr shì chū zì qí xìng shì huáng dì de hòu dài
间，以翟为姓；二是出自祁姓，是黄帝的后代。

【翟氏先贤】

zhái héng zhàn guó shí wèi guó dà chén chū shēn quán guì zhī jiā
翟横：战国时魏国大臣。出身权贵之家，
céng wéi wèi guó xiàng céng jǔ jiàn wú qǐ yuè yáng xī mén bào děng rén
曾为魏国相。曾举荐吴起、乐羊、西门豹等人
yú wèi wén hóu jiē shòu zhòng yòng bìng yǒu gōng jì wèi xiāng wáng shí yù
于魏文侯，皆受重用，并有功绩。魏襄王时，欲
lián hé qí qín kàng chǔ ér yǔ lóu bí fā shēng máo dùn céng yù shā zhāng
联合齐秦抗楚，而与楼鼻发生矛盾。曾欲杀张
yí yīn zhāng yí shī jì ér wèi suì
仪，因张仪施计而未遂。

zhái ràng dōng jùn wéi chéng rén suí mò nóng mín qǐ yì jūn wǎ gāng
翟让：东郡韦城人。隋末农民起义军瓦岗
jūn shǒu lǐng yīn fàn sǐ zuì táo zhì wǎ gāng jù zhòng qǐ yì shì wǎ
军首领。因犯死罪，逃至瓦岗，聚众起义，是瓦
gāng jūn chū qī shǒu lǐng lǐ mì tóu wǎ gāng jūn hòu shā zhāng xū tuó
岗军初期首领。李密投瓦岗军后，杀张须陀，

克兴洛仓，开仓济饥，声势大振。翟让有意让贤，并推李密为魏公，自任司徒，封东郡公。不久被李密谋杀。

翟汝文：丹阳人。宋代官吏、书画家。进士出身。历任秘书郎、参知政事。风度翘楚，好古博雅，精于篆、籀。善画道、释人物及山水。

翟云升：山东省东莱人。清代学者。道光进士。性嗜古、工诗，尤精隶书。著有《隶篇》《五经岁遍斋诗稿》《说文辨异》等。

翟灏：浙江省仁和（今杭州）人。清代学者。乾隆年间进士。官金华、衢州府学教授。工诗，亦长于考证。著有《湖山便览》《四书考异》《艮山杂志》等。

【故事解读】

瓦岗起义

翟让是隋朝末年瓦岗起义早期的首领。他

běn lái shì dōng jùn de yí gè xiǎo guān yīn wèi dé zuì le shàng si bèi
本来是东郡的一个小官，因为得罪了上司，被
guān jìn jiān yù hòu lái zhái ràng táo chū jiān yù lái dào wǎ gāng zhài
关进监狱。后来，翟让逃出监狱，来到瓦岗寨
zhāo jí le yì xiē pín kǔ nóng mín zǔ zhī le yì zhī qǐ yì duì wu
召集了一些贫苦农民，组织了一支起义队伍。
qí zhōng yǒu yí gè qīng nián jiào xú shì jī wǔ yì gāo qiáng hěn yǒu jì móu
其中有一个青年叫徐世积，武艺高强，很有计谋。

xú shì jī shuō zhè lǐ fù jìn dōu shì pín kǔ de lǎo xiāng wǒ
徐世积说：“这里附近都是贫苦的老乡，我
men bù yīng gāi qù dǎ rǎo tā men wǒ kàn xíng yáng yí dài lái wǎng de
们不应该去打扰他们。我看荥阳一带，来往的
háo mén fù shāng hěn duō bù rú dào nà lǐ qù chóu bàn diǎn qián liáng zhái
豪门富商很多，不如到那里去筹办点钱粮。”翟
ràng tīng cóng le xú shì jī de yì jiàn dài lǐng nóng mín jūn dào xíng yáng yí
让听从了徐世积的意见，带领农民军到荥阳一
dài zhuān mén dǎ jī guān fǔ fù shāng duó qǔ dà pī cái wù fēn gěi qióng
带，专门打击官府富商，夺取大批财物分给穷
rén fù jìn nóng mín lái tóu bèn zhái ràng de yuè lái yuè duō qǐ yì jūn
人。附近农民来投奔翟让的越来越多，起义军
hěn kuài fā zhǎn zhuàng dà qǐ lái
很快发展壮大起来。

tán

谭

【姓氏解读】

tán xìng lái yuán yǒu sān zhǒng yī shì chū zì sì xìng zhōu
“谭”姓来源有三种：一是出自“姒”姓。周

cháo shí sì xìng de yì zhī bèi fēng zài tán guó tán guó hòu lái bèi
朝时，“姒”姓的一支被封在谭国。谭国后来被
qí guó miè diào hòu rén jiù yǐ guó míng wéi xìng èr shì chū zì gǔ dài xī
齐国灭掉，后人就以国名为姓；二是出自古代西
nán shǎo shù mín zú sān shì chū zì bì huì gǎi xìng tán
南少数民族；三是出自避讳改姓谭。

【谭氏先贤】

tán fū wú zhàn guó shí qī rén wù céng yǐ wú bǐ chóng gāo de
谭夫吾：战国时期人物。曾以无比崇高的
yán xíng ér míng chuí qīng shǐ
言行而名垂青史。

tán lún míng dài kàng wō míng jiàng jiāng xī yí huáng rén jiā jìng
谭纶：明代抗倭名将。江西宜黄人。嘉靖
jìn shì chū rèn tāi zhōu zhì fú liàn bīng kàng wō jiā jìng sì shí èr
进士。初任台州制服，练兵抗倭。嘉靖四十二
nián nián xún fǔ fú jiàn shuài qī jì guāng yú dà yóu děng píng
年（1563年）巡抚福建，率戚继光、俞大猷等平
dìng jìng nèi wō kòu lóng qìng yuán nián nián zǒng dū jì liáo yǔ
定境内倭寇。隆庆元年（1567年）总督蓟辽，与
qī jì guāng xùn liàn bù duì jiā qiáng běi fāng fáng wù tā guān zhì bīng bù
戚继光训练部队，加强北方防务。他官至兵部
shàng shū tài zǐ tài bǎo zhǔ chí bīng shì sān shí yú nián yǔ qī jì
尚书，太子太保，主持兵事三十余年，与戚继
guāng gòng shì qí míng hào chēng tán qī
光共事齐名，号称“谭戚”。

tán yuán chūn míng dài wén xué jiā hú guǎng jìng líng rén yǔ zhōng
谭元春：明代文学家。湖广竟陵人。与钟
xīng tóng wéi jìng líng pài chuàng shǐ zhě lùn wén qiáng diào xìng líng tí
惺同为“竟陵派”创始者。论文强调性灵，提
chàng yōu shēn gū qiào de fēng gé zhù yǒu tán yǒu xià hé jí
倡幽深孤峭的风格。著有《谭有夏合集》。

tán sì tóng zì fù shēng hào zhuàng fēi hú nán liú yáng rén
谭嗣同：字复生，号壮飞。湖南浏阳人。

gǎi liáng pài zhèng zhì jiā sī xiǎng jiā cān yù wù xū biàn fǎ jiǔ yuè
改良派政治家、思想家。参与戊戌变法。九月
zhèng biàn fā shēng yǔ lín xù yáng ruì liú guāng dì yáng shēn xiù kāng
政变发生，与林旭、杨锐、刘光第、杨深秀、康
guǎng rén děng tóng shí yù hài shǐ chēng wù xū liù jūn zǐ yí bù
广仁等同时遇害，史称“戊戌六君子”。一部
rén xué zhōng liú xià le qí shēn suì ér yòu jìn bù de zhé xué sī xiǎng
《仁学》中留下了其深邃而又进步的哲学思想，
zài zhōng guó zhé xué shǐ shàng zhàn yǒu yì xí zhī dì biàn fǎ suī bài dàn
在中国哲学史上占有一席之地。变法虽败，但
qí bù qū bù náo yǐ shēng mìng huàn xǐng guó mín de jīng shén yǒng cún
其不屈不挠以生命唤醒国民的精神永存。

【故事解读】

kàng wō míng jiàng
抗倭名将

tán lún shì míng cháo de kàng wō míng jiàng mín zú yīng xióng míng cháo
谭纶是明朝的抗倭名将，民族英雄。明朝
shí yì xiē rì běn hǎi dào jīng cháng jí jié zài yì qǐ dào wǒ guó dōng nán
时，一些日本海盗经常集结在一起到我国东南
yán hǎi qiǎng jié shā rén sāo rǎo biān jìng rén men bǎ tā men chēng wéi wō
沿海抢劫杀人，骚扰边境，人们把他们称为倭
kòu hòu lái jiā jìng huáng dì rèn mìng tán lún wéi fú jiàn xún fǔ jiǎo
寇。后来，嘉靖皇帝任命谭纶为福建巡抚，剿
miè wō kòu tán lún dào rèn hòu mìng lìng yú dà yóu qī jì guāng hé
灭倭寇。谭纶到任后，命令俞大猷、戚继光和
liú xiǎn děng bù shōu fù le wō kòu jù wéi cháo xué de píng hǎi wèi jīn fú
刘显等部收复了倭寇据为巢穴的平海卫（今福
jiàn pú tián dōng nán
建莆田东南）。

cǐ hòu tán lún yòu xià lìng zhěng dùn hǎi fáng jiàn lì shuǐ zhài dū
此后，谭纶又下令整顿海防，建立水寨，督

zào zhàn chuán è shǒu hǎi kǒu bìng zài yán hǎi gè xiàn jiàn lì le zhàn shǒu
造战船，扼守海口，并在沿海各县建立了战守

hé yī de dì fāng wǔ zhuāng jīng guò duō nián de zhēng zhàn jī běn shang sù
合一的地方武装。经过多年的征战，基本上肃

qīng le fú jiàn de wō kòu
清了福建的倭寇。

niú

牛

【姓氏解读】

niú xìng de qǐ yuán yǒu liǎng zhǒng zhōu cháo jiàn lì yǐ hòu shāng
“牛”姓的起源有两种：周朝建立以后，商

cháo huáng zú wēi zǐ qǐ yǒu gè hòu rén míng jiào niú fù hòu lái tā de hòu
朝皇族微子启有个后人名叫牛父，后来他的后

shì zǐ sūn biàn yǐ niú zuò wéi zì jǐ de xìng shì ér lìng wài yì
世子孙便以“牛”作为自己的姓氏。而另外一

zhī niú xìng shì yóu liáo xìng gǎi xìng ér lái de běi wèi shí yǒu yí
支“牛”姓是由寮姓改姓而来的。北魏时有一

gè míng jiào liáo yǔn de dà chén bèi cì xìng niú qí hòu shì zǐ sūn yě
个名叫寮允的大臣，被赐姓牛，其后世子孙也

suí zhī yǐ niú wéi xìng
随之以牛为姓。

【牛氏先贤】

niú hán dí dào rén dōng hàn míng jiàng guān hù qiāng xiào wèi
牛邯：狄道人。东汉名将。官护羌校尉，

hòu zhuó tài zhōng dà fū
后擢太中大夫。

niú jīn sān guó shí nán yáng rén cáo rén huī xià bù jiàng guān
牛金：三国时南阳人。曹仁麾下部将。官
zhì wèi hòu jiāng jūn
至魏后将军。

niú hóng ān dìng rén suí cháo shí rén guān zhì lǐ bù shàng shū
牛弘：安定人。隋朝时人。官至礼部尚书。

niú xiān kè niú hóng tóng xiāng rén táng qián qī dà chén lì rèn
牛仙客：牛弘同乡人。唐前期大臣。历任
hé xī jié dù shǐ gōng bù shàng shū hòu bài xiàng
河西节度使、工部尚书，后拜相。

niú sēng rú táng mò dà chén niú lǐ dǎng zhēng shí niú dǎng dài biǎo
牛僧儒：唐末大臣。牛李党争时牛党代表
rén wù mù zōng wén zōng shí liǎng dù wéi xiàng lǚ cì zāo biǎn zhù yǒu
人物。穆宗文宗时两度为相，屡次遭贬，著有
chuán qí jí xuán guài lù
传奇集《玄怪录》。

niú xīng zǔ jìn níng xiāng líng rén yuán dài guān lì lì zhōng shū
牛兴祖：晋宁襄陵人。元代官吏。历中书
shěng yuàn xíng bù zhǔ shì gōng bù zhǔ shì hòu zhuó dà dū bīng mǎ zhǐ
省掾、刑部主事、工部主事，后擢大都兵马指
huī shǐ lěi guān zhì yún nán xíng shěng cān zhī zhèng shì
挥使，累官至云南行省参知政事。

【故事解读】

kàng jīn míng jiàng
抗金名将

niú gāo shì nán sòng zhù míng de kàng jīn yīng xióng tā yì shēng róng mǎ
牛皋是南宋著名的抗金英雄，他一生戎马
shēng yá chū shēng rù sǐ zhàn gōng zhuó zhù bèi yù wéi kàng jīn míng jiàng
生涯，出生入死，战功卓著，被誉为抗金名将，

shēn shòu yuè fēi de qì zhòng hé lǎo bǎi xìng de ài dài
深受岳飞的器重和老百姓的爱戴。

niú gāo nián qīng de shí hou jiù wǔ yì chāo qún yǒu yǒng yǒu móu
牛皋年轻的时候就武艺超群，有勇有谋。
gōng yuán nián niú gāo jiā rù yuè jiā jūn hěn dé yuè fēi de qì
公元1133年，牛皋加入岳家军，很得岳飞的器
zhòng zài yǐ hòu de kàng jī jīn bīng zhōng lì xià hàn mǎ gōng láo bèi tí
重。在以后的抗击金兵中立下汗马功劳，被提
wéi yuè jiā jūn fù tǒng shuài yuè fēi yù nàn hòu qín huì wèi zhǎn cǎo chú
为岳家军副统帅。岳飞遇难后，秦桧为斩草除
gēn yòng dú jiǔ hài sǐ le niú gāo niú gāo sǐ hòu lǎo bǎi xìng wèi
根，用毒酒害死了牛皋。牛皋死后，老百姓为
jì niàn zhè wèi mín zú yīng xióng zài tā de jiā xiāng jiàn zào le yí zuò niú
纪念这位民族英雄，在他的家乡建造了一座牛
gāo cí táng yǐ shì jì diàn hé jì niàn
皋祠堂，以示祭奠和纪念。

yàn

晏

【姓氏解读】

yàn xìng yǒu sān zhǒng lái yuán yī shì chūn qiū shí qí guó zhù míng
“晏”姓有三种来源：一是春秋时齐国著名
de xián chén yàn yīng tā bèi hòu rén zūn wéi yàn xìng de shǐ zǔ èr
的贤臣晏婴，他被后人尊为“晏”姓的始祖；二
shì yuán zì lù zhōng shì wéi zhuān xū dì de hòu dài sān shì yáo dì dà
是源自陆终氏，为颛顼帝的后代；三是尧帝大
chén yàn lóng de hòu rén
臣晏龙的后人。

【晏氏先贤】

晏婴：字仲，谥平，习惯上多称平仲。山东高密人。春秋后期一位重要的政治家、思想家、外交家。晏婴是齐国上大夫晏弱之子。以生活节俭、谦恭下士著称。著有《晏子春秋》8卷250章。

晏殊：字同叔。北宋宰相。著名词人。临川人。景德初年曾以“神童”之名被真宗入为进士，庆历中官集贤殿学士、同平章事兼枢密使。他填词擅长小令，承袭南唐风格，多表现士大夫阶层的诗酒生活和悠闲情致，语言婉丽，音调和谐。他的《浣溪沙》中有“无可奈何花落去，似曾相识燕归来”之句，传诵很广。

晏几道：字叔原，号小山。晏殊的第七子。北宋有名的词人。他的词多感伤情调。

晏铎：自贡富顺县人。明朝永乐十六年（1418年）进士，翰林院庶吉士，历任福建道御

shǐ tā xué wèn yuān bó cái huá chū zhòng wéi guān qīng zhèng zhèng jì fěi
史。他学问渊博，才华出众，为官清正，政绩斐
rán shòu dào rén mín ài dài shì míng yīng zōng shí qī de jǐng tài shí cái
然，受到人民爱戴，是明英宗时期的“景泰十才
zǐ zhī yī
子”之一。

【故事解读】

yàn zǐ shǐ chǔ
晏子使楚

chūn qiū shí qī qí guó de dà chén yàn zǐ fèng mìng chū shǐ chǔ guó
春秋时期，齐国的大臣晏子奉命出使楚国。
chǔ wáng jué de yàn zǐ gè zi ǎi xiǎng qǔ xiào tā yì fān yàn zǐ dào
楚王觉得晏子个子矮，想取笑他一番。晏子到
dá chǔ guó guó dū shí shǒu mén rén ràng tā cóng chéng qiáng xià de yí gè xiǎo
达楚国国都时，守门人让他从城墙下的一个小
dòng pá jìn chéng yàn zǐ míng bai chǔ wáng xiǎng wǔ rǔ zì jǐ biàn shuō
洞爬进城。晏子明白楚王想侮辱自己，便说：
zhè shì gǒu dòng chū shǐ gǒu guó de rén cái cóng zhè lǐ jìn qù shǒu mén
“这是狗洞，出使狗国的人才从这里进去。”守门
rén tīng le gǎn jǐn dǎ kāi dà mén yàn zǐ jìn gōng hòu chǔ wáng shuō
人听了，赶紧打开大门。晏子进宫后，楚王说：
qí guó méi rén le ma zěn me pài nǐ chū shǐ wǒ guó yàn zǐ dá
“齐国没人了吗？怎么派你出使我国？”晏子答
dào wǒ men qí guó pài shǐ zhě yǒu gè guī ju de fǎng wèn shàng děng guó
道：“我们齐国派使者有个规矩的：访问上等国，
pài shàng děng rén qù fǎng wèn xià děng guó pài xià děng rén qù wǒ zuì méi
派上等人去；访问下等国，派下等人去。我最没
chū xi suǒ yǐ jiù pài dào chǔ guó lái le chǔ wáng běn xiǎng xiū rǔ yàn
出息，所以就派到楚国来了。”楚王本想羞辱晏
zǐ bú liào méi yǒu zhàn dào rèn hé pián yi yú shì duì tā guā mù xiāng kàn
子，不料没有占到任何便宜，于是对他刮目相看。

yán

阎

【姓氏解读】

yán xìng zhǔ yào yǒu sān gè lái yuán yī shì chū zì jī xìng wéi huáng dì hòu yì yǐ fēng dì yán zuò wéi xìng shì èr shì chū zì zhōu kāng wáng de hòu rén zhōu zhāo wáng jī xiá de xiǎo ér zi bèi fēng dì yú yán chéng tā de zǐ sūn biàn yǐ fēng dì wéi xìng sān shì chū zì táng shū yú zhī hòu chūn qiū shí jìn chéng gōng de ér zi yì bèi fēng yú yán hòu bèi jìn guó suǒ miè yì de hòu dài biàn yǐ fēng dì wéi xìng

“阎”姓主要有三个来源：一是出自“姬”姓，为黄帝后裔，以封地阎作为姓氏；二是出自周康王的后人。周昭王姬瑕的小儿子被封地于阎城，他的子孙便以封地为姓；三是出自唐叔虞之后。春秋时，晋成公的儿子懿，被封于阎，后被晋国所灭。懿的后代便以封地为姓。

【阎氏先贤】

yán lì dé yōng zhōu wàn nián rén táng dài huà jiā gōngchéng jiā yǔ qí fù pí jiē shàn gōng yì huì huà chí míng suí táng jiān

阎立德：雍州万年人。唐代画家、工程家。与其父毗皆擅工艺、绘画，驰名隋、唐间。

yán lì běn táng dài zuì zhù míng de huà jiā tā jì chéng jiā xué bìng shī fǎ zhāng sēng yóu zhèng fǎ shì ér néng biàn gǔ xiàng jīn shàn huà rén wù yóu jīng xiě zhēn jiān néng shū fǎ cún shì

阎立本：唐代最著名的画家。他继承家学，并师法张僧繇、郑法士，而能变古像今，擅画人物，尤精写真，兼能书法，存世《历代帝王》

bù niǎn zhí gòng děng tú
《步辇》《职贡》等图。

yán cì píng sòng dài huà jiā shàn huà shān shuǐ rén wù yóu gōng huà niú pō wéi shēngdòng píng zhě wèi qí fǎng fó lǐ táng ér jì bú dài yì cún shì zuò pǐn yǒu mù niú tú děng
阎次平：宋代画家。擅画山水、人物，尤工画牛，颇为生动，评者谓其“仿佛李唐，而迹不逮意”。存世作品有《牧牛图》等。

yán chéng hàn zhēn dìng rén sòng shí míng chén céng záo qú yǐn táng hé shuǐ bǎi yú lǐ jì tōng háng yùn shū yòu guàn gài nóng tián lì guó lì mín
阎承翰：真定人。宋时名臣。曾凿渠引唐河水百余里，既通航运输，又灌溉农田，利国利民。

yán ruò qú shān xī tài yuán rén qīng dài zhù míng de xué zhě kǎo jù jiā tā céng cān jiā dà qīng yī tǒng zhì de biān xiě cháng yú kǎo jù què zhèng le dōng jìn méi zé suǒ xiàn de gǔ wén shàng shū wéi wěi shū zhù yǒu rì zhī bǔ zhèng lù děng
阎若璩：山西太原人。清代著名的学者、考据家。他曾参加《大清一统志》的编写，长于考据，确证了东晋梅赜所献的《古文尚书》为伪书。著有《日知补正录》等。

【故事解读】

gāng zhèng wú sī
刚正无私

yán jìng míng shì qīng cháo guāng xù shí qī de dà chén tā yì shēng wéi guān qīng lián gāng zhèng bù ē tā zài hú běi zuò guān shí zhǎng guǎn xíng lǜ hé zhì ān dāng shí hú guǎng zǒng dū guān wén shǒu xià yǒu yí gè fù jiàng píng shí qī yā bǎi xìng gàn le bù shǎo huài shì yǒu yí cì
阎敬铭是清朝光绪时期的大臣。他一生为官清廉，刚正不阿。他在湖北做官时，掌管刑律和治安。当时湖广总督官文手下有一个副将，平时欺压百姓，干了不少坏事。有一次，他犯了重罪，地方上的官员都不敢过问。阎敬铭知道后大怒，命令手下前去捉拿。那个副将知道阎敬铭的厉害，听到风声，赶紧躲到官文的总督府里藏起来。阎敬铭去总督府要人，官文却推托自己生病，不接见。阎敬铭说："既然大人病了，我就住在这里等，大人病不好，我就不回去。"过了几天，官文见阎敬铭不走，只好亲自出马为副将求情，请求阎敬铭放他一马。阎敬铭丝毫不让步。官文没有办法，只好把副将交给阎敬铭依法办理。

wén

文

【姓氏解读】

"文"姓来源比较复杂：一是以周文王的谥号为姓；二是出自西周时卫国将军文子的后代；

sān shì chū zì jiāng xìng wéi yán dì hòu yì jiāng wén shū de hòu dài
三是出自“姜”姓，为炎帝后裔姜文叔的后代；
sì shì chū zì guī xìng wéi zhàn guó shí mèngcháng jūn tián wén de hòu
四是出自“妫”姓，为战国时孟尝君田文的后
dài wǔ shì wèi bì huì huáng dì de míng zi ér gǎi xìng wén
代；五是为避讳皇帝的名字而改姓文。

【文氏先贤】

wén zhǒng mò qī zhù míng de móu lüè jiā fǔ zuǒ yuè wáng gōu jiàn
文种：末期著名的谋略家，辅佐越王勾践，
jūn chén kè kǔ tú qiáng zhōng yú miè wáng wú guó hòu gōu jiàn tīng xìn chán
君臣刻苦图强，终于灭亡吴国。后勾践听信谗
yán cì jiàn mìng tā zì shā
言，赐剑命他自杀。

wén yàn bó běi sòng zǎi xiàng fén zhōu jiè xiū rén tā qián hòu
文彦博：北宋宰相。汾州介休人。他前后
rèn shì yuē nián zhī jiǔ míng wén sì yí hòu bèi fēng wèi lù guó gōng
任事约50年之久，名闻四夷，后被封为潞国公。

wén tiān yàng zì lǚ shàn gǎi zì sòng ruì hào wén shān jí zhōu
文天祥：字履善，改字宋瑞，号文山。吉州
lú líng rén nán sòng dà chén mín zú yīng xióng wén xué jiā tā shēng
庐陵人。南宋大臣、民族英雄、文学家。他生
yú nán sòng mò nián shǐ zhōng bù yú dì jiān chí kàng yuán dòu zhēng kàng yuán
于南宋末年，始终不渝地坚持抗元斗争。抗元
shī bài hòu zài wǔ pō cén jīn guǎngdōng hǎi fēng xiàn běi bèi fú zhì yuán
失败后在五坡岑（今广东海丰县北）被俘，至元
shí jiǔ nián nián shí èr yuè chū jiǔ bèi hài tā suǒ zuò de
十九年（1282年）十二月初九被害。他所作的
zhǐ nán lù kě wèi wéi shī shǐ yù zhōng suǒ zuò zhèng qì gē
《指南录》可谓为诗史。狱中所作《正气歌》，
yóu wèi shì suǒ chuánsòng zhù yǒu wén shān xiān shēng quán jí
尤为世所传颂。著有《文山先生全集》。

wén zhēngmíng míng dài shū huà jiā chángzhōu rén shī wén
文徵明：明代书画家。长洲人。诗、文、

shū huà jiē gōng yóu jīng yú huà tā yǔ shěn zhōu táng yín qiú yīng
书、画皆工，犹精于画。他与沈周、唐寅、仇英
hé chēng míng sì jiā chuán yǒu jiāng nán sì dà cái zǐ zhī yī de
合称“明四家”，传有“江南四大才子之一”的
měi míng míngzhòng yú shí zǐ dì shèn duō rén chēng wú mén pài
美名，名重于时，子弟甚多，人称“吴门派”。

wén tíng shì zhèng zhì míng rén jiāng xī píng xiāng rén guāng xù jìn
文廷式：政治名人。江西萍乡人。光绪进
shì céng rèn hàn lín yuàn shì dú xué shì tā zàn chéngguāng xù qīn zhèng
士。曾任翰林院侍读学士。他赞成光绪亲政，
zhī chí kāng yǒu wèi fā qǐ qiáng xué huì yīn ér shòu dào cí xǐ tài hòu de
支持康有为发起强学会，因而受到慈禧太后的
jí shì bèi cān gé zhí wù xū biàn fǎ fā shēng hòu dōng dù rì běn
嫉视，被参革职。戊戌变法发生后，东渡日本。
tā néng shī cí yě yǒu kǎi tàn shí shì zhī zuò zhù yǒu yún qǐ xuān
他能诗词，也有慨叹时事之作。著有《云起轩
shī chāo wén chén ǒu jì děng
诗抄》《闻尘偶记》等。

【故事解读】

dòngzhōng qǔ qiú
洞中取球

wén yàn bó shì běi sòng zhù míng de zǎi xiàng tā cóng xiǎo jiù cōng míng
文彦博是北宋著名的宰相，他从小就聪明
guò rén yì tiān tā hé xiǎo péng yǒu tī qiú shí yí bù xiǎo xīn qiú
过人。一天，他和小朋友踢球时，一不小心，球
bèi tī jìn shù dòng li shù dòng hěn shēn jǐ gè xiǎo péng yǒu shēn chū gē
被踢进树洞里。树洞很深，几个小朋友伸出胳
bo zěn me yě gòu bú dào qiú ná zhú gān shì le shì yě méi néngchéng
膊，怎么也够不到球，拿竹竿试了试也没能成
gōng jǐ gè xiǎo péng yǒu yì shí yě xiǎng bù chū hǎo de bàn fǎ lái zhè
功。几个小朋友一时也想不出好的办法来。这

shí wén yàn bó líng jī yí dòng shuō dà jiā dōu qù ná tǒng hé pén
时，文彦博灵机一动，说：“大家都去拿桶和盆，
yòng shuǐ lái guàn qiú jiù kě yǐ qǔ chū lái le xiǎo péng yǒu men àn
用水来灌，球就可以取出来了！”小朋友们按
zhào tā de yāo qiú guàn shuǐ guǒ rán qǔ chū le dòng zhōng de qiú dà jiā
照他的要求灌水，果然取出了洞中的球。大家
qí shēng huān hū dōu kuā wén yàn bó cōng míng
齐声欢呼，都夸文彦博聪明。

sī mǎ

司马

【姓氏解读】

sī mǎ fù xìng zhǔ yào yǒu liǎng zhǒng lái yuán yī shì yuán zì xī
“司马”复姓主要有两种来源：一是源自西
zhōu shí de guān zhí nà shí yǒu gè jiào chéng bó lín fù de rén lì le
周时的官职，那时有个叫程伯林父的人，立了
dà gōng zhōu xuān wáng cì tā yǐ guān zhí sī mǎ wéi xìng èr shì chū zì
大功，周宣王赐他以官职司马为姓；二是出自
tā xìng gǎi xìng sī mǎ de
他姓改姓司马的。

【司马氏先贤】

sī mǎ tán xià yáng wéi dōng xiāng gāo mén cūn rén zhù míng hàn cháo
司马谈：夏阳嵬东乡高门村人。著名汉朝
dà chén shǐ xué jiā wén xué jiā tā kǒng xué rén duì wén huà jīng shén
大臣、史学家、文学家。他恐学人对文化精神

领会不准而产生迷惑，便对阴阳家、儒、墨、名、法、道德等六家的基本要旨予以论述。

司马迁：字子长。太史令司马谈之子。夏阳嵬东乡高门村人。著名西汉史学家、文学家。初任郎中，元丰三年（前108年）继父任太史令，尽阅史官所藏旧史。遍游名都大邑，探访古迹。太初元年（前104年），开始编撰史书。后因替李陵败降匈奴事辩解，触怒汉武帝而下狱，受宫刑。出狱后，任中书令。仍发愤著书，历十二年，于征和二年（前91年），撰成中国第一部纪传体通史，时称《太史公书》。三国后期开始通称为《史记》。

司马相如：字长卿。蜀郡成都人。著名西汉辞赋家。文学成就主要表现在辞赋上。现存《子虚赋》《上林赋》《大人赋》《长门赋》《美人赋》《哀秦二世赋》六篇。

司马炎：字安世。晋朝的开国君主，谥号武皇帝，庙号世祖。逼迫魏元帝曹奂禅让，即

wèi wéi dì guó hào jìn yú nián mìng jiǎ chōng yáng jì dù yù
位为帝，国号晋。于279年命贾充、杨济、杜预、
wáng jùn děng fá wú nián yuè sūn hào tóu jiàng sūn wú miè wáng zì
王濬等伐吴，280年3月孙皓投降，孙吴灭亡，自
cónghuáng jīn zhī luàn yǐ lái de fēn liè jú shì zàn shí huò dé tǒng yī
从黄巾之乱以来的分裂局势暂时获得统一。

sī mǎ guāng běi sòng shí qī zhù míng zhèng zhì jiā shǐ xué jiā sǎn
司马光：北宋时期著名政治家，史学家，散
wén jiā běi sòng shǎn zhōu xià xiàn sù shuǐ xiāng rén chū shēng yú hé nán shěng
文家。北宋陕州夏县涑水乡人，出生于河南省
guāng shān xiàn zì jūn shí hào yū sǒu shì chēng sù shuǐ xiān shēng zhù
光山县。字君实，号迂叟，世称涑水先生。著
yǒu zī zhì tōng jiàn
有《资治通鉴》。

【故事解读】

zá gāng jiù rén
砸缸救人

sī mǎ guāng cóng xiǎo jiù cōng míng guò rén rén chēng xiǎo shén tóng
司马光从小就聪明过人，人称“小神童”。
yǒu yì tiān sī mǎ guāng hé tóng bàn men zài huā yuán li wán zhuō mí cáng de
有一天，司马光和同伴们在花园里玩捉迷藏的
yóu xì yí gè xiǎo hái er bù xiǎo xīn diào jìn le yì kǒu dà shuǐ gāng
游戏，一个小孩儿不小心，掉进了一口大水缸
li shuǐ gāng hěn shēn hái zi men gè zi dōu hěn xiǎo méi bàn fǎ jiù
里。水缸很深，孩子们个子都很小，没办法救
tā yǎn kàn nà ge hái zi jiù yào bèi yān sǐ zài gāng li zhè shí
他。眼看那个孩子就要被淹死在缸里。这时，
sī mǎ guāng jí zhōng shēng zhì tā cóng yuàn zi li bān lái yí kuài dà shí
司马光急中生智，他从院子里搬来一块大石
tou měng de xiàng gāng de dǐ bù zá qù shuǐ gāng bèi zá pò le gāng
头，猛地向缸的底部砸去，水缸被砸破了，缸

li de shuǐ liú chū lái nà ge hái zi yě dé jiù le sī mǎ guāng zá
里的水流出来，那个孩子也得救了。司马光砸
gāng de gù shi yě jiù qiān gǔ liú chuán le xià lái
缸的故事也就千古流传了下来。

zhū gě

诸葛

【姓氏解读】

zhū gě fù xìng yuán zì hàn dài hàn cháo shí yǒu gè jiào gě
“诸葛”复姓源自汉代。汉朝时，有个叫葛
fēng de rén bèi fēng zài zhū dì rén men dōu jiào tā zhū gě fēng zhū gě
丰的人被封在诸地，人们都叫他诸葛丰，诸葛
fēng de hòu rén biàn shì dài xìng zhū gě le
丰的后人便世代姓诸葛了。

【诸葛氏先贤】

zhū gě liàng sān guó shí shǔ guó zhèng zhì jiā jūn shì jiā zhù
诸葛亮：三国时蜀国政治家、军事家。助
liú bèi qǔ dé chì bì zhī zhàn de shèng lì zhàn lǐng jīng yì liǎng zhōu jiàn
刘备取得赤壁之战的胜利，占领荆、益两州，建
lì le shǔ hàn zhèng quán liú bèi chēng dì tā rèn chéng xiàng liú bèi sǐ
立了蜀汉政权。刘备称帝，他任丞相。刘备死
hòu shòu yí zhào yǔ shàng shū lìng lǐ yán gòng tóng fǔ zuǒ hòu zhǔ liú chán
后，受遗诏与尚书令李严共同辅佐后主刘禅。
dōng hé sūn quán nán píng mèng huò ér hòu chū shī běi fá liù chū qí
东和孙权，南平孟获，而后出师北伐，六出祁

shān yǔ wèi xiàng gōng zhàn zhě lěi nián hòu bìng sǐ yú wǔ zhàng yuán jūn yíng
山，与魏相攻战者累年，后病死于五丈原军营
zhōng zàng dìng jūn shān zhū gě wǔ hóu jí chū shī biǎo wéi qí
中，葬定军山。《诸葛武侯集》《出师表》为其
míng piān
名篇。

zhū gě zhān sān guó shǔ hàn rén zì sī yuǎn shǔ hàn jǐng yào
诸葛瞻：三国蜀汉人。字思远。蜀汉景耀
sì nián nián hòu zhǔ liú chán rèn zhān wéi xíng dū hù wèi jiāng jūn
四年（261年）后主刘禅任瞻为行都护卫将军。
liǎng nián hòu wèi dèng ài yóu yáng píng jiāng yóu rù shǔ qiǎn shū yòu xiáng
两年后，魏邓艾由阳平、江油入蜀，遣书诱降，
zhū gě zhān fù zǐ dū jūn jù ài yú mián zhú guān fù zǐ shuāng shuāng yīng
诸葛瞻父子督军拒艾于绵竹关，父子双双英
yǒng zhèn wáng
勇阵亡。

zhū gě jǐn zì zǐ yú zhū gě liàng zhī xiōng chū wéi sūn quán
诸葛瑾：字子瑜。诸葛亮之兄。初为孙权
zhǎng shǐ zhuǎn zhōng sī mǎ yǒu rén yán qí mì qiǎn qīn rén tōng shǔ sūn
长史，转中司马。有人言其密遣亲人通蜀。孙
quán shuō zǐ yú zhī bù fù gū yóu gū zhī bù fù zǐ yú yě sūn
权说："子瑜之不负孤，犹孤之不负子瑜也。"孙
quán chēng dì bài zhū gě jǐn wéi dà jiāng jūn zuǒ dū hù lǐng yù zhōu mù
权称帝，拜诸葛瑾为大将军、左都护、领豫州牧。

【故事解读】

cǎo chuán jiè jiàn
草船借箭

sān guó shí qī sūn quán hé liú bèi lián hé qǐ lái shuài dà jūn
三国时期，孙权和刘备联合起来，率大军
yǔ cáo cāo zài chì bì duì zhì zhū gě liàng qù dào dōng wú shāng liang zěn
与曹操在赤壁对峙。诸葛亮去到东吴，商量怎

me duì fu cáo cāo dōng wú de dū du zhōu yú hěn jí dù zhū gě liàng
么对付曹操。东吴的都督周瑜很嫉妒诸葛亮
de cái huá zǒng xiǎng shè fǎ chú diào tā yì tiān tā ràng zhū gě liàng
的才华，总想设法除掉他。一天，他让诸葛亮
zài sān tiān zhī nèi zào chū shí wàn zhī jiàn zhū gě liàng mǎn kǒu dā ying
在三天之内造出十万枝箭。诸葛亮满口答应
le xià lái zhè tiān wǎn shang tiān jiàng dà wù zhū gě liàng zuò zài zhā
了下来。这天晚上天降大雾，诸葛亮坐在扎
mǎn cǎo rén de chuán shang yì biān yǔ lǔ sù yǐn jiǔ yì biān mìng bīng shì
满草人的船上，一边与鲁肃饮酒，一边命兵士
léi gǔ xiàng cáo yíng jìn fā cáo cāo yǐ wéi sūn liú lián jūn lái jié
擂鼓，向曹营进发。曹操以为孙、刘联军来劫
yíng bù gǎn mào rán chū zhàn biàn mìng rén kāi gōng fàng jiàn nǎ zhī shè
营，不敢贸然出战，便命人开弓放箭，哪知射
chū qù de jiàn dōu chā zài le cǎo rén de shēn shang zhū gě liàng jiù yòng
出去的箭都插在了草人的身上。诸葛亮就用
zhè zhǒng bàn fǎ yí yè zhī jiān cóng cáo cāo nà lǐ jiè le shí wàn duō
这种办法，一夜之间从曹操那里“借”了十万多
zhī jiàn yě shǐ zhōu yú jiè dāo shā rén de yīn móu luò kōng le
枝箭，也使周瑜借刀杀人的阴谋落空了。

弟子规解读

序

《蒙学经典解读》是专门为青少年读者策划编辑的传统蒙学读本，通过对《三字经》《弟子规》《千字文》《百家姓》的注音释词、多角度解读，使青少年事半功倍地学习传统蒙书经典的精华，促进身心健康发展。《弟子规解读》就是其中的一种。

《弟子规》是古代的蒙学读物，也就是小孩子启蒙的识字读本。这部读本是众多蒙学读物中较为优秀的一种，原因是它不但教识字，还向青少年读者介绍中华民族的传统美德、做人做事的道理。同时还普及了许多历史知识和科学常识，对青少年提高思想修养和文化水平有很大帮助。

原著非常简练，读起来朗朗上口，易读易背，但文字并不浅显。《弟子规解读》以简明的语言为之释义，又选讲了许多与之有关的故事，对青少年学习和理解《弟子规》很有帮助，而且增加了可读性，是帮助青少年学习和理解《弟子规》的较好读本。

【原文】

dì zǐ guī　shèng rén xùn
弟子规　圣人训①
shǒu xiào tì　cì jǐn xìn
首孝悌②　次谨信③

【注释】

xùn　jiào dǎo　jiào huì　tì　jìng ài xiōng zhǎng　xìn
①训：教导，教诲。②悌：敬爱兄长。③信：
yán yǔ zhēn shí　chéng shí
言语真实，诚实。

【释义】

xué sheng yào yǒu xué sheng de guī ju　zhè shì gǔ dài shèng rén de jiào
学生要有学生的规矩，这是古代圣人的教
xun　dāng xué sheng de shǒu xiān yào xiào jìng fù mǔ　shùn cóng xiōng zhǎng　qí
训。当学生的首先要孝敬父母，顺从兄长，其
cì yào zuò shì xiǎo xīn　shuō huà chéng shí　jiǎng jiu chéng xìn
次要做事小心，说话诚实，讲究诚信。

【故事解读】

kǒng zǐ jiǎng xué
孔子讲学

kǒng zǐ shì wǒ guó gǔ dài zhù míng de jiào yù jiā hé sī xiǎng
孔子是我国古代著名的教育家和思想

jiā xiāng chuán shì tā zuì zǎo chuàng lì le sī shú kǒng zǐ jiào yù
家。相传，是他最早创立了私塾。孔子教育
xué sheng yǐ rú jiā diǎn jí shī shū lǐ yì děng wéi
学生，以儒家典籍《诗》《书》《礼》《易》等为
jiào cái péi yǎng le hěn duō rén cái zuò wéi wǒ guó lì shǐ shang zuì
教材，培养了很多人才。作为我国历史上最
zǎo chuàng bàn sī xué de jiào yù jiā kǒng zǐ liú xia le xǔ duō bǎo guì
早创办私学的教育家，孔子留下了许多宝贵
de jiào xué jīng yàn duì jīn tiān de jiào yù zhě réng jù yǒu jī jí de
的教学经验，对今天的教育者仍具有积极的
jiè jiàn yì yì
借鉴意义。

【原文】

fàn ài zhòng ér qīn rén
泛爱众　而亲仁
yǒu yú lì zé xué wén
有余力　则学文

【释义】

duì dà jiā yào yǒu ài xīn yīng gāi qīn jìn dào dé pǐn zhì gāo
对大家要有爱心，应该亲近道德品质高
shàng de rén píng shí yǒu jīng lì yǒu shí jiān yīng gāi duō kàn shū
尚的人。平时有精力、有时间，应该多看书
xué xí
学习。

【故事解读】

qiǎo yòng sān yú
巧用“三余”

sān guó shí qī yǒu yí gè jiào dǒng yù de rén zì yòu jiā jìng
三国时期，有一个叫董遇的人，自幼家境
pín hán zhěng rì wèi shēng huó bēn bō dàn shì tā zhǐ yào yì yǒu kòng
贫寒，整日为生活奔波。但是他只要一有空，
jiù zuò xia lai dú shū xué xí tiān cháng rì jiǔ jiù xué dào le hěn duō
就坐下来读书学习，天长日久，就学到了很多
zhī shi hòu lái dǒng yù de míng shēng yuè lái yuè dà fù jìn de rén
知识。后来，董遇的名声越来越大，附近的人
men fēn fēn qián lái qiú jiào dǒng yù gào su tā men shuō xué xí yào
们纷纷前来求教。董遇告诉他们说：“学习要
lì yòng sān yú dōng tiān wéi yì nián zhī yú wǎn shang wéi yì tiān
利用‘三余’。冬天为一年之余，晚上为一天
zhī yú yǔ tiān wéi píng rì zhī yú dà jiā zhè cái huǎng rán dà wù
之余，雨天为平日之余。”大家这才恍然大悟，
yuán lái dǒng yù shì lì yòng kòng xián shí jiān lái xué xí zhī shi de
原来董遇是利用空闲时间来学习知识的。

【原文】

fù mǔ hū yìng wù huǎn
父母呼 应勿缓[1]
fù mǔ mìng xíng wù lǎn
父母命[2] 行勿懒

【注释】

①应：应答。②命：指派，差遣。

【释义】

父母叫你，就应该赶快答应；父母有什么事要你做，不要拖拉懒散。

【故事解读】

孟宗泣竹

传说古时候有一个叫孟宗的孝子，对母亲十分孝顺。一年冬天，孟母一连几天没有吃饭，身体十分虚弱。这下可把孟宗急

huài le mèng mǔ duì ér zi shuō qí shí wǒ méi yǒu bìng jiù shì xiǎng
坏了。孟母对儿子说："其实我没有病，就是想
chī zhú sǔn le mèng zōng tīng hòu mǎ shàng pǎo dào zhú lín qù zhǎo zhú
吃竹笋了。"孟宗听后，马上跑到竹林去找竹
sǔn kě shì dōng tiān nǎ lǐ huì yǒu zhú sǔn ne mèng zōng jí de dà kū
笋。可是冬天哪里会有竹笋呢？孟宗急得大哭
qǐ lái zhè shí qí jì chū xiàn le dì shang jìng mào chu le xǔ duō lǜ
起来。这时奇迹出现了，地上竟冒出了许多绿
yóu yóu de zhú sǔn yuán lái shàng tiān bèi mèng zōng de xiào xīn gǎn dòng
油油的竹笋。原来，上天被孟宗的孝心感动
le mǎn zú le tā de yāo qiú
了，满足了他的要求。

【原文】

fù mǔ jiào xū jìng tīng
父母教　须敬听
fù mǔ zé xū shùn chéng
父母责　须顺承①

【注释】

chéng jiē shòu chéng shòu
①承：接受，承受。

【释义】

fù mǔ de jiào huì yí dìng yào xǐ ěr gōng tīng rú guǒ fù mǔ
父母的教诲，一定要洗耳恭听。如果父母

zé bèi nǐ yí dìng shì yǒu dào lǐ de nǐ yào xū xīn jiē shòu
责备你，一定是有道理的，你要虚心接受。

【故事解读】

qū tíng lǐ guò
趋庭鲤过

kǒng zǐ de ér zǐ míng jiào kǒng lǐ yǒu yì tiān kǒng zǐ zhàn zài
孔子的儿子名叫孔鲤。有一天，孔子站在
tíng yuàn lǐ kǒng lǐ cóng páng biān jīng guò kàn jiàn fù qīn zài nà lǐ jiù
庭院里，孔鲤从旁边经过，看见父亲在那里，就
zhǔn bèi kuài bù zǒu guò qù zhè zài gǔ shí hou shì duì zūn zhǎng zhě de yì
准备快步走过去，这在古时候是对尊长者的一
zhǒng lǐ jié kǒng zǐ kàn jiàn kǒng lǐ jiù jiào zhù tā wèn tā shuō
种礼节。孔子看见孔鲤，就叫住他，问他说：
zuì jìn xué shī jīng le ma kǒng lǐ huí dá shuō méi yǒu
“最近学《诗经》了吗？”孔鲤回答说：“没有。”
kǒng zǐ shuō bù hǎo hǎo xué shī jīng lián huà dōu jiǎng bù hǎo
孔子说：“不好好学《诗经》，连话都讲不好。”
yú shì kǒng lǐ xià qù jiù hǎo hǎo xué xí shī jīng guò le bù jiǔ
于是孔鲤下去就好好学习《诗经》。过了不久，
kǒng lǐ cóng tíng qián jīng guò yòu yù jiàn fù qīn yě zài nà lǐ kǒng zǐ
孔鲤从庭前经过，又遇见父亲也在那里。孔子
jiù wèn kǒng lǐ zuì jìn xué lǐ le ma kǒng lǐ huí dá shuō méi
就问孔鲤：“最近学礼了吗？”孔鲤回答说：“没
yǒu kǒng zǐ shuō bù xué lǐ jiù bù dǒng zuò rén de dào lǐ
有。”孔子说：“不学礼，就不懂做人的道理。”
yú shì kǒng lǐ yòu rèn zhēn de xué lǐ hòu lái kǒng lǐ yě chéng wéi hěn
于是孔鲤又认真地学礼。后来，孔鲤也成为很
yǒu míng de xué zhě
有名的学者。

【原文】

dōng zé wēn　xià zé qìng
冬则温　夏则清①
chén zé xǐng　hūn zé dìng
晨则省②　昏则定

【注释】

qìng lěng liáng　xǐng wèn hòu tàn wàng
①清：冷，凉。②省：问候，探望。

【释义】

zǐ nǚ yào xiào jìng fù mǔ　dōng tiān yào ràng fù mǔ nuǎn huo　xià tiān yào ràng fù mǔ liáng shuǎng　zǎo chen yào gōng jìng de qǐng ān　wǎn shang yào gěi tā men pū hǎo bèi rù
子女要孝敬父母，冬天要让父母暖和，夏天要让父母凉爽。早晨要恭敬地请安，晚上要给他们铺好被褥。

【故事解读】

chén hūn dìng xǐng
晨昏定省

zhōu wén wáng de fù qīn wáng jì　shì gǔ gōng dǎn fù de dì sān gè
周文王的父亲王季，是古公亶父的第三个

ér zǐ zhōu wén wáng duì tā de fù qīn fēi cháng xiào shùn měi tiān zǎo shang
儿子。周文王对他的父亲非常孝顺，每天早上、
zhōng wǔ hé wǎn shang tā dōu yí dìng yào qián qù wèn hòu tā de fù qīn
中午和晚上，他都一定要前去问候他的父亲，
kàn kàn fù qīn shuì de hǎo bù hǎo chī de hǎo bù hǎo jiǎ rú fù qīn
看看父亲睡得好不好，吃得好不好。假如父亲
de wèi kǒu bú tài hǎo tā zhī dào le zhī hòu xīn lǐ jiù huì hěn zháo
的胃口不太好，他知道了之后，心里就会很着
jí děng fù qīn de shēn tǐ shāo wēi shū shì chī de bǐ jiào zhèngcháng de
急。等父亲的身体稍微舒适，吃得比较正常的
shí hou tā cái jué de kuān wèi zài tā de yǐng xiǎng xià tā de ér
时候，他才觉得宽慰。在他的影响下，他的儿
zǐ zhōu wǔ wáng duì tā yě fēi cháng xiào shùn
子周武王对他也非常孝顺。

zhōu cháo yǐ xiào zhì tiān xià wéi jī běn guó cè zhī yī
周朝以“孝”治天下为基本国策之一。

【原文】

chū bì gào fǎn bì miàn
出必告 反必面①
jū yǒu cháng yè wú biàn
居有常 业无变

【注释】

fǎn tóng fǎn huí lái
①反：同“返”。回来。

【释义】

chū mén yào gào su fù mǔ yì shēng huí lai yě yào tōng bào yì
出门要告诉父母一声，回来也要通报一
shēng rú guǒ lìng wài ān jiā zhù suǒ yào wěn dìng gōng zuò bú yào jīng
声。如果另外安家，住所要稳定，工作不要经
cháng biàn dòng
常变动。

【故事解读】

niè zhèng yǎng mǔ
聂政养母

zhàn guó shí yǒu yí wèi jiào niè zhèng de dà xiá shì duì mǔ qīn
战国时，有一位叫聂政的大侠士，对母亲
shí fēn xiào shùn fù qīn qù shì hòu tā hé mǔ qīn zài yì qǐ shēng
十分孝顺。父亲去世后，他和母亲在一起生
huó yīn wèi wéi rén gěng zhí hào dǎ bào bù píng suǒ yǐ cháng yǒu rén
活。因为为人耿直，好打抱不平，所以常有人
qǐng tā chū mén xíng xiá zhàng yì bú guò yù dào yǒu wēi xiǎn de shì
请他出门行侠仗义。不过，遇到有危险的事，
niè zhèng zǒng shì kè yì huí bì yǒu yí cì yí wèi péng you qǐng tā bàn
聂政总是刻意回避。有一次，一位朋友请他办
shì niè zhèng gào su nà rén shuō mǔ qīn xū yào zhào gù bù néng chū
事，聂政告诉那人说，母亲需要照顾，不能出
qu yǐ hòu zài shuō ba jǐ nián hòu niè zhèng de mǔ qīn qù shì niè
去，以后再说吧。几年后，聂政的母亲去世，聂
zhèng cái lí kāi jiā wèi péng you bàn shì qù le
政才离开家为朋友办事去了。

【原文】

shì suī xiǎo wù shàn wéi
事虽小 勿擅为①

gǒu shàn wéi zǐ dào kuī
苟擅为② 子道亏③

【注释】

wéi zuò gǒu jiǎ rú kuī qiàn quē duǎn shǎo
①为：做。②苟：假如。③亏：欠缺，短少。

【释义】

shì qing jí shǐ hěn xiǎo yě bú yào yóu zhe xìng zi hú lái fǒu zé nǐ de dào dé pǐn zhì jiù huì chū máo bìng
事情即使很小，也不要由着性子胡来，否则你的道德品质就会出毛病。

【故事解读】

liú bèi jiào zǐ
刘备教子

sān guó shí liú bèi lín zhōng qián gěi ér zi liú chán xiě le yì fēng
三国时，刘备临终前给儿子刘禅写了一封

xìn lái jiào yù tā xìn zhōng yǒu jù hěn zhù míng de huà wù yǐ shàn xiǎo
信来教育他。信中有句很著名的话：“勿以善小
ér bù wéi wù yǐ è xiǎo ér wéi zhī yì si shì shuō bú yào rèn wéi
而不为，勿以恶小而为之。”意思是说，不要认为
huài shì tài xiǎo jiù qù hú zuò fēi wéi bú yào yīn wèi hǎo shì tài xiǎo jiù
坏事太小，就去胡作非为，不要因为好事太小就
bú qù zuò hòu lái liú chán zài xiàng fù zhū gě liàng de fǔ zuǒ xià shǔ
不去做。后来，刘禅在相父诸葛亮的辅佐下，蜀
guó méi chū xiàn tài dà de shī wù zhū gě liàng sǐ hòu liú chán kāi shǐ chǒng
国没出现太大的失误。诸葛亮死后，刘禅开始宠
xìn huàn guān zhú jiàn fàng zòng zì jǐ zuì zhōng shǐ shǔ guó bèi wèi guó miè diào
信宦官，逐渐放纵自己，最终使蜀国被魏国灭掉。

【原文】

wù suī xiǎo wù sī cáng
物虽小　勿私藏
gǒu sī cáng qīn xīn shāng
苟私藏　亲心伤①

【注释】

qīn fù mǔ
①亲：父母。

【释义】

dōng xi zài xiǎo yě bù néng tōu tōu sī cáng qǐ lái fǒu zé
东西再小，也不能偷偷私藏起来。否则，

jiù huì shāng le fù mǔ de xīn
就会伤了父母的心。

【故事解读】

táo mǔ fēng zhǎ
陶母封鲊

táo kǎn shì dōng jìn shí qī zhù míng de xián chén cóng xiǎo mǔ qīn jiù
陶侃是东晋时期著名的贤臣，从小母亲就
zhù yì péi yǎng tā de dào dé pǐn gé táo kǎn zhǎng dà hòu dān rèn le
注意培养他的道德品格。陶侃长大后，担任了
guǎn lǐ yú yè de xiǎo guān yí cì tā tuō rén gěi mǔ qīn dài hui qu
管理渔业的小官。一次，他托人给母亲带回去
yì tán yān yú kě mǔ qīn què bǎ yān yú yuán fēng bú dòng de tuì le huí
一坛腌鱼。可母亲却把腌鱼原封不动地退了回
qù hái xiě xìn duì tā shuō nǐ shì guó jiā guān lì zěn néng yòng gōng
去，还写信对他说：“你是国家官吏，怎能用公
jia de dōng xi xiào jìng mǔ qīn ne cǐ shì suī xiǎo què kě yǐ kàn
家的东西孝敬母亲呢？”此事虽小，却可以看
chu táo mǔ jiào zǐ de yán gé táo kǎn shǐ zhōng bú wàng mǔ qīn de jiào
出陶母教子的严格。陶侃始终不忘母亲的教
huì zuì hòu zhōng yú chéng wéi jìn cháo zhù míng de qīng guān bèi hòu rén jìng yǎng
诲，最后终于成为晋朝著名的清官，被后人敬仰。

【原文】

qīn suǒ hào lì wèi jù
亲所好① 力为具②
qīn suǒ wù jǐn wèi qù
亲所恶 谨为去③

【注释】

qīn fù mǔ hào xǐ hào jù zhì bàn zhǔn
①亲：父母。好：喜好。②具：置办，准
bèi qù chú qù qù diào
备。③去：除去，去掉。

【释义】

fù mǔ suǒ xǐ huan de dōng xi yào jìn lì wèi tā men zhǔn bèi
父母所喜欢的东西，要尽力为他们准备
hǎo fù mǔ suǒ tǎo yàn de dōng xi yào xiǎo xīn wèi tā men rēng diào
好；父母所讨厌的东西，要小心为他们扔掉。

【故事解读】

tán zǐ fèng qīn
郯子奉亲

gǔ shí hou yǒu yí wèi zhù míng de xiào zǐ míng jiào tán zǐ yí
古时候，有一位著名的孝子名叫郯子。一
cì tán zǐ de mǔ qīn xiǎng hē lù rǔ tán zǐ jiù lái dào shān shang
次，郯子的母亲想喝鹿乳，郯子就来到山上，
xiǎng jìn yí qiè bàn fǎ xiǎng dé dào lù rǔ shān shang de lù suī rán hěn
想尽一切办法想得到鹿乳。山上的鹿虽然很
duō què hěn nán jiē jìn wèi le dé dào lù rǔ tán zǐ biàn pī shàng
多，却很难接近。为了得到鹿乳，郯子便披上
lù pí hùn zài lù qún zhōng jīng guò qiān xīn wàn kǔ tán zǐ zhōng yú dé
鹿皮混在鹿群中。经过千辛万苦，郯子终于得
dào le lù rǔ yí gè liè rén shàng shān dǎ liè jiàn dào zhè fān qíng jǐng
到了鹿乳。一个猎人上山打猎，见到这番情景

fēi cháng gǎn dòng biàn gào su le zhōu wéi de rén cóng cǐ tán zǐ yǐ
非常感动，便告诉了周围的人。从此，郯子以
lù rǔ fèng qīn de jiā huà jiù bèi guǎng fàn de chuán sòng kai le
鹿乳奉亲的佳话就被广泛地传颂开了。

【原文】

shēn yǒu shāng yí qīn yōu
身有伤 贻亲忧①
dé yǒu shāng yí qīn xiū
德有伤 贻亲羞②

【注释】

yí ràng xiū gǎn dào xiū rǔ
①贻：让。②羞：感到羞辱。

【释义】

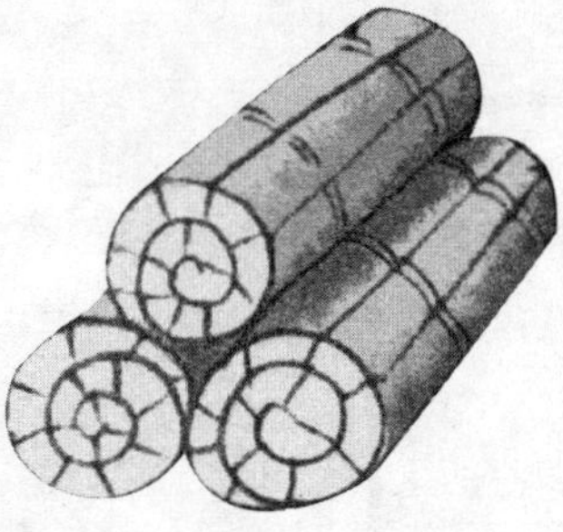

yào ài xī shēn tǐ zūn shǒu dào dé
要爱惜身体，遵守道德。
shēn tǐ yǒu le shāng tòng huì ràng fù mǔ dān xīn
身体有了伤痛，会让父母担心；
dào dé chū le máo bìng huì ràng fù mǔ gēn zhe
道德出了毛病，会让父母跟着
diū liǎn
丢脸。

【故事解读】

dǒng zhuó de è xíng
董卓的恶行

dōng hàn mò nián dǒng zhuó fèi diào le huáng dì liú biàn lìng lì liú
东汉末年，董卓废掉了皇帝刘辨，另立刘
xié wéi kuǐ lěi huáng dì cóng cǐ dú lǎn cháo zhèng dà quán dǒng zhuó wéi
协为傀儡皇帝，从此独揽朝政大权。董卓为
rén cán bào duì cháo zhōng dà chén rèn yì shā lù tā de bào xíng yǐn
人残暴，对朝中大臣任意杀戮。他的暴行引
qǐ le rén men de fèn nù dà chén wáng yǔn děng rén lián hé qi lai yòng
起了人们的愤怒，大臣王允等人联合起来，用
jì yì jǔ jiāng tā chú diào dǒng zhuó sǐ hòu tā jiǔ shí duō suì de mǔ
计一举将他除掉。董卓死后，他九十多岁的母
qīn yě shòu dào zhū lián bèi yī fǎ chǔ sǐ dǒng zhuó de è xíng bù jǐn
亲也受到株连，被依法处死。董卓的恶行不仅
shǐ zì jǐ sǐ yú fēi mìng lián nián mài de lǎo mǔ yě nán táo yì sǐ
使自己死于非命，连年迈的老母也难逃一死，
shí zài shì kě bēi a
实在是可悲啊！

【原文】

qīn ài wǒ xiào hé nán
亲爱我 孝何难
qīn wù wǒ xiào fāng xián
亲恶我 孝方贤①

【注释】

fāng cái
①方：才。

【释义】

fù mǔ xǐ huan zì jǐ zuò dào xiào shùn bìng bù nán fù mǔ bù
父母喜欢自己，做到孝顺并不难；父母不
xǐ huan zì jǐ hái yào xiào shùn tā men zhè cái shì zuì kě guì de
喜欢自己，还要孝顺他们，这才是最可贵的。

【故事解读】

wáng xiáng wò bīng
王祥卧冰

jìn cháo yǒu gè míng jiào wáng xiáng de rén mǔ qīn qù shì hòu fù
晋朝有个名叫王祥的人，母亲去世后，父
qīn yòu xù qǔ le jì mǔ jì mǔ hěn bù xǐ huan wáng xiáng jīng cháng
亲又续娶了继母。继母很不喜欢王祥，经常
gēn fù qīn shuō tā de huài huà jiǔ ér jiǔ zhī fù qīn yě bù xǐ huan
跟父亲说他的坏话，久而久之，父亲也不喜欢
tā le dàn shì wáng xiáng duì fù qīn hé jì mǔ réng hěn xiào jìng
他了。但是，王祥对父亲和继母仍很孝敬。
yì nián dōng tiān jì mǔ shēng bìng xiǎng chī xiān huó de lǐ yú wáng xiáng
一年冬天，继母生病，想吃鲜活的鲤鱼。王祥
jiù lái dào hé biān xiǎng wèi jì mǔ zhuō huó yú cǐ shí hé yǐ jié bīng
就来到河边，想为继母捉活鱼。此时河已结冰，
wáng xiáng jìng rán tuō diào yī fu wò zài bīng shang yào yòng tǐ wēn shǐ bīng
王祥竟然脱掉衣服卧在冰上，要用体温使冰

róng huà wáng xiáng de xiào xíng zhōng yú gǎn dòng le jì mǔ cǐ hòu jì
融化。王祥的孝行终于感动了继母，此后，继
mǔ duì tā yě gé wài guān xīn qi lai
母对他也格外关心起来。

【原文】

qīn yǒu guò jiàn shǐ gēng
亲有过① 谏使更②
yí wú sè róu wú shēng
怡吾色③ 柔吾声④

【注释】

guò guò cuò jiàn yòng yán yǔ guī quàn zūn zhǎng gēng
①过：过错。②谏：用言语规劝尊长。更：
gēng gǎi yí shǐ xǐ yuè kuài lè róu shǐ róu hé
更改。③怡：使喜悦、快乐。④柔：使柔和。

【释义】

fù mǔ yǒu guò cuò yào nài xīn quàn shuō ràng tā men gǎi zhèng tā
父母有过错，要耐心劝说，让他们改正；他
men yě xǔ bú nài fán dàn nǐ hái shi yào hé yán yuè sè qīng shēng xì
们也许不耐烦，但你还是要和颜悦色、轻声细
yǔ de quàn shuō
语地劝说。

【故事解读】

kǔ xīn quàn fù

苦心劝父

gǔ shí hou yǒu gè hěn dǒng shì de hái zi jiào sūn yuán jué tā
古时候，有个很懂事的孩子叫孙元觉，他
de fù qīn duì yé ye jí bú xiào jìng yì tiān fù qīn yào bǎ shēng bìng
的父亲对爷爷极不孝敬。一天，父亲要把生病
de yé ye rēng dào shēn shān li qù hái hǒng piàn yuán jué shuō yé ye
的爷爷扔到深山里去。还哄骗元觉说："爷爷
nián lǎo bù sǐ huì biàn chéng yāo guài de dāng yuán jué hé fù qīn bǎ yé
年老不死会变成妖怪的。"当元觉和父亲把爷
ye dài dào shēn shān yào lí kāi shí yuán jué duì fù qīn shuō bǎ kuāng zi
爷带到深山要离开时，元觉对父亲说："把筐子
ná hui qu ba děng nǐ lǎo le wǒ hǎo yòng tā zhuāng nǐ bǎ nǐ yě rēng
拿回去吧，等你老了，我好用它装你，把你也扔
dào shān li lái ya fù qīn tīng wán dà chī yì jīng lián máng gǎi biàn
到山里来呀！"父亲听完大吃一惊，连忙改变
zhǔ yi yòu bǎ yé ye dài hui le jiā
主意，又把爷爷带回了家。

【原文】

jiàn bú rù yuè fù jiàn
谏不入 悦复谏[①]
háo qì suí tà wú yuàn
号泣随 挞无怨[②]

【注释】

fù zài tà biān dǎ
①复：再。②挞：鞭打。

【释义】

nǐ de quàn shuō fù mǔ tīng bú jìn qù, nà jiù xiào zhe zài quàn
你的劝说父母听不进去，那就笑着再劝。
nǎ pà zuì hòu kū zhe kǔ kǔ āi qiú, shèn zhì ái dǎ yě bú yào bào yuàn
哪怕最后哭着苦苦哀求，甚至挨打也不要抱怨。

【故事解读】

mǐn zǐ qiān jiàn fù
闵子骞谏父

mǐn zǐ qiān shì kǒng zǐ de xué sheng, xiǎo shí hou jīng cháng shòu dào jì
闵子骞是孔子的学生，小时候经常受到继
mǔ nüè dài. dōng tiān dào le, jì mǔ gěi mǐn zǐ qiān zuò le jiàn lú huā mián
母虐待。冬天到了，继母给闵子骞做了件芦花棉
yī. yì tiān, fù qīn cóng wài miàn huí lai, jiàn dào dòng de sè sè fā dǒu
衣。一天，父亲从外面回来，见到冻得瑟瑟发抖
de mǐn zǐ qiān gàn huó hěn chí huǎn. fù
的闵子骞干活很迟缓。父
qīn hěn shēng qì, rèn wéi ér zi
亲很生气，认为儿子
zài tōu lǎn, jiù yòng
在偷懒，就用
biān zi dǎ tā. biān
鞭子打他。鞭

zi bǎ mián yī chōu pò le lù chu le lú huā fù qīn yí xià zi míng bai le
子把棉衣抽破了，露出了芦花，父亲一下子明白了
zhēn xiàng yào bǎ jì mǔ gǎn zǒu mǐn zǐ qiān yí jiàn guì zài dì shang kū
真相，要把继母赶走。闵子骞一见，跪在地上哭
zhe āi qiú fù qīn shuō mǔ qīn rú guǒ lí kāi wǒ men fù zǐ èr rén duō
着哀求父亲说：“母亲如果离开，我们父子二人多
gū dān a fù qīn tīng tā shuō de yǒu lǐ jiù dǎ xiāo le gǎn zǒu jì mǔ
孤单啊！”父亲听他说得有理，就打消了赶走继母
de niàn tou
的念头。

【原文】

qīn yǒu jí yào xiān cháng
亲有疾[①] 药先尝
zhòu yè shì bù lí chuáng
昼夜侍 不离床

【注释】

jí bìng
①疾：病。

【释义】

fù mǔ shēng bìng le chī de yào yào zì jǐ xiān cháng fù mǔ bìng
父母生病了，吃的药要自己先尝；父母病
dǎo zài chuángshang yào rì yè hù lǐ bù néng lí kāi tā men
倒在床上，要日夜护理，不能离开他们。

【故事解读】

汉文帝侍母

hàn wén dì shì mǔ

汉朝时，汉文帝很孝顺自己的母亲。虽然每天都要处理很多事务，但他每天都要到母亲的房间问候。一次，母亲生病了，汉文帝日夜精心服侍。每天母亲吃药时，他都要先亲口尝尝。常言道："久病无孝子。"作为一个皇帝能侍奉母亲，从不懈怠，坚持三年之久，实在是难能可贵的！他的故事因此也成为千古传颂的佳话。

hàn cháo shí, hàn wén dì hěn xiào shùn zì jǐ de mǔ qīn. suī rán měi tiān dōu yào chǔ lǐ hěn duō shì wù, dàn tā měi tiān dōu yào dào mǔ qīn de fáng jiān wèn hòu. yí cì, mǔ qīn shēng bìng le, hàn wén dì rì yè jīng xīn fú shì. měi tiān mǔ qīn chī yào shí, tā dōu yào xiān qīn kǒu cháng chang. cháng yán dào: "jiǔ bìng wú xiào zǐ." zuò wéi yí gè huáng dì néng shì fèng mǔ qīn, cóng bú xiè dài, jiān chí sān nián zhī jiǔ, shí zài shì nán néng kě guì de! tā de gù shi yīn cǐ yě chéng wéi qiān gǔ chuán sòng de jiā huà.

【原文】

sāng sān nián　cháng bēi yè
丧三年　常悲咽

jū chù biàn　jiǔ ròu jué
居处变　酒肉绝

sāng jìn lǐ　jì jìn chéng
丧尽礼[①]　祭尽诚

shì sǐ zhě　rú shì shēng
事死者　如事生[②]

【注释】

①尽：竭尽，尽力。礼：礼仪。②事：对待。

【释义】

父母去世，要守丧三年。有孝心的，提起父母会难过哭泣。三年中，夫妻不同居，不喝酒吃肉。办理丧事要尽到礼节，祭拜要真心诚意。对待死去的父母，要像活着的时候一样恭敬。

【故事解读】

孝感动天

传说古时候有个叫董永的人，十分孝顺。父亲去世后，由于家里穷，董永连埋葬父亲的费用也凑不出来。为了埋葬父亲，他只好把自己典押给地主家。董永的孝行感动了上天，九

tiān xiān nǚ xià fán bāng zhù dǒng yǒng huán qīng zhài wù hái jià gěi tā wéi
天仙女下凡，帮助董永还清债务，还嫁给他为
qī zhè ge gù shi suī rán yǒu xiē shén huà sè cǎi què jiào yù wǒ men
妻。这个故事虽然有些神话色彩，却教育我们
yào shàn dài fù mǔ xiào shùn shuāng qīn
要善待父母，孝顺双亲。

【原文】

xiōng dào yǒu dì dào gōng
兄道友 弟道恭①
xiōng dì mù xiào zài zhōng
兄弟睦② 孝在中

【注释】

dào tú jìng fāng fǎ xiōng dì xiōng dì zǐ mèi
①道：途径，方法。②兄弟：兄弟姊妹。

【释义】

zuò gē ge de yào ài hù dì di zuò dì di de yào zūn zhòng gē
做哥哥的要爱护弟弟，做弟弟的要尊重哥
ge xiōng dì zhī jiān hé mù xiāng chǔ zhè qí
哥。兄弟之间和睦相处，这其
zhōng bāo hán le xiào dào
中包含了孝道。

【故事解读】

bó yí shū qí

伯夷叔齐

bó yí shū qí shì shāng cháo mò nián gū zhú guó jūn de liǎng gè
伯夷、叔齐是商朝末年孤竹国君的两个
ér zǐ bó yí shì zhǎng zǐ shū qí shì lǎo sān gū zhú jūn zài shì
儿子，伯夷是长子，叔齐是老三。孤竹君在世
de shí hou xǐ huān shū qí xiǎng bǎ wáng wèi chuán gěi tā běn lái
的时候，喜欢叔齐，想把王位传给他。本来，
gǔ dài shí xíng dí zhǎng zǐ zhì wáng wèi yīng gāi yóu zhǎng zǐ jì chéng suǒ
古代实行嫡长子制，王位应该由长子继承，所
yǐ gū zhú jūn sǐ hòu shū qí yào bǎ wáng wèi ràng hái gěi bó yí dàn
以孤竹君死后，叔齐要把王位让还给伯夷，但
shì bó yí bù jiē shòu tā shuō nǐ dāng guó jūn shì fù qīn de yí
是，伯夷不接受，他说：“你当国君是父亲的遗
mìng zěn me kě yǐ suí biàn gǎi biàn ne bó yí jiù táo zǒu le
命，怎么可以随便改变呢？”伯夷就逃走了，
shū qí yě gēn zhe bó yí táo zǒu le tā men lái dào bó hǎi zhī bīn
叔齐也跟着伯夷逃走了，他们来到渤海之滨，
hòu lái yòu dào le xī biān de zhōu guó
后来又到了西边的周国。

dāng zhōu wǔ wáng fá zhòu de shí hou tā men rèn wéi bù yīng gāi
当周武王伐纣的时候，他们认为不应该
yǐ chén fá jūn suǒ yǐ bù zài shí zhōu sù shuāng shuāng è sǐ zài shǒu
以臣伐君，所以不再食周粟，双双饿死在首
yáng shān
阳山。

【原文】

cái wù qīng　yuàn hé shēng
财物轻　怨何生
yán yǔ rěn　fèn zì mǐn
言语忍　忿自泯①

【注释】

fèn　nù　yuàn hèn　mǐn　xiāo shī
①忿：怒，怨恨。泯：消失。

【释义】

bù tān tú cái wù　xiōng dì zhī jiān jiù bú huì chǎn shēng yuàn hèn
不贪图财物，兄弟之间就不会产生怨恨；
yán yǔ shang hù xiāng rěn ràng　fèn hèn zì rán jiù xiāo chú le
言语上互相忍让，愤恨自然就消除了。

【故事解读】

zhòng yì qīng cái
重义轻财

xī hàn shí qī yǒu yí wèi zhù míng de xián shì　míng jiào bǔ shì　fù
西汉时期有一位著名的贤士，名叫卜式。父

mǔ qù shì hòu xiōng dì liǎ fēn jiā bǔ shì bǎ jiā zhōng de cái wù dōu ràng
母去世后，兄弟俩分家，卜式把家中的财物都让
gěi le dì di zì jǐ zhǐ yào le yì bǎi duō zhī yáng shí jǐ nián guò
给了弟弟，自己只要了一百多只羊。十几年过
qu le bǔ shì de yáng qún fán zhí dào shàng qiān zhī tā yě zhì bàn le tǔ
去了，卜式的羊群繁殖到上千只，他也置办了土
dì hé fáng wū zhè shí dì di què yīn jīng yíng bú shàn ér shēng huó pín kùn
地和房屋。这时弟弟却因经营不善而生活贫困，
yú shì bǔ shì bǎ zì jǐ de cái chǎn fēn le yí bàn gěi dì di bǔ shì
于是卜式把自己的财产分了一半给弟弟。卜式
de zhè yì xíng wéi gǎn dòng le dāng shí de rén dà jiā dōu shuō tā shì gè
的这一行为感动了当时的人，大家都说他是个
zhòng qīn qíng bú ài cái de jūn zǐ
重亲情、不爱财的君子。

【原文】

huò yǐn shí huò zuò zǒu
或饮食 或坐走
zhǎng zhě xiān yòu zhě hòu
长者先 幼者后

【释义】

duì dài zhǎng bèi yīng dǒng de lǐ ràng chī fàn shí ràng zhǎng bèi xiān
对待长辈应懂得礼让。吃饭时让长辈先
dòng kuài zi jiù zuò shí ràng zhǎng bèi xiān rù zuò zǒu lù shí ràng zhǎng bèi
动筷子，就座时让长辈先入座，走路时让长辈
xiān xíng wǎn bèi suí hòu
先行，晚辈随后。

【故事解读】

xìn líng jūn jìng lǎo
信陵君敬老

zhàn guó shí qī de xìn líng jūn shì lì hěn dà yǒu mén kè shàng qiān
战国时期的信陵君势力很大，有门客上千
rén tā wéi rén qiān gōng jìng lǎo ài xián yí cì tā tīng shuō kān chéng
人，他为人谦恭，敬老爱贤。一次，他听说看城
mén de lǎo rén hóu yíng hěn yǒu xián dé jiù qīn zì qián qù qǐng jiào hóu
门的老人侯嬴很有贤德，就亲自前去请教。侯
yíng yě zhī dào xìn líng jūn de míng shēng dàn tā yào qīn yǎn kàn kan xìn líng
嬴也知道信陵君的名声，但他要亲眼看看信陵
jūn jìng lǎo ài xián shì bú shì zhēn de suǒ yǐ xìn líng jūn qù jiē tā de
君敬老爱贤是不是真的，所以信陵君去接他的
shí hou tā gù yì zhuāng chu ào màn de yàng zi dàn yuè shì zhè yàng xìn
时候，他故意装出傲慢的样子，但越是这样，信
líng jūn duì tā yù gōng jìng hóu yíng jiàn zhuàng zhī dào xìn líng jūn shì zhēn
陵君对他愈恭敬。侯嬴见状，知道信陵君是真
xīn de yú shì tòng kuài de zuò le tā de mén kè
心的，于是痛快地做了他的门客。

【原文】

zhǎng hū rén jí dài jiào
长呼人 即代叫
rén bú zài jǐ jí dào
人不在① 己即到

【注释】

rén qí tā rén
①人：其他人。

【释义】

zhǎng bèi hū huàn rén shí rú guǒ nǐ tīng dào le yīng mǎ shàngbāng
长辈呼唤人时，如果你听到了，应马上帮
tā hū jiào rú guǒ suǒ jiào de rén bú zài ér nǐ néng zuò zhǎng bèi fēn
他呼叫；如果所叫的人不在，而你能做长辈吩
fù de shì jiù yīng gāi qián qù zhào ying
咐的事，就应该前去照应。

【故事解读】

dù huán dài rén yǎng mǔ
杜环代人养母

míng cháo shí yǒu
明朝时，有
yí wèi míng jiào dù huán
一位名叫杜环
de rén hěn xián dé yí
的人很贤德。一
cì dù huán dé zhī yǒu
次，杜环得知有
gè wú rén shàn yǎng de lǎo
个无人赡养的老
fù rén shēng huó hěn kùn kǔ
妇人生活很困苦，

tā biàn jué dìng shàn yǎng zhè wèi lǎo fù rén bìng bāng zhù lǎo fù rén xún
他便决定赡养这位老妇人，并帮助老妇人寻
zhǎo shī zōng de ér zi hòu lái zhè wèi lǎo rén de ér zi suī rán
找失踪的儿子。后来，这位老人的儿子虽然
zhǎo dào le dàn tā cōng cōng jiàn le mǔ qīn yí miàn jiù zhǎo jiè kǒu lí
找到了，但他匆匆见了母亲一面，就找借口离
kāi le cóng cǐ zài yě méi yǒu lòu miàn dù huán biàn yì zhí shàn yǎng
开了，从此再也没有露面。杜环便一直赡养
zhe zhè wèi lǎo fù rén duì tā jiù xiàng duì zì jǐ de qīn shēng mǔ qīn
着这位老妇人，对她就像对自己的亲生母亲
yí yàng xiào shùn
一样孝顺。

【原文】

chēng zūn zhǎng wù hū míng
称尊长 勿呼名

duì zūn zhǎng wù jiàn néng
对尊长 勿见能①

lù yù zhǎng jí qū yī
路遇长 疾趋揖②

zhǎng wú yán tuì gōng lì
长无言 退恭立

【注释】

jiàn tóng xiàn biǎo xiàn jí kuài sù qū lǐ
①见：同“现”，表现。②疾：快速。趋：礼
mào xìng dì xiǎo bù kuài zǒu biǎo shì zūn jìng yī gǒng shǒu xíng lǐ
貌性地小步快走，表示尊敬。揖：拱手行礼。

【释义】

chēng hu zhǎng bèi bù néng zhí jiē hǎn tā men de míng zi zhǎng bèi
称呼长辈，不能直接喊他们的名字。长辈
jiàn duō shí guǎng zài tā men miàn qián bú yào kuā yào zì jǐ de cái néng
见多识广，在他们面前，不要夸耀自己的才能。
lù shang yù jian zhǎng bèi yīng dāng gǎn kuài shàng qián jū gōng wèn hǎo zhǎng bèi
路上遇见长辈，应当赶快上前鞠躬问好；长辈
méi yǒu hé nǐ shuō huà shí yào tuì zài páng biān gōng jìng zhàn lì bú yào
没有和你说话时，要退在旁边恭敬站立，不要
duō zuǐ
多嘴。

【故事解读】

yí qiáo jìn lǚ
圯桥进履

zhāng liáng shì hàn cháo de míng chén nián qīng shí fēi cháng zūn zhòng zhǎng
张良是汉朝的名臣，年轻时非常尊重长
bèi yí cì tā zài yí qiáo biān sàn bù jiàn yí wèi yī shān lán lǚ
辈。一次，他在圯桥边散步，见一位衣衫褴褛
de lǎo hàn zuò zài qiáo tóu shang lǎo hàn jiàn zhāng liáng zǒu guo lai bǎ jiǎo
的老汉坐在桥头上。老汉见张良走过来，把脚
shang de cǎo xié shuǎi dào qiáo xià duì zhāng liáng shuō gěi wǒ bǎ xié jiǎn
上的草鞋甩到桥下，对张良说：“给我把鞋捡
shang lai zhāng liáng jiàn lǎo hàn nián jì hěn dà biàn xià qiáo bǎ xié zi
上来。”张良见老汉年纪很大，便下桥把鞋子
ná le shàng lái lǎo hàn méi yǒu yòng shǒu jiē xié què bǎ jiǎo shēn le guò
拿了上来。老汉没有用手接鞋，却把脚伸了过
lái zhāng liáng yòu gěi lǎo rén chuān shang xié zhè shí lǎo rén xiào le
来，张良又给老人穿上鞋。这时，老人笑了。

yuán lái lǎo rén shì zhù míng de xué zhě huáng shí gōng tā jiàn zhāng liáng shì
原来，老人是著名的学者黄石公，他见张良是
kě sù zhī cái jiù bǎ bì shēng suǒ xué chuán shòu gěi le tā
可塑之材，就把毕生所学传授给了他。

【原文】

qí xià mǎ chéng xià chē
骑下马 乘下车
guò yóu dài bǎi bù yú
过犹待① 百步余

【注释】

guò zǒu guò qù yóu hái yào
①过：走过去。犹：还要。

【释义】

yù dào zhǎng bèi shí qí mǎ de yào xià mǎ
遇到长辈时，骑马的要下马，
chéng chē de yào xià chē zhǎng bèi zǒu guò shí yào
乘车的要下车；长辈走过时，要
zài yuán dì dāi yí huì er děng zhǎng bèi zǒu guo bǎi
在原地待一会儿，等长辈走过百
yú bù hòu zài lí kāi
余步后再离开。

【故事解读】

五羖大夫

春秋时的秦穆公听说百里奚很有才能，就想用重金把他从楚国买来。他的夫人说：“如果用重金，必然会引起楚国对他的重视，还是用低价为好。”于是，秦穆公用五张公羊皮买回了百里奚。到秦国后，秦穆公亲自释放了他，并且向他求教国家大事，态度十分诚恳。百里奚被秦穆公的诚意所打动，就敞开心扉与他谈了起来。他们谈了三天三夜，秦穆公很高兴，便任命百里奚为大夫。

【原文】

长者立　幼勿坐

长者坐　命乃坐①

【注释】

mìng mìng lìng nǎi cái
①命：命令。乃：才。

【释义】

jiǎ rú zhǎng bèi zhàn zhe zuò xiǎo bèi de jiù bú yào zuò xia lai
假如长辈站着，做小辈的就不要坐下来；
zhǎng bèi zuò xià hòu zhāo hu nǐ zuò xia nǐ cái kě yǐ zuò xia
长辈坐下后，招呼你坐下你才可以坐下。

【故事解读】

wángshēng jié wà
王生结袜

zhāng shì zhī shì hàn cháo míng chén tā fēi cháng zūn zhòngzhǎng bèi yí
张释之是汉朝名臣，他非常尊重长辈。一
cì huáng dì jǔ bàn yàn huì xǔ duō dá guān guì rén dōu qián lái cān jiā
次，皇帝举办宴会，许多达官贵人都前来参加，
chǎngmiàn shí fēn rè nao zhè shí yǒu wèi jiào wángshēng de lǎo rén duì zhāng
场面十分热闹。这时有位叫王生的老人对张
shì zhī shuō wǒ wà zi de dài zi kāi le nǐ gěi wǒ bǎngshang ba
释之说：“我袜子的带子开了，你给我绑上吧。”
zhāng shì zhī zài zhòng mù kuí kuí zhī xià hěn tǎn rán de guì le xià lái gōng
张释之在众目睽睽之下很坦然地跪了下来，恭
jìng de gěi lǎo rén jì hǎo wà dài zhāng shì zhī shēn wéi gāo guān què yī
敬地给老人系好袜带。张释之身为高官，却依
rán néng zuò dào lǐ xián xià shì jìng lǎo zūn xián yīn cǐ yíng dé le rén
然能做到礼贤下士、敬老尊贤，因此赢得了人

men de zūn jìng
们的尊敬。

【原文】

zūn zhǎng qián　shēng yào dī
尊长前　声要低

dī bù wén　què fēi yí
低不闻①　却非宜

jìn bì qū　tuì bì chí
进必趋②　退必迟

wèn qǐ duì　shì wù yí
问起对③　视勿移

【注释】

wén shǐ rén tīng dào　qū kuài bù xiàng qián　duì huí dá
①闻：使人听到。②趋：快步向前。③对：回答。

【释义】

zài zhǎng bèi miàn qián shuō huà shí, shēng yīn yào dī yì xiē, dàn dī de ràng rén tīng bú jiàn, shì bù hé shì de. qù jiàn zhǎng bèi de shí hou, yào kuài bù shàng qián, gào tuì shí yào fàng màn bù zi. zhǎng bèi wèn nǐ huà, yào
在长辈面前说话时，声音要低一些，但低得让人听不见，是不合适的。去见长辈的时候，要快步上前，告退时要放慢步子。长辈问你话，要

zhàn qǐ lái huí dá yǎn jing yào kàn zhe zhǎng bèi bú yào dōngzhāng xī wàng
站起来回答，眼睛要看着长辈，不要东张西望。

【故事解读】

dài rén xíng xiào
代人行孝

zhāng cāng shì hàn cháo shí de yí wèi chéng xiàng tā fēi cháng zūn jìng zhǎng
张苍是汉朝时的一位丞相，他非常尊敬长
bèi zhāng cāng nián qīng shí wáng líng hěn zhào gù tā suǒ yǐ zhāng cāng
辈。张苍年轻时，王陵很照顾他。所以，张苍
dāng guān yǐ hòu wèi le bào dá wáng líng duì dài tā xiàng fù qīn yí yàng
当官以后，为了报答王陵，对待他像父亲一样。
hòu lái wáng líng qù shì le zhāng cāng zhè shí yǐ jīng guì wéi chéng xiàng dàn
后来，王陵去世了，张苍这时已经贵为丞相，但
tā yì yǒu kòng xián biàn qù zhào gù wáng líng de lǎo mǔ shèn zhì qīn zì cì hou
他一有空闲便去照顾王陵的老母，甚至亲自伺候
wáng mǔ chī fàn zhāng cāng guì wéi chéng xiàng néng zhè yàng gōng jìng de zhào
王母吃饭。张苍贵为丞相，能这样恭敬地照
gù zhǎng bèi zú jiàn zhōng huá mín zú de zūn lǎo měi dé yuán yuǎn liú cháng
顾长辈，足见中华民族的尊老美德源远流长。

【原文】

shì zhū fù rú shì fù
事诸父① 如事父
shì zhū xiōng rú shì xiōng
事诸兄② 如事兄

【注释】

zhū fù duì nán xìng zhǎng bèi de tōng chēng fù fù
①诸父：对男性长辈的通称。父：父
qīn zhū xiōng tóng zú de xiōng zhǎng xiōng zì jǐ de xiōng zhǎng
亲。②诸兄：同族的兄长。兄：自己的兄长。

【释义】

duì dài zì jǐ de shū shu bó bo yīng gāi xiàng duì dài zì jǐ
对待自己的叔叔伯伯，应该像对待自己
de fù qīn yí yàng duì dài xiōng zhǎng bèi de qīn yǒu yě yīng xiàng duì
的父亲一样；对待兄长辈的亲友，也应像对
dài zì jǐ de xiōng dì yí yàng
待自己的兄弟一样。

【故事解读】

hǎi shén mā zǔ
海神妈祖

běi sòng shí qī zài fú jiàn yǒu yí wèi jiào lín mò de nǚ zǐ tā
北宋时期在福建有一位叫林默的女子，她
de fù qīn hé gē ge dōu shì chuán fū yí cì chū hǎi fù qīn hé gē
的父亲和哥哥都是船夫。一次出海，父亲和哥
ge yù dào le hǎi nàn jīng guò nǔ lì fù qīn dé jiù le dàn gē ge
哥遇到了海难。经过努力，父亲得救了，但哥哥
què zài yě méi huí lai hòu lái lín mò wèi le bì miǎn gèng duō de rén
却再也没回来。后来，林默为了避免更多的人
zāo yù hǎi nàn jīng cháng mào zhe wēi xiǎn qù jiù zhù guò wǎng de chuán zhī
遭遇海难，经常冒着危险去救助过往的船只。

yóu yú cāo láo guò dù nián jǐn èr shí bá suì lín mò jiù qù shì le
由于操劳过度，年仅二十八岁，林默就去世了。
hòu lái rén men wèi le jì niàn lín mò xiū jiàn le hěn duō cí táng yǐ
后来，人们为了纪念林默，修建了很多祠堂，以
cǐ lái biǎo dá duì tā de huái niàn bìng zūn chēng tā wéi hǎi shén mā zǔ
此来表达对她的怀念，并尊称她为“海神妈祖”。

【原文】

zhāo qǐ zǎo yè mián chí
朝起早 夜眠迟
lǎo yì zhì xī cǐ shí
老易至 惜此时

【释义】

zǎo shang yào zǎo diǎn qǐ lái wǎn shang yào wǎn xiē rù shuì rén de
早上要早点起来，晚上要晚些入睡。人的
yì shēng hěn duǎn zhuǎn yǎn jiù lǎo le yīng gāi zhēn xī nián qīng shí de guāng yīn
一生很短，转眼就老了，应该珍惜年轻时的光阴。

【故事解读】

wēn gōng jǐng zhěn
温公警枕

sī mǎ guāng shì sòng cháo zhù míng de zhèng zhì jiā hé wén xué jiā sǐ
司马光是宋朝著名的政治家和文学家，死

hòu bèi zhuī fēng wéi wēn gōng sī mǎ guāng zì yòu cōng yǐng guò rén xué
后被追封为温公。司马光自幼聪颖过人，学
xí shí fēn qín fèn wèi le měi tiān néng zǎo diǎn qǐ lai dú shū tā yòng
习十分勤奋。为了每天能早点起来读书，他用
yuán mù zuò le yí gè zhěn tou yòng zhè ge zhěn tou shuì jiào tóu zhǐ yào
圆木做了一个枕头。用这个枕头睡觉，头只要
yì zhuǎn jiù huì huá xià zhěn tou lái zhè yàng sī mǎ guāng jiù huì jīng xǐng
一转就会滑下枕头来，这样司马光就会惊醒，
yú shì qǐ lái jì xù dú shū hòu lái zhè ge zhěn tou jiù bèi chēng wéi
于是起来继续读书。后来，这个枕头就被称为
jǐng zhěn sī mǎ guāng de qín fèn hào xué shǐ de tā de xué shí fēi
“警枕”。司马光的勤奋好学，使得他的学识非
cháng yuān bó zài shì yè shang qǔ dé le hěn dà chéng jiù
常渊博，在事业上取得了很大成就。

【原文】

chén bì guàn jiān shù kǒu
晨必盥① 兼漱口

biàn niào huí zhé jìng shǒu
便溺回② 辄净手③

guān bì zhèng niǔ bì jié
冠必正④ 纽必结⑤

wà yǔ lǚ jù jǐn qiè
袜与履⑥ 俱紧切

【注释】

guàn zhǐ xǐ liǎn shuā yá shù kǒu biàn niào dà xiǎo
①盥：指洗脸、刷牙、漱口。②便溺：大小

便。③辄：立即，就，便。④冠：帽子。⑤纽：衣服上可以扣系的部分。⑥履：鞋子。

【释义】

清晨起床后，必须洗脸漱口；上厕所后，要把手洗干净，养成良好的习惯。帽子要戴正，纽扣要系好，袜子和鞋子也都要穿得合适。

【故事解读】

结缨而死

孔子的学生子路是一个非常讲究仪表的人。有一年，卫国发生内乱，正在国外的子路听说以后，急忙回国。有人劝他："现在回国很可能会遭受灾祸。"子路说："拿了国家的俸禄，就不能躲避祸难。"子路回国后，英勇地抗击敌人，但终因寡不敌众，被敌人的武士击中，帽子上的缨带也被割断了。子路知道自己难逃一

sǐ biàn tíng zhǐ zhàn dòu shuō jūn zǐ suī sǐ dàn bù néng ràng mào
死，便停止战斗，说：“君子虽死，但不能让帽
zi tuō luò ér shī lǐ yú shì cóng róng de jì hǎo mào dài ér sǐ
子脱落而失礼。”于是从容地系好帽带而死。

【原文】

zhì guān fú yǒu dìng wèi
置冠服① 有定位
wù luàn dùn zhì wū huì
勿乱顿② 致污秽
yī guì jié bú guì huá
衣贵洁 不贵华③
shàng xún fèn xià chèn jiā
上循分④ 下称家⑤

【注释】

zhì fàng zhì dùn fàng zhì huá huá
①置：放置。②顿：放置。③华：华
lì xún yī jù zūn shǒu fèn děng jí míng fèn chèn
丽。④循：依据，遵守。分：等级，名分。⑤称：
fú hé xiāng dāng
符合，相当。

【释义】

fàng zhì mào zi hé yī fu yào yǒu gù dìng de dì fang bù kě
放置帽子和衣服，要有固定的地方，不可

yǐ dào chù luàn diū yǐ zhì yú nòng luàn nòng zāng chuān yī fu guì zài zhěng
以到处乱丢，以至于弄乱弄脏。穿衣服贵在整
jié bú zài huá lì yǒu zhí wèi de rén yào chuān de fú hé shēn fen
洁，不在华丽。有职位的人要穿得符合身份，
píng cháng de rén yào chuān de hé jiā jìng xiāng chèn
平常的人要穿得和家境相称。

【故事解读】

wáng ān shí de yī zhuó
王安石的衣着

wáng ān shí shì wǒ guó gǔ dài zhù míng de zǎi xiàng hái shi zhù míng
王安石是我国古代著名的宰相，还是著名
de wén xué jiā bú guò tā yě yǒu quē diǎn jiù shì bù jiǎng jiu wèi
的文学家。不过他也有缺点，就是不讲究卫
shēng tā bú tài ài xǐ zǎo yě bú ài huàn yī fu yí cì huáng
生。他不太爱洗澡，也不爱换衣服。一次，皇
dì zhào jiàn wáng ān shí hé jǐ wèi dà chén yì qǐ shāng yì guó jiā dà shì
帝召见王安石和几位大臣一起商议国家大事。
tán huà de shí hou yì zhī shī zi cóng wáng
谈话的时候，一只虱子从王
ān shí de yī lǐng li pá chū lái pá dào le
安石的衣领里爬出来，爬到了
liǎn shang hòu lái zhè jiàn shì chéng wéi rén men
脸上。后来，这件事成为人们
de xiào tán wáng ān shí de yí biǎo zāo gāo
的笑谈。王安石的仪表糟糕，
shì yīn wèi tā bǎ quán bù de jīng lì dōu yòng
是因为他把全部的精力都用
zài zhì lǐ guó jiā de dà shì shàng le
在治理国家的大事上了。

【原文】

duì yǐn shí　wù jiǎn zé
对饮食　勿拣择
shí shì kě　wù guò zé
食适可　勿过则[①]

【注释】

zé　jiè xiàn
①则：界限。

【释义】

yǐn shí bú yào tiāo tiāo jiǎn jiǎn　piān shí huì yíng yǎng bù liáng　chī
饮食不要挑挑拣拣，偏食会营养不良。吃
dōng xi yě yào shì kě ér zhǐ
东西也要适可而止。

【故事解读】

fú shí yǎng shēng
服食养生

jī kāng shì sān guó shí qī zhù míng de wén xué jiā hé sī xiǎng jiā
嵇康是三国时期著名的文学家和思想家。

tā tè bié zhù yì yǎng shēng céng jīng xiě guò yì piān wén zhāng jiào yǎng
他特别注意养生，曾经写过一篇文章叫《养
shēng lùn wén zhāng zhōng jī kāng jiǎng shù le rén yào yǒu zhèng què de
生论》。文章中，嵇康讲述了人要有正确的
shēng huó tài du zhù yì yǎng shēng zhǐ yǒu zhè yàng cái kě yǐ dá dào jiàn
生活态度，注意养生，只有这样才可以达到健
kāng cháng shòu de mù dì tā hái tè bié tí dào zài yǐn shí shang yào
康长寿的目的。他还特别提到，在饮食上要
yǒu jié zhì rú guǒ yǐn shí bù jié jiù huì shēng bǎi bìng zhè xiē
有节制，如果“饮食不节”，就会生百病。这些
yǎng shēng cháng shí duì wǒ men jīn tiān de shēng huó réng jù yǒu zhòng yào de
养生常识对我们今天的生活仍具有重要的
jiè jiàn yì yì
借鉴意义。

【原文】

nián fāng shào wù yǐn jiǔ
年方少　勿饮酒
yǐn jiǔ zuì zuì wéi chǒu
饮酒醉　最为丑
bù cóng róng lì duān zhèng
步从容　立端正
yī shēn yuán bài gōng jìng
揖深圆[①]　拜恭敬[②]

【注释】

shēn yuán xíng lǐ zuò yī shí shàng shēn yào xiàng xià shēn gōng yǐ
①深圆：行礼作揖时，上身要向下深弓，以

表恭敬。②拜：古代一种表示敬意的礼节，这里指问候、拜见。

【释义】

年龄小的时候，不要喝酒。喝酒醉倒的样子是最难看的。走路要不慌不忙，站立要姿势端正。作揖时要弯腰，让身体成一弯形，尽可能表示出你的恭敬。

【故事解读】

张九龄的风度

张九龄是唐朝著名诗人，也是一位优秀的政治家。他平时总是衣帽整洁，走在路上，显得很有风度。所以，站在众人中间，他总是很显眼，连皇帝对他的举止都赞赏不已。这就是为什么同一个精神面貌很好又有风度的人在一起，我们就会觉得愉快，感到精神焕发。

【原文】

wù jiàn yù　　wù bǒ yǐ
勿践阈①　勿跛倚②

wù jī jù　　wù yáo bì
勿箕踞③　勿摇髀④

【注释】

jiàn yù jiàn cǎi yù mén kǎn bǒ yǐ piān yǐ
①践阈：践，踩；阈，门槛。②跛倚：偏倚，

zhàn dé bù zhèng jī jù zuò shí liǎng tuǐ qián shēn xíng rú jī shì
站得不正。③箕踞：坐时两腿前伸，形如箕，是

yì zhǒng ào màn wú lǐ de biǎo xiàn bì dà tuǐ
一种傲慢无礼的表现。④髀：大腿。

【释义】

bú yào tà zài mén kǎn shang bú yào yòng yì tiáo tuǐ zhī chēng shēn tǐ
不要踏在门槛上，不要用一条腿支撑身体

xié kào zhe bú yào shēn kāi liǎng tiáo tuǐ zuò zài dì
斜靠着；不要伸开两条腿坐在地

shang gèng bú yào yáo dòng kuà fǒu zé nǐ jiù xiǎn de
上，更不要摇动胯，否则你就显得

méi yǒu jiào yǎng le
没有教养了。

【故事解读】

mí héng de zāo yù
祢衡的遭遇

mí héng shì dōng hàn shí qī yǒu míng de cái zǐ xué shí hěn yuān
祢衡是东汉时期有名的才子，学识很渊
bó dàn shì mí héng jiāo ào zì dà zǒng shì kàn bu qǐ bié ren
博。但是，祢衡骄傲自大，总是看不起别人。
tā céng shuō wǒ zuì pèi fú kǒng róng qí cì jiù shì yáng dé zǔ dāng
他曾说："我最佩服孔融，其次就是杨德祖（当
shí de lìng yí gè cái zǐ qí tā rén jūn bù zú chēng dào yóu yú
时的另一个才子），其他人均不足称道。"由于
tā de gāo ào zuì hòu yǐn lai shā shēn zhī huò kǒng róng bǎ tā jǔ jiàn
他的高傲，最后引来杀身之祸。孔融把他举荐
gěi cáo cāo cáo cāo kàn tā ào màn wú lǐ hěn tǎo yàn tā biàn yòu bǎ
给曹操，曹操看他傲慢无理，很讨厌他，便又把
tā jiāo gěi liú biǎo zuì hòu mí héng bèi liú biǎo de jiāng jūn huáng zǔ shā
他交给刘表。最后祢衡被刘表的将军黄祖杀
diào le yóu cǐ kàn lái gè rén jiào yǎng kàn sì bú zhòng yào yǒu shí
掉了。由此看来，个人教养看似不重要，有时
què huì jué dìng yí gè rén de mìng yùn
却会决定一个人的命运。

【原文】

huǎn jiē lián wù yǒu shēng
缓揭帘 勿有声
kuān zhuǎn wān wù chù léng
宽转弯 勿触棱①

【注释】

léng　qì wù de léng jiǎo
①棱：器物的棱角。

【释义】

xiān lián zi de shí hou dòng zuò yào qīng jǐn liàng bú yào fā chū
掀帘子的时候，动作要轻，尽量不要发出
xiǎngshēng zhuǎn wān de dì fang xíng dòng fú dù yào dà bú yào pèng zháo dōng
响声；转弯的地方，行动幅度要大，不要碰着东
xi de léng jiǎo
西的棱角。

【故事解读】

sū jiā zhé yuán
苏嘉折辕

sū jiā shì hàn cháo zhù míng wén háo sū wǔ de gē ge céng jīng fù zé
苏嘉是汉朝著名文豪苏武的哥哥，曾经负责
gěi huáng dì jià chē yǒu yí cì huáng dì wài chū sū jiā gěi huáng dì jià chē
给皇帝驾车。有一次皇帝外出，苏嘉给皇帝驾车，
cóng dū chéng cháng ān lái dào jiāo wài de xíng gōng dāng huáng dì zhèng yào xià chē
从都城长安来到郊外的行宫。当皇帝正要下车
shí sū jiā yīn wèi bù xiǎo xīn yí xià zi bǎ chē yuán zhuàng dào le zhù zi
时，苏嘉因为不小心，一下子把车辕撞到了柱子
shang chē yuán bèi zhé duàn le huáng dì yě shòu le jīng xià jié guǒ sū
上。车辕被折断了，皇帝也受了惊吓。结果，苏
jiā bèi pàn wéi dà bú jìng de zuì zé kàn lái zuò rèn hé shì qing dōu yīng
嘉被判为大不敬的罪责。看来，做任何事情都应

gāi xiǎo xīn yí jiàn xiǎo shì rú guǒ chǔ lǐ bù hǎo yǒu shí yě huì niàng chéng
该小心，一件小事如果处理不好，有时也会酿成
dà huò
大祸。

【原文】

zhí xū qì rú zhí yíng
执虚器① 如执盈②
rù xū shì rú yǒu rén
入虚室 如有人

【注释】

xū kōng de yíng zhè lǐ shì zhǐ zhuāng mǎn dōng xī de
①虚：空的。②盈：这里是指装满东西的
qì wù
器物。

【释义】

ná zhe kōng de yòng jù jiù xiàng ná zhe chéng mǎn dōng xi de yòng jù
拿着空的用具，就像拿着盛满东西的用具
yí yàng xiǎo xīn yì yì zǒu jìn kōng fáng jiān yě yào xiàng zhǔ rén zài jiā
一样小心翼翼；走进空房间，也要像主人在家
nà yàng jǐn shèn bú yào luàn zǒu luàn dòng
那样谨慎，不要乱走乱动。

【故事解读】

bù qī àn shì
不欺暗室

chūn qiū shí qī wèi guó yǒu yí wèi dà fū jiào qú bó yù tā
春秋时期，卫国有一位大夫叫蘧伯玉，他
fēi cháng jiǎng jiu lǐ yí yì tiān wǎn shang wèi wáng hé fū rén zhèng zài shǎng
非常讲究礼仪。一天晚上，卫王和夫人正在赏
yuè hū rán tīng dào yuàn wài yǒu chē mǎ de shēng yīn dàn jīng guò wáng gōng
月，忽然听到院外有车马的声音，但经过王宫
mén kǒu shí què méi le dòng jing guò le yí huì er chē mǎ shēng yòu zài
门口时，却没了动静。过了一会儿，车马声又在
yuǎn chù xiǎng qǐ yuán lái dāng shí lǐ jié guī dìng chén zǐ jīng guò wáng
远处响起。原来，当时礼节规定：臣子经过王
gōng mén kǒu shí yào xià chē yǐ biǎo shì duì guó jūn de gōng jìng qú bó
宫门口时要下车，以表示对国君的恭敬。蘧伯
yù méi yǒu yīn wèi zhè shì wǎn shang méi yǒu rén kàn jian jiù fèi qì le lǐ
玉没有因为这是晚上没有人看见就废弃了礼
jié cóng zhè jiàn xiǎo shì kě yǐ kàn chu qú bó yù wéi rén fēi cháng jǐn shèn
节。从这件小事可以看出，蘧伯玉为人非常谨慎。

【原文】

shì wù máng máng duō cuò
事勿忙　忙多错
wù wèi nán wù qīng lüè
勿畏难　勿轻略[①]

【注释】

qīng lüè qīng màn cǎo shuài
①轻略：轻慢，草率。

【释义】

zuò shì qing bú yào huāngmáng máng luàn jiù róng yì chū cuò bú yào
做事情不要慌忙，忙乱就容易出错。不要
hài pà kùn nan yào zhī nán ér jìn tóng shí bú yào mǎ hu cǎo shuài zuò
害怕困难，要知难而进，同时不要马虎草率，做
rèn hé shì dōu yào rèn zhēn duì dài
任何事都要认真对待。

【故事解读】

jiān chí gǎi cuò
坚持改错

gǔ shí hou yǒu yí gè jiào xú wén jìng de hái zi yīn wèi tiáo
古时候，有一个叫徐文靖的孩子，因为调
pí dǎo dàn dà jiā dōu bù xǐ huan tā zài fù mǔ de bāng zhù xià
皮捣蛋，大家都不喜欢他。在父母的帮助下，
xú wén jìng jué dìng tòng gǎi qián fēi tā zhǎo lai liǎng gè xiǎo cí píng měi
徐文靖决定痛改前非。他找来两个小瓷瓶，每
dāng zuò le hǎo shì jiù zài yí gè píng zi li fàng yì kē huáng dòu měi
当做了好事，就在一个瓶子里放一颗黄豆；每
dāng zuò le cuò shì jiù zài lìng yí gè píng zi li fàng yì kē hēi dòu
当做了错事，就在另一个瓶子里放一颗黑豆。
guò yí duàn shí jiān tā bǎ liǎng gè píng zi li de dòu zi dào chu lai
过一段时间，他把两个瓶子里的豆子倒出来，

jìn xíng jiǎn chá fǎn xǐng jiàn jiàn de tā gǎi diào le bù liáng de xí
进行检查、反省。渐渐地，他改掉了不良的习

guàn shēn biān de rén yě màn màn de kāi shǐ xǐ huan tā le
惯，身边的人也慢慢地开始喜欢他了。

【原文】

dòu nào chǎng jué wù jìn
斗闹场 绝勿近①

xié pì shì jué wù wèn
邪僻事② 绝勿问

【注释】

jué qiān wàn xié pì shì guāi lì bú zhèng de shì qing
①绝：千万。②邪僻事：乖戾不正的事情。

【释义】

yù dào xuān nào zhēng dòu de chǎng
遇到喧闹争斗的场

hé jué duì bù kě zǒu jìn yù dào
合，绝对不可走近；遇到

bú zhèngdàng de shì qing yě shǎo dǎ ting
不正当的事情，也少打听。

【故事解读】

管宁割席

管宁是三国时期人，从小做事就很认真，从不三心二意。一次，管宁和朋友华歆坐在席子上读书。管宁很投入，专心致志地阅读，可华歆却不那么专注。忽然，门外人声嘈杂，据说是一个大官正经过这里。华歆再也坐不住了，便放下书本看热闹去了。管宁对他这种三心二意的态度很生气，于是拿出刀子，割断了坐在身下的席子，表示和华歆绝交。

【原文】

将入门　问孰存

将上堂① 声必扬

【注释】

táng qián shì zhèng tīng
①堂：前室，正厅。

【释义】

qù bié ren jiā li yīng gāi xiān qiāo mén wèn yì shēng yǒu méi yǒu
去别人家里，应该先敲门，问一声有没有
rén zài jiā zǒu jìn zhèng wū yào dà shēng hé zhǔ rén dǎ zhāo hu
人在家；走进正屋，要大声和主人打招呼。

【故事解读】

chéng mén lì xuě
程门立雪

yáng shí shì sòng cháo shí qī de zhù míng xué zhě chéng yí chéng
杨时是宋朝时期的著名学者。程颐、程
hào shì dāng shí hěn yǒu míng wàng de dà xué zhě yáng shí shí fēn jìng yǎng
颢是当时很有名望的大学者，杨时十分敬仰
tā men jiù zhuān chéng dào luò yáng qù bài fǎng dāng tā lái dào lǎo shī
他们，就专程到洛阳去拜访。当他来到老师
jiā shí jiàn lǎo shī zuò zài yǐ zi shang shuì zháo le wèi le bù yǐng
家时，见老师坐在椅子上睡着了。为了不影
xiǎng lǎo shī xiū xi jiù zhàn zài mén qián děng hòu zhè shí tiān kōng zhōng
响老师休息，就站在门前等候。这时，天空中
piāo qi le é máo dà xuě dāng lǎo shī xǐng lai shí yáng shí jiǎo xià de
飘起了鹅毛大雪，当老师醒来时，杨时脚下的
xuě yǐ jīng jī le yì chǐ hòu le yáng shí de zhè zhǒng zūn jìng shī zhǎng
雪已经积了一尺厚了。杨时的这种尊敬师长、

wèi le xué xí zhī shi bù cí láo kǔ de jīng shén fēi cháng zhí de wǒ men
为了学习知识不辞劳苦的精神非常值得我们
xué xí
学习。

【原文】

rén wèn shuí duì yǐ míng
人问谁 对以名①
wú yǔ wǒ bù fēn míng
吾与我 不分明
yòng rén wù xū míng qiú
用人物 须明求
tǎng bú wèn jí wéi tōu
倘不问 即为偷

【注释】

duì huí dá
①对：回答。

【释义】

bié ren xún wèn nǐ shì shuí yào míng míng bái bái shuō chū zì jǐ de
别人询问你是谁，要明明白白说出自己的
míng zi guāng shuō yì shēng shì wǒ rén jia hái shi bù zhī dào nǐ shì
名字；光说一声“是我”，人家还是不知道你是
shuí xīn li jiù huì fàn yí jiè yòng bié ren de dōng xi yào dāng miàn
谁，心里就会犯疑。借用别人的东西，要当面

xiàng rén jia qǐng qiú rú guǒ bù shēng bù xiǎng de ná qù yòng nà jiù shì tōu
向人家请求；如果不声不响地拿去用，那就是偷。

【故事解读】

zhā dào de xìn yì
查道的信义

zhā dào shì sòng cháo rén yí cì tā hé pú rén tiāo zhe lǐ wù
查道是宋朝人。一次他和仆人挑着礼物
qù kàn wàng yuǎn fāng de qīn qi dào le zhōng wǔ dà jiā dōu è le
去看望远方的亲戚。到了中午，大家都饿了，
què yòu zhǎo bú dào chī fàn de dì fang zěn me bàn ne pú rén men jiàn
却又找不到吃饭的地方，怎么办呢？仆人们建
yì cóng lǐ wù zhōng ná xiē shí wù chī zhā dào shuō lǐ wù jì rán
议从礼物中拿些食物吃。查道说：“礼物既然
yào sòng rén jiù shì rén jia de dōng xi le wǒ men zěn me néng tōu chī
要送人，就是人家的东西了，我们怎么能偷吃
ne zhā dào bǎ sòng rén de lǐ wù dōu dàngchéng rén jia de dōng xi
呢？”查道把送人的礼物都当成人家的东西，
bù suí biàn chǔ lǐ nà me jiè yòng bié ren de dōng xi shí jiù gèng yào
不随便处理，那么借用别人的东西时，就更要
zhēng dé zhǔ rén de tóng yì le
征得主人的同意了。

【原文】

jiè rén wù jí shí huán
借人物 及时还
rén jiè wù yǒu wù qiān
人借物 有勿悭①

【注释】

qiān lìn sè
①悭：吝啬。

【释义】

jiè le bié ren de dōng xi yào jí shí guī huán bié ren xiàng nǐ jiè dōng xi rú guǒ yǒu jiù jǐn liàng bú yào tuī tuō
借了别人的东西，要及时归还；别人向你借东西，如果有就尽量不要推脱。

【故事解读】

sòng lián jiè shū
宋濂借书

míng cháo yǒu yí wèi jiào sòng lián de rén xué xí hěn qín fèn yóu qí xǐ huan dú shū sòng lián wèi le duō xué zhī shi cháng cháng jiè shū dú yí cì sòng lián yòu dào yí hù rén jiā jiè shū kàn jiè de shí hou jiǎng míng shí tiān zhī nèi jiù yào huán
明朝有一位叫宋濂的人，学习很勤奋，尤其喜欢读书。宋濂为了多学知识，常常借书读。一次，宋濂又到一户人家借书看，借的时候讲明十天之内就要还

hui lai dào le dì shí tiān zǎo chen tiān xià zhe dà xuě nà jiā rén
回来。到了第十天早晨，天下着大雪，那家人
yǐ wéi sòng lián bú huì lái huán shū le méi xiǎng dào sòng lián què mào xuě bǎ
以为宋濂不会来还书了，没想到宋濂却冒雪把
shū sòng le huí lái zhǔ rén hěn gǎn dòng tā gào su sòng lián yǐ hòu
书送了回来。主人很感动，他告诉宋濂，以后
kě yǐ suí shí lái kàn shū bú zài gěi tā xiàn dìng huán shū shí jiān le
可以随时来看书，不再给他限定还书时间了。

【原文】

fán chū yán xìn wéi xiān
凡出言 信为先①
zhà yǔ wàng xī kě yān
诈与妄② 奚可焉③

【注释】

xìn yán yǔ zhēn shí chéng shí wàng huāng dàn wú gēn
①信：言语真实，诚实。②妄：荒诞，无根
jù xī kě yān zěn me kě yǐ ne xī hé yān yǔ qì cí
据。③奚可焉：怎么可以呢？奚，何。焉，语气词。

【释义】

shuō huà zuì yào jǐn de shì chéng shí jiǎng xìn yòng shuō huǎng huà shuō
说话最要紧的是诚实讲信用；说谎话、说
hú huà dōu shì bù kě yǐ de
胡话，都是不可以的。

【故事解读】

立木为信

战国时期，为了使秦国富强，商鞅辅佐秦孝公进行改革。为了取得大家的信任，使改革顺利进行，商鞅想出了一个办法。一天，他叫人在南门立起一根三丈高的木杆，并宣布谁能把它扛到北门，赏赐黄金十两。可是到了下午，也没有人去扛。商鞅又下令把赏金增加为五十两，这时有一个人把木杆扛到了北门。商鞅马上把五十两黄金奖给了那人。人们见商鞅说到做到，以后他推行什么政策都积极响应，商鞅变法因此取得了成功。

【原文】

shuō huà duō bù rú shǎo
说话多 不如少
wéi qí shì wù nìng qiǎo
惟其是 勿佞巧①

【注释】

nìng qiǎo shàn yú chá yán guān sè tóu rén suǒ hào
①佞巧：善于察言观色，投人所好。

【释义】

duō shuō huà bù rú shǎo shuō huà qiān wàn bú yào huā yán qiǎo yǔ fǒu zé rén jia jiù huì tǎo yàn nǐ
多说话不如少说话。千万不要花言巧语，否则人家就会讨厌你。

【故事解读】

miào yǔ jiù rén
妙语救人

zhū gě jǐn shì sān guó shí qī de wú guó zhòngchén píng shí bú ài
诸葛瑾是三国时期的吴国重臣，平时不爱

shuō huà yí cì xiào wèi yīn mó yīn bèi sūn quán wù jiě bèi pàn shā
说话。一次，校尉殷模因被孙权误解，被判杀
tóu wú lùn dà chén men zěn yàng qiú qíng sūn quán dōu bù dā ying dāng
头，无论大臣们怎样求情，孙权都不答应。当
shí zhǐ yǒu zhū gě jǐn yì yán bù fā sūn quán gǎn dào hěn qí guài jiù
时只有诸葛瑾一言不发，孙权感到很奇怪，就
wèn nǐ wèi shén me bù shuō huà a zhū gě jǐn shuō wǒ yǔ yīn
问："你为什么不说话啊？"诸葛瑾说："我与殷
mó de jiā xiāng zāo yù zhàn luàn suǒ yǐ cái lái tóu bèn bì xià xiàn zài
模的家乡遭遇战乱，所以才来投奔陛下。现在
yīn mó gū fù le nín hái qiú shén me kuān shù ne sūn quán zhè cái
殷模辜负了您，还求什么宽恕呢？"孙权这才
xiǎng qǐ dāng nián yīn mó bù yuǎn qiān lǐ lái tóu bèn zì jǐ yú shì bǎ yīn
想起当年殷模不远千里来投奔自己，于是把殷
mó shè miǎn le
模赦免了。

【原文】

kè bó yǔ huì wū cí
刻薄语 秽污词
shì jǐng qì qiè jiè zhī
市井气[①] 切戒之

【注释】

shì jǐng qì jiē tóu wú lài bù hǎo de xí qì
①市井气：街头无赖不好的习气。

【释义】

kè bó wā ku xià liú āng zāng de huà dōu bú yào jiǎng shì jǐng
刻薄挖苦、下流肮脏的话，都不要讲；市井
xí qì qiān wàn yào jiè chú
习气，千万要戒除。

【故事解读】

shuō huà de yì shù
说话的艺术

fú zǐ shì zhàn guó shí qī de zhù míng xué zhě yí cì tā qù
服子是战国时期的著名学者。一次，他去
bài fǎng yí wèi péng you nà jiā rén yāo qǐng le xǔ duō péng you péi tā yì
拜访一位朋友，那家人邀请了许多朋友陪他一
qǐ yóu wán qí zhōng yí wèi kè rén xiǎng chèn jī xiàng fú zǐ qǐng jiào wèn
起游玩。其中，一位客人想趁机向服子请教问
tí fú zǐ hěn zhí shuài de shuō nǐ yǒu jǐ gè bù zú zhī chù dì
题。服子很直率地说："你有几个不足之处：第
yī nǐ yí jiàn wǒ jiù xī xī hā hā de zhè shì yì zhǒng qīng fú de
一，你一见我就嘻嘻哈哈的，这是一种轻浮的
biǎo xiàn dì èr jiāo tán zhōng nǐ bù chēng wǒ wéi lǎo shī shì bú gòu zūn
表现；第二，交谈中你不称我为老师，是不够尊
jìng wǒ dì sān wǒ men jiāo qing hěn qiǎn ér nǐ tán de hěn shēn tài
敬我；第三，我们交情很浅，而你谈得很深，太
suí biàn le fú zǐ de huà gào su wǒ men yǔ rén jiāo tán shuō huà
随便了。"服子的话告诉我们，与人交谈说话，
shì yào jiǎng jiu fāng shì de
是要讲究方式的。

【原文】

jiàn wèi zhēn　wù qīng yán
见未真　勿轻言

zhī wèi dí　wù qīng chuán
知未的[1]　勿轻传

【注释】

dí　què shí
①的：确实

【释义】

kàn dào de shì qing méi yǒu nòng qīng chu　bú yào suí biàn luàn shuō　tīng lái de shì qing méi yǒu gēn jù　bú yào suí biàn luàn chuán
看到的事情没有弄清楚，不要随便乱说；听来的事情没有根据，不要随便乱传。

【故事解读】

zhí bù yí pì yáo
直不疑辟谣

xī hàn shí qī de zhí bù yí　wéi rén qiān gōng zhōng hòu　bù tú
西汉时期的直不疑，为人谦恭忠厚，不图

míng lì hòu lái zhí bù yí bèi cháo tíng rèn mìng wéi gāo guān yǒu rén
名利。后来，直不疑被朝廷任命为高官，有人
jí dù tā jiù fěi bàng tā shuō zhí bù yí kàn sì zhōng hòu qí shí
嫉妒他，就诽谤他说：“直不疑看似忠厚，其实
biǎo lǐ bù yī tā yǔ tā sǎo zi yǒu bú zhèng dàng guān xì xǔ duō
表里不一。他与他嫂子有不正当关系。”许多
rén tīng shuō hòu xiāng xìn bìng chuán kai le hòu lái zhí bù yí shuō zhēn
人听说后，相信并传开了。后来直不疑说：“真
shi yí pài hú yán wǒ gēn běn jiù méi yǒu gē ge yóu cǐ kàn lái
是一派胡言，我根本就没有哥哥。”由此看来，
yù dào shì qing rú guǒ méi yǒu gēn jù jiù bú yào qīng yì de luàn jiǎng
遇到事情，如果没有根据，就不要轻易地乱讲，
gèng bú yào qīng xìn
更不要轻信。

【原文】

shì fēi yí wù qīng nuò
事非宜① 勿轻诺②
gǒu qīng nuò jìn tuì cuò
苟轻诺③ 进退错

【注释】

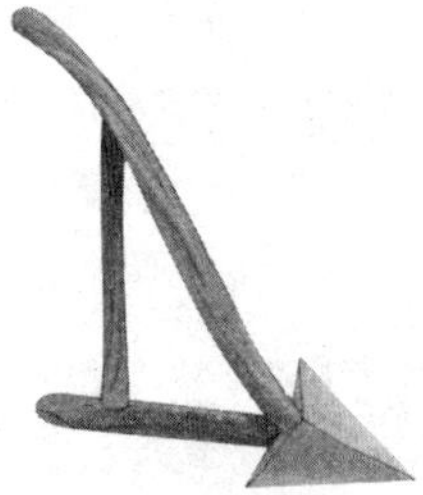

yí hé shì shì yí nuò
①宜：合适，适宜。②诺：
xǔ nuò gǒu jiǎ rú
许诺。③苟：假如。

【释义】

bié ren yào nǐ zuò de shì rú guǒ bú zhèngdàng bú yào suí biàn dā
别人要你做的事如果不正当，不要随便答
ying rú guǒ xìn kǒu dā ying le bú lùn zuò hái shi bú zuò dōu shì nǐ
应；如果信口答应了，不论做还是不做，都是你
de cuò
的错。

【故事解读】

xìn shǒu nuò yán
信守诺言

gǔ shí hou yǒu yí gè pǐn dé gāo shàng de rén míng jiào zhào róu
古时候，有一个品德高尚的人名叫赵柔。
yǒu yí cì zhào róu hé ér zi dào jí shì shang mài lí yí gè mǎi zhǔ
有一次，赵柔和儿子到集市上卖梨，一个买主
hé zhào róu fù zǐ tán hǎo chū èr shí pǐ juàn mǎi lí hòu jiù huí jiā qǔ
和赵柔父子谈好出二十匹绢买梨后，就回家取
juàn le zhè shí yòu lái le dì èr gè mǎi zhǔ jiàn lí de zhì liàng
绢了。这时，又来了第二个买主，见梨的质量
hǎo lì jí gěi chu le sān shí pǐ juàn de jià gé ér zi jiàn cǐ rén
好，立即给出了三十匹绢的价格。儿子见此人
de jià qián gāo jiù xiǎng mài gěi tā zhào róu duì ér zi shuō jūn zǐ
的价钱高，就想卖给他。赵柔对儿子说："君子
shuō huà jiǎng xìn yòng zěn me néng yīn wèi yǒu lì kě tú ér fàng qì xìn yòng
说话讲信用，怎么能因为有利可图而放弃信用
ne hòu lái dì yī gè mǎi zhǔ lái le zhào róu fù zǐ bǎ lí mài
呢？"后来，第一个买主来了，赵柔父子把梨卖
gěi le tā
给了他。

【原文】

fán dào zì　zhòng qiě shū
凡道字① 重且舒②
wù jí jí　wù mó hu
勿急疾　勿模糊

【注释】

dào　shuō huà　zhòng　shēng yīn qīng chǔ
①道：说话。②重：声音清楚。

【释义】

shuō huà shí　yǎo zì yào zhǔn　tǔ yīn yào zhòng　sù dù yào màn
说话时，咬字要准，吐音要重，速度要慢；
bú yào jí jí mángmáng　mó hu bù qīng　ràng rén jia tīng bù míng bai
不要急急忙忙，模糊不清，让人家听不明白。

【故事解读】

péi xiù xué lǐ
裴秀学礼

xī jìn shí qī de péi xiù　cóng xiǎo jiù qín fèn hào xué　yì yǒu
西晋时期的裴秀，从小就勤奋好学，一有

jī huì jiù xiǎng bàn fǎ duàn liàn zì jǐ péi xiù de fù qīn zài cháo zhōng
机会就想办法锻炼自己。裴秀的父亲在朝中
zuò guān suǒ yǐ jiā zhōng jīng cháng yǒu kè rén lái fǎng péi xiù biàn bǎ jiē
做官,所以家中经常有客人来访。裴秀便把接
dài kè rén dàng chéng le xué xí de jī huì hé kè rén de jiāo wǎng guò
待客人当成了学习的机会。和客人的交往过
chéng zhōng tā zǒng shì yán yǔ gōng jìng hěn yǒu lǐ mào kè rén men yě
程中,他总是言语恭敬,很有礼貌,客人们也
dōu hěn xǐ huan tā yóu yú péi xiù jù yǒu yōu yǎ de jǔ zhǐ hé tán
都很喜欢他。由于裴秀具有优雅的举止和谈
tǔ suǒ yǐ tā de míng shēng hěn kuài jiù chuán kai le
吐,所以他的名声很快就传开了。

【原文】

bǐ shuō cháng cǐ shuō duǎn
彼说长 此说短
bù guān jǐ mò xián guǎn
不关己 莫闲管

【释义】

dōng jiā shuō cháng xī jiā shuō duǎn bié ren de shì qing hěn nán
东家说长,西家说短,别人的事情很难
shuō qīng chu yǔ zì jǐ de zhèng jing shì méi yǒu guān xì de bú yào
说清楚;与自己的正经事没有关系的,不要
duō guǎn
多管。

【故事解读】

tuì bǐ zhǒng yǔ tiě mén kǎn
退笔冢与铁门槛

zhì yǒng shì chén suí shí qī shān yīn yǒng xīng sì de hé shàng tā
智永是陈、隋时期山阴永兴寺的和尚，他
shì wáng xī zhī de qī shì sūn jì chéng le wáng xī zhī jiā chuán de bǐ fǎ
是王羲之的七世孙，继承了王羲之家传的笔法。
wèi le liàn hǎo shū fǎ tā céng jīng sān shí yú nián bù chū sì mén qián
为了练好书法，他曾经三十余年不出寺门，潜
xīn liàn zì bǐ tóu xiě huài yǐ hòu tā jiù bǎ tā tóu jìn yí gè dà
心练字。笔头写坏以后，他就把它投进一个大
lù zhōng zhè gè dà lù de róng jī shì yí dàn tā yì shēng xiě huài de
簏中，这个大簏的容积是一石，他一生写坏的
bǐ tóu zhuāngmǎn le wǔ gè dà lù rú cǐ kè kǔ de liàn xí shǐ tā
笔头，装满了五个大簏，如此刻苦地练习，使他
de shū fǎ dá dào le hěn gāo de jìng jiè hòu lái tā bǎ zhè wǔ gè
的书法达到了很高的境界。后来，他把这五个
dà lù mái le chēng zhī wéi tuì bǐ zhǒng
大簏埋了，称之为“退笔冢”。

zhì yǒng de shū fǎ yuǎn yáng lái qiú zì de rén bǎ sì mén de mén
智永的书法远扬，来求字的人把寺门的门
kǎn dōu mó huài le bù dé bù yòng tiě pí bǎ mén kǎn bāo qǐ lái bèi
槛都磨坏了，不得不用铁皮把门槛包起来，被
rén chēng wéi tiě mén kǎn tā de chénggōng shì hé yòng zhì bù fēn
人称为“铁门槛”。他的成功，是和用志不分、
zhuān xīn zhì zhì fēn bù kāi de
专心致志分不开的。

【原文】

jiàn rén shàn　jí sī qí
见人善　即思齐①

zòng qù yuǎn　yǐ jiàn jī
纵去远②　以渐跻③

【注释】

qí　kàn qí　zòng　jí shǐ　jī　shàngshēng
①齐：看齐。②纵：即使。③跻：上升。

【释义】

kàn jian bié ren yǒu hǎo de pǐn zhì　jiù yào xiàng tā kàn qí　nǎ pà tóng tā xiāng chà hěn yuǎn　zhǐ yào jiān chí xià qù　màn màn de zǒng huì gǎn shang tā de
看见别人有好的品质，就要向他看齐；哪怕同他相差很远，只要坚持下去，慢慢的总会赶上他的。

【故事解读】

xiōng dì xué xián
兄弟学贤

dōng jìn shí qī　yǒu yí duì míng jiào sūn qián hé sūn fàng de xiōng
东晋时期，有一对名叫孙潜和孙放的兄

dì tā men shí kè xiǎng zhe xué xí qián rén gāo shàng de pǐn dé zhè cóng
弟，他们时刻想着学习前人高尚的品德，这从
tā men de míng zi zhōng jiù kě yǐ kàn chu lai gē ge sūn qián zì qí
他们的名字中就可以看出来：哥哥孙潜，字齐
yóu gǔ dài yǒu yí gè jiào xǔ yóu de xián shì yáo dì yào bǎ dì wèi
由。古代有一个叫许由的贤士，尧帝要把帝位
ràng gěi tā xǔ yóu gǎn dào zì jǐ dé cái qiǎn bó biàn tuī cí diào le
让给他，许由感到自己德才浅薄，便推辞掉了。
sūn qián jué de yīng gāi xué xí zhè zhǒng qiān ràng jǐn shèn de jīng shén dì
孙潜觉得应该学习这种谦让谨慎的精神。弟
di sūn fàng zì qí zhuāng zhuāng zǐ shì gǔ dài de dà sī xiǎng jiā sūn
弟孙放，字齐庄。庄子是古代的大思想家，孙
fàng yǐ zhuāng zǐ wéi xué xí de bǎng yàng sūn qián xiōng dì de zhè zhǒng jīng
放以庄子为学习的榜样。孙潜兄弟的这种精
shén duō me zhí de wǒ men xué xí ya
神，多么值得我们学习呀！

【原文】

jiàn rén è jí nèi xǐng
见人恶① 即内省②
yǒu zé gǎi wú jiā jǐng
有则改 无加警

【注释】

è huài bù hǎo xǐng fǎn xǐng
①恶：坏，不好。②省：反省。

【释义】

kàn jian bié ren yǒu huài de xíng wéi jiù yào zì wǒ fǎn xǐng rú
看见别人有坏的行为，就要自我反省。如
guǒ zì jǐ yǒu cuò jiù yīng mǎ shàng gǎi zhèng méi yǒu de huà yě yào yǐn
果自己有错，就应马上改正；没有的话，也要引
qǐ jǐng tì
起警惕。

【故事解读】

zēng zǐ zì xǐng
曾子自省

zēng zǐ shì kǒng zǐ de xué sheng shì gè fēi cháng zhù zhòng pǐn dé xiū
曾子是孔子的学生，是个非常注重品德修
yǎng de rén měi wǎn shuì jiào qián tā zǒng yào fǎn sī zhè yì tiān de suǒ
养的人。每晚睡觉前，他总要反思这一天的所
zuò suǒ wéi wǒ zhè yì tiān dào dǐ zuò le shén me yǒu yì yì de shì
作所为：我这一天到底做了什么有意义的事？
zuò le shén me cuò shì méi yǒu yào xué xí de dōng xi dōu xué huì le
做了什么错事没有？要学习的东西都学会了
ma jīn tiān zēng zǐ de zhè zhǒng
吗？今天，曾子的这种
qín yú fǎn sī zì jǐ shí kè
勤于反思自己、时刻
zhù yì tí gāo pǐn dé xiū yǎng
注意提高品德修养
de jīng shén réng rán zhí
的精神仍然值
de wǒ men xué xí
得我们学习。

【原文】

wéi dé xué　wéi cái yì
惟德学　惟才艺
bù rú rén　dāng zì lì
不如人　当自励①

【注释】

lì　fèn fā tú qiáng
①励：奋发图强。

【释义】

zuò rén zuì yào jǐn de shì dào dé　xué wen　cái gàn　běn lǐng　zhè
做人最要紧的是道德、学问、才干、本领，这
xiē fāng miàn bǐ bú shàng rén jia　jiù yào bú duàn miǎn lì zì jǐ　yíng tóu gǎn shàng
些方面比不上人家，就要不断勉励自己，迎头赶上。

【故事解读】

sān rén xíng bì yǒu wǒ shī
三人行必有我师

kǒng zǐ shì wǒ guó chūn qiū shí qī zhù míng de wén xué jiā　sī xiǎng
孔子是我国春秋时期著名的文学家、思想

jiā hé jiào yù jiā yí cì kǒng zǐ hé xué sheng men zhèng zài gǎn lù
家和教育家。一次，孔子和学生们正在赶路，
yí gè xiǎo hái dǎng zài le lù zhōng yāng yuán lái xiǎo hái zhèng zài lù shang
一个小孩挡在了路中央。原来，小孩正在路上
yòng shí kuài lěi yí zuò chéng chí kǒng zǐ jiào nà ge xiǎo hái ràng lù ér
用石块垒一座城池。孔子叫那个小孩让路，而
nà xiǎo hái què shuō shì shang zhǐ yǒu chē rào chéng ér guò de hái méi yǒu
那小孩却说："世上只有车绕城而过的，还没有
bǎ chéng chí chāi le gěi chē ràng lù de kǒng zǐ xiǎng zhè hái zi shuō de
把城池拆了给车让路的。"孔子想：这孩子说的
què shí yǒu dào lǐ biàn rào lù zǒu le shì hòu kǒng zǐ gǎn kǎi de
确实有道理，便绕路走了。事后，孔子感慨地
duì xué sheng men shuō sān rén xíng bì yǒu wǒ shī zhè hái zi suī xiǎo
对学生们说："三人行必有我师！这孩子虽小，
què kě yǐ zuò wǒ de lǎo shī le
却可以做我的老师了。"

【原文】

ruò yī fu ruò yǐn shí
若衣服① 若饮食
bù rú rén wù shēng qī
不如人 勿生戚②

【注释】

ruò biǎo shì liè jǔ qī yōu shāng
①若：表示列举。②戚：忧伤。

【释义】

chuān de chī de bù rú rén jia bú shì shén me bù guāng cǎi de
穿的、吃的不如人家，不是什么不光彩的
shì zuò xué sheng de bú yào yīn cǐ xīn li bù gāo xìng yào bǎ jīng lì
事；做学生的不要因此心里不高兴，要把精力
fàng zài xué xí shang
放在学习上。

【故事解读】

ruǎn xián shài yī
阮咸晒衣

jìn cháo shí qī de zhù míng wén xué jiā ruǎn xián nián yòu shí jiā jìng
晋朝时期的著名文学家阮咸，年幼时家境
pín hán kě shì tā cóng lái bù jué de zì bēi dāng shí yǒu gè fēng sú
贫寒，可是他从来不觉得自卑。当时有个风俗，
měi nián qī yuè chū qī gè jiā dōu yào bǎ zì jiā xiāngzhōng de yī fu ná
每年七月初七，各家都要把自家箱中的衣服拿
dào tài yáng xià miàn liàng shài zhè yì tiān ruǎn xián bǎ zì jǐ de yī fu
到太阳下面晾晒。这一天，阮咸把自己的衣服
yě liàng le chū lái rén men jiàn ruǎn xián liàng shài zì jǐ de pò yī fu
也晾了出来。人们见阮咸晾晒自己的破衣服，
dōu lái guān kàn dàn ruǎn xián yì diǎn yě bú zài yì tā rèn wéi fù
都来观看，但阮咸一点也不在意。他认为，富
guì bù zhí de kuā yào pín hán yě bìng bú shì chǐ rǔ zuò rén zuì guān
贵不值得夸耀，贫寒也并不是耻辱，做人最关
jiàn de shì tā de pǐn dé hé xué shí
键的是他的品德和学识。

【原文】

wén guò nù　wén yù lè
闻过怒① 闻誉乐②
sǔn yǒu lái　yì yǒu què
损友来　益友却③

【注释】

guò cuò wù　yù zàn yù　què tuì què
①过：错误。②誉：赞誉。③却：退却。

【释义】

rú guǒ tīng bié ren shuō nǐ yǒu quē diǎn jiù shēng qì　tīng bié ren shuō nǐ hǎo huà jiù gāo xìng　nà me　huài péng you jiù huì jiē jìn nǐ　ér hǎo péng you jiù huì lí nǐ yuǎn qù le
如果听别人说你有缺点就生气，听别人说你好话就高兴，那么，坏朋友就会接近你，而好朋友就会离你远去了。

【故事解读】

wèi zhēng zhí jiàn
魏征直谏

wèi zhēng shì táng cháo shí qī de zhù míng zǎi xiàng　yí cì　táng tài
魏征是唐朝时期的著名宰相。一次，唐太

zōng sàn cháo huí lai mǎn liǎn nù qì huáng hòu jiàn le biàn shàng qián xún wèn
宗散朝回来，满脸怒气，皇后见了便上前询问。
táng tài zōng qì fèn de shuō nà ge wèi zhēng tiān tiān zài cháo tíng shang dāng
唐太宗气愤地说：“那个魏征天天在朝廷上当
miàn zhǐ zé wǒ de bú shi qì sǐ wǒ le huáng hòu tīng hòu mǎ shàng
面指责我的不是，气死我了。”皇后听后，马上
xiàng lǐ shì mín dào hè zhè shì bì xià de fú qi chén zǐ zhōng zhí
向李世民道贺：“这是陛下的福气！臣子忠直，
shì yīn wèi yù dào le míng jūn táng tài zōng tīng wán nù qì dùn xiāo
是因为遇到了明君。”唐太宗听完，怒气顿消。
zhèng shì yóu yú huáng hòu de xián míng hé yǒu wèi zhēng zhè yàng zhèng zhí de dà
正是由于皇后的贤明和有魏征这样正直的大
chén cái yǒu le táng cháo shí qī de shèng shì zhēn guàn zhī zhì
臣，才有了唐朝时期的盛世——“贞观之治”。

【原文】

wén yù kǒng wén guò xīn
闻誉恐 闻过欣①
zhí liàng shì jiàn xiāng qīn
直谅士② 渐相亲
wú xīn fēi míng wéi cuò
无心非③ 名为错
yǒu xīn fēi míng wéi è
有心非 名为恶

【注释】

guò cuò wù liàng chéng xìn xìn shí wú xīn
①过：错误。②谅：诚信，信实。③无心：
wú yì jiān fēi cuò wù
无意间。非：错误。

【释义】

如果听到好话就心里不安，听到别人指出缺点就高兴，那么，正直的朋友就会越来越亲近你。无心做了不好的事情，被称为错；有意去做坏事，那就被称为恶。

【故事解读】

拒绝奉承

唐朝时期的著名贤臣宋璟，因为公正耿直、爱惜人才而闻名天下。一天，有人交给宋璟一篇文章，并对他说："写文章的人很有学识。"宋璟马上读了起来，一边读一边赞叹："不错！应该重用。"可是读着读着，宋璟的眉头皱了起来，原来这个人为巴结宋璟，在文章中对他大加吹捧。后来，宋璟对送文章的人说："这个人的文章不错，但品行不端。"因此就没有推荐这个人做官。

【原文】

过能改　归于无
倘掩饰　增一辜①
凡是人　皆须爱
天同覆②　地同载

【注释】

①辜：罪。②覆：遮盖。

【释义】

过而能改，能够减低错误；试图掩盖，则等同于错上加错。人与人之间，要和睦相处，互相爱护，因为大家都生活在同一片蓝天下，同一块土地上。

【故事解读】

dǎ liǎng tóu shé
打两头蛇

sūn shū áo shì chūn qiū shí qī chǔ guó de zhèng zhì jiā tā xiǎo
孙叔敖是春秋时期楚国的政治家。他小
de shí hou yì tiān zhèng zài wán shuǎ tū rán yǒu yì tiáo liǎng tóu shé pá
的时候，一天正在玩耍，突然有一条两头蛇爬
dào le miàn qián sūn shū áo hěn hài pà yīn wèi tā tīng shuō shéi jiàn dào
到了面前。孙叔敖很害怕，因为他听说谁见到
liǎng tóu shé jiù huì sǐ qu tā gāng xiǎng duǒ kāi kě zhuǎn niàn yì xiǎng
两头蛇就会死去。他刚想躲开，可转念一想，
jí shǐ zì jǐ sǐ le yě yào zá sǐ tā fǒu zé bié ren jiàn le yě huì
即使自己死了也要砸死它，否则别人见了也会
dǎo méi yú shì tā jiù bǎ liǎng tóu shé zá sǐ shēn mái le sūn shū áo
倒霉，于是他就把两头蛇砸死深埋了。孙叔敖
huí dào jiā kū zhe bǎ zì jǐ de zāo yù gào su le mǔ qīn mǔ qīn
回到家，哭着把自己的遭遇告诉了母亲。母亲
tīng wán xiào zhe shuō hái zi bié hài pà zài wēi xiǎn shí hái xiǎng zhe
听完笑着说：“孩子，别害怕，在危险时还想着
bié ren de rén shì bú huì qīng yì sǐ diào de
别人的人是不会轻易死掉的。”

【原文】

xíng gāo zhě míng zì gāo
行高者 名自高
rén suǒ zhòng fēi mào gāo
人所重 非貌高

【释义】

pǐn xíng gāo shàng de rén míng shēng zì rán jiù hǎo rén men jìng zhòng
品行高尚的人，名声自然就好；人们敬重
yí gè rén zhǔ yào shì kàn tā de pǐn xíng ér bú shì kàn tā yǒu méi
一个人，主要是看他的品行，而不是看他有没
yǒu hǎo xiàng mào
有好相貌。

【故事解读】

wú yán wáng hòu
无盐王后

qí xuān wáng céng yí dù chén miǎn jiǔ sè bù guān xīn guó jiā dà
齐宣王曾一度沉湎酒色，不关心国家大
shì dāng shí zhào guó yǐ jīng zài xiàng qí guó jìn gōng qí xuān wáng què bú
事，当时赵国已经在向齐国进攻，齐宣王却不
qù lǐ huì
去理会。

zài qí guó wú yán dì qū yǒu yí gè míng jiào zhōng lí chūn de nǚ
在齐国无盐地区，有一个名叫钟离春的女
zǐ zhǎng dé qí chǒu wú bǐ é tóu hěn kuān yǎn jīng āo xià qù bí
子，长得奇丑无比，额头很宽，眼睛凹下去，鼻
zǐ hěn gāo bèi shì tuó de jǐng xiàng féi dà shǒu zhǐ hěn cháng jiǎo yě
子很高，背是驼的，颈项肥大，手指很长，脚也
hěn dà tóu fà jiù xiàng luàn cǎo yí yàng pí fū xiàng qī yí yàng hēi yǐ
很大，头发就像乱草一样，皮肤像漆一样黑，已
jīng sì shí suì le hái méi yǒu jià rén yīn wèi shēng zài wú yán rén men
经四十岁了还没有嫁人。因为生在无盐，人们
jiù jiào tā zuò wú yán
就叫她做“无盐”。

有一天，她跑去见齐宣王，声称自己要做王后，齐宣王和大臣们都大笑不止。无盐却一条条指出齐宣王的劣迹，并且指出对国家的危害，并告诉齐宣王，如果再不悬崖勒马，将会导致国家的灭亡。

齐宣王大为震动，立刻实施了各种改革，使齐国再次强大起来。他觉得无盐虽然长得丑，但是有胆有识，是治理国家的好帮手，于是，他真地把无盐立为王后。

【原文】

才大者　望自大①

人所服　非言大

【注释】

①望：名望，声望。

【释义】

cái gàn chū zhòng de rén míng wàng zì rán dà rén men pèi fú yí
才干出众的人，名望自然大。人们佩服一
gè rén zhǔ yào shì kàn tā de běn lǐng ér bú shì kàn tā huì bú huì
个人，主要是看他的本领，而不是看他会不会
shuō dà huà
说大话。

【故事解读】

tiě rú yì
铁如意

wǔ dài shí qī hòu shǔ de tǒng shuài wáng zhāo yuǎn shì gè kuáng wàng zì
五代时期后蜀的统帅王昭远是个狂妄自
dà de rén tā jīng cháng bǎ zì jǐ hé zhū gě liàng bǐ zhǐ yào wǒ shǒu
大的人，他经常把自己和诸葛亮比：“只要我手
wò tiě rú yì zuò zhe tài píng chē jiù kě zhǐ huī dà jūn yì tǒng tiān
握铁如意，坐着太平车就可指挥大军，一统天
xià gōng yuán nián běi sòng gōng dǎ hòu shǔ hòu shǔ pài wáng zhāo
下。”公元961年，北宋攻打后蜀。后蜀派王昭
yuǎn shuài jūn dǐ kàng píng rì li zhǐ gāo qì yáng de wáng zhāo yuǎn yóu yú
远率军抵抗。平日里趾高气扬的王昭远由于
zhǐ huī shī wù shǐ hòu shǔ de jūn duì bīng bài rú shān dǎo yí kuì qiān
指挥失误，使后蜀的军队兵败如山倒，一溃千
lǐ wáng zhāo yuǎn zì bǐ zhū gě liàng yào yì tǒng tiān xià de dà huà yě
里。王昭远自比诸葛亮要一统天下的大话，也
jiù chéng le lì shǐ shang de xiào bǐng
就成了历史上的笑柄。

【原文】

jǐ yǒu néng　wù zì sī
己有能　勿自私
rén yǒu néng　wù qīng zǐ
人有能　勿轻訾①

【注释】

zǐ　dǐ huǐ　zhǐ zé
①訾：诋毁，指责。

【释义】

zì jǐ yǒu běn lǐng　bú yào yīn wèi zì sī ér bù kěn chū lai bāng zhù bié ren　bié ren yǒu běn lǐng　bú yào bù fú qì　yě bù néng qīng kàn rén jia　shèn zhì shuō rén jia de huài huà
自己有本领，不要因为自私而不肯出来帮助别人；别人有本领，不要不服气，也不能轻看人家，甚至说人家的坏话。

【故事解读】

tián wén bú nù
田文不怒

zhàn guó shí qī　wèi guó yào xuǎn jǔ xiàng guó　dà jiā dōu yǐ wéi
战国时期，魏国要选举相国。大家都以为

huì xuǎn wú qǐ kě zuì hòu tián wén dāngshang le xiàng guó wú qǐ bù fú
会选吴起，可最后田文当上了相国。吴起不服
qì qù wèn tián wén lǐng bīng dǎ zhàng nín xíng ma tián wén shuō
气，去问田文："领兵打仗您行吗？"田文说：
bù xíng wú qǐ yòu wèn guǎn lǐ guó jiā nín xíng ma tián wén
"不行。"吴起又问："管理国家您行吗？"田文
dá dào bù xíng wú qǐ shuō nà nín zěn me dān rèn le xiàng guó
答道："不行。"吴起说："那您怎么担任了相国
ne tián wén shuō xiàn zài guó jūn nián qīng dà chén men xìn xīn bù
呢？"田文说："现在国君年轻，大臣们信心不
zú zhè shí shì bú shì yīng gāi wǒ zhè ge lǎo chén lái dāng xiàng guó ne
足，这时是不是应该我这个老臣来当相国呢？"
wú qǐ zǐ xì yì xiǎng què shí zhǐ yǒu tián wén zhè yàng de lǎo chén cái néng
吴起仔细一想，确实只有田文这样的老臣才能
wěn zhù jú shì jiù bú zài shuō shén me le
稳住局势，就不再说什么了。

【原文】

wù chǎn fù wù jiāo pín
勿谄富 勿骄贫①
wù yàn gù wù xǐ xīn
勿厌故② 勿喜新

【注释】

jiāo zài bié rén miàn qián jiāo ào zì dà gù gù jiù
①骄：在别人面前骄傲自大。②故：故旧，
lǎo péng yǒu
老朋友。

【释义】

bú yào tǎo hǎo fù rén yě bú yào qīng kàn qióng rén bú yào tǎo
不要讨好富人，也不要轻看穷人；不要讨
yàn shēn fen pǔ tōng de lǎo péng you yě bú yào qù bā jie yǒu dì wèi de
厌身份普通的老朋友，也不要去巴结有地位的
xīn xiāng shí
新相识。

【故事解读】

bú wàng lǎo péng you
不忘老朋友

hàn guāng wǔ dì liú xiù shì gè zhòng yǒu qíng de rén tā dāng le
汉光武帝刘秀是个重友情的人。他当了
huáng dì hòu méi yǒu yīn wèi zì jǐ dì wèi de gǎi biàn ér wàng jì pín jiàn
皇帝后，没有因为自己地位的改变而忘记贫贱
shí de péng you yì tiān tā bǎ gù jiāo yán guāng qǐng dào le luò yáng
时的朋友。一天，他把故交严光请到了洛阳。
tā zhī dào yán guāng hěn yǒu xué wen biàn quàn shuō tā zuò guān jié guǒ bèi
他知道严光很有学问，便劝说他做官，结果被
yán guāng jù jué le liú xiù bìng bù shēng qì yě méi yǒu miǎn qiǎng tā
严光拒绝了。刘秀并不生气，也没有勉强他。
tā bǎ yán guāng qǐng dào huánggōng liǎng gè rén yì zhí liáo dào shēn yè hái
他把严光请到皇宫，两个人一直聊到深夜，还
liú yán guāng zài gōngzhōng shuì jiào liú xiù guì wéi dì wáng bú wàng lǎo péng
留严光在宫中睡觉。刘秀贵为帝王，不忘老朋
you què shí zhí de qīn pèi
友，确实值得钦佩。

【原文】

rén bù xián　wù shì jiǎo
人不闲　勿事搅
rén bù ān　wù huà rǎo
人不安　勿话扰

【释义】

bié ren zhèngmáng de méi yǒu kòng xián shí　bú yào yīn wèi zì jǐ de
别人正忙得没有空闲时，不要因为自己的
shì qù dǎ rǎo　bié ren qíng xù bù ān shí　bú yào láo láo dāo dāo de
事去打扰；别人情绪不安时，不要唠唠叨叨地
duì tā shuō gè bù tíng
对他说个不停。

【故事解读】

bù hé shí yí de quàn shuō
不合时宜的劝说

sān guó shí　wèi míng dì zuì téng ài de nǚ ér dé bìng sǐ le
三国时，魏明帝最疼爱的女儿得病死了。
wèi míng dì shí fēn bēi tòng　jué dìng qīn zì wèi nǚ ér sòng sāng　dà chén
魏明帝十分悲痛，决定亲自为女儿送丧。大臣
yáng fù duì tā shuō　xiān wáng hé tài hòu qù shì shí　nín dōu méi qù sòng
杨阜对他说："先王和太后去世时，您都没去送

sāng xiàn zài nǚ ér sǐ le què qù sòng sāng zhè yǔ lǐ fǎ bù hé
丧，现在女儿死了却去送丧，这与礼法不合。”
yáng fù shuō de yǒu dào lǐ dàn tā què láo láo dāo dāo de shuō gè bù
杨阜说得有道理，但他却唠唠叨叨地说个不
tíng dāng shí wèi míng dì zhèng chǔ zài bēi tòng zhī zhōng suǒ yǐ tā bù
停。当时魏明帝正处在悲痛之中，所以，他不
jǐn méi yǒu tīng qǔ yáng fù de yì jiàn fǎn ér bǎ tā gǎn chu le cháo
仅没有听取杨阜的意见，反而把他赶出了朝
táng yáng fù luò de zhè ge xià chǎng wán quán shì yīn wèi tā shuō huà bú
堂。杨阜落得这个下场，完全是因为他说话不
zhù yì chǎng hé de jié guǒ
注意场合的结果。

【原文】

rén yǒu duǎn qiè mò jiē
人有短　切莫揭
rén yǒu sī qiè mò shuō
人有私　切莫说

【释义】

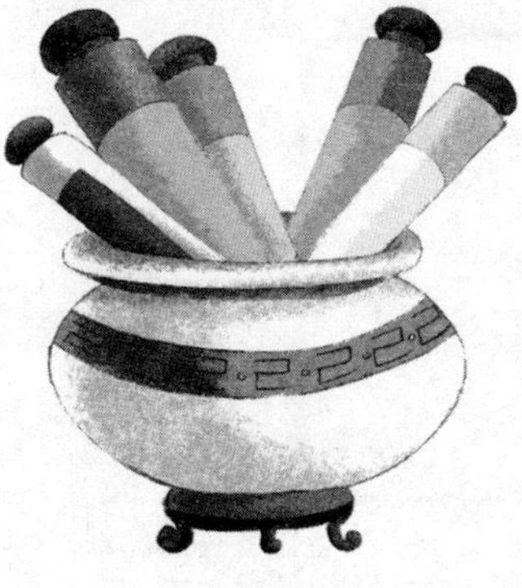

bié ren yǒu duǎn chu bú yào suí biàn
别人有短处，不要随便
qù jiē lù bié ren yǒu yǐn sī qiān wàn bú
去揭露；别人有隐私，千万不
yào qù xuān yáng
要去宣扬。

【故事解读】

kuān hòu dài rén
宽厚待人

dōng hàn shí qī de zhù míng zǎi xiàng liú kuān dài rén wēn hé kuān hòu
东汉时期的著名宰相刘宽，待人温和宽厚，
fēi cháng yǒu hán yǎng tā de bù xià yǒu le guò cuò tā dōu jǐn liàng tǐ
非常有涵养。他的部下有了过错，他都尽量体
liàng duì jiā rén hé pú rén hěn shǎo shēng qì yí cì tā de fū rén xiǎng
谅，对家人和仆人很少生气。一次，他的夫人想
rě tā fā pí qi jiù ràng shì nǚ pěng zhe yì wǎn jī tāng gù yì zài tā
惹他发脾气，就让侍女捧着一碗鸡汤，故意在他
miàn qián shī shǒu jiāng jī tāng sǎ zài le tā de cháo fú shang shì nǚ gǎn
面前失手，将鸡汤洒在了他的朝服上。侍女赶
jǐn cā rán hòu dī tóu zhàn zài yì biān zhǔn bèi ái mà liú kuān bù jǐn
紧擦，然后低头站在一边准备挨骂。刘宽不仅
bù shēng qì fǎn ér guān qiè de wèn nǐ de shǒu tàng shāng le ma shì
不生气，反而关切地问："你的手烫伤了吗？"侍
nǚ hěn gǎn dòng fū rén duì liú kuān de xiū yǎng yě shí fēn pèi fú
女很感动，夫人对刘宽的修养也十分佩服。

【原文】

dào rén shàn jí shì shàn
道人善 即是善
rén zhī zhī yù sī miǎn
人知之 愈思勉①

【注释】

miǎn jìn lì nǔ lì
①勉：尽力，努力。

【释义】

chēng zàn bié ren de měi dé běn shēn jiù shì yì zhǒng měi dé bié
称赞别人的美德，本身就是一种美德；别
ren tīng dào nǐ zhè yàng shuō tā jiù huì gèng jiā miǎn lì zì jǐ
人听到你这样说他，就会更加勉励自己。

【故事解读】

dào xǐ xiāng yíng
倒屣相迎

dōng hàn shí qī de jié chū wén xué jiā cài yōng fēi cháng zūn zhòng yǒu
东汉时期的杰出文学家蔡邕，非常尊重有
cái xué de rén
才学的人，
suī rán zài cháo
虽然在朝
yě míng zhòng yì
野名重一
shí què cóng
时，却从
bù gāo ào
不高傲。
dāng shí yǒu
当时，有

yí wèi hěn yǒu cái xué de nián qīng cái zǐ míng jiào wáng càn yì tiān
一位很有才学的年轻才子，名叫王粲。一天，
wáng càn lái dào cháng ān bài fǎng cài yōng cài yōng tīng shuō wáng càn lái le
王粲来到长安拜访蔡邕。蔡邕听说王粲来了，
mǎ shàng qǐ shēn xiāng yíng shèn zhì bǎ xié zi dōu chuān dào le tā bǎ wáng
马上起身相迎，甚至把鞋子都穿倒了。他把王
càn yíng jìn jiā zhōng wèi bīn kè men jìn xíng le jiè shào bìng duì wáng càn
粲迎进家中，为宾客们进行了介绍，并对王粲
dà jiā zàn yù wáng càn wèi cǐ shēn shòu gǔ wǔ hòu lái wáng càn chéng
大加赞誉。王粲为此深受鼓舞。后来，王粲成
wéi zhù míng de wén xué jiā bèi yù wéi jiàn ān qī zǐ zhī yī
为著名的文学家，被誉为“建安七子”之一。

【原文】

yáng rén è jí shì è
扬人恶 即是恶
jí zhī shèn huò qiě zuò
疾之甚 祸且作①

【注释】

qiě jiù bù jiǔ zuò chǎnshēng
①且：就，不久。作：产生。

【释义】

xuān yáng bié ren de è xíng běn shēn jiù shì yì zhǒng è xíng tòng
宣扬别人的恶行，本身就是一种恶行；痛

hèn è xíng gù rán kě guì dàn rú guǒ yīn cǐ zuò shì tài guò fèn yě
恨恶行固然可贵，但如果因此做事太过分，也
huì zhāo lái huò hai
会招来祸害。

【故事解读】

yīn mà zhì huò
因骂致祸

guàn fū shì hàn cháo de yì míng jiāng jūn tā zuò zhàn yǒng gǎn xīn
灌夫是汉朝的一名将军，他作战勇敢，心
zhí kǒu kuài dàn tā yǒu gè quē diǎn jiù shì shuō huà bù fēn chǎng hé
直口快。但他有个缺点，就是说话不分场合，
bù jiǎng jiu fāng shì dāng shí tā hé chéng xiàng máo dùn hěn shēn yí
不讲究方式。当时，他和丞相矛盾很深。一
cì zài yàn huì shang guàn fū hé chéng xiàng zhēng chǎo qi lai yú shì jiù bǎ
次在宴会上，灌夫和丞相争吵起来，于是就把
chéng xiàng píng shí suǒ zuò de huài shì dōu shuō le chū lái yǐ zhì yú chéng
丞相平时所做的坏事都说了出来，以至于丞

xiàng fēi cháng nán kān chéng xiàng dāng rán bú huì fàng guo tā zhǎo gè
相非常难堪。丞相当然不会放过他，找个
jī huì bǎ tā chǔ sǐ le zhè jiàn shì jiào yù wǒ men zhǐ zhèng bié ren
机会把他处死了。这件事教育我们，指正别人
de cuò wù yào jiǎng jiu fāng shì guāng píng yì shí de yì qì shì bú huì
的错误要讲究方式，光凭一时的意气，是不会
yǒu hǎo xiào guǒ de
有好效果的。

【原文】

shàn xiāng quàn dé jiē jiàn
善相劝 德皆建
guò bù guī dào liǎng kuī
过不规① 道两亏②

【注释】

guī guī quàn kuī qiàn quē duǎn shǎo
①规：规劝。②亏：欠缺，短少。

【释义】

péng you jiān hù xiāng miǎn lì xíng shàn shuāng fāng de dào dé jiù huì gèng
朋友间互相勉励行善，双方的道德就会更
jiā wán shàn péng you yǒu guò cuò bú qù guī quàn shuāng fāng de dào dé jiù
加完善；朋友有过错不去规劝，双方的道德就
dōu huì yǒu quē qiàn
都会有缺欠。

【故事解读】

zhèng yǒu
诤 友

nán běi cháo shí qī yǒu yí duì hǎo péng you míng jiào cuī zhān hé lǐ
南北朝时期，有一对好朋友名叫崔瞻和李
gài liǎng rén cháng cháng jù zài yì qǐ rú guǒ duì fāng yǒu shén me quē
概。两人常常聚在一起，如果对方有什么缺
diǎn bǐ cǐ dōu huì háo bú kè qi de zhǐ chu lai hòu lái lǐ gài
点，彼此都会毫不客气地指出来。后来，李概
yào huí lǎo jiā le cuī zhān shí fēn nán guò tā gěi lǐ gài xiě le yì
要回老家了，崔瞻十分难过，他给李概写了一
fēng xìn xìn zhōng shuō dào yì qì yòng shì zhàng qì hē jiǔ shì wǒ
封信，信中说道："意气用事，仗气喝酒，是我
jīng cháng fàn de máo bìng zhǐ yǒu nǐ huì háo bù yóu yù de jiào xun wǒ
经常犯的毛病。只有你会毫不犹豫地教训我！
nǐ zǒu le hái yǒu shéi néng zhǐ chu wǒ de quē diǎn ne cuī zhān de
你走了，还有谁能指出我的缺点呢？"崔瞻的
yì fān huà biǎo míng liǎng rén de yǒu yì shì zhēn zhèng de yǒu yì
一番话，表明两人的友谊是真正的友谊。

【原文】

fán qǔ yǔ guì fēn xiǎo
凡取与① 贵分晓②
yǔ yí duō qǔ yí shǎo
与宜多 取宜少

弟子规解读

【注释】

qǔ yǔ qǔ dé yǔ jǐ yǔ fēn xiǎo qīng chǔ
①取与：取得与给予。②分晓：清楚。

【释义】

ná bié ren dōng xi hé gěi bié ren dōng xi qīng zhòng yào fēn qīng
拿别人东西和给别人东西，轻重要分清
chu gěi rén jia dōng xi yào duō yì diǎn ná rén jia dōng xi yào shǎo yì
楚；给人家东西要多一点，拿人家东西要少一
diǎn zhè shì rén qíng lái wǎng de dào lǐ
点，这是人情来往的道理。

【故事解读】

zhī ēn tú bào
知恩图报

zhào dùn shì chūn qiū shí qī jìn guó de dà chén dāng shí de guó jūn
赵盾是春秋时期晋国的大臣，当时的国君
shí fēn cán bào yóu yú
十分残暴，由于
zhào dùn jīng cháng dāng miàn
赵盾经常当面
zhǐ zé tā de guò shī
指责他的过失，
guó jūn yào zhì tā yú sǐ
国君要置他于死
dì yí cì guó jūn
地。一次，国君

jiǎ yì qǐng zhào dùn hē jiǔ què zài jiǔ yàn shang mái fú le shā shǒu yǎn
假意请赵盾喝酒，却在酒宴上埋伏了杀手，眼
kàn zhào dùn jiù yào bèi shā yì míng wǔ shì jiù tā tuō lí le xiǎn jìng
看赵盾就要被杀。一名武士救他脱离了险境。
yuán lái zhè ge wǔ shì shì dāng nián zhào dùn dǎ liè shí jiù guo de yí gè
原来，这个武士是当年赵盾打猎时救过的一个
qǐ gài zhè ge qǐ gài niàn niàn bú wàng zhào dùn duì tā de ēn dé suǒ
乞丐。这个乞丐念念不忘赵盾对他的恩德，所
yǐ dāng zhào dùn yù xiǎn shí fèn bú gù shēn de dā jiù le tā
以当赵盾遇险时，奋不顾身地搭救了他。

【原文】

jiāng jiā rén xiān wèn jǐ
将加人 先问己
jǐ bú yù jí sù yǐ
己不欲① 即速已②

【注释】

jǐ bú yù zì jǐ bù xǐ huān de shì qíng yǐ tíng zhǐ
①己不欲：自己不喜欢的事情。②已：停止。

【释义】

dǎ suàn zěn yàng qù duì dài bié ren yīng gāi xiān wèn wen zì jǐ
打算怎样去对待别人，应该先问问自己：
zhè shì bú shì zì jǐ yuàn yì zuò de rú guǒ bú yuàn yì jiù yīng gāi
这是不是自己愿意做的？如果不愿意，就应该

mǎ shàng tíng zhǐ
马上停止。

【故事解读】

cáo cāo de kuān róng
曹操的宽容

cáo cāo zuì chū hé yuán shào zuò zhàn shí zǒng shì chī bài zhàng tā
曹操最初和袁绍作战时，总是吃败仗。他
de xǔ duō bù xià dōu hé yuán shào mì mì tōng xìn yǐ biàn cáo cāo zhàn bài
的许多部下都和袁绍秘密通信，以便曹操战败
hòu gěi zì jǐ liú gè tuì lù hòu lái cáo cāo zhōng yú dǎ bài yuán shào
后给自己留个退路。后来，曹操终于打败袁绍，
cóng yuán shào nà lǐ jiǎo huò le zhè xiē shū xìn cáo cāo kàn yě bú kàn
从袁绍那里缴获了这些书信。曹操看也不看，
jiù shāo huǐ le yǒu rén wèn cáo cāo wèi shén me bù chá cha shì nǎ xiē
就烧毁了。有人问曹操，为什么不查查是哪些
rén hé yuán shào gōu jié cáo cāo shuō dāng shí wǒ duì zì jǐ dōu méi
人和袁绍勾结。曹操说：“当时我对自己都没
yǒu xìn xīn hé kuàng tā men cáo cāo zūn xún le tuī jǐ jí rén de
有信心，何况他们？”曹操遵循了推己及人的
yuán zé xiǎn shì chu le zhuó yuè lǐng dǎo de kuān kuò xiōng huái
原则，显示出了卓越领导的宽阔胸怀！

【原文】

ēn yù bào yuàn yù wàng
恩欲报 怨欲忘

bào yuàn duǎn bào ēn cháng
报怨短 报恩长

【释义】

dé le rén jia de hǎo chu yīng gāi xiǎng fǎ qù bào dá hé bié ren
得了人家的好处应该想法去报答，和别人
jié de yuàn hèn yào xiǎng fǎ qù wàng diào bào yuàn bú guò shì yì shí bào
结的怨恨要想法去忘掉；报怨不过是一时，报
ēn cái shì cháng yuǎn de shì
恩才是长远的事。

【故事解读】

bào dé wàng yuàn
报德忘怨

sòng cháo míng chén lǚ méngzhèng wéi rén shí fēn shàn liáng yí cì
宋朝名臣吕蒙正，为人十分善良。一次，
cháo tíng yào xuǎn jǔ zǎi xiàng dà chén men dōu tuī jiàn tā zhǐ yǒu yí wèi
朝廷要选举宰相，大臣们都推荐他，只有一位
dà chén jí lì fǎn duì bìng shuō le lǚ méngzhèng xǔ duō huài huà guò
大臣极力反对，并说了吕蒙正许多坏话。过
hòu yí wèi péng you wèi lǚ méngzhèng
后，一位朋友为吕蒙正
zāo rén fēi yì fèn fèn bù
遭人非议忿忿不
píng yào gào su tā
平，要告诉他
nà rén de xìng míng
那人的姓名。
lǚ méngzhèng quàn zǔ le
吕蒙正劝阻了
tā bìng shuō
他，并说：

rú guǒ zhī dào tā shì shéi jiù huì wàng bù liǎo nà rén de guò cuò
“如果知道他是谁，就会忘不了那人的过错。
wǒ bù zhuī wèn tā de xìng míng shì wèi le yǐ hòu néng gòu xīn jìng píng hé
我不追问他的姓名，是为了以后能够心境平和
de bǐng gōng bàn shì
地秉公办事！”

【原文】

dài bì pú shēn guì duān
待婢仆 身贵端
suī guì duān cí ér kuān
虽贵端① 慈而宽

【注释】

guì duān yǐ duān zhuāng wèi guì
①贵端：以端庄为贵。

【释义】

duì dài bì nǚ pú rén yīng zhù yì yǐ duān zhuāng de pǐn xíng tài du
对待婢女仆人，应注意以端庄的品行态度
qù ràng tā men wèi fú suī rán rú cǐ hái xū yào zhù yì fēn cùn yào
去让他们畏服；虽然如此，还需要注意分寸，要
xiǎn chu nǐ de rén cí kuān hòu méi yǒu kàn bu qǐ tā men
显出你的仁慈宽厚，没有看不起他们。

【故事解读】

zhàn bù xuán zhǒng
战不旋踵

wú qǐ shì zhàn guó shí qī zhù míng de jūn shì jiā tā zuò zhàn shàn
吴起是战国时期著名的军事家，他作战善
yòng jì móu shì gè chángshèng jiāng jūn wú qǐ hěn ài hù shì zú yǒu
用计谋，是个常胜将军。吴起很爱护士卒，有
yí cì yì míng shì bīng jiǎo shang shēng chuāng huà le nóng wú qǐ wèi le
一次，一名士兵脚上生疮化了脓，吴起为了
shǐ zhè míng shì bīng jǐn kuài hǎo qǐ lái jiù qīn zì yòng zuǐ gěi tā xī
使这名士兵尽快好起来，就亲自用嘴给他吸
nóng jiàng shì men jiàn wú qǐ rú cǐ guān xīn shì bīng wú bù
脓。将士们见吴起如此关心士兵，无不
fèn yǒng zhí qián wú qǐ zhī suǒ yǐ shì yí gè bǎi zhàn bǎi shèng de jiāng
奋勇直前。吴起之所以是一个百战百胜的将
jūn bù jǐn yīn wèi tā jūn shì móu lüè gāo dǒng de ài hù shì zú yě
军，不仅因为他军事谋略高，懂得爱护士卒也
shì hěn zhòng yào de yuán yīn
是很重要的原因。

【原文】

shì fú rén xīn bù rán
势服人　心不然①
lǐ fú rén fāng wú yán
理服人　方无言

【注释】

rán zhè yàng
①然：这样。

【释义】

yòng quán shì qù yā fú rén suī rán bèi yā zhī rén huì biǎo miàn fú
用权势去压服人，虽然被压之人会表面服
cóng dàn xīn li hái shi bù fú yòng dào lǐ shuō fú rén cái huì lìng tā
从，但心里还是不服；用道理说服人，才会令他
men xīn fú kǒu fú
们心服口服。

【故事解读】

jiàng xiàng hé
将相和

zhàn guó shí qī lián pō hé lìn xiàng rú dōu shì zhào guó de zhòngchén
战国时期，廉颇和蔺相如都是赵国的重臣。
suī tóng wéi cháo tíng zhòng
虽同为朝廷重
chén dàn lìn xiàng rú
臣，但蔺相如
de zhí wèi bǐ lián pō
的职位比廉颇
yào gāo lián pō
要高，廉颇
xīn zhōng bù fú
心中不服。

lìn xiàng rú zhī dào hòu gù yì huí bì lián pō yǐ miǎn fā shēng chōng tū
蔺相如知道后，故意回避廉颇，以免发生冲突。
lìn xiàng rú shuō qín guó zhī suǒ yǐ jù pà zhào guó shì yīn wèi yǒu wǒ
蔺相如说："秦国之所以惧怕赵国，是因为有我
men èr rén rú guǒ wǒ liǎ zhēng dòu zhào guó kě jiù wēi xiǎn le lián
们二人，如果我俩争斗，赵国可就危险了！"廉
pō zhī dào hòu fēi cháng xiū kuì biàn tuō diào shàng yī bēi zhe jīng tiáo dào
颇知道后，非常羞愧，便脱掉上衣，背着荆条到
lìn xiàng rú mén qián xiè zuì shǐ chēng fù jīng qǐng zuì cóng cǐ liǎng
蔺相如门前谢罪，史称"负荆请罪"。从此，两
rén chéng le mò nì zhī jiāo
人成了莫逆之交。

【原文】

tóng shì rén lèi bù qí
同是人　类不齐
liú sú zhòng rén zhě xī
流俗众①　仁者稀

【注释】

liú sú sú rén
①流俗：俗人。

【释义】

tóng yàng zài shì wéi rén pǐn xíng gāo dī gè bù xiāng tóng pǐn xíng
同样在世为人，品行高低各不相同；品行

yì bān de sú rén duō pǐn xíng gāo shàng de rén zhě shǎo
一般的俗人多，品行高尚的仁者少。

【故事解读】

gǎn huà tōu niú rén
感化偷牛人

sān guó shí yǒu yí gè jiào wáng liè de dú shū rén zài dāng dì hěn
三国时有一个叫王烈的读书人，在当地很
yǒu míng wàng yí cì yǒu gè rén tōu le bié ren yì tóu niú bèi zhuō
有名望。一次，有个人偷了别人一头牛，被捉
zhù le tōu niú rén shuō nǐ zěn me fá wǒ dōu xíng zhǐ qiú nǐ bú
住了。偷牛人说：“你怎么罚我都行，只求你不
yào gào su wáng liè wáng liè zhī dào le zhè jiàn shì lì jí tuō rén zèng
要告诉王烈。”王烈知道了这件事，立即托人赠
gěi tōu niú rén yì pǐ bù wáng liè shuō zuò le zéi ér bú yuàn ràng
给偷牛人一匹布。王烈说：“做了贼而不愿让
wǒ zhī dào shuō míng tā yǒu xiū chǐ zhī xīn wǒ sòng bù gěi tā shì wèi
我知道，说明他有羞耻之心，我送布给他是为
le jī lì tā gǎi guò zì xīn hòu lái zhè ge tōu niú rén guǒ rán biàn
了激励他改过自新。”后来，这个偷牛人果然变
chéng yí gè zhèng zhí shàn liáng lè yú zhù rén de hǎo rén
成一个正直善良、乐于助人的好人。

【原文】

guǒ rén zhě rén duō wèi
果仁者① 人多畏
yán bú huì sè bú mèi
言不讳② 色不媚

【注释】

guǒ guǒ zhēn huì yǐn mán jì huì
①果：果真。②讳：隐瞒，忌讳。

【释义】

zhēn zhèng pǐn xíng gāo shàng de rén dà jiā dōu jìng zhòng tā zhè yàng
真正品行高尚的人，大家都敬重他；这样
de rén shuō huà méi yǒu jì huì yě bú qù chǎn mèi tǎo hǎo bié ren
的人说话没有忌讳，也不去谄媚讨好别人。

【故事解读】

bú xià bài
不下拜

xiāo yǎn shì nán běi cháo shí qī de yí wèi huáng dì zài xiāo yǎn
萧衍是南北朝时期的一位皇帝。在萧衍
jí jiāng dēng jī de shí hou rén men jiàn le tā dōu qū xī chǎn mèi dà
即将登基的时候，人们见了他都屈膝谄媚，大
jiā chuī pěng zhǐ yǒu yí gè jiào xiè lǎn de rén chú wài tā jiàn le xiāo
加吹捧。只有一个叫谢览的人除外，他见了萧
yǎn jì bù gōng wéi yě bù jū shù gěi xiāo yǎn xíng lǐ hòu zhuǎn shēn jiù
衍既不恭维，也不拘束，给萧衍行礼后，转身就
zǒu xiāo yǎn cóng cǐ biàn jì zhù le zhè ge yǔ zhòng bù tóng de nián qīng
走。萧衍从此便记住了这个与众不同的年轻
rén tā duì xiè lǎn zhè zhǒng bù bēi bú kàng tǎn rán zì ruò de jǔ zhǐ
人，他对谢览这种不卑不亢、坦然自若的举止
shí fēn zàn shǎng yě jiù jué dìng le yào zhòng yòng xiè lǎn
十分赞赏，也就决定了要重用谢览。

【原文】

能亲仁[1] 无限好
德日进 过日少[2]

【注释】

①亲仁：亲近仁者。②过：错误。

【释义】

能够亲近品行高尚的人，对自己有莫大的好处；会使自己的道德品质一天天提高，过错一天天减少。

【故事解读】

舜耕历山

舜年轻的时候，曾经到历山下耕作。那里

de rén mín shòu tā gāo shàng pǐn gé de yǐng xiǎng gǎi biàn le cóng qián zhēng hǎo
的人民受他高尚品格的影响，改变了从前争好
dì de è xí dōu bǎ hǎo de tǔ dì ràng gěi bié rén shùn dào léi zé
地的恶习，都把好的土地让给别人。舜到雷泽
dǎ yú léi zé de rén mín shòu tā de yǐng xiǎng yě bǎ hǎo de wèi zhì
打鱼，雷泽的人民受他的影响，也把好的位置
ràng gěi bié rén shùn hái zài hé bīn zhè gè dì fāng zhì zuò táo qì zhè
让给别人。舜还在河滨这个地方制作陶器，这
lǐ de rén mín shòu tā de yǐng xiǎng zhì zuò de táo qì zài bù tōu gōng jiǎn
里的人民受他的影响，制作的陶器再不偷工减
liào le shùn měi dào yí gè dì fāng sì fāng de bǎi xìng dōu zhuī suí tā
料了。舜每到一个地方，四方的百姓都追随他，
suǒ yǐ tā jū zhù de dì fāng yì nián yǐ hòu jiù chéng wéi cūn luò liǎng
所以，他居住的地方一年以后就成为村落，两
nián jiù chéng wéi shì zhèn sān nián jiù chéng wèi dū shì le
年就成为市镇，三年就成为都市了。

【原文】

bù qīn rén wú xiàn hài
不亲仁 无限害
xiǎo rén jìn bǎi shì huài
小人进 百事坏

【释义】

bù qīn jìn pǐn dé gāo shàng de rén duì zì jǐ yǒu mò dà de huài
不亲近品德高尚的人，对自己有莫大的坏
chu pǐn zhì è liè de xiǎo rén jiù huì jiē jìn nǐ huì yǒu wú qióng de hài chu
处，品质恶劣的小人就会接近你，会有无穷的害处。

【故事解读】

jiāo yǒu zhī jiè
交友之戒

sān guó shí qī liú wěi yǔ wèi fěng guān xì hěn qīn mì liú wěi
三国时期，刘伟与魏讽关系很亲密。刘伟
de gē ge liǎo jiě wèi fěng biǎo lǐ bù yī jiān zhà xū wěi de wéi rén
的哥哥了解魏讽表里不一、奸诈虚伪的为人，
jiù quàn dì di shuō wǒ kàn wèi fěng zhè ge rén pǐn xíng bù duān nǐ zuì
就劝弟弟说：“我看魏讽这个人品行不端，你最
hǎo bú yào hé tā lái wǎng yǐ miǎn jiāng lái shòu tā de lián lěi dàn liú
好不要和他来往，以免将来受他的连累。”但刘
wěi bìng méi yǒu tīng cóng gē ge de quàn gào hòu lái wèi fěng yīn fàn shàng
伟并没有听从哥哥的劝告。后来，魏讽因犯上
zuò luàn ér zhāo zhì zāi huò liú wěi yóu yú hé tā lái wǎng mì qiè yě shòu
作乱而招致灾祸，刘伟由于和他来往密切也受
dào le qiān lián tā hěn hòu huǐ méi tīng gē ge de quàn gào què yǐ jīng
到了牵连。他很后悔没听哥哥的劝告，却已经
lái bu jí le
来不及了。

【原文】

bú lì xíng　　dàn xué wén
不力行[1]　但学文[2]
zhǎng fú huá　　chéng hé rén
长浮华[3]　成何人

【注释】

lì xíng nǔ lì qù zuò dàn zhǐ shì zhǎng zī
①力行：努力去做。②但：只是。③长：滋
zhǎng
长。

【释义】

zhǐ zhī dào kěn shū běn bù zhī dào àn shū zhōng de dào lǐ qù
只知道啃书本，不知道按书中的道理去
zuò zhǐ néng zī zhǎng huá ér bù shí de zuò fēng zhè zhǒng rén hěn nán yǒu
做，只能滋长华而不实的作风，这种人很难有
shén me chū xi
什么出息。

【故事解读】

zhǐ shàng tán bīng
纸上谈兵

zhào kuò shì zhàn guó shí qī zhào guó de yì yuán dà jiàng zì yòu shú
赵括是战国时期赵国的一员大将，自幼熟
dú bīng shū jiǎng qǐ bīng fǎ lái tóu tóu shì dào zhè yì nián qín guó
读兵书，讲起兵法来头头是道。这一年，秦国
gōng dǎ zhào guó zhào guó pài dà jiàng lián pō qián qù yìng zhàn lián pō jiān
攻打赵国，赵国派大将廉颇前去应战。廉颇坚
shǒu chéng chí bǎo cún shí lì yǒu xiào de zǔ zhǐ le qín guó de jìn gōng
守城池，保存实力，有效地阻止了秦国的进攻。
qín guó jiàn lián pō bù hǎo duì fu jiù yòng fǎn jiàn jì tiǎo bō zhào wáng
秦国见廉颇不好对付，就用反间计，挑拨赵王

hé lián pō de guān xì zhào wáng zhòng jì pài zhǐ huì zhǐ shàng tán bīng de
和廉颇的关系。赵王中计，派只会纸上谈兵的
zhào kuò huàn hui le lián pō zhào kuò qīng shuài de gǎi biàn le lián pō de
赵括换回了廉颇。赵括轻率地改变了廉颇的
zhàn lüè dǎ kāi chéng mén quán xiàn chū jī jié guǒ shǐ sì shí wàn dà jūn
战略，打开城门，全线出击，结果使四十万大军
quán jūn fù mò
全军覆没。

【原文】

dàn lì xíng bù xué wén
但力行 不学文
rèn jǐ jiàn mèi lǐ zhēn
任己见① 昧理真②

【注释】

rèn tīng rèn mèi méng bì
①任：听任。②昧：蒙蔽。

【释义】

zhǐ dǒng de mài lì qù zuò bù xué xí shū zhōng de dào lǐ kào
只懂得卖力去做，不学习书中的道理，靠
duǎn qiǎn de jiàn shi yǒng yuǎn bú huì míng bai zhēn zhèng de dào lǐ
短浅的见识，永远不会明白真正的道理。

【故事解读】

wú xià ā méng

吴下阿蒙

lǚ méng shì sān guó shí qī wú guó de zhù míng jiàng lǐng dàn tā cóng xiǎo

吕蒙是三国时期吴国的著名将领，但他从小

méi shàng guo xué méi shén me zhī shi wú wáng sūn quán duì lǚ méng shuō nǐ

没上过学，没什么知识。吴王孙权对吕蒙说：“你

xiàn zài shēn jū yào zhí yīng gāi jīng cháng kàn kan shū duō xué xí xiē zhī shi

现在身居要职，应该经常看看书，多学习些知识。”

lǚ méng tīng cóng le sūn quán de quàn gào kāi shǐ dú shū xué xí qǐ chū

吕蒙听从了孙权的劝告，开始读书学习。起初，

lǔ sù rèn wéi lǚ méng méi yǒu wén huà yǒu xiē kàn bu qǐ tā hòu lái yǒu

鲁肃认为吕蒙没有文化，有些看不起他。后来有

yí cì lǔ sù jiàn dào lǚ méng hé tā tán lùn qǐ guó jiā dà shì lǔ sù

一次鲁肃见到吕蒙，和他谈论起国家大事。鲁肃

dà wéi kǎi tàn wǒ guò qù yǐ wéi lǚ méng shì yí jiè wǔ fū jīn rì kàn

大为慨叹：“我过去以为吕蒙是一介武夫，今日看

lái tā xué shí yuān bó yǐ fēi xī rì de wú xià ā méng le

来，他学识渊博，已非昔日的吴下阿蒙了！”

【原文】

dú shū fǎ yǒu sān dào

读书法 有三到

xīn yǎn kǒu xìn jiē yào

心眼口 信皆要①

【注释】

①信：确实。

【释义】

读书的方法，讲究三到：心到，用心地想；眼到，仔细地看；口到，专心地读。这三条都是很重要的。

【故事解读】

王瞻读书

南北朝时期的著名学者王瞻，自幼喜欢读书。他读书的时候，专心致志，从不被外界干扰。一次，

wáng zhān hé tóng xué men zhèng zài xué táng li dú shū hū rán wài miàn chuán
王瞻和同学们正在学堂里读书，忽然外面传
lai yí zhèn rè nao de luó gǔ shēng yuán lái shì yí gè yǒu qián rén jiā
来一阵热闹的锣鼓声。原来是一个有钱人家
zhèng zài jǔ xíng hūn lǐ dà jiā dōu zuò bú zhù le fēn fēn pǎo qu kàn
正在举行婚礼。大家都坐不住了，纷纷跑去看
rè nao zhǐ yǒu wáng zhān zuò zài zì jǐ de wèi zi shang yí dòng bú dòng
热闹，只有王瞻坐在自己的位子上，一动不动，
jì xù rèn zhēn dú shū wáng zhān zài liù qī suì shí jiù yǒu zhè yàng qiáng
继续认真读书。王瞻在六七岁时就有这样强
de zì zhì lì fēi cháng zhí de wǒ men xué xí
的自制力，非常值得我们学习。

【原文】

fāng dú cǐ wù mù bǐ
方读此[①] 勿慕彼
cǐ wèi zhōng bǐ wù qǐ
此未终 彼勿起

【注释】

fāng zhèng zài
①方：正在。

【释义】

zhèng zài dú zhe zhè běn shū bú yào xiǎng zhe yòu qù dú nà běn
正在读着这本书，不要想着又去读那本

shū　zhè běn shū hái méi yǒu dú wán　lìng yì běn shū jiù bú yào ná chu
书；这本书还没有读完，另一本书就不要拿出
lai　dú shū yào yòng xīn zhuān yī
来，读书要用心专一。

【故事解读】

zhào pǔ yè dú
赵普夜读

sòng cháo de zǎi xiàng zhào pǔ　bì shēng xǐ ài dú shū　yì tiān wǎn
宋朝的宰相赵普，毕生喜爱读书。一天晚
shang　sòng tài zǔ zhào kuāng yìn qù jiā li kàn wàng tā　yí jìn mén　jiàn
上，宋太祖赵匡胤去家里看望他，一进门，见
zhào pǔ zhèng zài dú　lún yǔ　zhào kuāng yìn hěn qí guài　jiù wèn tā
赵普正在读《论语》。赵匡胤很奇怪，就问他：
lún yǔ　shì xiǎo hái zi dú de shū　nǐ zěn me hái dú ya
“《论语》是小孩子读的书，你怎么还读呀？”
zhào pǔ shuō　wǒ zhǐ yòng bàn bù　lún yǔ　jiù wèi nǐ dǎ dé tiān xià
赵普说：“我只用半部《论语》就为你打得天下，
xiàn zài　wǒ hái yào yòng shèng
现在，我还要用剩
xià de bàn bù　lún yǔ
下的半部《论语》
zhì lǐ tiān
治理天
xià　zhào
下。”赵
pǔ dú　lún
普读《论
yǔ　dú
语》读
le yí bèi
了一辈

zi kě yǐ shuō duì lún yǔ zuān yán de fēi cháng tòu chè yě shǐ tā
子，可以说对《论语》钻研得非常透彻，也使他
shòu yì yì shēng
受益一生。

【原文】

kuān wéi xiàn jǐn yòng gōng
宽为限① 紧用功②
gōng fu dào zhì sāi tōng
功夫到 滞塞通③

【注释】

wéi xiàn zhè lǐ zhǐ jì huà dú shū de qī xiàn yòng
①为限：这里指计划读书的期限。②用
gōng zhè lǐ zhǐ shí shī dú shū jì huà zhì sāi kùn dùn yí huò
功：这里指实施读书计划。③滞塞：困顿疑惑
zhī chù
之处。

【释义】

xué xí de shí jiān yào ān pái de duō yì diǎn dàn shì hái yào zhuā
学习的时间要安排得多一点，但是还要抓
jǐn yòng gōng zhǐ yào gōng fu dào le bù dǒng de dì fang zì rán huì nòng
紧用功；只要功夫到了，不懂的地方自然会弄
qīng chu
清楚。

【故事解读】

wáng miǎn xué huà
王冕学画

yuán cháo shí qī de zhù míng huà jiā wáng miǎn ér shí jiā li hěn
元朝时期的著名画家王冕，儿时家里很
qióng zhǐ néng yǐ gěi dì zhǔ jiā fàng niú wéi chí shēng jì yì tiān bàng
穷，只能以给地主家放牛维持生计。一天傍
wǎn wáng miǎn zhèng zài hú biān fàng niú zhè shí yǔ guò tiān qíng měi lì
晚，王冕正在湖边放牛，这时雨过天晴，美丽
de jǐng sè shēn shēn de xī yǐn le tā tā xiǎng yào shi néng bǎ cǐ qíng
的景色深深地吸引了他。他想，要是能把此情
cǐ jǐng huà xia lai gāi duō hǎo a yú shì jiù zài hú biān yòng cǎo gùn
此景画下来该多好啊！于是，就在湖边用草棍
zài shā dì shang huà le qǐ lái yǐ hòu wáng miǎn jiù tiān tiān zhè yàng yì
在沙地上画了起来。以后，王冕就天天这样一
biān fàng niú yì biān huà huà jīng guò bú xiè nǔ lì tā zhōng yú chéng wéi
边放牛一边画画。经过不懈努力，他终于成为
wǒ guó lì shǐ shang zhù míng de huà jiā
我国历史上著名的画家。

【原文】

xīn yǒu yí　suí zhá jì
心有疑　随札记
jiù rén wèn　qiú què yì
就人问　求确义
fáng shì qīng　qiáng bì jìng
房室清①　墙壁净
jī àn jié　bǐ yàn zhèng
几案洁　笔砚正

【注释】

qīng　qīng jié
①清：清洁。

【释义】

xué xí shí xīn li yǒu yí wèn　yīng suí shí jì xia lai　yǒu jī
学习时心里有疑问，应随时记下来，有机
huì jiù zhǎo rén qǐng jiào　yào què què shí shí de lǐ jiě qīng chu　dú shū
会就找人请教，要确确实实地理解清楚。读书
de fáng jiān yào ān jìng　qiáng bì yào gān jìng　shū zhuō yào zhěng jié　wén jù
的房间要安静，墙壁要干净，书桌要整洁，文具
yào fàng duān zhèng
要放端正。

【故事解读】

chén fān sǎo wū
陈蕃扫屋

dōng hàn shí qī de zhù míng xué zhě chén fān zì yòu xǐ ài dú shū
东汉时期的著名学者陈蕃，自幼喜爱读书，
qín fèn shàng jìn bú guò tā yǒu gè quē diǎn jiù shì bú ài dǎ sǎo wū
勤奋上进。不过他有个缺点，就是不爱打扫屋
zi yì tiān fù qīn de yí wèi péng you qián lái bài fǎng kàn dào tā jiā
子。一天，父亲的一位朋友前来拜访，看到他家
de wū zi shí fēn líng luàn jiù shuō wèi shén me bù bǎ wū zi shōu shi
的屋子十分凌乱，就说：“为什么不把屋子收拾
gān jìng lái yíng jiē bīn kè ne chén fān fǎn ér shuō wǒ de shǒu shì
干净来迎接宾客呢？”陈蕃反而说：“我的手是
yòng lái sǎo tiān xià de fù qīn de péng you fǎn wèn dào lián yì jiān
用来扫天下的。”父亲的朋友反问道：“连一间
fáng zi dōu sǎo bù gān jìng zěn me néng gòu sǎo tiān xià ne chén fān yì
房子都扫不干净，怎么能够扫天下呢？”陈蕃一
tīng jué de hěn xiū kuì mǎ shàng dǎ sǎo fáng wū zhāo dài kè rén
听，觉得很羞愧，马上打扫房屋，招待客人。

【原文】

mò mó piān xīn bù duān
墨磨偏 心不端
zì bú jìng xīn xiān bìng
字不敬 心先病①

【注释】

bìng xīn shén sǎn luàn fú zào bù ān
①病：心神散乱，浮躁不安。

【释义】

rú guǒ nèi xīn bù duān zhèng mó mò jiù róng yì mó piān rú guǒ
如果内心不端正，磨墨就容易磨偏；如果
nèi xīn yǒu zá niàn zì jiù bù róng yì xiě duān zhèng yīn cǐ xué xí yào
内心有杂念，字就不容易写端正。因此学习要
zhuān xīn zhì zhì
专心致志。

【故事解读】

wáng xiàn zhī xué shū
王献之学书

wáng xiàn zhī shì gǔ
王献之是古
dài zhù míng shū fǎ jiā
代著名书法家，
cóng xiǎo gēn suí fù qīn wáng
从小跟随父亲王
xī zhī xué xí shū fǎ
羲之学习书法。
yì tiān tā jué de zì
一天，他觉得自
jǐ xué de chà bu duō le
己学得差不多了，

就写了一个“大”字拿去给父亲看。王羲之看后，没说什么，只是在“大”字下面点了一个点。王献之不明白是怎么回事，就拿去让母亲看。母亲看完，指着“太”字那一点说：“只有这一点写得不错。”王献之听了，才知道自己和父亲的书法还相差很远，从此刻苦练字，终于也成为书法名家。

【原文】

列典籍① 有定处
读看毕 还原处
虽有急 卷束齐
有缺损 就补之

【注释】

①列：摆放。

【释义】

zhòng yào de shū jí yào fàng zài gù dìng de dì fang zhè yàng biàn
重要的书籍，要放在固定的地方，这样便
yú chá xún shū kàn wán hòu yīng fàng huí yuán chù dú shū rén yào ài
于查寻；书看完后，应放回原处。读书人要爱
xī shū jí shǐ yù dào jí shì yě yào bǎ shū kǔn zā zhěng qí fā
惜书，即使遇到急事，也要把书捆扎整齐，发
xiàn shū běn yǒu quē sǔn yào lì kè bǎ tā bǔ hǎo
现书本有缺损，要立刻把它补好。

【故事解读】

wéi biān sān jué
韦编三绝

wǒ guó zhù míng de dà sī xiǎng jiā kǒng zǐ zì yòu qín fèn hào
我国著名的大思想家孔子，自幼勤奋好
xué shí qí suì jiù yīn xué shí yuān bó ér wén míng lǔ guó dāng shí de
学，十七岁就因学识渊博而闻名鲁国。当时的
shū dōu shì yòng zhú jiǎn zuò chéng rán hòu yòng niú pí shéng chuān qi lai kǒng
书都是用竹简做成，然后用牛皮绳穿起来。孔
zǐ dào le wǎn nián xǐ huan yuè dú zhōu yì yóu yú měi tiān fān
子到了晚年，喜欢阅读《周易》。由于每天翻
kàn chuān zhú jiǎn de niú pí shéng dōu bèi mó duàn le sān cì měi cì kǒng
看，穿竹简的牛皮绳都被磨断了三次。每次孔
zǐ dōu huì yòng xīn de niú pí shéng jiāng zhú jiǎn chóng xīn chuān qǐ lái shǐ shū
子都会用新的牛皮绳将竹简重新穿起来，使书
bǎo cún wán hǎo cóng zhè jiàn shì kě yǐ kàn chu kǒng zǐ bù jǐn dú shū
保存完好。从这件事可以看出，孔子不仅读书
kè kǔ duì shū jí gèng shì shí fēn ài hù
刻苦，对书籍更是十分爱护。

【原文】

fēi shèng shū　bǐng wù shì
非圣书　屏勿视①

bì cōng míng　huài xīn zhì
蔽聪明②　坏心志

wù zì bào　wù zì qì
勿自暴　勿自弃

shèng yǔ xián　kě xùn zhì
圣与贤　可驯致③

【注释】

bǐng bìng qì piě kāi bì méng bì xùn zhú jiàn
①屏：摒弃，撇开。②蔽：蒙蔽。③驯：逐渐。

【释义】

bú shì gāo yǎ yǒu yì de shū jiù bù néng qù kàn yào bù jiù huì mái mò zì jǐ de cái zhì gèng huì sǔn hài zì jǐ de sī xiǎng hé zhì xiàng bù jiǎng dào lǐ jiào zuò zì bào hú zuò fēi wéi jiào zuò zì qì zuò rén jué bù kě yǐ zhè yàng bú zì bào zì qì tōng guò nǔ lì chéng wéi yí gè pǐn dé gāo shàng de rén shì kě yǐ zhú jiàn zuò dào de

不是高雅有益的书，就不能去看，要不就会埋没自己的才智，更会损害自己的思想和志向。不讲道理叫做“自暴”，胡作非为叫做“自弃”，做人绝不可以这样；不自暴自弃，通过努力，成为一个品德高尚的人是可以逐渐做到的。

【故事解读】

xiōng huái dà zhì

胸怀大志

gǔ shí hou yǒu gè jiào zōng què de rén tā nián qīng shí huái cái
古时候，有个叫宗悫的人，他年轻时怀才
bú yù ér tóng xiāng yú yè què yǒu quán yǒu shì shí fēn fù yǒu yú
不遇，而同乡虞业却有权有势，十分富有。虞
yè měi cì yàn qǐng kè rén shí zǒng shì shàng jǐ shí dào cài fēi cháng fēng
业每次宴请客人时，总是上几十道菜，非常丰
shèng rán ér zhāo dài zōng què shí zhǐ gěi tā chī hěn jiǎn dān de fàn
盛。然而，招待宗悫时，只给他吃很简单的饭
cài dàn zōng què cóng bù yīn wèi fàn cài chà ér fā pí qi tā xiōng yǒu
菜。但宗悫从不因为饭菜差而发脾气，他胸有
dà zhì kè kǔ xué xí hòu lái zōng què zhōng yú zuò le dà guān dàn
大志，刻苦学习。后来，宗悫终于做了大官，但
tā bìng méi yǒu jì hèn yú yè fǎn ér tí bá tā zuò le zì jǐ de bù xià
他并没有忌恨虞业，反而提拔他做了自己的部下。

【三字经全文】

人之初 性本善 性相近 习相远 苟不教 性乃迁 教之道 贵以专
昔孟母 择邻处 子不学 断机杼 窦燕山 有义方 教五子 名俱扬
养不教 父之过 教不严 师之惰 子不学 非所宜 幼不学 老何为
玉不琢 不成器 人不学 不知义 为人子 方少时 亲师友 习礼仪
香九龄 能温席 孝于亲 所当执 融四岁 能让梨 弟于长 宜先知
首孝悌 次见闻 知某数 识某文 一而十 十而百 百而千 千而万
三才者 天地人 三光者 日月星 三纲者 君臣义 父子亲 夫妇顺
曰春夏 曰秋冬 此四时 运不穷 曰南北 曰西东 此四方 应乎中
曰水火 木金土 此五行 本乎数 曰仁义 礼智信 此五常 不容紊
稻粱菽 麦黍稷 此六谷 人所食 马牛羊 鸡犬豕 此六畜 人所饲
曰喜怒 曰哀惧 爱恶欲 七情具 匏土革 木石金 丝与竹 乃八音
高曾祖 父而身 身而子 子而孙 自子孙 至玄曾 乃九族 人之伦
父子恩 夫妇从 兄则友 弟则恭 长幼序 友与朋 君则敬 臣则忠
此十义 人所同 凡训蒙 须讲究 详训诂 明句读 为学者 必有初
小学终 至四书 论语者 二十篇 群弟子 记善言 孟子者 七篇止
讲道德 说仁义 作中庸 乃孔伋 中不偏 庸不易 作大学 乃曾子
自修齐 至平治 孝经通 四书熟 如六经 始可读 诗书易 礼春秋
号六经 当讲求 有连山 有归藏 有周易 三易详 有典谟 有训诰
有誓命 书之奥 我周公 作周礼 著六官 存治体 大小戴 注礼记
述圣言 礼乐备 曰国风 曰雅颂 号四诗 当讽咏 诗既亡 春秋作
寓褒贬 别善恶 三传者 有公羊 有左氏 有穀梁 经既明 方读子
撮其要 记其事 五子者 有荀扬 文中子 及老庄 经子通 读诸史
考世系 知终始 自羲农 至黄帝 号三皇 居上世 唐有虞 号二帝

相揖逊 称盛世 夏有禹 商有汤 周文武 称三王 夏传子 家天下
四百载 迁夏社 汤伐夏 国号商 六百载 至纣亡 周武王 始诛纣
八百载 最长久 周辙东 王纲坠 逞干戈 尚游说 始春秋 终战国
五霸强 七雄出 嬴秦氏 始兼并 传二世 楚汉争 高祖兴 汉业建
至孝平 王莽篡 光武兴 为东汉 四百年 终于献 魏蜀吴 争汉鼎
号三国 迄两晋 宋齐继 梁陈承 为南朝 都金陵 北元魏 分东西
宇文周 与高齐 迨至隋 一土宇 不再传 失统绪 唐高祖 起义师
除隋乱 创国基 二十传 三百载 梁灭之 国乃改 梁唐晋 及汉周
称五代 皆有由 炎宋兴 受周禅 十八传 南北混 辽与金 皆称帝
元灭金 绝宋世 莅中国 兼戎狄 九十载 国祚废 太祖兴 国大明
号洪武 都金陵 迨成祖 迁燕京 十七世 至崇祯 权阉肆 寇如林
至李闯 神器焚 清太祖 膺景命 靖四方 克大定 廿二史 全在兹
载治乱 知兴衰 读史者 考实录 通古今 若亲目 口而诵 心而惟
朝于斯 夕于斯 昔仲尼 师项橐 古圣贤 尚勤学 赵中令 读鲁论
彼既仕 学且勤 披蒲编 削竹简 彼无书 且知勉 头悬梁 锥刺股
彼不教 自勤苦 如囊萤 如映雪 家虽贫 学不辍 如负薪 如挂角
身虽劳 犹苦卓 苏老泉 二十七 始发愤 读书籍 彼既老 犹悔迟
尔小生 宜早思 若梁灏 八十二 对大廷 魁多士 彼既成 众称异
尔小生 宜立志 莹八岁 能咏诗 泌七岁 能赋棋 彼颖悟 人称奇
尔幼学 当效之 蔡文姬 能辨琴 谢道韫 能咏吟 彼女子 且聪敏
尔男子 当自警 唐刘晏 方七岁 举神童 作正字 彼虽幼 身已仕
尔幼学 勉而致 有为者 亦若是 犬守夜 鸡司晨 苟不学 曷为人
蚕吐丝 蜂酿蜜 人不学 不如物 幼而学 壮而行 上致君 下泽民
扬名声 显父母 光于前 裕于后 人遗子 金满籝 我教子 唯一经
勤有功 戏无益 戒之哉 宜勉力

【千字文全文】

天地玄黄　宇宙洪荒　日月盈昃　辰宿列张　寒来暑往　秋收冬藏
闰余成岁　律吕调阳　云腾致雨　露结为霜　金生丽水　玉出昆冈
剑号巨阙　珠称夜光　果珍李柰　菜重芥姜　海咸河淡　鳞潜羽翔
龙师火帝　鸟官人皇　始制文字　乃服衣裳　推位让国　有虞陶唐
吊民伐罪　周发殷汤　坐朝问道　垂拱平章　爱育黎首　臣伏戎羌
遐迩一体　率宾归王　鸣凤在竹　白驹食场　化被草木　赖及万方
盖此身发　四大五常　恭惟鞠养　岂敢毁伤　女慕贞洁　男效才良
知过必改　得能莫忘　罔谈彼短　靡恃己长　信使可复　器欲难量
墨悲丝染　诗赞羔羊　景行维贤　克念作圣　德建名立　形端表正
空谷传声　虚堂习听　祸因恶积　福缘善庆　尺璧非宝　寸阴是竞
资父事君　曰严与敬　孝当竭力　忠则尽命　临深履薄　夙兴温清
似兰斯馨　如松之盛　川流不息　渊澄取映　容止若思　言辞安定
笃初诚美　慎终宜令　荣业所基　籍甚无竟　学优登仕　摄职从政
存以甘棠　去而益咏　乐殊贵贱　礼别尊卑　上和下睦　夫唱妇随
外受傅训　入奉母仪　诸姑伯叔　犹子比儿　孔怀兄弟　同气连枝
交友投分　切磨箴规　仁慈隐恻　造次弗离　节义廉退　颠沛匪亏
性静情逸　心动神疲　守真志满　逐物意移　坚持雅操　好爵自縻
都邑华夏　东西二京　背邙面洛　浮渭据泾　宫殿盘郁　楼观飞惊
图写禽兽　画彩仙灵　丙舍旁启　甲帐对楹　肆筵设席　鼓瑟吹笙
升阶纳陛　弁转疑星　右通广内　左达承明　既集坟典　亦聚群英
杜稿钟隶　漆书壁经　府罗将相　路侠槐卿　户封八县　家给千兵
高冠陪辇　驱毂振缨　世禄侈富　车驾肥轻　策功茂实　勒碑刻铭
磻溪伊尹　佐时阿衡　奄宅曲阜　微旦孰营　桓公匡合　济弱扶倾

绮回汉惠　说感武丁　俊乂密勿　多士寔宁　晋楚更霸　赵魏困横
假途灭虢　践土会盟　何遵约法　韩弊烦刑　起翦颇牧　用军最精
宣威沙漠　驰誉丹青　九州禹迹　百郡秦并　岳宗泰岱　禅主云亭
雁门紫塞　鸡田赤城　昆池碣石　钜野洞庭　旷远绵邈　岩岫杳冥
治本于农　务兹稼穑　俶载南亩　我艺黍稷　税熟贡新　劝赏黜陟
孟轲敦素　史鱼秉直　庶几中庸　劳谦谨敕　聆音察理　鉴貌辨色
贻厥嘉猷　勉其祗植　省躬讥诫　宠增抗极　殆辱近耻　林皋幸即
两疏见机　解组谁逼　索居闲处　沉默寂寥　求古寻论　散虑逍遥
欣奏累遣　戚谢欢招　渠荷的历　园莽抽条　枇杷晚翠　梧桐蚤凋
陈根委翳　落叶飘摇　游鹍独运　凌摩绛霄　耽读玩市　寓目囊箱
易輶攸畏　属耳垣墙　具膳餐饭　适口充肠　饱饫烹宰　饥厌糟糠
亲戚故旧　老少异粮　妾御绩纺　侍巾帷房　纨扇圆絜　银烛炜煌
昼眠夕寐　蓝笋象床　弦歌酒宴　接杯举觞　矫手顿足　悦豫且康
嫡后嗣续　祭祀烝尝　稽颡再拜　悚惧恐惶　笺牒简要　顾答审详
骸垢想浴　执热愿凉　驴骡犊特　骇跃超骧　诛斩贼盗　捕获叛亡
布射僚丸　嵇琴阮啸　恬笔伦纸　钧巧任钓　释纷利俗　并皆佳妙
毛施淑姿　工颦妍笑　年矢每催　曦晖朗曜　璇玑悬斡　晦魄环照
指薪修祜　永绥吉劭　矩步引领　俯仰廊庙　束带矜庄　徘徊瞻眺
孤陋寡闻　愚蒙等诮　谓语助者　焉哉乎也

【百家姓全文】

赵　钱　孙　李　周　吴　郑　王　冯　陈　褚　卫　蒋　沈　韩
杨　朱　秦　尤　许　何　吕　施　张　孔　曹　严　华　金　魏
陶　姜　戚　谢　邹　喻　柏　水　窦　章　云　苏　潘　葛　奚

范 彭 郎 鲁 韦 昌 马 苗 凤 花 方 俞 任 袁 柳
酆 鲍 史 唐 费 廉 岑 薛 雷 贺 倪 汤 滕 殷 罗
毕 郝 邬 安 常 乐 于 时 傅 皮 卞 齐 康 伍 余
元 卜 顾 孟 平 黄 和 穆 萧 尹 姚 邵 湛 汪 祁
毛 禹 狄 米 贝 明 臧 计 伏 成 戴 谈 宋 茅 庞
熊 纪 舒 屈 项 祝 董 梁 杜 阮 蓝 闵 席 季 麻
强 贾 路 娄 危 江 童 颜 郭 梅 盛 林 刁 钟 徐
邱 骆 高 夏 蔡 田 樊 胡 凌 霍 虞 万 支 柯 昝
管 卢 莫 经 房 裘 缪 干 解 应 宗 丁 宣 贲 邓
郁 单 杭 洪 包 诸 左 石 崔 吉 钮 龚 程 嵇 邢
滑 裴 陆 荣 翁 荀 羊 於 惠 甄 麴 家 封 芮 羿
储 靳 汲 邴 糜 松 井 段 富 巫 乌 焦 巴 弓 牧
隗 山 谷 车 侯 宓 蓬 全 郗 班 仰 秋 仲 伊 宫
宁 仇 栾 暴 甘 钭 厉 戎 祖 武 符 刘 景 詹 束
龙 叶 幸 司 韶 郜 黎 蓟 薄 印 宿 白 怀 蒲 邰
从 鄂 索 咸 籍 赖 卓 蔺 屠 蒙 池 乔 阴 郁 胥
能 苍 双 闻 莘 党 翟 谭 贡 劳 逄 姬 申 扶 堵
冉 宰 郦 雍 郤 璩 桑 桂 濮 牛 寿 通 边 扈 燕
冀 郏 浦 尚 农 温 别 庄 晏 柴 瞿 阎 充 慕 连
茹 习 宦 艾 鱼 容 向 古 易 慎 戈 廖 庾 终 暨
居 衡 步 都 耿 满 弘 匡 国 文 寇 广 禄 阙 东
欧 殳 沃 利 蔚 越 夔 隆 师 巩 厍 聂 晁 勾 敖
融 冷 訾 辛 阚 那 简 饶 空 曾 毋 沙 乜 养 鞠
须 丰 巢 关 蒯 相 查 后 荆 红 游 竺 权 逯 盖
益 桓 公 万俟 司马 上官 欧阳 夏侯 诸葛 闻人 东方
赫连 皇甫 尉迟 公羊 澹台 公冶 宗政 濮阳 淳于 单于

太叔 申屠 公孙 仲孙 轩辕 令狐 钟离 宇文 长孙 慕容
鲜于 闾丘 司徒 司空 亓官 司寇 仉督 子车 颛孙 端木
巫马 公西 漆雕 乐正 壤驷 公良 拓跋 夹谷 宰父 谷梁
晋楚 阎法 汝鄢 涂钦 段干 百里 东郭 南门 呼延 归海
羊舌 微生 岳帅 缑亢 况後 有琴 梁丘 左丘 东门 西门
商牟 佘佴 伯赏 南宫 墨哈 谯笪 年爱 阳佟 第五 言福
《百家姓》终

【弟子规全文】

弟子规 圣人训 首孝悌 次谨信 泛爱众 而亲仁 有余力 则学文
父母呼 应勿缓 父母命 行勿懒 父母教 须敬听 父母责 须顺承
冬则温 夏则清 晨则省 昏则定 出必告 反必面 居有常 业无变
事虽小 勿擅为 苟擅为 子道亏 物虽小 勿私藏 苟私藏 亲心伤
亲所好 力为具 亲所恶 谨为去 身有伤 贻亲忧 德有伤 贻亲羞
亲爱我 孝何难 亲恶我 孝方贤 亲有过 谏使更 怡吾色 柔吾声
谏不入 悦复谏 号泣随 挞无怨 亲有疾 药先尝 昼夜侍 不离床
丧三年 常悲咽 居处变 酒肉绝 丧尽礼 祭尽诚 事死者 如事生
兄道友 弟道恭 兄弟睦 孝在中 财物轻 怨何生 言语忍 忿自泯
或饮食 或坐走 长者先 幼者后 长呼人 即代叫 人不在 己即到
称尊长 勿呼名 对尊长 勿见能 路遇长 疾趋揖 长无言 退恭立
骑下马 乘下车 过犹待 百步余 长者立 幼勿坐 长者坐 命乃坐
尊长前 声要低 低不闻 却非宜 进必趋 退必迟 问起对 视勿移
事诸父 如事父 事诸兄 如事兄 朝起早 夜眠迟 老易至 惜此时
晨必盥 兼漱口 便溺回 辄净手 冠必正 纽必结 袜与履 俱紧切

置冠服 有定位 勿乱顿 致污秽 衣贵洁 不贵华 上循分 下称家
对饮食 勿拣择 食适可 勿过则 年方少 勿饮酒 饮酒醉 最为丑
步从容 立端正 揖深圆 拜恭敬 勿践阈 勿跛倚 勿箕踞 勿摇髀
缓揭帘 勿有声 宽转弯 勿触棱 执虚器 如执盈 入虚室 如有人
事勿忙 忙多错 勿畏难 勿轻略 斗闹场 绝勿近 邪僻事 绝勿问
将入门 问孰存 将上堂 声必扬 人问谁 对以名 吾与我 不分明
用人物 须明求 倘不问 即为偷 借人物 及时还 人借物 有勿悭
凡出言 信为先 诈与妄 奚可焉 说话多 不如少 惟其是 勿佞巧
刻薄语 秽污词 市井气 切戒之 见未真 勿轻言 知未的 勿轻传
事非宜 勿轻诺 苟轻诺 进退错 凡道字 重且舒 勿急疾 勿模糊
彼说长 此说短 不关己 莫闲管 见人善 即思齐 纵去远 以渐跻
见人恶 即内省 有则改 无加警 惟德学 惟才艺 不如人 当自励
若衣服 若饮食 不如人 勿生戚 闻过怒 闻誉乐 损友来 益友却
闻誉恐 闻过欣 直谅士 渐相亲 无心非 名为错 有心非 名为恶
过能改 归于无 倘掩饰 增一辜 凡是人 皆须爱 天同覆 地同载
行高者 名自高 人所重 非貌高 才大者 望自大 人所服 非言大
己有能 勿自私 人有能 勿轻訾 勿谄富 勿骄贫 勿厌故 勿喜新
人不闲 勿事搅 人不安 勿话扰 人有短 切莫揭 人有私 切莫说
道人善 即是善 人知之 愈思勉 扬人恶 即是恶 疾之甚 祸且作
善相劝 德皆建 过不规 道两亏 凡取与 贵分晓 与宜多 取宜少
将加人 先问己 己不欲 即速已 恩欲报 怨欲忘 报怨短 报恩长
待婢仆 身贵端 虽贵端 慈而宽 势服人 心不然 理服人 方无言
同是人 类不齐 流俗众 仁者稀 果仁者 人多畏 言不讳 色不媚
能亲仁 无限好 德日进 过日少 不亲仁 无限害 小人进 百事坏
不力行 但学文 长浮华 成何人 但力行 不学文 任己见 昧理真
读书法 有三到 心眼口 信皆要 方读此 勿慕彼 此未终 彼勿起

宽为限　紧用功　功夫到　滞塞通　心有疑　随札记　就人问　求确义

房室清　墙壁净　几案洁　笔砚正　墨磨偏　心不端　字不敬　心先病

列典籍　有定处　读看毕　还原处　虽有急　卷束齐　有缺损　就补之

非圣书　屏勿视　蔽聪明　坏心志　勿自暴　勿自弃　圣与贤　可驯致